帝国の基層

—— 西アジア領域国家形成過程の人類集団 ——

有松　唯

東北大学出版会

Substratum of Empire:
Human Groups of the Near and Middle East
on State Formation Process

Yui ARIMATSU

Tohoku University Press , Sendai
ISBN978-4-86163-266-2

目次

序章　　国家形成研究への視点 ……………………………………………… 1

第1部　国家／帝国という問題枠 ………………………………………… 11

第1章　国家の一般理論 ……………………………………………………… 13

　1　国家形成—有意性と可能性— ………………………………………… 13

　　　国から成る世界　　国家論の射程　　国家形成論の射程

　　　過去の国家的現象をいかに研究するのか

　2　国家形成—理論と研究法— …………………………………………… 25

　　　生産手段と階級：社会進化論　　生態と適応：文化進化論　　文化／社会間の

　　　関係：伝播論、交易論、世界システム論、同位政体相互作用論　　集団規模と

　　　情報処理：情報理論、人口論　　社会の再生産をになう構造：生産関係論

　　　権力資源の操作と確立：権力資源論　　階層的秩序の一元化：ヘテラルキー概

　　　念　　社会秩序の正当化：ヘゲモニー論　　日常生活世界の規範化：象徴権力

　　　論、実践理論　　権力の局地性と遍在性の双極的発達：統治性概念　　生物進

　　　化の分析枠組みによる文化進化の再構築：最適化仮説、モジュール集合体仮説、

　　　二重継承論

第2章　国家形成の概念化 …………………………………………………… 95

　1　国家を成すもの …………………………………………………………… 95

　　　生態、資源、人口、戦争、交易、イデオロギー、不平等　　国家と権力　　国家

　　　と社会　　社会の基本単位

2　国家が成ること ··· 107
　　　基本単位の基層化　　基層化のメカニズム

第2部　西アジア国家形成への視点 ······································· 115

第3章　西アジア国家形成概要 ··· 117
　1　都市国家の形成 ··· 117
　　　都市国家の発現　　都市国家の発達　　都市国家の揺籃　　都市国家の始原
　2　領域国家の形成 ··· 129
　　　領域国家の発現　　領域国家の分化　　領域国家の揺籃
　3　帝国の形成 ··· 138
　　　帝国の発現　　帝国の交替　　帝国の揺籃

第4章　西アジア国家形成への視点 ······································· 149
　1　脱メソポタミア中心史観 ··· 149
　　　古代西アジア史の弁証術　　単系進化への懐疑　　メソポタミア地方の相対
　　　化　　発現の地から揺籃の地へ
　2　新たな史観と画期の設定 ··· 155
　　　四頭の大きな獣　　枢軸時代の実態
　3　二次国家か、世界帝国か ··· 158
　　　敵の叙述　　なぜキュロスなのか　　辺境の遊牧民　　メソポタミアの副産
　　　物　　メソポタミア地方からの離脱　　帝国の基層へ　　物質文化による基
　　　層化研究

第3部　領域国家形成期における地域統合プロセスの事例 ················ 177

第5章　西アジア辺境山岳地帯の概要 ······························· 179

　1　西アジア辺境の鉄器時代 ································· 179

　　　帝国のかなた　　鉄のない鉄器時代

　2　山岳地帯の鉄器時代地域社会 ··························· 184

　　　世界最大の内陸湖と西アジア最高峰　　ミクロな地理的・生態的多様性

　　　墓にまつわる物質文化の発達　　墓にもとづく社会の復元

第6章　人間関係の階層化—前15世紀から前13世紀— ··············· 195

　1　弔いの様式性 modality ································· 195

　　　縦の次元の様式性　　横の次元の様式性

　2　弔いのネットワーク ··································· 199

　　　様式性のなかの多様性　　土製器具の発明：パイロテクノロジーの集大成

　　　人工物の複合性　　土器属性の階層化　　弔いによる統合　　弔いによる再

　　　生産　　威信財の消費

　3　僻地の単位 ··· 214

　　　集落の不在　　生態への追従

第7章　活用域の拡充—前13世紀から前8世紀— ··················· 219

　1　儀礼性 orthopraxy の発達 ····························· 219

　　　儀器の重用　　厚葬化　　平準化メカニズムの強化

　2　統合秩序の再編 ····································· 222

　　　ヒエラルキー秩序の強化　　拠点域の一元化

　3　活用域と資源化域の拡大 ······························ 225

iii

集落の出現　　　活用域の拡大　　　新たな資源化のこころみ

第8章　統合秩序の再編―前8世紀から前6世紀― ・・・・・・・・・・・・・・・・・・・・・・・・・・・・・ 227

　1　弔いの機能的変化 ・・・ 227

　　　薄葬化　　　葬送儀礼の様式変化　　　葬送儀礼の機能変化

　2　統合儀礼の体系化 ・・ 231

　　　副葬用途外の工芸的土器　　　供膳／供献作法の様式化　　　斉一性と多様性

　　　統合儀礼の体系化　　　統合儀礼の広域化　　　儀礼的行為の機能と範疇

　3　定住的生活様式の敷衍 ・・ 248

　　　集落の局所的急増　　　垂直方向の移牧

　4　基幹資源の転換 ・・ 251

　　　銅から鉄へ　　　基幹資源の基本物資化

第9章　在地社会の文明化―前6世紀から前4世紀― ・・・・・・・・・・・・・・・・・・・・・・・・・・ 253

　1　観念性 orthodoxy の発達 ・・・ 253

　　　葬送儀礼の様式性の低下　　　供食様式の充実　　　統合儀礼の日常規範化

　2　物質文化の機能的変化 ・・ 259

　　　パイロテクノロジーの進歩　　　工芸的土器機能の相対化

　3　生態環境の攻略 ・・・ 261

第10章　地域統合プロセスの復元 ・・・ 265

　1　ニッチ分化 ・・ 265

　2　内向的複雑化 Involution ・・ 267

　3　構造的進化 Evolution ・・・ 268

　4　文明化 Policé ・・・ 270

第11章　地域統合プロセスの画期 ······································· 273

   1　集団化機序の常態化 ··· 273

   2　適応戦略の社会化 ··· 279

   3　集団化原理のシステム化 ····································· 284

終章　　領域国家形成期の人類集団 ····························· 289

引用文献 ·· 299

あとがき ·· 365

図版一覧・出典 ·· 369

索引 ·· 373

序章　国家形成研究への視点

　人類社会の統合の一形態として一般化する国家がどのようにして成立したの
か。この命題はさまざまな人類史上の普遍的課題を提示する。そしてこの国家
形成研究の最適事例として、西アジアにおけるアケメネス朝ペルシャの成立が
ある。同勢力は紀元前1千年紀、現在のイラン・イスラーム共和国領で成立した。
それまでメソポタミアで興ったほかの勢力と一線を画すのは、オリエント世界
統一を実現して、文化的背景、生活様式、言語、信仰の異なる諸集団を包括し治
めたことにある[1]。それゆえ世界史上初の「帝国」、また現在にも適応可能な「国」
の要件をすでに満たしていたともいわれる[2]。言いかえれば、そうした文化的・
社会的多様性の内包を成しとげたからこそ、かつてない広大な版図を実現しえ
たのだろう。それは、社会や人類の進化的過程における画期的事象としてとら
えられる。そもそも領域国家のような大規模かつ複雑な集団化をなした生物は、
ヒトのみである。ゆえに人類集団としての特性化は、ヒトの本質の解明にも寄
与しうる可能性を秘めている。人文・社会科学の諸分野が「国家形成」という問
題枠を設定する主眼の一つだと考える。

　本書では帝国と称される領域国家について、アケメネス朝ペルシャを事例と
して、人類集団としての特性化と人類の進化的過程への位置づけをめざす。そ
のために人類集団の要件と想定できる事項にたちかえって、生成過程での変化
と画期をあきらかにする。すなわち、領域国家と称しうる複雑かつ大規模な社
会でも、いわゆる家族や親族に相当するような、世帯や共同体といった諸関係
が日常的実践をいとなむ基本単位としてあったはずである[3]。個別の集団化機
序と生態環境への適応形態、そしてこれらを統合するしくみが、帝国の基層に

---

1 Boucharlat 2005
2 岡田 2004 ; 杉山 2003 : 64~65
3 木下 2003; Hammel 1980 ; Wilk & Netting 1984

あったと想定できる[4]（第1図）。そこで、こうした諸集団に視座をすえ、生態資源／文化伝統の多様性がみられる地域を対象として、さまざまな適応形態を視野にいれた多様性と実態、統合と変動のプロセスを解明する。これは国家形成期の如何を問わず人類社会に対する一貫して基礎的な視点であり、だからこそ成果は、人類史への「国家」の位置づけにつながると期待される。同時に、世界史上際立った国家の事例として国家形成の議論に資することができると考える。

　従来の国家／国家形成研究では、権力行使機構という概念が規定として根強いように思われる。国家は、人格的な支配―被支配の関係を正当化する権力、そして権力を維持するための物理的強制力を執行する機関としてある[5]（第1章2節）。本書はこれらの見方をくつがえそうという試みでも、新たな定義をもたらそうとする試みでもない。ただ、国家の本質や要件を具体化するというよりも、国という集団形態が人類の進化的過程においていかなる意味をもつのか、探求してみたいと思う。

　そのために、国家に限定される側面ではなく、国家の存否を問わず人類社会に普遍的な要素に着目することになる[6]。そうした視座からの国家生成過程とは、人類集団の基本単位が権力の基層となる（基層化）プロセスであり、相関しておこる集団総体としての生態資源へのアプローチの変化こそが人類が国という集団形態をとる背景にあると考えられる（第2章）。

　本書においてはこの見方に沿った国家生成研究を実践する。第2部（第3章〜第4章）と第3部（第5章〜第11章）では実例として、西アジアにおける領域国家の生成過程を復元する。西アジアは現生人類の出アフリカ以降、人類史上の諸画期の先進地であり、国家形成もその一環に位置づけられる。しかし本地域を研究する際には、多くの先行研究でメソポタミア地方を主役にすえている。関連史料が豊富で、農耕や都市化の先進地として機能してきたゆえ、これは必

---

4 D'Altroy & Hastorf 2010
5 猪口1990; 萱野2005
6 河合2009

序章　国家形成研究への視点

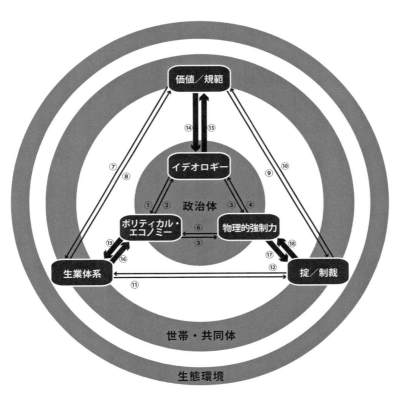

①制度化 ②物質化 ③正当化 ④具象化 ⑤強化 ⑥統制
⑦秩序化 ⑧保障／物象化 ⑨正当化 ⑩実在化 ⑪契機／助長 ⑫統制／組織化
⑬内在化 ⑭再生産／特権化 ⑮効率化／組織化 ⑯物資／労働 ⑰強化 ⑱正当化

第1図　国家概念模式図

然ともいえる。しかしそうした研究視点は結果的にしろ、都市国家、領域国家、そして帝国の形成を新石器化や都市化の延長線上に位置づけた。西アジアを統一する国家的機構が隆盛する拠点は中東域（本書ではおもに現イラン・イスラーム共和国領を指す）であり、厳密にはメソポタミア地方ではない。メソポタミア単一起源説は一見説得性はあるものの、このメソポタミアからイランへの揺籃地の移動に対する説明をなしえない以上、絶対ではない。また領域国家や帝

3

国は都市国家の進化形態ではない[7]。都市化や都市国家成立についての先進性は、領域国家形成の先進性をも保証するものではないのである。

　本書では西アジア史（ときにはユーラシア史）におけるメソポタミア中心史観を相対化する姿勢をとる（第4章）。相対化の実現のために、物質文化（住居、集落および墓地の構造や立地、生活用具の生産・流通体制、周辺環境の活用状況といった生活の直接的痕跡）を主体とした方法論に立脚する。国家が初現する時代、文字が普遍ではないなかで、上記基本単位の実情は社会の基本であるからこそ記されがたい。また生成過程総体を対象とするには、国家形成前史もふくめ、基本単位の変遷を一貫した視座でとらえる必要がある。したがって記載対象にバイアスの多い史料からは離れざるをえない。基層を成す世帯／共同体レベルの諸集団について、物質文化に着目することで、生活様式や適応戦略としての生業体系、集団化／統合メカニズムの多様性と実態、変動のプロセスを解明する。

　生物的、地理的な所与であるかのような家族や親族集団といった第一次集団も自動的に再生産されるわけではない[8]。国家を備えるような巨大な社会集団ならばなおさら、構成員が秩序ある行動や思考をするように導くメカニズムが重要になってくる[9]。認識しやすいメカニズムとしては、成文法規や経済的規則のような規制的制度を設置し、それらを尊受させるために物理的強制力（軍事力、警察、裁判）やインフラストラクチャーを行使するしくみがあるだろう。当然、これまでの国家形成研究でも着目されてきたテーマである。しかし諸個人の行動や思考すべてを規制する成文法規を作成するのは不可能だ。また物理的強制力を成員各人につねに行使するとなると、行使する側の負担は相当なものになる。規制的制度への強制的服従に依存するしくみは、不安定なものにならざるをえない。

---

7 Kristiansen & Rowlands 1998; Rowlands & Kristiansen 1987
8 河合 2009: ix
9 今村・今村 2007: 48~49; 内堀 2009; 河合 2009: ix; 河合ほか 2009: 315; 杉山 2009; 山下 1988; Hendry 1999: 訳177; Scott 1998

序章　国家形成研究への視点

　そこで、国家のような大規模かつ複雑な集団を安定的に再生産するには、個人を制度や構造に自発的に追従させること、すなわち個人を集団の成員として主体化することが要件となる[10]。そのためには規制的制度や社会構造を観念体系レベルで意味づけし、正当化するさらなるしくみが必要になる。このしくみは集団にとっての倫理的支えであり、「適切な」倫理規範や価値観を提示する象徴的位相とでもいうべきものだ[11]。こうした象徴的位相(以下、イデオロギー)が倫理規範や価値観として内面化されれば、個人は集団の主体となる。そうして主体化された個人は、(象徴的位相にもとづき、価値体系や倫理規範を内面化した日常的範型たるハビトゥス habitus から生じる)日常的な慣習的行為 pratique をとおして、無意識のうちに集団の秩序に沿った思考、行動を実践し、社会的関係を維持し、集団の構造を再生産するようになる[12](第2図)。これが社会構造や規制的規則への自発的追従様態であり、集団の再生産を支えるしくみである。

　イデオロギーが集団化のしくみとして機能するには、成員間での共同性が高く、自明なものとして内面化されていなければならない。そのためには象徴的位相に現実性を与え、実在化していくのが極めて有効だ[13]。すなわち、イデオロギーは物質化 materialization されてはじめて浸透がおこるのである[14]。還元すれば、それら不可視の位相の物質化様態への着目は、集団や社会の特性を語るには有効だといえる[15]。

　このような物質化様態として主たるものには儀礼的イベント、象徴財、公共的記念物、景観、文字システムがある[16]。その中で、文字システムが無い／一般的ではない社会では、前3者のような物や場／行為などによる具象化や現象化

---

10 Arendt 1960; 清水 1988; 盛山 1995; [2000] 2010; Althusser 1970 ; Bourdieu 1980; 1987
11 今村・今村 2007; 杉山 2009; 盛山 1995; [2000] 2010; Althusser 1970 ; Bourdieu 1980
12 今村・今村 2007
13 Giddens 1979
14 De Marrais et al. 1996
15 足羽 2008 : 156~157; De Marrais et al. 2002: 353~358; Earle (ed.) 1991; Earle 1997
16 De Marrais et al. 2002: 353~358; Earle 1997

5

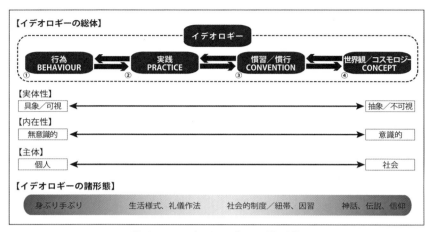

第2図 イデオロギーの諸形態

が重要性を増すこととなる[17]。とくに儀礼的イベントは物質を総合的に組み合わせた様式的行為の一つとして、特有の場、物、言説、そして行為といった表現形式を組み合わせて象徴的位相を表示し、可視化する。さらに、一連の体験を反復させることで、イデオロギーを共同的な現実に統合し、構成員に経験的に共有させることができる[18]。

本書ではこうしたイデオロギーと儀礼の性質に立脚し、儀礼的行為の残滓と考えられる用具や建造物から儀礼様式と儀礼的行為の社会的機能を具体化することで、物質文化からイデオロギーの様態を検討する（集団統合機序の復元）。さらに、儀礼様式や関連して消費される財、そしてそれらの管理体制を検討することは、政治的経済を評価する視座としても有効だと考えられる[19]。

また、こうした機序の中にいかなる集団がどのように統合されていたのか、職人集団のような機能集団から統合儀礼で束ねられた文化範疇のような集団ま

---

17 Earle 1997
18 今村・今村 2007; 竹沢 1987; Blanton & Fargher 2010; Tambiah 1981
19 山本・山本 1995; De Marrais et al. 2002; Douglas 1979; Earle 1997; Kristiansen & Rowlands 1998

でを想定したうえで、集団編成の様態をあきらかにする必要がある[20]。そのために、多様な集団を抽出しうる人工物として、儀礼にまつわる用具の一つと目せる高度工芸的土器[21]に着目する。土器は儀礼自体から日常的範型の共有まで、見方により複数の側面を抽出しうると考えられる。個々の属性の比較分析から、統合儀礼はどういった集団を編成していたのか具体化していく（集団秩序の復元）。

　社会的あるいは文化的適応の視点から集団を論じる見方は、集団中心主義的といえる[22]。だが集団構成原理にはもう一つ、個体中心主義的見方がある。これは資源や安全性の確保という生態的適応の観点から集団の存在理由を探る見方だ。「社会的」な集団とはいっても、そのあり方には多かれ少なかれ環境への適応方法という側面を含んでいる。したがって、すべての集団や集団間の関係は、双方の適応形態の相互作用としてある。ゆえに集団の性格に言及するためには、集団化についての二つの見方をあわせて検討していく必要がある。本書では個体中心主義的視点として、世帯・共同体レベルでの生態環境への適応戦略に着目する。その発現としての生業体系[23]の復元は、物質文化研究の得手である（適応戦略の復元）。

　加えて基幹資源の特定と変遷への着目も不可欠だ。とくに、対象地域では国家形成期に銅から鉄への転換がおこる。多方面に不可逆的変化をもたらしたことは、想像に難くない。なお、生業形態の復元にあわせて、生業活動にかかわる用具や基幹資源の管理秩序を検討することは、生業体系と政治的経済との関連性を具体化する指標として有効だと考えられる。このようにして、上述の観点と上記集団化機序そして集団秩序の様態をてらし合わせることで、集団のあり方がとりまく生態環境によっていかに規定されていたのかを検証する。

20　山本2006
21　渡辺[1988] 2000b
22　寺嶋2009: 185
23　高倉2012

基幹資源の変化や管理秩序が、物理的強制力の様態をも左右することはいうまでもない。武具の性能はもとより、その製作にかかわる職能集団の掌握にも影響してくる。さらに、武具の機能分化や組成、ほかの道具との差別化、それらの所有の組織性から、物理的強制力が醸成していく過程を復元できよう。一方で、武具や武具を模した品物は儀器として儀礼の場で消費されることがある。政治的経済の一環であると同時に、統合儀礼での武威の表象は、集団統合機序、ひいては集団の性質とも関わってくる。

　第3部ではこうした物質文化の見方に沿って、紀元前6世紀のアケメネス朝ペルシャの成立を具体例とし、領域国家生成プロセスを復元する。しかしあくまでも物質文化を基調とした実証研究を旨とする。おもな舞台は、世界最大の内陸湖カスピ海と中近東最高峰を有するエルボルズالبرز/Alburz山脈からなる。文化的多様性も当地の特性であり、西方ではコーカサスCaucasus、東方では中央アジアへの回廊となっている。西アジアとこれらほかのアジア地域との結節地点として、現生人類の出アフリカ以降、個々の文化要素の収斂が当地の文化的特性をなしてきた（第5章）。

　国家形成という問題枠で本書が描くのは、環境に挑む人類のダイナミズムであり、その一環としての国家生成過程である。国家形成研究では、こうした視点はしばしば高次の政治・経済システムに上書きされてきた。国家の一義を考えれば当然ではあるが、同時に、こうした基層の次元での保障を前提として、国家を特徴づける諸要素があるのではないだろうか。かの地を資源化する人類のとりくみ、その最前線としての上記世帯や共同体といった諸関係からなる社会の基本単位のあり方が、領域国家形成研究の視座として有意だと考える所以である。また、西アジアにおいてはメソポタミア地方に対する中東域の特徴は生態環境の多様性だといえる。領域国家が前者ではなく後者で興った背景、ひいては領域国家生成過程を人類史に位置づける足がかりとしてもこの検討は有効だと考えられる。異なる文化伝統をもつ人類集団が此処でいかに交錯し、生

態環境の多様性を攻略してきたのか。長期スパン（約1200年間）での変化を示すこととする（第6章〜第10章）。

　最後の部分（第11章、終章）ではこうした西アジアでの事例にもとづき、人類集団としての領域国家の特性と、その成立がしめす人類集団の変化を具体化する。さらに、国家形成という現象の人類史上における位置づけも示したい。総体として、国家を基礎単位とする現代をも相対化する視座を提示したいと思う。

第1部　国家／帝国という問題枠

第1章　国家の一般理論

1　国家形成—有意性と可能性—

国から成る世界

　国家のない世界を想像することはむずかしい。人が生まれてから死ぬまでのすべてに国家が関わり、思考や行動の因果律を統べているからである。人は生まれながらにして国家を構成する一員すなわち国民と化し、その後恒久的に属することになる。社会には多種多様な団体や組織があるものの、人の生命や生活を包括的に統制するのは国家のみであり、ゆえに国家は一義として人にまつわるすべてを管理し、それ無くしては、あるいはそれに抗しては生存できないかのように思わせる存在としてある。こうした対人的統治が成る力学は権力概念で説明される。国家 state は、固有の意志を人に強制する可能性、そして当人の意に反してでも従わせる力[24]を保有し、発動するそのための政府をはじめとする諸機関（司法機関、立法機関、行政機関、物理的強制機関）を備え、成分法規の作成と執行、財政の管理といった手段で行使する。

　国家は個々人を統治すると同時に世界を構成する単位でもあり、世界情勢を左右する事柄の最終決定権をもっている。この場合の国家 nation は人が成す最大の実体的なまとまりとしてある。「国家とは、ある一定の領域内部で—この『領域』という点が特徴なのだが—正当な物理的暴力行使の独占を（実効的に）要求する人間共同体である」[25]というのはおそらくもっとも知られた定義だろう。領域は領土、領空、領海からなっている。いずれを基準とするにせよ国

---

24 Weber 1922
25 Weber 1921: 訳9

13

第1部　国家／帝国という問題枠

家は地理的な区画や緯度経度のような数値情報によって識別でき、また国境という外枠もともなって、実体としてなっている。

　しかし領域は無条件にあるわけではなく、上記のような権力行使がほかからの干渉・支配を受けずに領域内で貫徹していなければ確保と維持は実現しない。この点は上記引用中、「正当な物理的暴力行使の独占」（傍点筆者）部分にかかわってくる。「独占」を成すのは当該社会における絶対的かつ最上位の権力、すなわち主権である。一定地域とそこに住まう人に対しての包括的な統治は、統治を担う機構に主権が保証されている状態に等しい。そしてその状態をうち立てて、内外に対し主権の自律的な行使を実現した機構が国家として認識される[26]。

国家論の射程

　国家はいつどのように成り立ったのだろうか。この設問に取り組む際には、国家をはじめ付随してしばしば言及される統治、支配、政治、権力、イデオロギーがきわめて特殊近代的かつ特殊欧米的な概念としてあることに留意しなければならない。前項で述べてきた国家の説明は近現代欧米国家の観察から導かれた所見にもとづいている。ゆえに正確を期すならば、前項における「国家」のすべてに「近代以降の」あるいは同時に「欧米の」という接頭語を付さなければならないだろう。しかしそれが現在必要とされていないのは、国家といえばすなわち欧米社会に由来する近現代国家を意味しているからである。古代以前をあつかう場合には対照的に、「初期 early」[27]や「古代 archaic」[28]といった接頭語を常態的に使用している現状が、そのことを端的に示している。そして実際、古代以前の国家と近現代以降の国家は別のものとしてとらえるべきという学術的指

---

26 こうした現代国家の資格要件はモンテビデオ条約（1933年）第1条でまとめられている。cf. 杉原ほか2012: 35
27 e.g. Claessen & Skalnik (eds.) 1978
28 e.g. Feinman & Marcus 1998

第1章　国家の一般理論

摘もあるほど、相異なるものとして認識されている[29]。

　国家概念の素となっている近現代国家と古代以前の国家との違いは主に、前者に対する後者の狭小性と限定性で語られる[30]。つまり近代国家が一貫性をもって社会の諸分節を統合する[31]のに対し、古代国家は分節的な構造だったという把握である。古代国家の場合、支配の領域や人口がまず小規模で、さらに国家機構の直接的影響下にあるのは首都とそこに住まう人に限られるという、地方に対する支配浸透の限定性があげられる。国家の権力はまずもって支配者個人の人格的威信に依存している。必定、権限も王個人に帰結する限定的なもので、他者への全般的な統治は物理的にむずかしく、権力の行使も非常時に限られたものとして存在した。領主や貴族はある程度の自律性を保ち、その下の人々は通常自給自足で生活していた。領域内が一つの社会としてなるような相互関係は乏しかったといえる。つまりこの時点での国家は社会の中で最上位かつ絶対的なものとしてありえず、社会を包括するような機能は備えていなかった。総じて古代以前では「国家の支配が表面的で、社会自体の各部分もたがいに疎遠であり、国家機構が矮小で、国家の社会への浸透が浅薄であった」[32]ということになる。一定の権力をもつとはいえ社会を包括統治する機能をもたない、換言すれば、国家の必要な条件であるところの主権をもちあわせていないこのような機構を（接頭語を付すにせよ）国家と称することには、やはり慎重にならざるをえない。

　こうした国家の概念定義、ひいてはその起源を記す時にしばしば用いられるのは、語源に沿ってたどっていくという手法である[33]。「国家」という訳で語られる共同体は近世以前の時代にも存在している。代表的なのは古代ギリシャの都市国家だろう。しかしこの「国家」はあくまでポリス的国家 res publica/civitas/

---

29 cf. 古賀 2004
30 猪口 1990: 7~23; 古賀 2004
31 e.g. Southall 1970
32 猪口 1990: 12
33 cf. 佐々木 1970

15

第1部　国家／帝国という問題枠

societas civilis であって、文脈中の意としても人的共同体としての意を強くもつ概念をあらわす言葉としてあった。この語自体が「市民の団体」や「公共」を語源とし、法や伝統、慣習を意味するノモス nomos によって秩序づけられている状態を表現する語であった[34]。こうした「市民の共同体」を意味するポリス的国家と「統治機構」を意味する現在の国家概念は、実態としても異なる様態を表現しているといえる[35]。古代ローマ時代でも国家は市民権保持者ゲマインデ gemeinde による共同体を意味していた。中世ヨーロッパでは諸侯の支配する土地 land と同義語であった。それが16世紀、ラテン語で地位・身分・官職を意味する status から派生した lo stato「かかる（その）状態」を「現在の支配体制」をあらわす意に転用し、「まず支配機構たる国家 stato があり、それが各々の力に応じて土地と人民を領有する」というモデルを示した[36]ことで、現在の国家概念の礎が築かれた。ここでもって国家は人や社会から分離され、それらを統べる位置にある機構 stato として認識されたのである。

　国家概念を希釈し考古学的知見にてらしあわせれば5000年程前にさかのぼらせることが可能であるという指摘もあるが[37]、国家のような統治機構が恒常化する地域はその後の社会的消長も鑑みるに、非常に限られたもので、人類の大部分はそのようなものには無縁で暮らしていたと考えられる。こうしたことから、厳密に定義するならば、人が国家という枠組みのなかで生きるようになったのは近代以降、さかのぼらせることができたとしてもヴェストファーレン条約前後の西欧社会の主要地域に限られるという判断になる。語源でみた場合でも、現在の国家 state につながる言葉が定まったのはせいぜい近世のことで、それ以前についてこの言葉をもって語るのは慎重にならざるをえず、そもそも国家的な機構が存在していたのかさえはなはだ怪しいということにもなるだろ

---

34 Plato 360 BCE: 訳上巻285
35 早川 2004: 150
36 Marchiavelli 1532
37 岩崎・常木 2008: 1

第1章　国家の一般理論

う。つまり我々にとってなじみ深い国家像、その祖型を求めることに異が唱えられないであろう近現代国家の枠組みが成りたったのは300年にも満たないことなのである。そして国家が人類の大部分にとって普遍化したのは、さらにここ100年程度に限られる。

国家形成論の射程

　国家を知ろうとするときに「起源の問題が国家の本質に関わる問題と密接に結びついている」[38]ことに異を唱える余地はないだろう。ただしこの「起源」の解明は前項でみてきた「いつ」についての回答では十分ではない。「いつ」について考察するのと同時に、国家がどのように普遍的なありようになったのか、説明がともなわなくてはならないのである。時代や地域をただ特定するのではなく、発生と形成について、プロセスとメカニズムをあきらかにする姿勢が求められる。ゆえにこの命題にこたえるためには、「いつ」を検討するのとはまた異なるアプローチでとり組まなければならない。

　近現代国家は国家を物語る起点ではあるが、「国家はどのようにできたのか」を説明するのに十全な対象ではない。近現代は国家の成熟段階であると考えられる。国家概念がここに由来することは、国家がこの時に現れたということと当然ながら同意ではない。国家形成について論じるには、「近現代／それ以外」、「欧米／それ以外」といった二元論の枠組みにおさめて後者に対する前者の特殊性を強調するだけではたりない。それでは史料的にも語源的にも国家を直接遡及させることのできる最古である西欧近世、あるいはあえておし広げたうえでギリシャ・ローマを視野に入れ、探求すべきだろうか。ここで喚起したいのは国家概念の特殊欧米的側面である。欧米世界の観察と同時に、欧米世界で成さ

38　牧野2007b: 43

第1部　国家／帝国という問題枠

れた上記古代の国家群についての認識も、ヨーロッパ世界やその基礎とみなされるギリシャ・ローマの世界観におおきく拠っている。語源的探索でもギリシャ語・ラテン語世界を機軸に物語る。そうした言語での記述がないことは、共通点を見いだせるあるいは比較対象として有益な現象は存在しなかったと判断する根拠になるのだろうか。たとえばこうした文脈において「都市国家」が出てきた場合、それは無条件にギリシャのポリス的国家 polis を指し、ギリシャより東方の、メソポタミアにおける都市国家はしばしば除かれる。「帝国」といえばローマで、秦や漢、アッシリアやアケメネス朝ペルシャを語る視点は乏しい。

　たしかに、国家をはじめ上記特殊近代的かつ欧米的諸概念が歴史的制約・地理的制約を超えて一貫した内容をもつことはありえず、近世以前や欧米外の世界に無批判にあてはめて用いれば、概念の曖昧性や不当な抽象化をまねくばかりか、架空の国家や政治組織をねつ造することになりかねないだろう[39]。こうした概念を近世以前・欧米世界外を語るのに用いるには、あえてそうすることの国家研究や当時代研究における有意性と、有意にしても（とくにローマやギリシャ以外の無文字の）過去社会に遡及させる議論はできるのかという可能性についての問いにこたえねばならない。国家形成研究は常にこうした懐疑を検証していく試みとならざるをえないのである。

　人類史というスパンでみれば、ヒトが国家のもとで生きるようになったのは最近といえる。それにもかかわらずこれまで膨大な国家そして国家形成に関する議論が成されてきた。国家はいかに定義すべきで、国家をなしたものは何なのか。すでに国家が普遍的になる以前、遡れば紀元前4世紀には、人はみずからの生について思いをめぐらす際に、国家あるいはそれに類する枠組みを設定するようになる[40]。国家についての議論は19世紀に活発化し、以降、人文・社会科学の諸分野が普遍的命題の一つとしてとり組んできた。これは国家が人の

---

39 古賀 2004: i~ii
40 cf. Lull & Micó 2011. e.g. Aristotle 335-323 BCE; Hegel 1821; Hobbes [1651] 2013; Locke 1690; Marchiavelli 1532; Plato 360 BCE; Rousseau 1762

生活や人生の外郭的存在ゆえに、国家を知るということがある種の逼迫した課題としてあったことの反映であるともいえるだろう。国家は同時に人や人が成す集団のさまざまな特性の結晶でもある。「権力」をはじめとする社会にかかわる基本的な事象や概念の多くが、国家に起因・帰結させられている。国家が現代社会やそのもとで生きる現代人の特性と不可分ならばなおさら、それらの成りたちを知るための視点として、国家形成論は有意だといえる。

　本論では近現代欧米世界外の政体も議論にとり入れる。そのことによって現代国家といえども人類史上にあまた存在した政治形態の一つとしての相対化[41]が可能になるだろう。近現代国家研究に対しても有益となるだろうことを期待する由縁である。

　現在そして人の本質を物語る視点として有効であるがゆえに国家は多くの思想・研究の対象となり、結果として無数の要素や構造、モデルや理論が提示されてきた。本章冒頭で述べた国民、領域、主権という3つの要件が関わりあいながら成っているという国家の説明[42]もそのひとつにすぎない。この説明は国家を、権利を享有する主体としてとらえている点に特徴がある。国家は社会総体を統治する。すなわち前提的に社会や人から区別される存在であるところに国家の重要性を見いだす[43]。政府や警察をはじめとするさまざまな組織は国家を成す要素であり、これらを含めたあらゆる社会集団 association の上位に立つ最高の機構として概念化されている（一元的国家論）[44]。そして成員たる国民は国家の意思を全うするための何らかの機能をかならず分担している（国家有機体説）[45]。この国家観に対し、権利を享有する主体はあくまで国民で、国民の合意にもとづいて成されているのが国家であるという説明もある。ここでは政府もあくまで国民から権力を委託された存在でしかない。最終的な意思決定を行

---

41 Routledge 2004: 21
42 cf. Jellinek 1900
43 e.g. Jellinek [1895] 2013; 1900
44 e.g. Aristotle 335-323 BCE; Hegel 1821
45 e.g. Burke 1790; Hegel 1821; Plato 360 BCE; Spencer 1860; 1884; Gierke [1868] 2013. cf. 遠藤 2007

第1部　国家／帝国という問題枠

う組織も、そしてそれを成す特定の国民も、国民相互の契約によって支配権が
ゆだねられているにすぎない（社会契約論）[46]。さらに、社会に対しての国家の
優越性を否定する説もある。そもそもすべての社会や集団は国家とは別にそれ
ぞれで意志決定の機構をもっている。これら機構は成員を規律するための規則
をもち、少数の特定の成員が権威を備え、そのほかの多数の成員に対して何ら
かの制裁措置をとる権力をもつ。こうした見方では、国家は特定の機能を全う
するための社会集団の１つにすぎない（多元的国家論）[47]。国家とほかの社会集
団との違いは程度や機能の問題で、ほかの社会集団に対する国家の特殊性はな
にかといえば、それは各社会集団間の調整役として機能するという点である。
言いかえれば諸集団の利害や機能を調整する役割を担い、その機能が発揮され
る側面において相対的に優越するにすぎない。

　国家概念自体が流動的である以上、国家形成論の諸説にも遷移・転換があり、
定まったものはない。国家は時に神の意志で成り立った。つまり多数を支配す
る権利・権力を、神の代理としての王が授かったことによるものであった（王
権神授説）[48]。時には、ある民族が他を征服した際に、国家は支配を恒常的にす
るための装置として発明された（征服国家説）[49]。支配装置たる国家は、一階級
がほかの階級を抑圧・支配し、その階級秩序を再生産するのに不可欠な機関で
あった（階級国家説）[50]。そして、たとえば征服国家説では戦争、階級国家説で
は生産手段の変化が、それぞれ国家形成の契機としてすえられてきた。

　国家についての諸説混合は、統治機構、支配機構、行政機構、領土の単位、弾
圧や圧政の手段、哲学的な理念など、国家をどのようにとらえるかという着眼
点からさまざまな立場をとりうることに起因し、国家現象そのものの複合性と
ともに国家という語で表わされる事項・事象の通時的・地域的多様性をもおそ

46　e.g. Hobbes [1651] 2013; Locke 1690; Plato 360 BCE; Rousseau 1762
47　e.g. Barker 1942; 1951a; 1951b; Laski 1925; 1935; Maclever 1921; 1926; 1947
48　e.g. Bodin [1576] 1949; Bossuet 1685; De Bonald [1796] 2010; Filmer 1680; James I 1598
49　e.g. Oppenheimer 1914/1922; Wittfogel 1957
50　e.g. Engels 1884; Lenin 1917; Marx & Engels 1845

らくは示している。結果、多様な国家論とそれにともなう起源・形成過程についての諸説が展開することとなった。このことは必然的に国家を研究する学問分野の分断を生んだ。つまり、政治学、法学、社会学、哲学、時に心理学の領野それぞれで展開することになったのである。こうした分野での国家論、主権論、権力論は上述のように近現代欧米社会あるいは資本主義社会を前提的に射程とする。したがって時に参照される資本主義社会外の地域について言及するのは人類学や民族学の範疇になる。そして国家形成論は、これらに加えて、過去をあつかう諸分野もが参入することになる。歴史学や考古学、時に言語学が遡及の舞台となる中で、考古学には次のような課題にとり組む役割が付与されてきた。

> *国家の形成に対する最終的な答えは、考古学資料の中にしか掬い上げることができない。なぜなら、最初の原初的国家と想定できるものは文献が登場したよりも古い時代であり、ましてや社会学や文化人類学などの射程をはるかに越えているからである[51]。*

しかし過去を実証する諸分野の中で、考古学を主体に国家／国家形成を論じるには研究法上のむずかしさがつきまとう。考古学の範疇となるのは物的痕跡・残滓である。国家／国家形成の痕跡はかならず物的であるのか。どのような痕跡・残滓が国家に関連させることができるのか。これこそが、国家形成論の可能性への懐疑におおきくかかわる点だろう。

過去の国家的現象をいかに研究するのか

たとえば権力は国家と同じように主には近現代欧米社会の観察から定義づけ

---

51 岩崎・常木2008: 2

第1部　国家／帝国という問題枠

られて、政治学や社会学の範疇にある。そのため国家についてと同様、「考古学における学術用語として概念を規定し定義する試みなどは、仮にあったとしても徒労に終わる」[52]。しかし一方で、次のような観点も存立する。

　　権力理論が明らかにすべきことは、さまざまな権力現象のしくみを明らかにすることである。(中略)権力は被説明項であって、説明項ではないのである。そして、しくみを明らかにすることは、「権力とは何か」とか「現象のうちどれが権力でどれが権力ではないか」というような「権力の同定問題」やあるいは「誰が権力者か」とか「どこに権力が帰属できるか」という「権力の帰属問題」に答えようとすることではない[53]。

　　近代の主権国家を前提としないとしても、より広い意味での権力の作用なり現象なりは人間社会の中に存在するのであるから、古典古代や中世における「権力」を論じることが出来ないということではない[54]。

　安易な遡及との誹りを覚悟であえて述べるならば、国家形成研究にもおそらくこの立場が有効である。国家概念を適応したほうが、説明に有意な現象すなわち国家的現象は古代やそれ以前にも確実にあり、そしてそれらをつまびらかにしていくことで、国家形成論に有益な手がかりを提供しうるだろう。これは同時に国家という問題観で挑むことが当時を再構築するのに有効な場合が実際にあるということでもあり、そこでは確実に、「同定問題や帰属問題(中略)は、無意味な疑似問題でしかない」[55]。古代以前についての国家を冠したおびただしい研究の存在[56]がそのことを示している。そしてそのすべてが完全なる誤謬

52　北條 2006: 119
53　盛山 [2000] 2010: 187
54　早川 2004: 150
55　盛山 [2000] 2010: 187
56　cf. 本章2節

第1章　国家の一般理論

であると一掃しうるだけの「古代以前国家不在論」、あるいはそれに代わる説明は一方で提示されていないことからもあきらかである。しかし実践に際しては、そこでの議論が「主権国家を前提としないがゆえに、全く異なる問題構成をとっていたことに注意しなければならない」[57]。

　考古学では物的痕跡から「国家」を探求するために、他分野の知見を援用して国家の指標や枠組みを得るという手法がとられてきた。人類学や民族学、社会学、経済学における諸説がおもな依拠するところとなる。こうした場合に大前提として、「既存の理論やモデルをある種の教義とみなし、そこへのあてはめ型の議論を展開する姿勢は極力回避すべきである。『あてはめ』に成功すれば『事実性』が高まるのではない」(傍点筆者)[58]ことは意識せねばならない。過去社会の復元・解析に際して考古学的手続きで得られた一次資料を主体とすべき、という原則は、たとえ政治・社会システムに上書きされた世界を対象とする場合でも、ゆるがせにすべきではない。だがこれは「既存の理論やモデル」から距離をおき、実証主義に徹するほうが国家形成について論ずるのにふさわしいという姿勢を指示することにはならない。少なくとも、「既存の理論やモデル」に対する無関心や知識不足を許容する免罪符とはならない。

　国家あるいは国家形成という問題枠で過去の物的痕跡を視ようとするとき、ただ現象をとらえようとする場合でもやみくもに諸現象をあきらかにしていたのではきりがない。ではどこに着目すべきなのだろうか。どのように測るべきなのだろうか。おそらくは物質性が本質では無い国家や国家形成に対して物的痕跡から挑む考古学は、とくにこの点についての厳密な作業仮説を設定する必要がある。史料は問いかけねば答えてくれないのである[59]。主には残滓や痕跡にすぎない考古資料ならばなおさら、有意な「問い」であたらなければならない。それぞれの事例の紹介に始終しようとする場合でも、適切な「問い」を設定

57　早川2004：150
58　北条ほか2000：280
59　Bloch 1928

第1部　国家／帝国という問題枠

しなければそれはデータ・資料の羅列にしかならない。

　国家という観念自体社会的に生成された側面がある以上、国家を分析する視角も同じように設定されることは避けられない。考古学において問題枠として設定する場合、次節であげるいずれかの論の、いずれかの視点が前提となって展開してきた。したがって自身のとらえている国家が、19世紀以降に創出された模擬国家群のなかで如何に位置づけられるのか、あるいは新たな創造といえるのか、自覚的でない議論は古代国家イメージを所与とした語りに始終し、「あてはめ型議論」と同等の浅薄をともなうことになる。次節以降で記すような国家（そして不可避なものとしての権力）の概念規定の議論は前提問題に始終することになり全く生産的ではない、という批判もあろう。「理論と現実との包括的研究は難しくその成果は多くない」[60]。そもそも実証研究の側面が強い考古学では、そうであるならば現実のみを対象とした議論に特化しようという方向にむかうのは、必然といえなくもない。

　しかし先学が蓄積してきた以下の論を限界や反論を踏まえたうえで作業仮説として活用する姿勢は有意だと考える。また、上述のように本質的に不可避な作業でもある。そこで次節、無数にある国家に関する概念規定、理論的枠組みやモデルの中から、考古学を主体に生成されたものや考古学で主立って援用されてきたものを概観する。すべてが国家形成を主眼としたものではないことは先だってお断りしておきたい。国家形成の議論に不可欠あるいは射程としたものもあえて含めている。なかでも文化進化の議論は、ただちに国家形成論となるべきものではなく、本質的に分かつべき側面すらある。ただ近年の人間行動・心理に関する進化的研究の再興でもたらされた知見も含め、無文字過去社会における国家の議論とは不可分であると考え、言及する。

---

60 岡部2011: 5

第1章　国家の一般理論

2　国家形成—理論と研究法—

生産手段と階級：社会進化論

文明化の指標として：国家の創造

　19世紀、それまで観念論哲学の範疇だった国家をめぐる議論は社会科学の俎
上にのることになる。まず18世紀末の西欧社会における人文学の成立を契機
として[61]、文明化という視点で人間・社会の秩序や法則を把握しようとするこ
ころみが盛んになっていく。ここでの文明化の基準・到達点とはあくまで当時
の西欧社会だったわけだが、そのなかで、西欧社会の最大単位としての国家が
文明化の指標とみなされることになり、人文学の諸分野でも積極的に考察の対
象となったのである[62]。無文字社会についての国家の議論も、こうした流れの
なかで、19世紀後半以降本格化していく。当時そもそも文化人類学における西
欧社会以外の研究は上記文明観にのっとって、西欧社会との相違・近似でもっ
て当該社会の文明化の程度を測ることが主流だった。さらに、西欧社会が人類
の普遍的な到達点であるという大前提のもとでは、それ以外の社会はすべてそ
こへむかう途上に位置づけられることになる。そこで当該文化・社会が途上の
どの段階にあるのか、比較検討してあてはめていくと同時に、それらを結節す
ることで導かれた順列を文明化過程とみなす手法が確立していく[63]（古典的進
化論）。ここでも国家はあくまで文明化の最たる指標で、それが不在であるこ
とと出現との説明が、文明および文明化とほぼ同じ意味の重要な事柄として探
求されることになる。そのなかで現在でも文化・社会変化の要因として着目さ
れるいくつかの指摘（母系制から父系制へ、血縁から地縁へ等）がなされ、また

61　cf. 田中2011
62　cf. Lull & Micó 2011
63　Bachofen 1861; Comte 1830/1842; Frazer 1890; Fustel de Coulqnges 1864; Kidd 1894; Lubbock [1865] 2010; Maine 1861; McLennan 1865; Morgan 1871; 1877; Spencer 1851; Tylor 1865; 1871; 1881

第1部　国家／帝国という問題枠

そうした所見を統合し、以降長らく所与として受け継がれていく文明化の階梯（野蛮時代→未開時代→文明時代）[64]が設定されたのである。

　こうした潮流の中で、さきがけて自然科学分野でおこった進化論の枠組みにのっとって、各地で観察された諸文化の違いを生物進化や生存競争と同じ原理で解釈する方向性が提示された[65]。そこで示されたのは、人間社会は普遍的に「単純社会→合成社会→二重合成社会→三重合成（文明）社会」という段階を経て進化するという単系進化の発展段階である。まず単純社会ではすべての人間が平等な関係性を築いている。次の合成社会はそうした単純社会が集まって形成される。二重合成社会、その後の三重合成社会も、同じように前段階の社会が統合されることであらわれると考えられた。こうした統合がすすみ社会が複合的になるにつれて、社会総体の規模が拡大するとともに、内部の様相も異なってくる。人々の立場に差異がなかった単純社会に対し、合成社会では単純社会群をたばねる人物があらたに出現する。二重合成社会ではさらに政治体を想起させるような支配のしくみや職能に沿った分節化がおこり、ともなって定住的な生活を基盤とするようになる。三重合成社会はこれらの分化や統合がさらに強化され、いわゆる帝国に相当する政治体制となり、ここでもって文明化が完了する。

階級分化と国家の形成：階級国家説

　こうした素朴な段階設定は単純明快ゆえに大きな支持をあつめ、同様の視座による社会進歩ひいては国家形成の研究が隆盛し、考古学での議論の方向性も決定づけることになる。そして現在にいたるまで関連研究に影響をもち続ける説が構築された。社会の発展の基本的要因を、人間生活の物質的条件（物質的生産）を基礎として把握しようとする立場、すなわち史的唯物論の提唱である。ここではまず、それ以前からあった古典派経済学の諸学説[66]をとらえなおすと

---

64 Morgan 1877
65 Spencer 1878
66 e.g. Smith 1776 ; Ferguson [1767] 1948a; [1767] 1948b

第1章　国家の一般理論

同時に、社会進化を考える基軸に資本制社会をすえるという転換が図られた。それゆえ視座となったのは生産や所有といった経済的側面であり、そこでの変化にともなって人類社会は複数の段階（原始共同体→古代奴隷制→封建制社会→資本制社会）を経て進歩するという発展段階説が確立する[67]。

　この説では、階級分化が発達した社会において、上位階級が特権を維持するためにつくられた支配機構がすなわち国家である（階級国家説）[68]。国家は上位階級による生産技術や生産物の管理・搾取を保証し、ひいては私有財産制および奴隷制を維持し強化する。前提となる階級分化は、生産技術の発展に由来して発達し、経済関係において搾取する立場とされる立場という関係性にもとづいて成っている。そうした関係性が成り立っている社会では、階級の上位に属し、生産形態において使役する立場（主人：私的所有の主体）の人々、下位の階級に属する使役される立場（奴隷）の人々という差別化が進行している[69]。こうした奴隷制とそこに立脚する私有財産制、そして両制度にもとづく階級の発達は、かならず階級間の闘争を生む。国家はこの階級闘争を抑圧し、上位の階級を再生産するための装置として出現するのである。そして階級間の利害を調整する機能を特権的にもつがゆえに、社会秩序をつかさどる機関として、恒常的な存在になっていく。

　この論にのっとった代表的な国家形成論は、生産にかかわる諸形態のなかでもとくに大規模な灌漑をともなう生産体制の出現（とりわけ東洋的専制主義）を国家成立の要件とするものだろう。灌漑のような大規模土木工事を成して管理するには、共同体構成員それぞれの利害を調整し、構成員を適切に采配するよう工夫する必要がある。その事業の頻度が高まれば作業や施設の管理を担う立場が社会的身分となり、同時にほかの人々も組織化された中での役割が身分や職能として固定されていく。灌漑の成功は安定的な食糧の獲得と同時に余剰

---

67 Engels 1884; Marx & Engels 1845
68 Engels 1884; Marx & Engels 1845
69 Engels 1884; Marx & Engels 1845

第1部　国家／帝国という問題枠

生産物も生む。そして采配・管理の身分を手にいれた構成員はほかの構成員から搾取をおこない、灌漑の実現によって生じる余剰を得て私的所有に転嫁するようになっていく[70]（灌漑理論）。このサイクルが加速するなかで、階級が固定され、国家的な機構を要請する階級闘争が常態となっていくのである。

共同体間の対立・軋轢と国家の形成：征服国家説

　国家形成にむすびつく社会的対立は一方で、原始共同体内における自生的変化ばかりではなく、共同体（民族や階級）がほかを征服するというような原始共同体間の関係性に起因する可能性もある。原始共同体では活動範囲や活用資源、生産力も限られていて、日常生活を営む関係性は小規模かつ対面式の直接的なやりとりで保たれる[71]。共同体がこうした規模であるかぎり社会に階級分化はおこらない。たとえば構成員の婚姻や死といった共同体の不可逆的変更に際しても固有の儀礼的行為によって関係性の再生産が図られ、ほかの構成員を采配できるような立場の個人／集団がいたとしてもこうした場面での指導が主だった役割であるなど、社会の分節化も限定的であったと考えられる。

　それがほかの共同体を征服し、さらに恒常的に支配することによって、あらたな労働力すなわち下位の階級に属し隷属する立場の構成員や、未知の資源の獲得が実現する。そうなれば、奴隷制までは直接結びつかなくとも、人口圧に起因する、あるいは新たな資源をめぐる小競り合いや慣習の違いに起因する軋轢といった、新規調整機構を要する事態は格段に増すと考えられる。こうした場合には、他共同体の征服自体が国家形成の要因ととらえることができよう。また国家の特徴として、上記階級成立にかかわる生産形態の変化と同時に、征服行為を可能にする恒常的な物理的強制力と、強制力をつかさどる特定個人／集団の存在も重視することになる（征服国家説）[72]。

70　Wittfogel 1957
71　猪口 1990: 10~13
72　Oppenheimer 1914/1922; Wittfogel 1957

第1章　国家の一般理論

　いずれにせよ、共同体内／間で、原始共同体本来の機能や規模から逸脱した
支配―被支配関係の生成が国家形成の契機となり、その関係性を再生産するた
めの支配機構として国家が成り立つという見方[73]は、その後の人類学や社会学
のみならず過去の社会を研究する諸分野にも大きな影響を与えた。なかでも史
的唯物論における社会進化の発展段階説（社会進化論）の提唱は、それまでの国
家の観念的理解から脱し、生産形態・手段という社会の実体的側面にそくした
国家の把握と、国家形成研究の視座とを提供したのである。以降の国家にかか
わる議論は、こうした潮流と無関係ではありえていない。とりわけ物的痕跡に
もとづかざるをえない考古学にとっては格好の理論的基盤であり、その後の方
向性を規定する国家／国家形成観となっていく。

生態と適応：文化進化論

生産形態の変化と技術革新

　社会進化論にもとづき、過去社会を評価するおもな指標となったのが生産技
術と生産形態であった。そのなかで人類史上不可逆的な社会変化をもたらした
技術革新の画期として設定されたのが、新石器革命（新石器化）と都市革命（都
市化）である[74]。これらは、近代資本主義社会成立すなわち文明化 civilisé に至
るために不可欠な段階として、ひいては人類史の画期として、規定的な指標と
みなされるようになっていく。

　こうした画期を重視する史観では、まず、狩猟採集にもとづいて生活をいと
なんでいる共同体が始原の姿として設定された。食糧や物資の獲得には不安定
要素が多く、十分な確保もむずかしい。そこで共同体はより多くの物資を安定
的に確保するため生産力の増加を志向し、生産技術および生産形態の変革にむ

---

73 Oppenheimer 1914/1922
74 Childe 1928; 1934; 1936; 1956; 1958

第1部　国家／帝国という問題枠

かう。その初段階がドメスティケーションの確立、すなわち新石器化である。そして次段階として、生産の集約化とともに、手工業、遠隔地との交易、職能による構成員の分化が進行する。その結果おこる生産力の増加は、労働力を確保するために人口の拡大を要請し、また可能にもする。そして増幅した生産力が生み出す余剰物資と労働力とを共同体全体の益になるよう管理し配分する采配は、それらが増加すればするほど構成員全員の協議で決することはむずかしくなっていく。共同体総体にかかわる意思決定でも必然的に特定個人や集団が担わざるを得ない。このような様態が恒常化するなかで意思決定の手続きは制度となり、決定をつかさどる立場は組織化され、その組織を中心に、手工業や交易、物資管理と采配の拠点としての都市が形成されるに至る。こうした都市は機能上国家とほぼ等しく、ひいては新石器化が都市化≒国家形成の起点になるという想定でもって、指標としての生産形態の変化と技術革新への着目が、以降の国家形成研究の要項としてあらためて定式化されることになった。

人口の増加とエネルギー使用量

　こうした史観の浸透にともない、史的諸革命を特定し、革命や経済制度の実際を復元して社会進化を体系立てるための客観的尺度・研究法が模索されるようになった。そこではまず、人口の増加という尺度によって当該社会の進化過程中の位置づけを測る視点が導入された。これは当時の生物学における個体数や繁殖作用といった尺度でその種の位置づけを測る手法を、考古学や人類学でもとり入れようとする試みであった。さらに、エネルギーの使用量という観点から文化の発展を論じる視点も示された[75]。技術体系は文化と文化変化の決定要因であり、技術の進歩が文化の発展の前提となる。しかしながら文化の発展段階を測るには、技術の変化のみならず、人間が年間で活動に費やすエネルギー量も指標としなければならない。なぜならば第一に、技術はそもそもエネルギー

75　White 1949; 1959

の変換そして効率的な活用のために存在し、よってその変化もエネルギー量の
あり方と相関しておこる。それゆえ第二に、エネルギー量こそが文化進化ととも
もに普遍的に増加する、あるいはエネルギー量の増加が発展の契機になったと
想定できる。総じて文化・社会の進度はエネルギー量と分配手段、技術にあら
わされる効率化の程度で決定され、測ることができると考えられた（エネル
ギー決定論）。

普遍進化論と多系進化論

　エネルギー決定論で人類史を画期する文化革命として設定されたのは、上記
新石器革命に相当する農業革命と、近代資本主義システム確立の基礎となった
産業革命だった。その意味では、これらのモデルや理論も自明のごとく近代資
本主義社会を文明化の到達点と考えていたといえる。社会進化論からひき続き、
究極の目的はあくまで、原始共同体に端を発する人類社会の階梯の最終形態か
つ進化の極致である近代資本主義社会形成の説明にあったわけである。必然的
に、人類の社会はこの到達点にむかって普遍的に発展していくという、単系統
の社会進化を前提として設定することになる（普遍進化論）。

　社会はあまねくそこにむけて単一の発展過程を経るのだから、資本主義社会
以外の社会はすべてその途中段階に位置づけられなければならない。そこで、
文化間に違いが見いだされた場合にはそれらの階梯が異なるゆえとみなされ、
類似点が見いだされた場合には近接した段階にある証左ととらえられた。現時
点で資本主義段階でない社会は上記のような評価基準にのっとって測ることで
途中過程のどこかに位置づけられるはずだという前提のうえで、当該社会の近
現代欧米社会との相違を検討し、文明化過程における位置づけ、あるいはそこ
での序列化を志向する研究視点が通常になっていく。

　こうした枠組みのなかでは過程自体に多様性があったとしても、それはあく
まで単系統の変化を基軸とするなかで派生したものにすぎないと解釈された。

第1部　国家／帝国という問題枠

しかし、前提にあるすべての社会が近現代欧米社会と同じような変化を遂げるという了解は、まず文化生態学からの批判をうけることになる。生物学における適応の概念にてらし合わせると、文化の類似・異同は文化をとりまく生態資源の類似・異同にしたがって生じるという推測が成りたつ。なぜそういった現象がおこるのか。前提的に、物資や食物の獲得対象である環境はさまざまで、社会はそれぞれじつに異なる資源に依拠しているという事実がある。そして、技術そして生業も、そうした環境への適応形態である以上、環境の多様性に比して多様でしかるべきということになる。前項でふれたエネルギーに着目した場合でも、エネルギーを費やす対象となる環境によって技術は変化し、ひいては文化の型（文化類型）も異なってくる。したがってエネルギー量が同じであっても文化の違いが生じることに不思議はない。つまり進化過程における階梯が同じでも型が相異なる事態は十分ありうることであり、環境や技術の違いにもとづいた社会総体の展開も必然的に多様なものとなるはずである。

こうした文化進化の観点から当該社会を測るには、資本主義社会を到達点としてそこからの距離をみるのではなく、社会をとりまく環境に対する適応の度合いをみるのが重要になる。文化の基礎となるのは開発・生産技術と環境との相互関係であって、とくに環境の特殊性に対応すべく展開した個別の行動パターンをあきらかにすることが求められる[76]。そこでそうした行動パターンが文化のほかの側面に与える影響と影響を与える範囲とが、当該社会を評価する基準になると考えられた。

発展段階の普遍性と文化変化の多様性：新進化主義

このように、社会・文化の進化はとりまく環境とそれに適応するための技術との相互作用のうちにおこるという与件を明示したことは、個別性・特殊性の抽出、そしてその説明を重視して多系統の軌跡を想定する進化論的見方の提示

---

76 Steward 1955

[77]に結びついていく（多系進化論）。この多系進化論は19世紀以降所与となっていた単系統の進化軌跡を普遍とする諸説に対するもので、単系進化の到達点とみなされてきた国家の形成をめぐる議論でも画期となった。人類社会の変遷をあらわすモデルとして正しいのはこの多系進化論なのだろうか、上述のような普遍進化論なのだろうか。議論の中で、相いれないようにみえる両者は択一ではなく、じつは文化進化の過程において、普遍進化論は一般進化、多系統進化論は特殊進化という別個の側面にそれぞれ相当するというあらたな説が提示された[78]。一般進化はより複雑な社会組織を生みだす側面であり、その発展は普遍的な階梯（バンド Band ／遊動的狩猟採集民集団→部族社会 Tribe ／分節社会→首長制 Chiefdom →国家 State ／都市→産業社会）を経ておこる[79]。一方、特殊進化はこうした進化の過程で起こる新たな文化体系が環境に適応しながら多様性を生み出す側面として位置づけられた。

　これは発展段階に普遍性をもたせつつも生態適応を重視している点で文化変化の多様性を視野に入れたモデルとなっており、社会進化論からの大きな転換であった。環境という人間の意志や行動外の要素にも進化の要因をもとめ、そこに由来する違いを序列中の先後ではなく多様性として解釈するこのモデルは、社会進化論とは異なる新たな進化論の枠組みとして敷衍していく（新進化主義）。また、ここで確立された階梯の設定とそのあてはめを志向した社会の類型化・序列化[80]という手法は以降、国家形成研究の方法としても一般化することになる。

社会進化論の改変

　こうした議論をうけ、社会進化論の直接的な改変もおこった[81]。まず社会に

---

77 Steward 1955; 1968; 1977; Steward et al. 1959
78 Service 1962; 1975; Cohen & Service 1978
79 Service 1962; 1975; Sanders & Marino 1970
80 Fortes & Evans-Prochard 1940
81 Harris 1979

第1部　国家／帝国という問題枠

ついて、社会進化論で前提とされた上部構造・下部構造の区分に対し、上部構造（精神世界：儀礼、イデオロギー、芸術、価値観）、中部構造（社会関係・経済組織：世帯、政治組織、階層、分業関係、戦争）、下部構造（生産手段：生態、生業にかかわる技術や道具、人口動態）というあらたな見方が示された。このなかでは下部構造が中部構造を、中部構造が上部構造を、それぞれ確率論的に決定する（文化唯物論）。

　階級闘争や発展段階的な社会・文化の序列化を前提とせず、下部構造に生態や人口を明示した点が、史的唯物論との決定的相違となっている。社会進化論の基礎となった史的唯物論に、上記文化生態学的視点と人口への着目を統合したことで、これらが当該文化や社会の規定要因としてとらえられるようになったのである。そしてその決定や各構造のあり方も、あくまで環境との相互関係の中で生成されるものとしてとらえる見方が定まっていく。

　国家の前段階としての首長制

　国家形成の文脈での新進化主義のさらなる貢献は、国家の前段階の複雑社会complex society として首長制[82]を過去社会にあてはめて、進化の序列に位置づけた点である[83]。社会の複雑性 social complexity とは一つ社会を構成する集団間／内での経験や活動の多様性を示す[84]。生業、食生活、住む場所などの違い（あくまで不平等ではない）、社会的立場の違いが生じて顕著になる様態であり、上記階級や、後述する階層、権力現象や支配―被支配関係構築の前提として重視されてきた。首長制社会は、こうした複雑性が発達していない部族社会と、全的支配のための制度や組織の確立にいたった国家との、中間的な社会として設定された。

　その特徴的現象としてはまず、物流における再分配の発達があげられる。指

---

82 Oberg, 1955
83 Sahlins 1958; 1963; 1968; 1972
84 Blanton 2008: 102

第1章 国家の一般理論

標となるのは専業化、分配センターの存在、そしてそれらの統制である。再分配はもともと非市場社会における経済統合のモデルのひとつとして提示されていた[85]。それが、首長制社会と似通ってはいるものの異なる社会（ビッグマン社会）の事例との比較から、後者に対する前者の特性は地位の固定化と世襲、また集団の物資の徴収および配分権限の集約化、すなわち再分配の確立にあるという指摘がおこり、この議論のなかでも注目されるようになっていく[86]。ここでの再分配は生態的多様性の克服という文脈で用いられる。とりまく生態条件によって獲得・生産される物資が地域ごとに異なるなかで、市場が普遍ではない社会では、めざす物資を持つ他者からの譲渡が、居住域で獲得不可能な物資を得る一般的な手法となる。その場合、個々人の間で互酬を繰り返すよりは組織的にそうした物資を一括入手し、その後配分するほうが効率は良い。それゆえにこの再分配が実現している社会は、生態の多様性を戦略的に克服しているという点においてより高い適応が実現していると評価でき、同時に、進化の上位段階にある社会とみなすことができる。

　さらに、こうした再分配がうまく機能するためには、やりとりや物資そのものの統制を担う個人や集団の存在が前提となる。すなわち再分配が成りたっている範囲にはそうした集権的部分が必ず想定できるわけで、ひいてはそこにある程度組織化された社会をみいだすことができる。そして、こうした首長制社会よりもさらに上位段階にすえられる国家はまず、再分配ではなく税制による経済統合がなされていなければならない。また、そうしたレベルで一定地域を統合する体系的政治制度は、個人の人格的権威や親族組織による支配では恒常化し難いと考えられるため、ひるがえって親族制度と支配組織の分化、そしてその反映としての官僚制度や成分法規、常備軍の発達が、国家成立の指標として認識されるようになる。つまり首長制との比較によって、支配の諸制度・組

---

85 Polanyi 1944; 1957a; 1977
86 Sahlins 1972

第1部　国家／帝国という問題枠

織が確立していることによる総合的に強固な統合を達成している点こそが、国家の特徴として浮き彫りになったのである。

「到達点としての国家」像への懐疑

首長制社会は再分配という物的痕跡からアクセスしやすい要件が付与されたことで、その後考古学で盛んに議論の対象となり、再定義や細分作業が行われ、さまざまな展開をみせた[87]。そのなかで、当初重視された経済的位相よりも政治的位相に着目してとらえるべきという指摘がなされるなど[88]、支配秩序の一類型としての性格を強めていく。同調して、首長制社会と同様の、国家とは別の複雑社会の研究も活発に行われた[89]。こうした作業は間接的にしろ、上記首長制との比較でもあったように、国家の特徴や国家成立の要件の厳密化に結びついていく。当該社会を律するのは国家なのか、あるいは首長制などほかの複雑社会に相当するしくみなのか。国家の要件を精緻にしておかなければ、判断することができないからである。

また新進化主義を契機として文化進化の系統的多様性をより強調した事例も出現した[90]。提示されたのは環境適応により規定される地域個別の文化進化、そして後述する文化伝播をも契機とした複数系統の国家形成への道筋であった。そのなかでは、環境適応を背景に国家が自生する社会もあれば、文化伝播を要件とする場合もある。それらの条件が満たされず国家が不在の社会も当然ある[91]。つまり国家は現在でこそ普遍的な機構だがどこにでも自生するものではなく、自生した地域はむしろ例外的なのではないか[92]。この視点は社会進化論や普遍進化論で想定されていた人類社会の到達点としての国家像に根本的懐疑をもたらすものであった。

---

87 e.g. 岩永2012: 154~161; Cordy 1974; Earle（ed.）1991; Nelson 1995; Renfrew 1973; Yoffee 1993
88 Upham 1990
89 e.g. Feinman & Neitzel 1984
90 Sanders & Webster 1978
91 Hays 1993; Spencer 1987; Shifferd 1987; Yoffee 1993
92 Clastres 1974

第1章 国家の一般理論

文化／社会間の関係：伝播論、交易論、世界システム論、同位政体相互作用論

文物の波及：高いところから低いところへ

単系統の発展を前提とする理論で看過されがちだった視点として、文化や社会間の関係性がある。文化と社会はともに完全に孤立して存在するほうがむずかしく、他との接触を契機として、あるいは恒常的な相互関係のなかで根本的な変化がおこることは十分考えられる。国家形成の議論では、そうした変化の要因として、国家的機構の形成が先行しておこった勢力との接触という状況が重視されてきた。社会の発展は、より発展した社会で生み出された先進的な文物がもたらされることによっておこると考えられたためである[93]。上記のような新石器革命や都市革命をもたらした農耕や牧畜、冶金技術は交易活動にともなってそれらが未だ存在しない社会に伝播し、後進の社会の階梯を上げる。あるいは民族の移動などが後進社会に刺激を与え、発展に不可欠な影響を及ぼすことになる[94]。こうした影響をもたらし得る先進地は限られており（当初想定されていたのは西アジア）、大多数の地域では文明（とほぼ同じ意味の国家）は先進地からの文化伝播のもとで形成されたと考えられた（伝播論）。

長距離交易：国家形成の原因か結果か

こうした論で伝播の枠組みとして想定されていたのは共益関係や同盟関係で、伝播の媒体と考えられたのはそうした関係にもとづく移住と交易であった。とくに交易は物的痕跡からも復元しやすい現象であることから、考古学で積極的に検討の対象となっていく。交易の社会的役割についてはおおまかに地域内

---

93 Tylor 1889
94 Childe 1925; 1934; 1942; 1956

第1部　国家／帝国という問題枠

交易論[95]と地域間交易論[96]という枠組みでの議論があった。伝播論に示唆を与えたのは後者で、さらに関連して、遠隔地間のやりとりである長距離交易は社会のなかでの階層分化にも必須の事象である[97]と同時に、国家形成でも直接的な要因と目されるようになる[98]。たとえば生態資源が乏しい地域では、資源・物資を手にいれるための主要手段として、他地域とのやり取りがとくに発達する。ただ、いくら発達しようとも直接的にかかわるのは共同体の一部の構成員に限られるため、遠隔地とのやりとりや遠隔地由来の物資の再分配は、かかわる者とかかわらない者との間に差異を生む。それは物資のみならず社会の発展をもたらしうる生産技術の類についても同様で、交易を采配する立場の構成員は社会発展の内在的要件をも担うことになる。

　ゆえに交易の場面で生成された立場の差異は、生産の増大により生じた余剰物資が私的所有に転嫁する際の配分の差にもむすびつき、社会内部での立場の差異をさらに拡大して、固定化する。これは社会進化論で国家形成の要件とされた階級の出現に等しい。さらに、この過程では並行して、私的所有と労働のさらなる強化がおこる。また、少数からなる上位の階級が多数を成す下位の階級に対しこうした権限を維持するためには、生産力の増加とともに交易による物資の獲得を拡充し続けなければならない。このように長距離交易は管理／采配の権限をもつ者ともたない者との間に支配―被支配の関係性を生みだす契機であると同時に、その関係性を拡大し、固定化する手段とみなすことができる。ひいては交易のあり様は社会秩序のそういった側面を測る有効な指標といえるのである[99]（交易論）。

　そこで、交易という外的要因を重視しながらもそれが社会変化の内的要因として転嫁するメカニズムを経済統合や交換システムの観点から説明する視点

95　Wright & Johnson 1975
96　Rathje 1971; 1972
97　cf. Schortman & Urban 1987
98　Coquery=Vidrovitch 1969; Lamberg-Karlovsky & Saloff 1979; Polanyi 1944; Rathje 1971; 1972
99　Renfrew 1969; 1975

第1章　国家の一般理論

は、その後の国家形成研究で主流となっていく。また上記伝播論の文脈に還元されて、内的な社会変化によって自生した国家（一次国家）と一次国家の影響により生成された国家（二次国家）の区分[100]、ひいては国家形成現象の多様性についての知見を深化させる議論にも結びつくことになる。

　ただそうしたなかで、長距離交易が文化／社会複合の原因ではなく結果であるとする意見も呈された[101]。長距離交易は上記の生産技術をはじめ情報の多様化と増加をもたらす。だからこそ社会変化の要因として認知されたわけだが、受容する側の文化／社会がその情報を処理しうる体制をその時点でそなえていなければ一過性の現象で終わることはおおいに考えられる。文化／社会の複合化と長距離交易との関連自体は否定されないものの、当該社会がすでにある程度の組織化された複合システムを有していてはじめて内的要因に転嫁しうるのならば、複合化の指標とは言いえても契機とみなすには慎重になるべきということになる。

交易論から世界システム論へ：地域間の中心─周辺関係構築と階層分化のメカニズム

　とはいえいずれにせよ、交易が社会間の関係性を築き、それぞれの社会に不可逆的な変化をもたらしうることは看過できない。そして、そうした機能をかんがみれば、交易はただ文化単位や政治単位を結びつけるのみならずそれらを超えて、一貫するシステムとみなせるような、単一の経済的単位を成しているととらえることも可能になる（世界システム論）[102]。そこでこの視点から回顧して、人類社会を成す原初的な2つの社会システムが想定された。1つ目は自給自足を主とし、交換は限定的な互酬で、ゆえに文化的そして政治的にほぼ同質の共同体が文化的同質性による相互関係を築きながらも自律的に分散する状

100　Fried 1967
101　Hutterer 1977; Kennedy 1977; Renfrew 1969
102　Wallerstein 1974; 1980; 1983

第1部　国家／帝国という問題枠

態である（ミニ・システム）。そして2つ目は複数の共同体が統合される規模で展開する世界システムである。この世界システムは交換モードの違いによって2つの様態に分けられる。まず、交換経済により結びつけられる社会システム（世界経済）がある。交換経済によるため共同体間に階層はなく、複数が統合されているとはいえゆるやかで、それゆえ総じて不安定なシステムとして設定された。対して、より強固な結びつきの社会システム（世界帝国）がある。これには再分配や朝貢によって統合されている状況があてはまる。ゆえにここではそれらを統合・管理する権力の存在も前提として考えられている。

　しかし世界帝国といえども結局は原初的なシステムであり、16世紀、資本主義的経済システムの確立にともなって転換を迎えることとなる。資本主義経済は国家単位も凌駕した世界規模での分業体制を確立することで、経済活動の役割に沿った地域の分割と統合をもたらした（資本主義世界システム）。分割と統合は不均質におこり、システム内での階層的な地域区分を固定化する。原材料の輸出に特化した周辺地域と、周辺地域から原材料や労働力を搾取して軍備や技術力を蓄えた中核地域、そして両者の中間に位置する半周辺地域という区分である。一方このシステムの外部については、奢侈品交易によってゆるやかに結びついている状態が想定された。

　世界システム論は資本主義のメカニズムに着想し、16世紀以降のヨーロッパを基軸とした世界構造の俯瞰をめざしていた。文化・政治単位を超えて広がる交易ネットワークの存在こそが近代以降の社会を特徴づけているという考えから、ネットワークにより連結された範囲が、一つの連動する経済単位として歴史的役割をはたす重要性を浮かびあがらせたのである。そして、元来はあくまで資本主義的経済活動のモデル化を主眼とする視点なのだが、比較の観点から近代以前の社会についてもモデル化されている。そこでは交易ネットワークにおける上記中核―半周辺―周辺という枠組みの中で、中心化にともなう周辺化という作用からなる地域間関係を設定している。そしてこの中心―周辺関係を

第1章　国家の一般理論

単なる物流面での方向性や経済的活動における主体―客体の関係性を反映した
ものではなく、搾取―被搾取の関係性としてとらえている点は重要だろう。な
ぜならば、それは同時に政治体としての支配―被支配の関係を直接的に固定す
る作用だからである。まず、中核地域では相互の競争が激化することもあって、
交易ネットワークの拡大に比して、軍備や政治組織の整備による内部での中心
化、すなわち国家形成にむかう動きが加速する。それに対して周辺地域では中
核地帯のこうした動きに比例して搾取が強化されるため、対抗できるような社
会秩序の形成にはいたらないと考えられる。すなわちひとたびこうしたネット
ワークが形成されればこのようにして地域間の格差は拡大し、かつ再生産され
続けていくことになるのである。

古代における世界システムと威信財の交易ネットワーク

　伝播論や交易論では説明され難かった交易にかかわる地域間の階層分化メカ
ニズムを、交易ネットワークにおける搾取―被搾取から説くこの視点は、国家
のような機構の形成研究に際し、それぞれの社会の生業形態や交換様式のみな
らず、システムの復元とシステム内における当該社会の位置づけをあわせて考
察する視座をもたらした。そこで古代社会に対しても、経済的統合が社会的／
文化的／政治的統合を上書きし左右するという見方に沿って、そこへ向かう発
展をとらえようとする試みが各地で盛んになっていく[103]。また交換モードから
中心―周縁の関係性を復元して軸とし社会変化を説明していく研究も活発化し
たことで、世界システム論の見方を踏襲しながらも、古代社会の特徴として周
縁地域の自律性、中心―周縁関係の流動性を強調する指摘もなされた[104]。そし
てこうした議論のなかで、考古学が着目したのが威信財であった[105]。威信財と
は、上位階層同士の連動関係を表示するために、受容する側の社会（消費地）に

103　Adams 1966; Algaze 1993; Chase-Dunn & Hall 1991; Rowlands et al. 1987; Wolf 1982
104　Kohl 1987
105　cf. 下垣 2010

第1部　国家／帝国という問題枠

おいて再分配される固有の社会的価値をもつ物資である。威信財となりうる物資はしばしば素材の限定性や高度な工芸性を備えている。そこでこうした物資が作られる背景には、稀少材の獲得や流通を采配する体制、そして専門性の高い手工芸品の生産体制が想定できよう。それがさらに、威信財のやりとりが定着するにしたがって原材料の産出や加工の管理、交易の要地における専業化の発達がおこり、統合秩序が確立していく。対応して、消費地では財の入手や使用が可能な立場と不可能な立場との間の隔絶化が進行する。すなわちこうした状況下では、社会内での威信財供給のコントロールが当該社会における支配的立場の維持に直接的に寄与することになるのである[106]。

　このように威信財に着目し、社会内での対象物資の交換モードや消費形態を解析することで、空間的な生産システムも世界システム内での中心―周縁関係の形成も、より具体的に物語る視座がひらかれた。近代世界システムはそもそも日常生活を規定する物資の交易ネットワークに着目した議論だったわけだが、それを古代世界に適合するにあたり、威信財の生産―流通―消費という観点から交易ネットワークをとらえ直すことで、なぜ社会の複合化や再生産がおこるのかという説明に説得性を付与できることが示されたことになる[107]。そこで以降、資本主義以前の複合社会 composite society について、経済統合からの説明を行う有効な視点として、積極的にとり入れられていく。

　しかし他方、そもそも近代のモデルを古代にあてはめる是非に加え、中心―周縁関係を安易に支配―被支配関係へ比定する解釈はしばしば批判をまねくことになる。それでもこの論が古代社会の研究で活用されたのは、物資のやりとりやセトルメント分析といった、考古学でも復元可能な現象から国家形成や社会の階層分化が検討可能であった点が大きい。こうした視点から社会間／社会内の関係性をより客観的に導こうとする試みは考古学ではもともと盛んだった。

106　e.g. Rathje 1971; 1972
107　e.g. Frankenstein & Rowlands 1978

第1章　国家の一般理論

主だった研究法としては上記交易論とともに、地理学の知見[108]を援用したものがある。集落の分布パターンから対象地域の中心地を推定し、同時に社会領域や政治領域を推定する手法である。ただしこうした分析では前提として、対象地域内における地理条件の均質性がもとめられる。この条件下では、同規模かつ同質の中心地すなわち一次集落は等間隔に分布する。そしてそれぞれの周囲には低位の二次的集落とさらに低位の衛星集落が分布し、中心集落を頂点とする領域を構成している。領域は六角形を呈し、連なって網の目状を成す。こうした一次集落とそれ以外の集落間の関係性はさまざまに推測できるが、とはいえ、いかなる場合でもある種の支配―被支配の関係性が想定されよう[109]（中心地理論）。そして、国家も含め複雑社会にアプローチする場合、一次集落の性格の分析とそのほかの集落との関係性の具体化がとりわけ求められる作業になってくる。一次集落が生態条件や領域に比して大規模な場合はとくに、政治的、宗教的、あるいは経済的（とくに対外交易）機能に特化している可能性が高いと考えられるが[110]、その場合いずれに特化しているのかの判断が、対象社会の階層分化の原理をつまびらかにすることと等しく、重要性を帯びることになるからである。

　同位政体間の相互関係と文化／社会システムの生成

　伝播論以降の諸論では、上位の階梯にある社会と下位の社会との関係性が重視されてきた。世界システム論でもシステムの類型化やシステムおよび個別社会転換の示準となるのは、中心―周辺や搾取―被搾取といった階層的な関係性であった。そうしたなかで、こうしたパラダイムを脱し、また交易という交流形態に限定せず、同等の社会間の相互関係から文化／社会システムを導こうとする視点が呈された（同位政体相互作用論 peer polity interaction theory）[111]。こ

108 e.g. Christaller 1933
109 e.g. Johnson 1972; Steponaitis 1978
110 Kowalewski 1980; Steponaitis 1978
111 Renfrew 1986

43

第1部　国家／帝国という問題枠

こではまず、最大の社会的な単位として政体 polity を設定する。この政体はいわゆる政治的な組織性ではなく、自律性を重視して同定される。対等な関係にある構成員の合議で始終するまとまりであっても、それで自治が完結しているのであれば政体とみなすことになる。すなわちこの論は、相互交流が生じた領域（相互交流域）におけるこのような政体間の同質性の形成に着目し、背景となる相互交流・作用の具体化から、当該文化／社会システムの生成プロセスを導く視点となっている。

　当初、この枠組みで具体的な対象となっていたのは国家というよりも初期国家 early state だった。初期国家はその名のとおり、国家の揺籃あるいは初期段階の社会に対して設定された理念型である[112]。歴史的概念でありつつも実体性を前提とせず、論理上観察不可能なものとして定義されている点が、同じように国家形成前段階にしばしば対応させられる首長制社会との質的相違となっている。初期国家は概念的枠組みだが、とはいえ行政機構の類型であることを一義に置き、明確な領土をもつ独立した政治体として設定された。よってまず、中心性が明白で中央集権化された統治機構の態をなす。ただ、支配層は支配者とその親族で構成されており、ほかの社会的立場も多くは世襲で維持される様態が想定された。支配者の立場は祖先崇拝に連なる神意によって権威づけられ、被支配集団と相互依存関係を築くことで成り立っている。支配者は司祭としての性格が強く、神意を反映した祭祀や法規をつかさどり執行することで、領土内の秩序や統合ひいては領民の生活の安定を保障する役割を担うのである。他方、被支配集団は貢納や使役にあたる物資や労働力を支配層に提供する。また、農耕を主とした生業に従事する一方で、補足的ながら機能する交易や市場でやりとりされる物資を生産するための専業化も一般化している。

　初期国家の具体的な特徴として提示された以上の事柄は国家形成の必要条件

112 Classen & Oosten 1996: 2~7; Classen & Van de Velde 1987: 4~5; Claessen & Skalnik 1978: 637~639; Trigger 1990a: 126~145. cf. 岩崎・常木 2008: 6~10; 植木 1996: 31~35; 野島 2009: ii.

ともなりうる点で着目され、初期国家概念は、文化進化論で呈された諸類型とともに国家形成研究で頻繁に用いられるようになっていく。そしてこの初期国家から国家への変化という文脈で、異質の政体からの影響に加えて、同質・同等の政体間での相互交流も想定すべきという上記指摘がなされたわけである[113]。同位の政体間に作用をもたらす相互交流はこの場合、社会間関係を語るうえで重視されてきた支配—被支配につながる戦争や、特定の技術伝播あるいは長距離交易といったものにとどまらない。象徴的な形での競争や張り合い、相乗り、日常的物資の交換、言語や技術の転移も含まれる。たとえばモニュメントが政体間で似かよっていた場合、従来は、同盟関係や支配—被支配、中心—周縁の関係性が想定されがちだった。しかしこの枠組みでは、同等の集団間での競争あるいは張り合いが作用した結果ともとれることになる。そしてそれは相互交流域で政体間に同時に作用し、政体それぞれに、さらには交流域総体に変化と階層分化とをもたらすのである。そして後述する複合化が進行した社会[114]の場合には、複数のレベルでこうした相互交流がおこる。高位の政体間の相互交流が下位の政体間の統合をうながし、さらなる高位の政体の成立をもうながすことになる。すなわち同位の政体間の相互作用こそが地域・社会総体を変革し、生成する主体的位相にあるという見方がなりたつのである。

集団規模と情報処理：情報理論、人口論

国家を生みだしたものと国家が生みだしたもの：単因説への懐疑

上記長距離交易についても社会変化の要因か結果かという議論があったように、国家形成を射程に社会変化を論じるためには変化の起点となる事象（要因）とその変化を恒常化する事象（要因）とが異なる可能性を視野にいれておかな

---

113 Renfrew 1986
114 cf. 植木編 1996: 319~320; 西村 1996: 206

第1部　国家／帝国という問題枠

くてはならない[115]。国家形成と、その前提となる社会の複雑化の要因として重視されてきた余剰についても例外ではない。この場合、余剰を生み出すのは国家の組織化機能、余剰を累積するのが国家の維持機能というような区分は見落とされがちである。農耕や専業化についても同様で、「農業、牧畜、冶金業を強制していくのが国家である。農村が徐々に都市を作るのではなく、都市が農村を作るのだ。国家が一定の生産様式を前提とするのではなく、逆に、国家が生産を一つの『様式』にするのだ」[116]。

　そもそも多くの議論では国家を形成するメカニズムと、そのメカニズムによって実体化された制度や組織の双方を、国家という一つの枠組みの中で説明しようとしてきたきらいがある。国家を生み出したものと国家が生み出したものとの区分の必要性があらためて認識されるなかで[117]、そもそも人口圧や灌漑、戦争、生態、長距離交易といった単一あるいは特定の要因を想定している（単因説）ばかりでは国家形成を十全には説明できない可能性が高いということも明らかになっていく[118]。そこで、こうした論理的限界を超克する枠組みとして、システム論的アプローチが国家形成の議論にも本格的に導入されることになった[119]。文化／社会システムの複合度合いの増加が社会の階梯を左右するという考えのもと、重視されたのは「情報」である[120]。「情報」は価値体系や世界観に相当し、シンボルや芸術、発明、信仰、儀礼、文字体系といったような、上記同位政体相互作用論でも相互交流の対象として重視されてきた事物があてはまる。こうした「情報」を含む文化的側面はそれまで環境や生態的諸側面とは別個に考察されてきた経緯があり、とくに文化進化論では環境に対する従属的存在としてとらえられてきた。しかし、社会そして文化をシステムとしてみた場合、「情

---

115 Feinman 1991
116 Deleuze & Guattari 1980: 訳 484~485
117 Deleuze & Guattari 1980
118 Classen & Van de Velde 1987; Hunt 1988; Webb 1988
119 Flannery 1968; 1972; 1995; Renfrew 1972
120 Flannery 1972; 1995

第1章　国家の一般理論

報」は物質 matter やエネルギーといった技術—環境にかかわる諸要素とともに
文化システムを成すと同時に、環境とも相互影響関係にあるといえる。そして
こうした社会の見方をすれば、文化システムに大きな変化が起こるのは、技術
革新あるいは環境の変化というよりもむしろ、この相互影響関係の平衡性が損
なわれたときだと考えられるのである。

「情報」の管理・処理システムと意思決定：単因説の克服

　そこで、これらの因果関係を適応という概念以上に具体的に説明するために
着目されたのは「情報」の管理・処理たる決裁 decision-making のあり方である
（情報理論）[121]。人間は、個体としては情報記憶・処理能力の閾値が当然ある一方、
閾値を超えた量と種類の「情報」を活用することで文化や社会を成す性質をも
つ唯一の生物だといえる。とはいえ社会あるいは集団規模自体が拡大すると構
成員同士での意思決定のための対話がむずかしくなり、抗争が頻発し、かかわ
る人間総体での決裁は不可能となる。これは心理学や社会学で指摘されている
人間の情報処理能力についての知見からも支持される（集団規模ストレス
scalar-stress 論）。そして、人間集団が一定の個体数を上回り集団構成員全員の
協議で総意を導くことがいよいよ困難になると、さまざまな「情報」をより効率
的に処理し意思決定を実行するために社会の分節化と秩序化が発生する[122]。具
体的には、ほぼ同列の小規模集団への分節化、そして既存の諸集団を統合し意
思決定を代行する小規模組織の確立がおこる。このうち後者が社会進化論や文
化進化論で国家形成にいたる前提的様態とみなされてきた、いわゆる階層分化
に相当する現象である。

　決裁への着目からはさらに、この階層分化について、段階的階層 sequential
hierarchy と同時的階層 simultaneous hierarchy という2つのモデルが示された[123]。

121　Johnson 1978; 1982
122　e.g. Simon 1973
123　Johnson 1982

47

第1部　国家／帝国という問題枠

段階的階層は主に、文化進化論の類型中では平等社会に相当する等質的な社会を成すものである。こうした社会での決裁はゆるやかな段階（核家族→拡大家族→小集団→・・・）を経て行われるため、総体として多くの構成員がかかわることになる。対して地位社会以降で一般的になる同時的階層では、少数の構成員のみがほかの大多数の構成員にもかかわる決裁のすべてをつかさどる。そして並行して顕在化する階級や、成文法規を含む統治制度あるいは宗教といったものもこの同時的階層を円滑かつ効率的に実現する機能をもつからこそ発達するしくみとして位置づけられるのだが、国家はそのなかで、人間生活にかかわる情報源の増大と多様化にともなうこの同時的階層化の、最たるしくみとして位置づけられる。すなわち国家はもっとも複合的な社会システムを成す装置であり、「情報」の増大と多様化による情報処理システムの危機、そして制御システムの刷新を契機とし、「情報」の流れと処理システムが段階的に変化した結果として成立する。また、そこに至る階梯（狩猟採集バンド→自律村落→地位社会→首長制→初期国家→帝国）[124] は、決裁の過程をつかさどる決裁制御機構の集中化、特殊化（専門化）とその統合化（制度化・組織化そして階層化）の度合い、そして範囲によって測ることができると考えられた[125]。こうした国家形成の説明は同時に、契機となる具体的な事象を指摘しているわけではなく、主要動因 prime mover の特定を主目的としてもいない。適応という視点から社会・文化の類型化と秩序化を試行しながらも特定要素を前提もしくは要因とはせず、文化進化論で等閑視されがちであった社会の内在的要因に重点をおき、さらに人の基盤的位相に立ち返ることで、社会内部での変化のメカニズムについての考察を深化させたものとなっている（多因説）。

---

124 Flannery 1995
125 Van der Leeuw 1981; Wright 1977

第1章　国家の一般理論

人口増と環境の制限性：制約理論

　こうした、「情報」の決裁制御機構の顕在性、および制御システムにみられる階層や分節単位の数といった観点からの分析で重要なのは、まずもって当該文化／社会の人口である。人口への着目自体は上記理論に端を発したことではなく、人口の増加はとくに文化進化論以降社会変化の要因として間接的ではあるものの前提とされ、客観的な指標としても重視されてきた[126]。そうした枠組みでは、人口増加が一定期間継続しておこると新たな食糧獲得・生産手段が要請され、ひいては社会総体の変化に結びつくという説明が成されている（人口論）[127]。また、環境・生態の重視から国家の普遍性ではなく特殊性が強調されるようになる中で、この論を補強する要素として注目されたのは環境および社会の制限性だった。環境的制限とは資源量の過少と地理的制約である。乾燥地帯などのように活用可能資源がそもそも乏しければ、それをめぐる競合は頻度を増す。また地理的制約は人口の拡散を阻害し、人口圧の過多すなわち社会的制約の要因となる。地理的制限による人口圧が高まることで資源をめぐる争いは頻度を増すだろう。そこで、物資の分配や安定的供給、そして調停のための行政組織が発達するのである。また、こうした争いは集団内部のみならず集団間でもおこる。その結果勝利した集団は資源および活用可能地とともに敗北した集団をとりこみ拡大するが、その際、敗北側の構成員を被支配層とし、さらに新規獲得した資源や土地も不平等に配分することで、内部での立場の差異が拡大することになる。つまりこの論では限定された空間という条件下における人口増大、そして戦争や征服といった現象の発生が、国家形成の要因と考えられるのである（制約 circumscription 理論）[128]。これは文化進化論の論理的基盤である生態への適応という視点を最大限に活かすと同時に、人口という観点を加味することで、社会内部の変容も視野に入れた説明となっている。

---

126 Carneiro 1967; Dummond 1965; Ember 1963; Harner 1970; Hassan 1979
127 Boserup 1965
128 Carneiro 1970

第1部　国家／帝国という問題枠

人口と領域のモデルと統合機構の変化のメカニズム

上記「情報」や決裁に着目した議論の文脈では、同様に人口に着目しつつも、より具体的なモデルやメカニズムを示す事例があらわれた。ヒトの個体としての情報処理能力をかんがみた場合、集団構成員の総数が500人を超えると総意での決裁はむずかしくなるため、まずは世帯の代表者による協議が行われるようになる。さらに集団規模が拡大するにしたがって、代表者が世襲制になると同時に自身の所属する集団を統括するようになる。そして決裁に直接的にかかわる人数が500人を超えた場合には上述した同時的階層化がおこり、集団総体を維持するには前項で述べた初期国家という国家揺籃段階、あるいは国家に類する序列化された諸組織が必要となってくる[129]。無国家社会への着目から国家社会を特性化する研究からも、同様の視点からの指摘が成されている。統治機構をもたないながらもバンド社会をはるかに凌駕する規模の中間領域集団 middle range group あるいはトランスエガリタリアン社会では、構成員の人口が10000人を超えるとリーダーの地位の隔絶化 status differentiation や領域拡大が加速するという[130]。別の事例でも10000人程度というのは首長制のようなしくみが必要になる目安となっている。そこではさらに、25000人以上になると首長制でも不安定になり、48000人以上になると国家のような統合機構が存在しなければ集団は維持されないことが明らかになった[131]。また初期国家に関しても人口と領域という実体的目安（初期国家単位 early state module）について具体的な数値があげられた。ここでも目安となる人口は10000人で、対応する領域面積は1500平方キロメートルとなっている[132]。ちなみにこの場合、領域の中心地は50から60キロメートル程度相互に距離をおいてあるものと、設定されている。

---

129 Kosse 1990
130 Feinman & Neitzel 1984
131 Baker & Sanders 1972
132 Renfrew 1975; 1977

第1章　国家の一般理論

　領域はこれ以外の事例でも人口と関連して俎上に載ることが多い。領域の拡大は社会規模の拡大や複雑化の目安として感覚的にもわかりやすく、また中心集落の規模に応じて領域を推定する手法（XTENT モデリング）により領域の拡大と階層分化の発達との相関が実証されていることからも、こうした側面をはかるうえで有効な指標としてとらえられてきた。ただし、領域は階層分化の度合いに沿った社会階梯に比して倍数的に増加するのではなく、あくまで指数関数的な拡大傾向を示す[133]。たとえば首長制社会では2400平方キロメートル程度が推定されるのに対し国家社会は10000平方キロメートル以上と、文化進化論では近接する階梯として設置された両者の間に大きな隔たりを設ける見解も呈された[134]。国家は勢力配分によって管理を実現するため、一定規模以上の領域を宿命的に要する。対して首長制は直接統治におおきく依拠することから、むしろ領域規模を抑えざるをえない。つまりこの、領域における国家と首長制の隔絶は、統治機構としての両者の質的相異をあらわすデータとなっているのである。

　人口についても、人口がただ線的に増加し上記一定数値を凌駕すれば、必然的に社会総体の階層分化ひいては国家形成に至るわけではない。人口の減少傾向が増加に転じる場合[135]、あるいは人口増加の速度が急である場合[136]に国家の形成に結びつくような社会変化は起こりやすくなる。もっとも、たとえこうした人口の変動がおこったとしても新たな社会システムの成立に至るとは限らず、とくに国家形成という人類社会に普遍ではない統治機構の成立に至るには、さらなる社会経済的変革がともなっていたと考えられる[137]。

133　e.g. Renfrew & Level 1979
134　Spencer 1990
135　Wright & Johnson 1975; Wright 1986
136　Graber 1990
137　Feinman 1991; Johnson & Earle 1987; D'Altroy & Earle 1985

第1部　国家／帝国という問題枠

社会の再生産をになう構造：生産関係論

社会の変化と社会の持続

　国家形成をもたらす社会経済的変革の事例として重視されてきたのは農耕、とりわけ灌漑農耕の導入だった。人口圧の高まりが契機となって土地生産性の高い農耕に至り、農耕による食糧供給の安定がさらなる人口増加をもたらすという考え[138]は、社会進化論以降所与としてあった。考古学からアプローチしやすい事象だったことも手伝って、農耕はじめあらたな生産技術の導入を直接的に社会変化や社会内階層分化と結びつける見方は多い。また、そもそもこうした変革への着目をはじめとして、国家形成にまつわる理論やモデルはしばしば変化の契機や要因を明らかにし、説明しようとするものだった。この見方が成り立ってきた背景にはまず、社会は何事かがおこらない限りその状態のままであるという前提がある。そして階梯を想定する社会変化の歴呈では、階梯が上位の社会であればあるほど安定性が高いという暗黙裡も根強い。

　しかし事実として、社会は放っておけば持続するものではない[139]。ある状況を社会と認識できるからにはそこに持続のメカニズムが見いだされてしかるべきだと考えられる。そして、社会変化とは持続のしくみが機能不全におちいったときにおこるものであるならば、前提として明らかにすべきは社会の変化よりもむしろ持続を可能にする再生産のしくみであるといえるだろう。したがって農耕をはじめとする生産技術についても、従来のとおり変化の要因として重視する一方、まずは再生産のメカニズムのなかでいかに機能しているのかを示し、その上で変化要因としての評価をしていくことが重要になる。

---

138 Boserup 1965
139 cf. Mosse 1996

第1章　国家の一般理論

社会構造の基本レベルの再設定：経済決定論と環境決定論からの脱却

　それでは、そもそも一体なにが社会の再生産を規定するのか。再生産を担う
しくみを明らかにする一環としてまず、社会構造を成す基本的なレベルが再設
定された[140]。生産関係 rapports de production と生産力 forces productives、それら
の上にある上部構造という計3つのレベルである。なお生態系は生産力の下に
位置する。このうち上部構造はイデオロギー装置および政治装置を指す。そし
て上部構造を規定し、かつ生産力をも規定して生産手段（用具をはじめとする
生産にかかわる技術の総体、利用可能な諸資源）やその方向性を定めるのが、生
産関係のレベルである。生産関係とは、当該社会の経済的合理性、生産技術の
行使、労働および物資の配分を規定する関係性として定義される。生態系に近
接する生産力のほうがこうした諸事象を規定しそうなものだが、生産力はこれ
らに影響を与えることはあっても生成することはない。生産関係として政治的・
イデオロギー的に統合された人々が生産手段にはたらきかけることによっての
み、生産力は発生するのである。

　つまりこの論では社会進化論で重視されてきた生産技術・組織に対応する生
産力よりも、この生産関係に社会編成の主体としての力点をおくことになる。
従来は生産にかかわる技術および組織や経済的余剰が生産関係も含む社会関係
全般を左右し、ひいては当該社会の階梯を決定する要因とみなされがちだった。
対してこの論では、生産技術・組織に対する生産関係の優越という視点を導入
することで、上記権力構造という図式、そして社会階梯における経済決定論の
直接的なみなおしに結びつけたのである。経済決定論を回避したうえで、経済
的土台による政治とイデオロギーの自律性を強調する。あるいは社会関係がこ
うした諸事象を左右するものとする。総じて生産技術決定論や環境決定論から
脱し、生産関係という社会の内在的構造変化を重視した見方となっている[141]（構

---

140 Friedman 1975: 63~65
141 cf. Althusser 1970; Althusser & Balibar 1970

第1部　国家／帝国という問題枠

造主義的マルクス主義)。

　この視点はそもそも文化人類学者を中心に1960年代以降おこった唯物史観の再構築[142]のなかで提示された。19世紀に提唱された資本主義社会以外の社会における生産技術形態の分類（アジア的、古代的、封建的、近代ブルジョア的）と、その相違[143]についての文化人類学的知見の収斂、そして理論的整備によっている。生産関係と生産力の組み合わせであるところの生産様式[144]に着目して収集された民族事例からは、社会の階層分化といった現象も経済的諸活動や余剰の分配にかかわる不平等がかならずしも伴わないでおこることが示された。そこではさらに専業化や灌漑も伴うとは限らず、むしろ政治的中心化がそれらに先行して確立する事例すらままあった。前段落で述べた理論の転換とこうした事例の蓄積とがあいまって、社会階梯の変動で従来自明視されてきた諸事象も主要動因とは断定し難くなっていく[145]。

経済決定論のみなおしと親族関係への着目

　そこで、人類社会の基礎を成す分節（ジェンダー、職能、エスニシティー、親族、位階）に立ち返って、それらの相互作用を復元し、それらが織りなす構造的関係が上記生産関係のなかでどのように再生産されているのかという視点が、当該社会の分析に際し導入されたのである[146]（生産関係論）。環境や統治機構により規定される経済力を背景としつつ、社会を構成する各種分節関係はいかに形成され、再生産されるのか。この議論のなかで生産関係にかかわる分節としてまず重視されたのは親族組織（リネージ、クラン）だった。親族組織は時に生産活動における基本単位として機能し、時に政治秩序の核としても機能するという多面性をもつ[147]。よって、資源獲得手段であると同時に社会関係を生成し統

---

142 Friedman 1974; Dupré et Rey 1969
143 Marx 1859
144 Godelier 1973a; 1973b; Meillassoux 1967; 1972
145 Trigger 1985
146 Ehrenreich et al. 1995
147 Godelier 1973a

第1章　国家の一般理論

合するしくみでもある生産活動との親和性はそもそも高く、そこでの基本単位
としても機能し得ていたと考えられる。

そこで親族組織に着目することによって、政治的そして経済的両側面を本格
的に統合し、統合のしくみを社会形態の規定要件としてすえる視点が導入され
ることになった。そのなかで当初、親族組織を再生産するシステムとして着目
されたのは婚姻関係だった[148]。婚姻は単なる人的移動や社会的紐帯の再生産の
みならず、財の流通やそのための生産もともなう総合的な社会的再生産／生産
活動としてとらえることができる。それゆえに、時としてイデオロギー的ある
いは政治的秩序をも反映する事象として、そのあり様からの社会秩序復元の試
みが盛んになっていく。

威信財システムと周縁化プロセス

関連して、上記威信財論をより積極的に社会変化の要因として組みこむあら
たな社会階梯論の構築が模索されるようになる[149]。前々項で述べたように、威
信財を基軸として、発信源となる社会を中心、受容する社会を周縁として形成
される関係性は社会構造内で単独のシステムとしてしばしば機能する。この点
を重視して社会類型の一つとみなし、国家の前段階にすえるモデル（部族シス
テム→アジア的国家→威信財システム→都市国家／領域国家）[150]が示された。
このなかでは当初の部族システムやアジア的国家でも、長距離交易や貢納に
よってもたらされる奢侈品が秩序を支える威信の礎として機能している。ただ、
そこで支配─被支配関係を秩序化するのはあくまで親族組織、血縁関係の延長
としての円錐状クランであり、クラン内での支配者個人および共通祖先との遠
近性である。それが威信財システムになると、威信財を媒介とした上位層間の
政治的紐帯が形成され、特定のリネージを中心にリネージ間の階層的関係性を

---

148 Friedman 1975
149 cf. 辻田2007: 79~82
150 Friedman & Rowlands 1978

第1部　国家／帝国という問題枠

構築するようになる。この関係性は、上位から下位へは威信財たる特定の奢侈品の配分、下位から上位へは貢納という形での物資の流通が行われる。そして、この階層的関係性が婚姻によって再生産されることで、アジア的国家で前提的であった親族組織を超克した社会的・政治的関係性を築くことにつながっていくのである。

　威信財システムにはさらに、中心─周辺関係を築きながら常に拡大傾向にむかうという性質がある。威信財のやりとりにもとづく関係性の拡大と固定化は、まず、威信財生産・流通の要衝地における専業化と中心化に拍車をかける。これは要衝地の都市化に直結し、同時に個々に独立性を確保することにもつながると考えられる。独立性の高まりは都市間の競合を加速するだろう。都市内部での経済の活発化、ひいては分節・統合関係の固定化に結びつき、個々の都市は都市国家的様相を呈していく。経済活動のさらなる発達は貨幣経済や不動産取引の出現をうながし、親族組織を基軸としていた支配 - 被支配関係そのものを改変して新たな社会秩序を生成する。それが領域国家である。

　このように、生産関係論と威信財論にのっとって、経済的基盤に沿いながらも、諸関係性の相互作用、内部における個別の支配─被支配関係の醸成からなる複雑な道程が国家形成だということが示された。またこの社会階梯のさらなる特徴は、社会の中心化のみならず周縁形成の視点をも階梯の説明にとり入れた点にある。これにより中心化のメカニズムのみから歴史を語る視点を脱し、また国家形成の議論でも周縁化プロセスの探求が積極的に組みこまれることになった。このことは同時に前々項で記した一次国家と二次国家の議論も深化させることにもつながった。それぞれを、財を発信する側と受容する側という構図でこの議論の枠組みの中に置き、個々の生産と消費の様相を検討することで、両者の関係性を具体化することができるからである。物質的側面からこのようなレベルでの社会の統合秩序や社会間の関係性を実証的に検討できるという点においても、威信財システム、ひいてはそれを組みこんだ上記モデルは無文字

社会に有意な着眼点として、以降積極的に取り入れられていく。

権力資源の操作と確立：権力資源論

社会／文化と国家の分離

　社会／文化階梯の最上位に国家をすえる発展段階説での理解では、結果的にしろ社会／文化と国家とを同一枠で議論することになる。しかし情報理論の項で述べたように、社会総体を方向づける意思決定を行う集団がすなわち社会ではないという点に、国家的機構を備える社会の第一の特徴がある。この点を重視し、文化／社会総体ではなく、総体を方向づける意思決定を行う集団（政治体 polity）に重きをおいた理論的枠組みが提示された[151]（政治体階梯論）。この政治体の変化にのっとった場合、国家形成にいたるまでには4段階の階梯（平等社会 egalitarian society → ランク社会 rank society → 成層社会 stratified society → 国家社会 state）が設定できる。このなかで、平等社会から階梯が移りかわる要件としては、生産活動にかかわる技術力の向上とそれにともなう生産力の増加、その結果としての人口増加に力点がおかれた。人口が増加すると必要物資や居住域の不足から、それらの配分について不平等が生じる。そして不平等の規模に応じて社会の成層化が発達し、成層秩序を維持する機構としての国家形成にむかうことになる。

　この変化の過程で並行しておこるのは、文化的統合から政治的支配への移行である。ここでも、前項でふれた親族組織からの分離という点が重視されている。日常世界に与件のごとく共同される血縁的・慣習的結びつき（文化）で社会関係を維持している様態から、非親族組織が制度や強制力（政治）を行使して統合を維持する様態への移行が、上記プロセスの別側面として明示されたのである。そしてこのことは同時に、政治体の社会からの分離過程が国家形成に等し

---

151 Fried 1967

第1部　国家／帝国という問題枠

く、またそれがどのような力学によって成ったのかが、国家や国家形成を説明するにあたり有効な視座であることも示している。

権力論のみなおしと権力資源という視点

こうした国家（そして国家的機構を備える社会）についての特性化からは、国家や国家形成を直接的に語るには、社会に対する意思決定を行う集団という構図を前提としながら、この集団が社会の中で意思決定の権限をいかに獲得し、維持し、再生産しているのかという点に着目する必要があると言える。そして、少数の人々が多数を支配するために行使される力を権力とすれば、権力基盤の掌握過程や行使する手段の形成プロセスが、こうした国家形成と同義になる[152]。そうであるならば、国家の類型は社会の中でどういった個人／集団が意思決定権をもっているのか具体化し、どういった権力を掌握しているかにより識別され、また国家の形態はそれでもってどのように支配秩序が成立しているかによって判断することが有効だと言える[153]。

では、政治体はいかなる基盤・手段でもって権力を成しえたのか。社会を秩序化する権力現象はどういった性格のものなのか。こうした権力評価の尺度はそれ自体古典的で、また、国家形成の文脈では長らく支配的な見方でもある。社会進化論や文化進化論での各モデル、初期国家概念においても、国家形成は社会を構成する分節や個人の間の不平等を前提に考えられてきた。そこでは、不平等な関係性を固定し階層分化をなして維持する支配層の権力、そしてその基盤の確立が国家の要件であり、その占有と行使の機構が国家だったわけである。

そして、こうした議論では生産力や余剰、交易といった経済的位相が重視されてきた。これらの掌握が権力の基盤としても、行使の手段としても不可欠なものとして長らく自明視されてきたといえる。しかしこればかりで社会秩序を

---

152 Haas 1982
153 cf. Testart 2004; 2005; 2012

第1章 国家の一般理論

成しえないことは直感的にもとらえられる。すくなくとも、上部構造を支える下部構造というような単純な構図でよいのかという懐疑は当然うかぶ。そこでこの点を精査すべく、国家形成の文脈で参照されたのが社会的力 social power の概念だった。社会は特定の固定的な基盤の上にある構築物ではなく、重なり合い交差しあう複合的な社会的力のネットワーク群で組み立てられている[154]。そして、その社会的力はイデオロギー的、経済的、軍事的、政治的という4つの資源 power source から構成されている。ただしこれらは別個にあるのではなく相互に関連しあっており、その関係性やバランスこそが社会構造を特徴づけていると考えられる。

　古代社会に適用するにあたっては「力」を権力におき代えることで、権力資源の獲得戦略とバランスという視点から当該社会の統合の特性化をおこなう手法がとられた[155]。社会の中心化の様相や支配秩序、ひいては社会形態や階梯は、これら4つの権力資源の比重、占有手段、そして権力資源がいかに組織化されていくのかという点に規定されている（権力資源論）。古代における国家的機構の出現にかかわる文脈では、この4つのうちやはり経済的権力資源についての議論が積極的に行われた。経済的権力は多様／必須／稀少な資源の生産・獲得そして配分を統制・管理するメカニズムを基盤とする。経済的資源を掌握することで、必然的に人口の大部分に強制できる権力（政治的資源）を特定の集団にもたらすとともに、権力の物理的基盤（軍事的資源）とすることができる。またイデオロギー的基盤（イデオロギー的資源）を強化し創出する口実と能力を付与するにも、経済的資源が充実していなければならない。なぜなら、本質的に不可視であるイデオロギーがそれとして機能するには、神聖・偉大などの印象を与えて人間の感情に訴える媒体となる可視の位相 miranda を構成する必要があるからである[156]。

---

154 Mann 1986; 1993. cf. Scott 1994
155 Earle 1991; 1997
156 Merriam 1934

第1部　国家／帝国という問題枠

イデオロギーの物質化

　このイデオロギー的資源についての説明の前提には、こうした物や場についての物質性 materiality への着目がある[157]。従来の物質文化にかかわる研究では、主体は人や人の社会・文化であって、物はその都合や意志に完全に統御される客体として認識されてきた。すなわち、物は人の都合にあわせて目的的に生産・使用・消費される存在であり、社会関係や文化的・象徴的システムのトークンあるいは繁栄としてとらえられてきたといえよう[158]。物質性への着目とはすなわち物に対しての、「『それは何を表現しているのか』、『いったい何を意味しているのか』という問いから出発するのではなくて、むしろ『それは何をする（引き起こす）のか』という視点から見る態度変更である」[159]。物や場は人に対し、畏怖や魅惑や恐怖などさまざまな感情的反応や行為を引きおこす媒介物として立ち現れる[160]。すなわちこれらは社会・文化から生み出されると同時に、社会・文化を構成する機能をもつのである[161]。さらに、物や場の製作者としてのヒトの行為を拡張し、媒介する社会的行為者としての性質ももつ。

　こうした見方と本来的に不可視の位相であるイデオロギーへの着目とがあいまって、イデオロギーが実行権力に結びついて機能するにはイデオロギーの物質化 materialization が体系的に行われていなければならないという上記指摘にむすびついた[162]。このようなイデオロギーの物質化様態としては儀礼的イベント、象徴財、公共的記念物、景観、文字システムがあげられる[163]。そして、これらの規模を拡充し組織的に実現するためにも、専用に経済的資源が確保されている必要があると考えられたわけである。

---

157 cf. 床呂・河合編 2011; 前田 2009; Johansen & Bauer 2011: 12~17
158 cf. 床呂・河合 2011
159 床呂・河合 2011: 9. cf. Comaroff & Comaroff 1991; Johansen & Bauer（eds.）2011; Miller 2005; Wolf 1990
160 Gell 1998. cf. ギギ 2011
161 Miller 1987; 1998; 2005; Henare et al. 2007
162 De Marrais et al. 1996; 2002; Earle 1997
163 De Marrais et al. 1996; 2002; Earle 1997

生存経済と政治的経済

　とはいえ、あらゆる経済的活動や物資が権力資源として同等に機能するわけではない。とくに国家を語ろうとする際には、上述したように、社会を方向づける意思決定を行う集団がすなわち社会ではないという点に国家的機構を備える社会の特性が指摘できるわけで、ならば経済的活動についても社会全体を再生産するための活動と政治体を組織化し維持するための活動とを分けて検討する視点をもつべきだろう。そこで定式化されたのが、生産活動についての生存経済 subsistence economy と政治的経済 political economy という分類である[164]。生存経済は世帯レベルの集団を基本単位とする世帯の生計を維持するいとなみで、生存のために必要な物資の最小労力での確保を志向する。対して政治的経済は貢納や使役といった社会秩序維持のための経済的基盤確保を目的としたいとなみに相当し、支配層内や同位政体間でおこる「張り合い」や「競争」から成長と拡大とに向かう。

　階層分化あるいは支配機構の変化に結びつくのはあくまで後者で、ひいては権力資源論の枠組みで経済的資源としてほかの権力資源と直接的な関連性をもってあるのも政治的経済だと考えられた。そこで政治的経済はさらに、奢侈品財政 wealth finance と主要品財政 staple finance という区分[165]に整理されたうえで、国家や国家形成の議論に組みこまれていく[166]。儀礼用や貢納用に生産される非日常的用途の物資を対象とする徴集には奢侈品財政、日常生活そして生存に必要な物資にかかわる徴集には主要品財政がそれぞれ対応する。両者は対象となる物資がまず異なるため、対象物資の生産体制をはじめとする徴集の制度やしくみも違っていたと考えられる。同時に、いずれの財政を重視するのかは、ほかの権力資源の確保と管理にも左右されるだろう。つまりこうした財政の区分をとり入れれば、それぞれの権力資源のバランスや関係性、ひいては支配機

---

164 Johnson & Earle 1987. cf. 後藤 1994: 48
165 Polanyi 1957b. cf. 春日 1988
166 Brumfiel & Earl 1987; D'Altroy & Earle 1985; Earle 1997. cf. 下垣 2012: 11, 14~17; 関 2006; 2007: 222~227

第1部　国家／帝国という問題枠

構が依っている統合のメカニズムをより具体化することができると言える。

　ただし、そもそも上記政治的経済と生存経済の区分は両者が別個にあること
を示すのではなく、むしろ政治的経済と、生存経済のおもな舞台になる家内経
済 domestic economy との関係性こそが機構の実態を反映する部分だと考えられ
る。家内経済は政治的経済の源泉として機能しているため、政治的経済におけ
る歳入の拡大には安定的な家内経済の経営が欠かせない[167]。つまり生存経済の
政治的経済化が、国家形成過程あるいは当該国家的機構の機能を語る上で有効
な視点だと言える。また同時に政治的経済の刷新は、世帯レベルの労働形態や
家内経済の経営にも広範にわたる影響を及ぼすことになる[168]。ただし、政治的
経済が組織化されることで家内経済総体が急速に自律性を失い組みこまれる場
合もあれば、国家的な機構が確立していても家内経済の自立性がある程度維持
されている場合もある[169]。両者の関係性はこうした場面でも政治体ごとに多様
だと考えられ、だからこそ両者の相互関係から機構を特性化する試み[170]が有効
なのである。

　国家形成の軌道分化

　さらには国家形成の軌跡を考察するにも、この経済と財政についての区分は
重要な意味をもつ。財政の違いとひいては権力資源総体のあり方に沿って、国
家をはじめとする支配機構自体が分類し得ると同時に、そこに至る軌跡も多系
統想定することができるからである。経済的資源の選択を社会階梯における軌
道分化の要因として設定した場合、奢侈品財政にもとづく首長制社会は分権的
な成層社会をへて都市国家へ、主要品財政にもとづく首長制社会は中央集権的
な古代国家をへて領域国家へ、それぞれ別個に変化を遂げると考えられる[171]。

167　cf. Mehrer 1988; 1995; Pauketat 1994; Peregrine 1992; Rogers & Smith 1995; Santley 1993; Widmer & Storey 1993
168　Hastorf & D'Altroy 2010: 17
169　D'Altroy 2010b
170　cf. Hastorf & D'Altroy (eds.) 2010
171　Kristiansen & Rowlands 1998; Rowlands & Kristiansen 1987

第1章　国家の一般理論

　まず、奢侈品財政で対象となる物資はそもそも稀少材を原材料としていたり、手の込んだ工芸技術を要したりするため、生産手段を向上させたとしても生産量の実効的増加を実現できるとは限らない。またなにより、奢侈品財政で対象となる物資はそもそも固有の社会的・政治的意味内容と深く結びついているからこそその価値や意味をもつことが多い。それゆえそうした状況の変化に応じて容易に価値が変動してしまう。さらに、少量で高い価値をもつことは効率性が高い側面もあるが流通管理の困難さと表裏一体でもある。総じてこうした奢侈品財政にもとづく社会秩序は物資の意味内容が理解される比較的小規模な範囲を核として始終し、大規模かつ面的な範囲に対して恒常的な支配秩序を成す方向へは向かわない。対して主要品財政は対象となる物資がなにせ生活の必需品であるわけだから価値の安定性は高く、また生産技術や流通、貯蔵にいたるまで相対的に管理しやすい。ゆえにそのコントロールは安定的な権力確保、ひいては支配の恒常性を高めることにつながる。また生産技術の工夫によっては生産性を高め、余剰を確保し、財源拡充を実現することができる。ただこうしたことばかりが領域国家にいたる説明となっているわけではない。この財政にもとづいた権力の再生産のためにはある程度の生産高や体系的流通を可能にする一定以上の領域を保有していなければならない[172]。権力の発達を志向すればなおさら領域の拡大が必須になり、ひいては必然的に領域国家のような体制をとらざるをえないのである。

　単系の発展段階説は新進化主義においても批判対象だったが帰結としては環境決定論の範疇を出ず、とくに国家的機構自体の質的相異はそのなかであまり考察されてこなかった。それがこの議論によって、都市国家と領域国家が系統的に異なるプロセス・要因で生成すること、すなわち両者が生成過程からして異質な機構だと示されたことになる[173]。そして国家の前段階とみなされること

172　cf. 関 2006
173　Kristiansen 1984; 1998

第1部 国家／帝国という問題枠

の多い首長制についても、同様の議論がある。これは、首長制を定義づける再分配についての精査から導かれたものである[174]。まず、再分配としてひとくくりにされていた現象は、機能の別にもとづき平準化メカニズム leveling mechanisms と制度的メカニズム institutional mechanisms とに分けられる。平準化メカニズムは、具体的にはポトラッチなどの祭儀的責務 ceremonial obligations や累進課税が相当し、富が特定の個人や集団へ集中するのをふせぐ慣習や制度として、集団内での成層化を阻止する方向にはたらく。つまりこのメカニズムは国家的機構の形成には結びつかないどころか、抗う機能をそなえているわけである。一方、制度的メカニズムには家政 householding、分配 share-out、徴集 mobilization が相当する。物資や生産力を集積したり配分したりする機能をになうもので、ゆえに国家の前段階としての首長制社会を特徴づけ、とくに貢納や使役にあたる労働といった徴集のたぐいの発達は国家的機構の生成に直接結びつき得るしくみとなっている。

　さらに、再分配を主要なメカニズムとする首長制社会といえども、そもそも社会のあらゆるレベルで普遍的に再分配（とりわけ徴集）が行われているわけではなく、あらゆる物資がその対象となっているわけではない。再分配（徴集）の直接的な対象は儀礼用の特定物資に限られる。貢納すなわち徴集用のこうした物資の生産活動と、生存に必要な物資を生産する活動 generalized subsistence economy ではそもそも生産体制からして異なり、貯蔵や運搬のしかた、流通経路に至るまで同じ様ではありえない。とくに国家形成の前段階というあつかいで物語る場合には、上記経済や財政についてと同様、両活動を識別し、対象物資を精査したうえで考えていく必要があると言える[175]。

　ここではさらに、新進化主義で文化進化の前提とされた専業化と社会の成層化および政治的統合の強化とは、かならずしも相関しないという指摘もなされ

---

174 Earle 1977
175 Earle 1978

た[176]。こうした関係性を固定化する権力は基本的には物資の管理や操作と関連するものであり、専業化に結びつくとは限らない[177]。とくに生存に必要な物資は上記のとおり直接的な徴収対象とは相対的になりがたいことから、そこでの専業化そして余剰について評価し関連させて議論する場合には、また別の視点を加味しなければならないだろう。

階層的秩序の一元化：ヘテラルキー概念

階級、階層、成層

　権力資源ひいては権力への多角的な視点は、旧来の権力概念にもとづく階層的秩序についても再検討を求めることになった。社会の類型化や階梯化を目的・手法とする諸理論では、当該社会の評価基準として絶対的な重きがおかれてきたのは、資源や物資ならびにそれらの獲得機会が人びとのあいだで不平等に分配される状態が、いかに醸成され固定化されるのかという点であった。たとえば社会進化論でそのことを測る目安として重視されたのは階級 class だった。階級は、生産手段の所有や管理にもとづいて発生する富や権力に格差のある社会集団[178]において、分業と私的所有が発展するプロセスで生まれた非和解的な対立物である。考古学では慣用的に位階の確立したありようが想定されることもあるが、いずれにせよ特定の含意のある用語となっている。また常に明示されているわけではないにせよ、しばしば資源や物資といった経済的位相が絶対的尺度になっている時点で、単一軸の秩序化、すなわちピラミッド型の成層秩序が想定されているといえる。

　不平等現象に関する概念として階級とともに代表的なものとして階層 hierarchy がある。階層は、本来は階級とは明確に異なり、さまざまな格差にも

---

176 Brumfiel & Earl 1987
177 Brumfiel & Earl 1987: 3~4; Earle 1987
178 Marx & Engels 1845

第1部　国家／帝国という問題枠

とづいて形成されている社会的な集合体を意味する。たとえば階層構造の根拠となるのはしばしば何らかの資源についての不平等分配の構造だが、ここでの資源はただちに生態的資源と同義ではなく、個人にとっての欲求充足の源泉となり、社会システムにとっての機能的必要をみたす源泉となるべき物的対象（物財）・関係的対象（関係財）・文化的対象（文化財）が総じてあてはまる。生産手段や富のみならず、職業、所得、学歴、人種、性別などが階層分化の具体的原因となりうるわけである。階層は社会内部の重層的構造としての社会的成層 social stratification を構成するそれぞれの層を意味する。その本義に沿えば、たとえば資本主義社会でも上記のうち収入、資産、学歴、出自など複数の要素が別個に階層の指標として設定できよう。つまり階層は本来的に多元的なカテゴリーとして測定されるべきことを意味している。対して、階級は上記のとおり、本来的に生産手段の保有という一次元で不平等を測定する視点としてあるわけで、ここに両者の本質的な違いがある。

ヘテラルキーからヒエラルキーへ

　権力資源論でも示されたように、イデオロギー的、経済的、軍事的、政治的それぞれの権力を担うしくみが本来的には個別にあって、統合はなされず、あくまで相互に関連し合うことで社会を形成している様態は常だと考えられる。政治体階梯論でもたとえばイデオロギー的成層化と経済的成層化、そして政治的成層化が相関して進行するとは限らないことが前提となっている。単一の権力基盤を想定し、これらを一括しえる単一の成層秩序が社会を統括していると考えるほうが、むしろ乱暴な議論だといえよう。一元的成層秩序を想定することがむずかしい事例は考古学的現象からも指摘されている[179]。たとえばセトルメントパターンには中心性が確認できるが、葬送儀礼では不平等がみられない、といった現象は通常だろう。

179 e.g. Ehrenreich & Crumley & Levy (eds.) 1995

第1章　国家の一般理論

　このような実際にそくして、階級をすなわち階層とみなして一元的にとらえる長らく所与であった視座を相対化し、それぞれの位相が異なる仕様で成層化されているあり方をそれとしてとらえる概念がヘテラルキー heterarchy である[180]。この概念に沿えば、たとえば経済的位相での不平等が確認できずとも、「階層／階級分化が進行していない社会」と評価するのは早計ということになる。また同時に、経済的位相のみで不平等の固定化を確認したとしても、社会総体の成層秩序が定まっているとは直ちに評価できないことになる。論理的にも事例に即した場合でも人類社会の実態としてはおそらくこのヘテラルキー概念に適う状況が通常で、自明のごとく想定されがちだった一元的なヒエラルキーで各種階層が貫徹している社会は、むしろ特異とみなすことができよう。だからこそ国家の本義にたち返れば、ただ階級の出現や階層分化の発達ということではなく、この特異な状況へと移り変わり、そして組織化されるプロセスが、国家形成を検討する一視座として有効だと考えられるのである。

社会秩序の正当化：ヘゲモニー論

成層化と成層秩序の再生産

　国家形成の前提的現象と考えられてきた社会の成層化についての、主たる課題は発生要因の探求だった。しかしながら生産関係論の項で社会について述べたのと同様、成層的関係性についても、それが秩序となり歴史的・考古学的に認識可能な程度に再生産されるには、固有の統合秩序が対面式関係を超える規模の個人間で、複数世代にわたり維持されなければならない。すなわち成層秩序について考察するにもやはり、成層化の契機のみならず、成層的関係性の再生産と秩序化のメカニズムおよびプロセスを検討しなければならないのである。そしてこれも生産関係論で明確にされたように、両者は基本的に別の原理

---

180 cf. Crumley 1987; 1995; 2001: 24; 2007

第1部　国家／帝国という問題枠

とメカニズムを前提として検討するのが妥当だと考えられる。

成層化メカニズムの動力としての権力

　権力資源論の項でも述べたように、成層秩序、ひいては支配秩序を成すメカニズムの動力として想定されてきたのが権力だった[181]。権力の主たる定義は「行為者が、ある社会関係の中で、ほかの行為者の抵抗を排除してまでも、自己の意志を貫徹する蓋然性」であり、あくまで行為者の主観的な意思に準拠すると考えられてきた[182]。こうした権力観のもとでは権力を持つ行為者は社会のごく一部の個人（エリート）であるため、エリートがほかのすべての者（大衆）を統制・管理・支配するという構図（エリート・モデル）[183]が暗黙裡としてあてはめられてきたといえる。権力はエリートが主体となって行使する強制力に等しく、権力の行使はエリートの個人的かつ恣意的行為に相当する[184]。そして成層社会においては支配者／支配層がこのエリート／行為者に比定されることになる。つまり、被支配者に対峙した支配者が、一切の束縛をされることなく所有および行使する権力を獲得することにより形成された秩序こそが成層秩序であり、その極致が国家とされてきたわけである[185]。

　この文脈では支配―被支配関係を前提として、権力は上位層から下位層にむかうゼロ・サム的なエネルギーという認識が成り立っている。また権力はエリートが有する実態的な資源としてとらえられている。それらは、権力はなんらかの権力手段の保有から生じるという権力の実体的な見方に依拠するものである[186]。すなわち、こうした権力そしてそれにもとづく国家への見方によって、「『国家権力』なる範疇は、（中略）『国家』と『権力』という、二つのあいまいで抽象的な概念がひとつに合わさっていかにも具体的であるかのように実体

181 Rousseau 1979; 1985
182 亘 1996: 184
183 cf. Burke 2005: 113~114; Mills 1956; 1967
184 山本 1990: 139~140
185 早川 2004: 157
186 e.g. Marx & Engels 1845; Lasswell 1936; 1948; 1950; Mills 1956; 1967

化されている」[187]。そして「『権力者』『支配階級』『パワー・エリート』『国家権力』などが連想され、『権力を持つ／持たない』『権力を与える／奪う』といった表現がごく日常的に使われる。そこでは、権力が誰かによって所有されるモノであるかのように考えられている」[188]。

　環境の変化や新たな文化／技術の到来に対応すべく己をとり巻くものを変化させるのは個々人で、彼らこそが社会を構成する能動的行為者だと考えられる。しかしながら上記権力観にもとづく成層化や国家形成の議論では総じて、彼らは受動的な位置づけに始終する。成層秩序成立以降の大多数の個人は自由意志では判断や行為をなさず、支配者／支配層の意志決定に従うままにある。なぜならそれは単純に、支配者が権力を持っているのに対し、被支配者には権力がないためである。支配者は被支配層に対する軍事的権力を所持しており、物理的強制力を行使することができる。経済的権力によって経済的資源や配分経路を専有し、被支配層内の上位にいる人々に対して経済的利益や報酬を優先的に分配するという、大衆操作の手段もとることができる[189]。威信財の分配もこの範疇にはいる。イデオロギー的権力がもたらす威厳は被支配層に畏怖や尊敬の念をもたらし、心理的にも従属関係を強化する。こうして被支配者は支配者が欲する事業に従事し、物を生産し、支配者が与えるイデオロギーによって繰られ、あるいは暴力に威圧されて、社会の下部に甘んじる。

上位層を主体とする権力観の転換

　こうした権力観と支配—被支配関係の説明は直感的に理解しやすい。したがってこれによる社会の成層化も容易にイメージできる。しかし、本項冒頭で述べた成層秩序の再生産といった場合、この見方でもって十全に説明できるのだろうか。たとえば経済的権力による説明では共同の誘因として経済的報酬を

187　山本 1990: 139
188　宮原 1997: 237
189　D'Altroy 1992; Schreiber 1992: 19~27; Smith & Montriel 2001

第1部　国家／帝国という問題枠

重視するがゆえに、還元主義におちいり看過されてしまう側面がある[190]。すなわち、そうした報酬に接するあるいは直接に恩恵を受けることのない大多数の人々がなぜ少数の意思決定に従うのか、説明する視点が欠如しているのである。そうした人々が当該社会の主体 mass として始終するメカニズムこそが、成層秩序再生産の根幹を成すと考えられよう。同時にこうした、命令権力と服従が成立するための根拠が、国家成立の決定的標識になると考えられる。

その根拠として、通常の認識では、まず物理的強制力や強制装置があげられるだろう[191]。しかしながら、武力行使や軍事力による威圧は変化のきっかけにはなるかもしれないものの、結果として生じた状況が不安定で永続性に欠けることになる。圧倒的多数にあたるはずの被支配者を監視し威圧するだけの物理的強制力を恒常的かつ万遍なく維持するにはかなりの資源を投資せねばならず、メカニズムとしては存立しえないほどに非効率的なのである。つまり経済的偏向性や強制力の集約性のみへの着目では、秩序の確立や再生産にまつわる表層を測ったことにしかならないといえる[192]。

総じて実際の社会関係では、権力の行使は不安定かつ不定形で、ある程度までは相互的にならざるをえない。それに対する上記意味の権力のみを基準にした成層化現象や支配現象の正確な概念構成は、なかなかにむずかしい作業となってくる。よって再生産メカニズムの総体を解明するためには、まず、上位層を主体としてきた権力観の転換に自覚的でなければならない。すなわち、上位層が権力をいかに獲得・維持してきたのかと同時に、下位層がなぜ自発的服従に始終するのかという視点が要請されることになる[193]。そしてそれは権力の正当性 legitimacy への着目と同義だと考えられる。正当性とは社会的容認を保証するしくみである。そして権力と、権力行使の手段の選択や行使の様態とを

---

190 Khatchadourian 2013: 114; Sinopoli 2001: 460
191 Testart 2004; 2005; 2012; Weber 1922
192 D'Altroy 1992: 9~11; Khatchadourian 2013: 113; Sinopoli 2001: 456
193 Merriam 1934

恒常的な命令関係に転嫁する結節点として位置づけられる[194]。権力すなわち自己の意志を他者の行動に押しつけることを可能にするという一般的な意味における支配は、そもそも万別の形態で現われうる。たとえば家産制も支配秩序の一形態とみなすことができる。そのなかでは対土地・対物支配の側面が強調されている支配 domination と、人の人に対する人格的支配が強調される支配 herrshaft という区分も成り立つ。そして、こうした家産制的個別権力による家支配に対して、公的権力による公的支配 imperium を確立することで国家的機構は成立する[195]。つまりここでも個別権力を公的に制約する原理をどこに見いだしていくのか、すなわち公的権力とその正当性をいかに醸成し維持するのかが有効な視点であることが示されよう。同時に正当性の様態は力関係としてのむきだしの権力と成層秩序あるいは支配秩序との違いを明確にする指標ともなり、また国家機構がそのようにして得られた支配秩序の再生産を旨とする以上、国家や国家形成について語るには支配の正当性の妥当な根拠を焦点とした概念構成[196]に立ち戻る必要があることも示唆している。

社会秩序に対する自発的追従：イデオロギーによる秩序の自明化

こうした議論から、権力に正当性をもたらす不可視の位相（クレデンダ credenda）が見直されるなかで、かねてより着目されてきたイデオロギー ideology についても再考が求められるようになる。社会を成す無数の分節における意思決定を一様の方向にむけ、総体として統合を成すには、固有の社会意識がそれら分節間で共有されている状況、すなわち権威適合様式 congruent authority patterns が個々人に習得されている様態を前提とする[197]。そして、イデオロギーはそもそも人間の理性部分に働きかけ合理的説明をもたらす概念とし

---

194 牧野 2007a: 122~123
195 牧野 2007a: 109~110
196 Burdeau 1949; 1970; Weber 1922
197 Trigger 1985: 54

第1部　国家／帝国という問題枠

て設定されており[198]、一定の体系性をもった観念形態で、ゆえに当該社会における社会意識として機能する。

　とくに国家の揺籃段階においては成文法規や強制力の執行機関が完備されておらず、国家に結びつくような社会の秩序化と統合は、こうしたイデオロギーによって自明化された秩序に対する自発的追従によっていたと考えられる[199]。そこで、上記理論整備もともなって、国家的機構の形成を観察するにあたり、こうした不可視の位相も含めた成層秩序を自明化するしくみや、しくみの組織化様態が着目されるようになっていく。

イデオロギーの自律性と階層分化

　国家形成研究では主に社会に対する人口増加、戦争、征服、余剰生産、ほかの勢力（国家）からの影響が長らく重視されてきた[200]。そこにはイデオロギーも含まれてはいたが、ほかの要素と比べれば副次的あつかいをうけてきたといえる。しかし上記のように権力概念やイデオロギー概念が精査されるなかで見方は転換していく。物理的強制力に近い戦争と征服は副次的な要素として位置づけられ、イデオロギーや宗教制度、長距離交易の重要性がむしろ強調されるようになる[201]。そもそもイデオロギー的位相による階層分化が経済的・政治的位相における階層分化に先行する事態は理論的にも想定できる[202]。たとえばイデオロギーは年齢や性別の社会的意味づけの差異にも内在する。こうした要素にもとづく階層分化が位階の確立に先行し、社会的中心性や分化性の核ともなる事象はしばしば指摘されてきており、経験的にも納得できるものだろう。

　この視点は同時に、史的唯物論の提唱以来根強くあった上部構造—下部構造という構図の中で被規定性が強調されてきた上部構造が、下部構造を規定

---

198 Merriam 1934
199 Trigger 1985: 54
200 Claessen & Skalnik 1978
201 Claessen & Skalnik 1981
202 Rousseau 1979; 1985

しうるという見方を提示することにもつながった[203]。生産技術・様式に規定される位置におかれていたイデオロギーが成層秩序を規定する自律性をもつのであれば、建築学的な関係性の中におかれてきた生産力と社会的諸関係、イデオロギーの諸構造そしてそれらの構図に懐疑を呈することになるからである。

イデオロギー概念とヘゲモニー概念

こうした視点の転換をうけて、古典的な権力およびイデオロギー概念に代わり注目されるようになったのがヘゲモニー egemonia 概念[204]である。「現実の強固な制度は支配階級の暴力や国家装置の強制力にあるのではなく、支配者に属する『世界観』の被支配階級による受容にある。支配階級の哲学は複雑に張りめぐらされているネットワークの総体を通して『常識』として現れる」[205]という見方にのっとって理論化された観念形態である。ヘゲモニーは「支配階級の哲学」を構成員に自明化し、個々人の無意識下に現実性のあるもの、すなわちあたかも一般的な世界観であるかのような規範や価値観を創造し管理することで、意思決定権をもたない人々をそこに編入して再公式化する作用をもつ[206]。この作用による「ヘゲモニー支配の形態は、人格化しうる可視的な権力行使をつうじてのみならず、従属者を身体性や感性のレベルで『自発的に』そこに巻き込むような形態で行使されているのだ。この権力は、人間と人間諸力をそのエイジェントとして拘束し利用しつつ、自らを自動的に再組織化していく権力である」[207]。それによって、「一定の生活と思想の様式が支配的である秩序。実在についての特定の概念が、全社会に、その社会の制度的なまたは私的なもの—それらはすべての風習、モラル、慣習、宗教、政治原理や社会関係、とりわけ知的、

---

203 e.g. Kristiensen 1984
204 Gramsci 1955; 1977
205 Carnoy 1984: 訳92
206 Khatchadourian 2013: 111; Ransome 1992: 135
207 伊藤 1996: 114

道徳的側面を含意している—の中にゆきわたっているような秩序」[208] が構築される。そしてヘゲモニーによる秩序は、「単に支配階級がその支配を正当化し維持するだけでなく被支配者たちの積極的同意を獲得しようという実践的・理論的諸活動の複雑な総体」[209] を成す。こうした意味では、価値と規範のイデオロギー的支配ともいえる。しかし、たしかに支配的イデオロギーの一部ではあるけれども、いわゆるイデオロギーとしては立ち現れない。強制的・威圧的操作によってではなく、あくまで上記のような自明化作用によって結果的に支配—被支配関係を再生産するところにこの特徴がある（ヘゲモニー論）。

　ヘゲモニー概念、同時にヘゲモニー的文化秩序の説明は当該社会における支配的イデオロギーの作用や経済的位相のメカニズムを多角的に説明するためにも有効である[210]。ヘゲモニー概念は近現代史、とくに経済史や政治史の分野では植民地支配や近代以降の帝国支配の確立、近代世界システムの確立を物語る際に、経済的／政治的優位性が成り立つ説明で要請され、用いられてきた[211]。市民社会 civil society において政治組織の意思決定が社会を秩序化できるのはなぜなのか。それは当該社会で総体的合意が成っているからである[212]。そうした社会秩序が確立し再生産するには、食糧や物資の獲得あるいは安全の保障といった生存を目的とする直接的必要性、物理的強制力や巨大な建造物に対する畏怖、個々人に内在する欲求のみならず、無意識的な同意による支配の生成が内在的要件としてあると考えられる[213]。そして、ヘゲモニーはこの総体的合意の確立をもたらす不可視の位相としてある。

国家形成研究へのヘゲモニー概念の活用

　ヘゲモニーの基本概念は半世紀以上前に提出されていたにもかかわらず、古

---

208 Carnoy 1984: 訳88
209 Carnoy 1984: 訳88
210 e.g. Khatchadourian 2013; Routledge 2004
211 e.g. Frank & Gills 1993; Lears 1985
212 Adamson 1980: 170; Khatchadourian 2013: 111~112
213 Tringham 1991

代以前の社会の説明で用いられることは乏しかった。それは上記のように、近現代資本主義国家の特性として当初より明示されていた経緯もあるように思われる。しかし古代以前にも遡及可能で、後述するミクロ・ポリティクスとも共鳴する概念として、むしろ古代以前にこそ重視すべきという指摘が上記権力観の転換や経済還元論への懐疑からおこってきた。とくに国家形成研究においては、こうしたヘゲモニー概念を積極的にとり入れ当該社会秩序の特性化を試みる方向性が模索されている[214]。マクロな機構が十全ではなかったと考えられる古代社会においてこそ、国家的機構が機能している場合には、特徴的にこうした総体的同意の管理を支配する政治権力が重要だったと想定できるからである[215]。またそもそも時代・地域ごとに固有性の高いヘゲモニー装置への着目は、階層分化の秩序化メカニズムを特性化するにも有効な視点だといえる[216]。

　法規や常備軍・警察機構、流通・情報網が格段に不全だった古代以前の社会において、体系的な成層秩序が時に現代の国家領域をも凌駕する広範囲で複数世代にわたり再生産されるのはなぜなのか。上記のように、それまで規定的だった物理的強制力や経済活動への還元では説明しがたい。そうした状況の前提として、「日常的な慣行・習俗」の場面における「日常意識レベル」での秩序への同意が管理的に成されるメカニズムの醸成があったことは十分想定できよう。またひいては、ヘゲモニー的紐帯の管理化・制度化の確立が国家機構の要件として浮上する。

イデオロギーとヘゲモニーの接合・連関

　ではこうしたメカニズムをあきらかにするには、どのような視点が有効なのだろうか。ヘゲモニーは一義として文化的権力として発揮される[217]。文化の主

---

214 Morrison 2001: 255; Sinopoli 2001: 460
215 D'Altroy 1992: 11
216 Khatchadourian 2013: 113
217 cf. Mitchell 2000: 51~53

第1部　国家／帝国という問題枠

要な意味にはそもそも「権力を正当化する価値観」[218]がある。そしてヘゲモニーに含意される文化は「習俗、生と思考の慣習」や日常的な慣行・習俗に相当し、これらが支配秩序を形成する機能を強調する[219]。そもそもイデオロギーというある意味では特異な認知の様式は、日常的な認知過程とは異なり、様式的行為や言説の集合たる儀礼的行為および民衆信仰をとおして構築される[220]。それらが政治的リーダーシップと接合することで新たな権力へと展開するわけだが、この接合こそがヘゲモニーに相当し、当該社会秩序を語るうえで肝要箇所であることが認識されたのである[221]。

　イデオロギーについてヘゲモニーとの連関を検討するには、「支配の中心が可視的／不可視的」かつ「支配の領域が局所的／遍在的」という軸の上で、権力現象に対しての尺度を転換する必要がある[222]。たとえば宮殿・王廟に相当する大規模建造物、稀少材を用いた宝物のたぐいはこれまでも支配秩序の痕跡として認識されてきた。こうした局所的でそれゆえに可視性の高い支配の形態は理解しやすい。対して日常生活に近く、それゆえ不可視性かつ遍在性の高い秩序化の位相は、その性質ゆえにこうした文脈では等閑視されがちだった。しかし本項冒頭で述べたように、社会秩序は単純な支配─被支配の対立関係に帰結させることはできず、支配層から被支配層への権力行使で維持されるものでもない[223]。支配層そして支配秩序の再生産を可能にする政治的・社会的権力はその大部分が、彼ら自身ではなく被支配層の日常生活世界の中からおこる。そして同時にヘゲモニーがオーソドキシーとして実践されること、すなわち日常生活世界がヘゲモニーに沿って構成されることで、支配層が支配層たる社会秩序が再生産されると考えられる[224]。

---

218 Eagleton 2000: 訳101
219 金山2009: 29
220 cf. 今村・今村2007; 田辺1993; Bloch 1986; Tanabe 2000a; 2000b
221 田辺2008
222 伊藤1996: 113
223 Khatchadourian 2013: 111
224 Bourdieu 1972

ヘゲモニーは個々人が政治的・社会的秩序の枠組みの中で主体となって実践される行為に内在し、その反復から創造される[225]。これは支配秩序の再生産が単純に政治的・経済的位相での序列化ではなく、いわゆる文化的・道徳的なレベルでの同意の獲得をつうじて、日常意識レベルで貫徹されている文化支配でもって達成されていることを示している[226]。そもそも上記のような含意を前提として文化的であることは、社会において讃えられる人格としばしば同義になっている[227]。円満かつ偏りのない人格形成は孤立しては成しえない。そうした意味で文化 civilisé が成立するためにはある種の社会状況を必要とする。たとえば近現代資本主義社会については、教会、政党、教育システム、職場やメディア、家族がこうした社会状況を規定するヘゲモニー装置として機能していることが指摘されてきた[228]。そして国家はそうした社会状況が社会総体に貫徹することで発現する機構ととらえることができる[229]。

　そこで国家・国家形成において総体的同意を得るための文化的基盤や、その操作をあきらかにする研究が要請されるようになる。その方法として、被支配層の日常的実践や世帯レベルでの日常的慣習の復元、その規律化のメカニズムの復元、そしてそれらの文化総体における位置づけの検討が行われるようになる。イデオロギー的権力資源としては審美的価値観、規範・規律的慣習、儀礼的実践が想定されてきた。これらのイデオロギー的権力資源がヘゲモニーに媒介されることで生ずる変化の様相を検討する対象として、一般住居や世帯といった生活様式が着目されるようになっていく[230]。日常生活世界を構成する諸事の生成と再生産が、ヘゲモニーの生成・変換・交替の実態をもっともよくあらわす文脈として想定されるからである[231]。そこで考古学でもヘゲモニーは、

225 Khatchadourian 2013: 112
226 伊藤 1996: 110
227 Eagleton 2000: 訳18~24
228 Gramsci 1971: 12
229 Eagleton 2000: 訳24~25
230 e.g. Booth 1993; Pearson 1984; Saile 1986; Stanish 1989; McGuire & Paynter (eds.) 1991; Wesson 1998
231 Johnson 1989; McGuire & Wurst 2002; Wesson 2008; Wurst & McGuire 1999

第1部　国家／帝国という問題枠

上記イデオロギーの物質化に相当する諸事象の生成と操作にかかわる物的痕跡のなかにとらえる試みの対象となっていく[232]。

日常生活世界の規範化：象徴権力論、実践理論

政治的／支配秩序の再生産と生活世界

　国家や国家形成の研究では、堅固な法規制度や常備軍、権威的構造物がともなう事例が目にとまりやすい分、前項で述べたような一般多数のあり様を主体とする観点や、日常生活世界の自律性を前提とした運営がいかに行われているのか、そしてそこに政治的事象がどのように組みこまれていくのかという観点は相対的に乏しかった。しかしながら、法規や常備軍などが国家機構の確立を示す有意な指標であることは確かだが、国家的機構をそなえる社会の実体やその生成過程を説明するには不十分であることも、前項で述べたとおりである。同時に物的痕跡に着目する場合でも、たとえば大型建造物や宝物のたぐいが発達していたとしても、それは確固たる支配秩序の確立と同意ではなく、すくなくとも秩序が生成されるプロセスとメカニズムの説明としては十全ではない。

　そもそも自己利益追求のための行動は、支配者や支配層の人々のみならず、社会を構成するあらゆる個人に内在している。当然ながらそうした個々人の社会や支配機構を意識しない日常の行動や意思決定、およびそれらの相互作用は、行為者が具体的には意図していなかった結果を生み、ときには新たな社会制度の確立をもたらすこともある。この積み重ねが従来社会／文化進化として把握されてきた人類の歴呈、そして人類社会といったレベルにおける変異を成すことに結びつくとも考えられる[233]（社会構成主義）。

　そこで、政治的秩序や支配秩序の再生産機能を個人レベルでの日常的な慣習

---

232 Wesson 2008: 6~7
233 Kohler & Gumerman（eds.）2000

的行為に直接的に帰結させる理論が整備された。ここでいう慣習的行為とは適切な態度や作法・行為、住まい方といったもので、こうしたふるまい全般が再生産機能を担う文化的 cultivé 行為[234]に相当するものであると考えられる[235]。この見方は上記権力観の転換（トップ・ダウンからボトム・アップへ）[236]を補強するものであり、ここでの力学は「ある政治的秩序や階級構造を正当なものとして受け入れさせる働きをもった観念体系」[237]としての象徴権力 pouvoir symbolique[238]の作用として概念化された。

　この「象徴権力とはそれが具体的には何であれ、何らかの秩序を規範的・理念的に正当化しあるいは自明視させる何ものかとして概念化されている」[239]。政治的権威や社会秩序などとは一見無関係な日常的場面であっても、特定のふるまいは当人の属する階層や社会的立場を特徴づけると同時に、特定階層にとっての「正当な」文化を成す。これが社会の総体で体系的に為されることによって、秩序は再生産されることになる。これも前項でも述べたように、大規模支配が恒常化するためには、こうした体系を成す力学も秩序維持の一翼を担っていると想定できる。そこで、人々のふるまいに資格を与え、かつ序列づける文化的な権力[240]が着目されることになったのである。

社会／階層に固有の文化の再生産：ハビトゥスの継承

　象徴権力は文化的行為を産出するファクターとして性向の内に書き込まれている。そして性向は日常的範型（ハビトゥス habitus）により再生産される。「生活の諸／条件を共有する人びとの間には、特有な知覚と価値評価の傾向性がシステムとして形成され、それがハビトゥスと呼ばれる。ハビトゥスは、その集

---

234 Elias 1973
235 宮島 1997
236 Shennan 2005: 53
237 盛山 [2000] 2010: 145
238 Bourdieu 1977a; 1980
239 盛山 [2000] 2010: 146
240 Bourdieu 1965: 135

第1部　国家／帝国という問題枠

団の中で、持続的、かつ臨機応変に人びとの実践と表象を生みだしていく原理
である。したがって、それは人びとの実践を特有な型として組織化してゆく構
造であると同時に、人びとの実践に制約と限界を与える構造でもある」[241]。そ
して、このように人の核的要素として概念化されてはいるが、ハビトゥスは生
得的なものではなくあくまで生まれ育った環境の中で身につく属性として設定
されている[242]。つまりある社会や階層に固有の文化が再生産されるのは、この
ハビトゥスの継承があるからだと考えられる。そして、総じて文化によって表
象される成層秩序や支配秩序の再生産にも同様のしくみが想定されるのであ
る。

　このような当該社会における文化の継承、そしてその基であるハビトゥスに
よる社会関係の維持・再生産のしくみを焦点とすることで、社会秩序の再生産
のしくみを原理的に解明する視座がひらかれることとなった[243]（実践理論
practice theories）。これは国家／国家形成論に対しても、社会進化論以来の経済
資本 capital économique を基軸とした国家形成研究とは一線を画す視点を提供
することになる。それまでの経済資本重視の枠組みでは、権力／イデオロギー
についても経済的権力としての側面が関心を得てきた。そこでは資源を持つ上
位層と持たない下位層という関係性を前提とし、資本が大規模に投資される先
として結局は本項冒頭で記したような大型建造物や神殿、王墓が想定され、実
際の検討課題となっていた。加えて支配層による奢侈品の生産や流通、関連す
る資源の管理[244]あるいは政治的中心地が、支配対象地からいかに経済的搾取を
確立したのかという観点での検討が主だった。

　対して、上記含意の文化がマクロ構造をも再生産するという想定は、成層化
そして支配秩序を成す権力が、経済的資源にのみもとづいているとは限らない

241　田辺2003: 69~70
242　Bourdieu 1980: 88
243　宮島1997: 214; Chaiklin & Lave（eds.）1993; Lave 1988; Lave & Wenger 1991
244　e.g. Earle 1978; Helms 1979; Renfrew & Cherry 1986

ことを明示している。そしてそれは、イデオロギーを保証する経済資本という構図に対し、象徴権力を保証する文化資本 capital culturel としてのハビトゥスを対応させた構図となって示される。「物質的富の蓄積はこのような文脈では、権力を承認させる権力としての象徴権力を蓄積するひとつの手段にすぎない」のである[245]。国家形成はこうした諸資本の集積過程としてとらえられるわけだが、ハビトゥスを起点とすれば、関連するすべての資本はその権威が承認されるところの文化資本へと帰結する[246]。そして国家は、象徴権力行使の集中化と行使の特権的な場所として再定義されることになるのである[247]。

無意識的な相互行為と権力現象：日常生活世界における権力の様式化

　つまりは、国家的なものに関連する権力現象は制度的な支配（マクロレベル）とこうした日常の相互行為（ミクロレベル）の二重性からなっているわけで[248]、そしてこの理論では本格的に、後者に相当する態度や作法、住まい方といった事象と前者とのかかわりがあきらかにされたことになる。関連して、後者の位相で権力行使の媒体となる資源についても精査がおこなわれた[249]。対応する資源は、配分的資源 allocative resources と権威的資源 authoritative resources に区分される[250]。配分的資源は物質的位相、つまり物 objects や財 goods に対する制御を生みだすものである。環境および道具・技術など、諸資源の物質的特性によりもたらされた生産物が相当する。そして権威的資源には規則を構成し資源を動員するいとなみとしての日常的実践が相当し、人や行為者に対する不可視の制御を生み出すものとして設定されている。日常的実践に内蔵されるこうした機能は当然ながら行為者当人にとっては意識化されているとも限らず、したがって言表可能とも限らない。こうした無意識的な相互行為から権力現象を説

---

245 Bourdieu 1980: 訳1巻217
246 Bourdieu 1989; 1993; 1997; Bourdieu et al. 2000. cf. Loveman 2005
247 Bourdieu 1993: 51~58
248 Giddens 1979: 92
249 Giddens 1979: 15~16
250 Giddens 1979: 33, 258

第1部　国家／帝国という問題枠

明する視点は上記のとおり、支配／成層秩序につうじるものとしては看過され
がちだった。「国家／権力をプラチックな領域へ問題構成する理論的デプラス
マン」を成す権力概念の転換といえるだろう[251]。

　そして、こうした位相への着目は、ミクロレベルにおける資源動因の行為主
体としての個々人の、主体的行為 agency への着目を歴史分析に導入すること
にもなった[252]。不平等性も含めて社会関係を正当化し、同時に個々人を成員と
して主体化するという諸実践の集積が政治の実態であり[253]、そして国家はこの
種の実践が貫徹している社会において現れる。ゆえに局在的な権力現象の発達
と同時に、偏在的な権力現象の発達が国家の指標となるととらえられる。支配
層はそのために、上項で述べたようなイデオロギーの物質化に相当する諸事象
の操作によって諸集団の相違を緩和して統合し、なおかつ支配層のハビトゥス
を社会全体にとっての正当なハビトゥスとして表象することになる[254]。国家に
相当するマクロ社会制度の解析における社会の深層への着目と同時に、日常生
活を構成するさまざまな圧力や意思決定に着目することで、当該社会における
政治的変容との相関関係を検証することができるのである（構造化理論）。

　その体現としてとらえられる現象として、日常生活世界の中における権力の
様式化 modality of power がある。そこで、日常性の高いコンテキストにおいて
文化的資源の遍在性を測ることで、その関係性が生成・再生産される場、行為、
物をあきらかにする研究が本格化することになった[255]。たとえば日常的生活
世界を成す住居内・集落の空間構成、住まい方、そこでの作法を構成するさま
ざまなスケールの物質文化と集団的行為の相互関係の多層的な復元・分析を行
うことによって、人を序列化するしくみを具体化していくことになる[256]。また、
人や生活世界をとりまく景観の刷新も社会的不平等の制度化や増幅に結びつ

---

251 山本1990: 139
252 e.g. Barnes 2000; Dobres & Robb (eds.) 2000
253 Smith 2011: 358
254 Comaroff & Comaroff 1991; 1992
255 Routledge 2004
256 cf. 西井・田辺編2006 ; e.g. Barrett 1994; Miller & Tilley (eds.) 1984

く[257]。景観には象徴的な意味あいがあると同時に生態的資源としての側面がある[258]。よって経済的要請のみならず政治的要請でも資源化の対象となるほか、日常的生活世界の実体的枠組みとして、社会的環境世界と自然的環境世界が統合された場とみなすことができるのである。そこで景観の改変や生成にかかわる行為を、象徴的権力や経済的権力など複数の位相の結節点（政治的生態 political ecology）として評価することで、人や日常生活世界をとりまく集落や景観がどのように生成され、集団のあり方にどのような影響を与えたかという観点が定式化されることになった[259]。そのなかで、それまで切り離されがちであった日常生活世界と政治的世界を融合したうえで、一般集落や住居の構成、大衆の墓や墓地も、無意識的に生成された差異化の要素が分析対象として着目されるようになる。

世帯、儀礼、祭祀におけるコミュニケーションの政治性

とくに、こうした事柄が重層する場であると同時に、より具体的な日常的実践が営まれる場である世帯[260]が、国家をはじめとする複雑社会へのアプローチにおける分析の基本単位として注目されるようになった[261]。行為主体たる個人の意思決定や行動を復元しようとしても、史料／資料がかなり充実している限られた対象以外では困難である。その点世帯は比較的容易に把握可能な小規模集団として認識できることが利点となる。そうしたレベルでの住まい方の様式や場の利用の復元[262]を前提として、ジェンダーの生成[263]や派閥争い factionalism といった視点からの社会的関係性・差異性の生成と、政治的実践として様式化するプロセス、固定化するメカニズムの検討が行われるようになった。日常生

---

257 e.g. Lindsay 2011
258 cf. 河合編 2007
259 Cameron & Duff 2008; Gordillo 2004; Johansen 1982; Lycett 2001; Smith 1999; 2003
260 e.g. Ashmore & Wilk 1988; Carsten & Hugh-Jones 1995; Rogers & Smith 1995; Wesson 2008
261 cf. Gillespie 2001; Kilminster 1991; Sewell 1992
262 Brumfiel 2011; Nassaney & Abel 2000; Wall 2000
263 Gilchrist 1999; Voss 2000; 2008

第1部　国家／帝国という問題枠

活世界における共生政治 commensal politics[264]への着目である。現実的には総じて、日常的な実践の場となる住環境を起点として日常的生活世界の復元にとりくむ世帯考古学 household archaeology[265]からの、地域や世帯の自律性を前提とした国家形成研究にむかうこととなる。

　さらに、権力の様式化作用がもっとも効果的に発揮される場面として、儀礼・祭祀的コンテキストにおけるコミュニケーションが着目されることとなった。こうしたコンテキストは上記イデオロギーの物質化様態にもつうじるものではあるものの、ここでは象徴的な大型建造物等というよりは対面式のコミュニケーションを成す祭宴 feast や式典 commemoration をとくに重視する。それらに日常的生活世界を秩序化する機能をもとめる視座となっている[266]。こうした行為には、行動選択における自律的制限の前提となる相互予期が象徴的に形式化されているため、かならず相互性が高く、立場や紐帯を相互認識させて固定化する機能をもつと考えられる。このような政治的実践 political practice[267]の場において、環境や物質文化はいかに動員されたのか。どのようなコンテキストにおいて、いかなる環境・物質に支えられ生み出され、恒常化するのか[268]。たとえばそこで供される食物を得ることが政治性を帯びた実践となるのならば、その生産や獲得手段の管理が象徴権力と経済権力の重複する位相として、両者の集積関係を検証するのに有効な視点ととらえることができるわけである。

国家現象の流動性と同意の再生産

　制度や統治機構が確立していない社会ではしばしば共同／集合行為 cooperative/collective action に秩序化の機能がもとめられる。上記祭宴や式典もこの範疇として検討が行われてきている。しかし制度化／組織化が各位相で発

264　Bray 2003: 9; Dietler 1996; 2001; Smith 2003
265　cf. Stanish 1989
266　e.g. Blanton & Fargher 2010; Bray 2003; Dietler & Hayden 2001; Inomata & Coben（eds.）2006
267　Johansen & Bauer 2011: 3~9
268　Kus & Raharijaona 2000

第1章　国家の一般理論

達している社会について、こうした日常生活世界における相互行為の視点は有効なのだろうか。こうした社会は往々にして人口が多く共同体の規模が大きい。分節化や階層分化も進行する。そのため集合行為では人々の統御が不可能となるからこそ、制度化／組織化が発達したと考えられてきた。とくに制度化／組織化こそを指標とする国家についてこの理論は有効なのだろうか。懐疑は必然的に生じる。

　しかしながらこの懐疑の前提となっているのは、ひとたび政治権力や国家が実体化して権威が制度化されたのならば、その社会の安定性や永続性の確立も同時に達成されるという「多くの考古学者に共有されている疑わしき想定」[269]である。今まさに国家のもとに生きる我々には想像しがたいが、歴史的にみれば、国家は恒久的な構造物ではなく、むしろきわめて流動的な現象だといえる。また古代以前の世界では、国家的機構が実態的な社会においても情報網や教育機関の痕跡は普遍ではない。常備軍が整備されていても警察機構のような秩序維持組織が領域内を網羅していたケースは稀だった。だからこそ国家現象を持続的様態にするためには、人々のなかで同意を再生産するミクロ・ポリティクス micro politics[270]に絶えず気を配らなければならない[271]。古代以前であろうと国家という問題枠でみるのならば、もちろん実態的制度や組織といったマクロ・ポリティクス macro politics にかかわる議論の重要性はゆるぎない。しかしだからこそ、マクロ・ポリティクスのプロセスおよびメカニズム解明のためにも、ミクロ・ポリティクスへの着目は不可欠だといえる。そもそも政治 politics とは、「秩序が形成される一連の実践や制度を意味する」[272]。古代では、政治は安定した制度化／組織化にもとづいていたというよりも「支配者が時々に置かれる状況や、そこで経験される多様な現実の方と密接なつながりを持っていた」と考

269　Dietler 2003: 271
270　cf. Blase 1991: 11
271　Dietler 2003: 272~273, 280
272　Mouffe 2005: 9, 121

第1部　国家／帝国という問題枠

えられる[273]。ゆえに「国家が政治の中核を担うとしても、作為としての政治は一意的に国家に収斂するものではない」[274]。すなわち、制度的／組織的側面にのみ言及していたのでは国家をそなえる社会の総体や、当該社会における国家機構の実体を解明したことにはならないのである。

　これまでマクロレベルでの変化は、環境の変化や社会的軋轢の高まりなどの外在の諸事象からの影響に対する反応で語られる部分が多かった。しかしこの実践理論では、個々人に内在する本能的欲求といった内因的要素を論理的基礎として重視する。支配秩序や政治機構の確立した社会であっても、社会的・経済的変容は支配者／支配層の時々の必要に応じて行われるばかりではなく、個々人に内在するもの、たとえば他者に対する権力や同意、影響力、尊敬、敬意、優越をえたいといった欲求を誘因・動機としても推進されるのではないか。またこの理論にのっとれば、国家的機構では、たとえば政治的行為者 political actor の心理的側面、自己利益追求にもとづく地位や名声の獲得をめざす欲求が蓄積し、社会総体のあり方を方向づけている側面を検討すべき場面もあるといえるだろう。そこでの意思決定は個人／集団間の競合等を動機とする主体的活動に帰着することになる。つまり政治的行為者も社会の一成員なのであり、相互行為のなかではぐくまれる象徴権力にとりこまれる対象なのである。

権力の局地性と遍在性の双極的発達：統治性概念

権力の偏在性：ミクロ権力概念の導入

　前項で述べた視点から、ミクロな日常的実践の累積によって社会とその変化がなるという理解が確立していく。それにともなって国家形成研究においても、支配組織の形態・類型論を脱し、個別歴史的・文化的文脈での日常的実践行為

---

273 Mann 1986: 訳222
274 早川2007: 16

における政治的なるものの推定、また生存経済における政治的経済活動範囲の復元へと、分析基軸が移行することになった[275]。権力の集約機構を国家とするならば、権力の集約を可能にするには、「権力諸技術が諸個人のほうへむかっていき、持続的かつ永久的に諸個人の操縦統治をめざす」現象、すなわち権力の遍在化の発達もなければならない[276]。そして前項でも述べたように、これらが双方向で実現していなければ支配的社会秩序は再生産されないのである。

　そこで後者に相当する位相の深層を掘り下げるべく、ミクロ権力 micro pouvoir 概念の導入がはかられた[277]。「社会的世界とはそもそもある程度共通に自明視された社会的知識とそのもとでの人々の行為から成り立っている」[278]。そしてこの社会的知識自体が権力であり、人が他者の可能な行動領野を構造化するしくみである。権力の遍在性をさらに重視したこの権力観[279]では、権力者や権力主体、権力資源／資本といったものを前提とはせずに権力現象を物語る姿勢が求められる[280]。また支配─被支配の関係を暗黙裡に想定したうえで、前者の権力手段の保有からただちに権力を説明するような立場も全面的に放棄することになる。支配層は権力資源を持つゆえに支配できるという説明図式ではなく、権力者と服従者の、関係性をあくまで重視する権力の関係的・機能的視座となっている[281]。そこでは、「AはBにさもなければしないであろう何かをさせることができる限りにおいて、Bに対して権力を持つ」[282]。この権力観にのっとれば、日常における知覚、価値判断、考え方やふるまい方において、人が秩序を承認し受容すること自体に権力作用の効果があるとみなされよう。よって現出する人の行為のあり方 mode 自体を権力現象ととらえられていくことになる。

---

275 e.g. Bauer et al. 2007; Brumfiel 1994a; 1994b; Guha 1997; Inden 1990; Johansen 2008; Kus & Raharijaona 1998; Morrison 2001; 2009; Morrison & Lycett 1994; Pauketat 2000a; 2000b; 2007; Scott 1985; Sinopoli 1988; 2003; Smith 2006; Spencer 2007; Stahl 2004; Wolf 1999
276 山本 1990: 142~143
277 cf. Foucault 1961; 1975; 1976; 1977; 1980: 89; 1982
278 盛山 [2000] 2010: 15
279 Foucault 1980: 188
280 Clastres 1974
281 e.g. Dahl 1957; 1961; 1963; Easton 1953; 1990; Weber 1922
282 Dahl 1957: 202~203

第1部　国家／帝国という問題枠

生存様式と秩序の同化：支配秩序の恒常化／支配関係の脱人格化

　こうした意味での権力はあらゆる社会関係に内在している[283]。同時に、権力はそれ自体では存在せず、個人が他者のふるまい方を方向づけ決定しようとする関係の中に作用し醸成されるものとしてとらえられよう[284]。するとジェンダー、世帯、景観といった社会で自明視されてきたものも、こうした関係性もしくはその要素を成す行動や慣習自体もとらえ直されることになる。これらは自明であるから不変性が高い。それゆえたとえばこうした位相が変化するとすれば、それは、たえず個々人の慣習的行為・実践の様式に介入し、知識と権力の作用によって旧いハビトゥスを排除しながら、新たな実践の様式を人々のなかに植えつけるものの存在が想定されることになる[285]。また、たとえばこうした位相への浸透を実現した支配秩序は個人もしくは集団行為を導く様式や生きかたの価値観に等しくなっており、それゆえに恒常化する[286]。そしてこの作用にともない社会では、支配機構による成員の生存そのものの統制・管理（統治性gouvernementalité）の実現、すなわち統治の確立がおこる。「国家とは一定の範域の物理的空間と一定の範域の人々とに関して、そこで生起する社会的事象を究極的に支配することを引き受けた組織である」[287]という概念規定にのっとれば、この統治の確立こそが国家の要件ということになるだろう。

　統治性は近現代欧米国家が再定義される過程で導き出された概念であり、国家研究においてゾーエー zoe とビオス bios への着目が有効であること、そしてビオスの管理が国家による統治行為の特徴であるという理解からうち立てられたものである[288]。この枠組みでの国家形成研究とはすなわち、こうした統治行為に相当する生政治 biopolitique とそれを成す生権力 biopouvoir についての揺籃から成立までを検討し、政治体と不可分に個々人を秩序化し、管理化に自発

283　cf. Lukes 1974
284　cf. 宮原1997; Barry 1985
285　Bourdieu 1977b: 訳15~16
286　Foucault 1994 : IV 巻
287　盛山 [2000] 2010: 189
288　Agamben 1995: 訳266~267

的に向かわせる慣習の歴史的特性化を行うことにある[289]。ある意味では政治概念をこえて、これらの理解と社会秩序への位置づけにむかっていく方向が求められることになる。また権力の偏在性を重視するところから、支配関係の脱人格化、すなわち人間による人間の支配というエレメントが希薄になることも、国家に特徴的な現象として指摘されている[290]。加えてカロリー摂取や食糧獲得・加工活動といった共食習慣 commensality についても、ビオス管理という視点から、国家形成研究の文脈であらためて議論の対象となっている。主たる生存活動がどのように政治的に様式化されたのかといった観点からの検討である[291]。そこでは摂取カロリーや食生活の復元、供膳容器の製作・流通、装飾を規定する要素についても新規視角からの分析が行われて[292]、こうした側面での不平等性や序列からより実体的な成層／社会秩序を復元する可能性がひらかれた。また同時に政治体を組織化し維持するための政治的経済と、食糧獲得活動である生存経済について、前者による後者の統合化の様相も具体化するこころみともいえるだろう。

生物進化の分析枠組みによる文化進化の再構築：最適化仮説、モジュール集合体仮説、二重継承論

生物個体としての深層から社会・文化のマクロ構造の解明へ

　社会を成す諸組織や構造の生成・再生産を説明するために個人の行為と認知に視座をおいたことで、人の一生を射程とした文化のミクロ進化を基軸として、マクロ進化の軌跡を復元する方向にむかうこととなった。その際、人の深層部分から社会のマクロ構造の説明を行う姿勢とともに、人の生物的基盤にたち返

---

289 Routledge 2004: 25
290 萱野2007: 14~35
291 e.g. Clark & Black 1994; Dietler 1990; 1996; Dietler & Hayden 2001; Hayden 1990; 1996; Moore 1989; Potter 2000
292 D'Altroy 2010a; Dietler & Herbich 2001; Halperin & Foias 2010

第1部　国家／帝国という問題枠

り、生物個体としてのヒトの深層からの、社会・文化のマクロ構造を説明する
視点も探求されるようになっていく。

　そもそも人にまつわるあらゆる事物はすべてヒトの生物的基盤に帰結させる
ことが可能である。それ自体は歴然たる事実であって、否定するほうが困難だ。
狩猟採集民や中間規模社会の変化の説明[293]では最適捕食理論に代表される進
化生態学的方法論による解析は定石といえる[294]。しかしながら、こうした研究
視点を複雑社会や国家的機構をそなえる社会についても適応することは稀であ
り、とくに国家／国家形成を物語る際には看過／省略されてきた最たる位相と
もいえる。国家を生態環境への適応手段の一種、そのなかでも最適応形態とす
る想定は新進化主義以降の所与として長く存在した。古典的生物進化の枠組み
にのっとった社会／文化進化論のなかで最上位におかれてきた国家は、ヒトを
自然から隔離する最たるメカニズムとしてのイメージを付与されてきた。国家
は、人を生態環境やほかの生物から迂遠たらしめる装置であり、ゆえに国家の
確立は人が自身の生物的素養を超克した証とされ、国家形成とはそのための試
行錯誤・創意工夫の歴呈としてとらえられてきたのである。

　こうしたイメージにより国家はヒトの生物的基盤から対極におかれ、一方か
ら他方を物語る蓋然性はもとより、とらえようとすることの有効性を鑑みる余
地すら乏しかった。両者の間に接する部分があるとしても極些末なものであっ
て、そこを起点とすることによる双方を語る際の有効性は認識されてこなかっ
たといえよう。しかし一方で、人、そして人間世界も生物世界の部分を構成し
ているものである以上、生物世界を通底する変化のパターンを適用することが
できると同時に、説明の枠組みとしても有用であるという所信が、古典的な社
会／文化進化論を成立させる基底にもあったわけである。

---

293 Netting 1990
294 e.g. Smith 1979; 1983; 1991; Smith & Winterhalder (eds.) 1992; Winterhalder 1982; Winterhalder & Smith (eds.) 1981

第1章　国家の一般理論

生物進化のメカニズムと社会／文化変化のメカニズム

　近年の諸論は文化や社会の変化に進化生物学的観点をとり入れ、生物進化の
パラダイムを文化の変化にあてはめることで説明を試みる[295]。生物進化の枠組
みにのっとりながらも資源獲得戦略や行動科学を基盤とした人口論から測るの
みではなく、あるいは人工物についての表型分類学的考察から物語るのみでも
ない。新たなパターンが生じるプロセス・要因についてはヒトの個々体を主体
とする人間行動生態学[296]や進化心理学[297]の領域にふみ込んだ論の展開を特徴
とする。累積的文化進化のメカニズムを具体化するためには、遺伝子科学であ
きらかになった知見を援用しながら、遺伝子浮動や自然選択、最適化といった
生物進化をもたらすメカニズムにより社会／文化変化を説明する枠組みを理論
的基盤としている。こうした議論では遺伝適応（最適化仮説 optimality
hypothesis）をとるか心理進化の仮説（モジュール集合体仮説 massive modularity
hypothesis）にのっとるのか、あるいは文化選択に際しての心理バイアスに沿っ
た説明[298]（二重継承論 dual inheritance theory）を行うのかなど諸説あり、これら
がいかなる因果関係にあるのかは議論の途上だが、こうした文化・社会のパター
ンと変化のプロセスとの統合がヒトの歴史を物語る一つの基軸となりうること
は間違いない[299]。

　文化のパターンや変化のプロセスを解析・説明する方法として、生物系統学
の手法を援用して文化の多様性や分岐パターンの説明を為す文化系統学も、人
類史復元の一分野となりつつある[300]。生物学において系統発生や生物多様性を
はかるのと同様の方法で社会・政体の文化形質を比較し、相同によって時期や
系統の遠近をはかろうとする手法は、たとえば文化進化論における類型化・階

---

295 e.g. Dunnell 1989; O'Brien & Lyman 2000. cf. 中尾2010; 中尾央2011; 中尾・三中編2012; Mesoudi 2011; Murray 2002; Shennan 2002
296 e.g. Broughton & Cannon 2010
297 e.g. 松木2009
298 e.g. Shennan 2003
299 e.g. Boyd & Richerson 1985; Cochrane 2009; Richerson & Boyd 2005; Shennan ed. 2009
300 e.g. Lipo et al. 2005; Mace et al. 2005; O'Brien & Lyman 2003; Testart 2013

第1部　国家／帝国という問題枠

梯比定でも前提的作業であった。ただし、「現在の文化系統学的アプローチは、前提を明示したうえで、コンピューターを用いて定量的に対立仮説をより厳密に評価している」[301]ところが、根本的な相違となっている。

　言語[302]や婚姻形態[303]への着目が主流だが、国家形成の検討に直結する政治体の進化についても、この方法による議論がなされている。社会政治組織のさまざまな側面がどのように連動して、どのような速度で進化しているのか検討しつつ、そこでの政治体の進化の時系列、政治組織の祖型を実証的に復元していくことが可能になっている。この枠組みの中ではさらに、社会進化論で示された発展段階説や文化進化論で提示された一般進化、累積的進化を前提とはしないその後の諸説について、いずれの妥当性が高いのか、検証もなされている[304]。生物種の形質を系統樹にマッピングすることでその種の進化経路や祖先状態を統計的に導く系統比較法 phylogenetic comparative methods をもちいた分析である。その成果によって、前者が所与とする直線的な進化がかならずしも正しいとは限らず、また後者でも看過されがちだった可能性として、時に階梯が後退するような進化モデルの有効性が示された。国家形成にむかう社会変化の仮説を設定するにあたり、時間経過に比例する直線的発展のイメージを放棄すべきことがあらためて確認されたことになる。そして同時に、変化段階の系統幅を厳密に評価したうえで変化における画期と要素を精査し、経過時間を具体化する必要性も示されたといえよう。

　ヒトの生物的基盤という旧石器時代とも通底する視点を、近現代に普遍化する国家という政治・社会システムに適応する有効性はこれからの議論となるだろう。さらには、文化形質の一つにすぎない国家について、生物としての生得的属性や遺伝的基盤の変質を測る尺度にもとづいて説明しうるのか、あるいは

301 カリー 2012: 67
302 e.g. Mace et al. 2005
303 e.g. Testart 2013
304 カリー 2012

同系統のメカニズムを想定することができるのか、検討の余地は残されている。ただ、たとえば更新世をかけて獲得された適応形質が真に一貫して完新世におけるヒトの基質となっているのならば、その範疇でおこった国家形成現象も、同様の枠組みで説明される部分がなければならないのは確かだろう。少なくともこうした意味で有意な分析視角だといえるし、新たな国家観を拓く視点としてもおおいに注目される。地球上で国のような単位で生きている生物はヒトのみである。ゆえに「ヒトの生物的な特性のどの部分をどのように基盤としながら、ヒトとモノの規模や配分が変容してきているのであろうか」[305] という問いは、国家を考察するにあたり本質的に避けがたいものとして存在している。現状での実証的検討のむずかしさから有意な視点を放棄するよりも、そのための研究法を模索していく姿勢が求められるのではないだろうか。

---

305 中尾世 2011: 127

第2章　国家形成の概念化

1　国家を成すもの

生態、資源、人口、戦争、交易、イデオロギー、不平等

　国家は現代の世界やそこに生きる人々にとって環境に等しい不可避な存在であることから、あまたの先学によって何が国家形成の要件なのか、定義なのか、本質なのか、探求され続けてきた。前章で概観したのは近現代前の国家／国家形成研究において言及されることのある理論的枠組み・概念規定のあくまで代表的なものにすぎないが、それでも実にさまざまな観点から物語られている。歴史学や考古学の研究事例の蓄積、時々の社会理論や歴史理論への同調が百家争鳴の背景ではあるが、同時にこうした諸説にはそれぞれ論理的欠陥や事実誤認の指摘、実証的観点からの批判があり、それをおぎなうかたちで新たな説が入れ代わり立ち代わり提示されてきたという側面もあるといえるだろう。

　現在でも自明的に援用されることのある社会進化論はこれまで多くの根本的懐疑が呈されてきた。国家形成論としての援用にためらわざるをえないのは「政治組織をコンフリクトの抑制装置として捉える見方に縛られているため、無国家社会の統合形態を内在的に理解することができない」[306]ことがおおきい。前章で紹介した複数の論でも指摘されていたように経済決定論は多くの事例でそぐわず、少なくともそれのみで当該社会の秩序形成・再生産のメカニズムを十全に説明はできない。

　社会進化論以降の諸説は多かれ少なかれ、この論を補完あるいは克服しようとする意図のもとで考案されてきた。第一の画期をなしたのは文化進化論だと

306　竹沢 1996: 133

第1部　国家／帝国という問題枠

いえるだろう。文化進化論は一見、社会／文化の変化をすべて生態に帰結させる簡潔さと、文化の類型化・階梯への位置づけという明快さから、以降の国家形成研究の方向性を確実に決定づけている。しかし「国家の生成という社会の形態的変化の理由を社会の内部ではなく長距離交易や環境変化といった社会の外部に求める傾向がある」[307]ことは現在まで批判の対象となってきた。なぜならば「長距離交易や環境変化が希少化させた財をめぐるコンフリクトを変化の決定因と見なす見方であり、そのコンフリクトを社会の外部に位置づけるかぎり一種の決定論に陥らざるをえない」[308]からである。そして同時に、「個々の社会が生産諸力の発展や環境の変化をどこまで吸収でき、どこで形態変化をもたらすかについての綿密な考察がかけている」[309]。生態学的条件や技術適応は社会変動に対しての必要十分条件にはなりえず、社会変動プロセスにおける内在的要因や社会間・地域間の関係性に起因する要因を軽視することになる。さらに文化進化論を特徴づける累積的な進化のモデルにも懐疑はある。社会の興隆を決めるのは知識の蓄積や技術の進歩ではない。いくらそれらが蓄積され進歩しようが、政治組織や社会組織は人類史上たびたび滅亡してきた事実がそのことを端的に示しており[310]、前節でふれた文化系統学的検討からも傍証されている。

　一見対峙する社会進化論と文化進化論には共通して古典的な国家 stato 観が前提にある。この二つの論においては、国家とは社会の内外に対する最終意思決定権をもち、それゆえに特化と中心化がつまびらかな支配機構として認識されている[311]。換言すれば、意思決定をおこなう支配者／支配層の位置を守り永続させ、階級システム自体を再生産する手段である[312]。それが可能になるのも、国家が集団における情報処理の効率化を行い、スムーズな生態適応を目的とし

307　竹沢1996: 133
308　竹沢1996: 133
309　竹沢1996: 135
310　North 1981: 121
311　e.g. Spencer 1990; Wright 1977; 1978
312　cf. Routledge 2004: 17

96

た効率のよい生産体制そして意思決定を実現するための、創造的システムとして機能するためである[313]。このような概念規定のもとで考察された国家について、形成を探求する研究法としては社会／文化についての序列化を目的とした類型作業（社会類型論）が基本となる。そして類型を序列し導く階梯と、階梯を進め変化をおこす主要動因の模索がすなわち国家形成研究の主流だった。そして個別の社会に対するアプローチとしては、当該社会を類型と階梯に位置づけるための指標の探索・判断が主になる（指標主義）。社会進化論・文化進化論において国家形成の前提として重視されてきたのは、何をさておき社会の経済的基盤にかかわる要素だったのである[314]。生産技術や体制の変化、そしてそれにもとづくヒエラルキーを前提として想定する階級社会あるいは複雑社会の生成・確立、その要件とみなされた人口増、少数が多数を支配しうる権力あるいは物理的強制力の集約が国家の指標としても重視された。そして一般理論に個別の現象をあてはめる、あるいは個別事象の中からなんらかの一般理論にあてはまる要素を見いだし、それにより当該社会が国家か否か同定することが国家／国家形成研究として方向性が定まっていった。

　文化進化論はその社会をとりまく個別環境特性を最重要視することもあり、考古資料や調査のデータ、それぞれの環境下でのそれらの位置づけなど、実証的データにもとづく個別研究が蓄積されることになった。この潮流はやがて国家／国家形成プロセスにおいて、当該社会をとりまく個別の生態条件に沿った特異性の指摘が成果と評される潮流をもたらした。一方で共時的比較にもとづく普遍的な枢要の指摘、通時的比較は減退していった。文化進化論の成立は、そもそも社会進化論が依拠した近現代資本主義社会についての観察を過去社会やそれ以外の社会に安易にあてはめる姿勢や、普遍的な社会進化軌跡を前提としたアプローチに対する批判的スタンスを含意した潮流であったため、自然な

---

313 Haas 1982
314 cf. Forest 2005: 187

第1部　国家／帝国という問題枠

帰結ではある。しかし文化進化論の当該社会に国家を見いだすか否かといった
議論でも当然見解の相違がおこるため、何をもって（どの指標でもって）国家
とみなすかでも認識がわかれることになる。さらに前提的に重視されてきた指
標的現象についても議論は絶えない。たとえば人口増は階梯をはかる指標とし
ては有効かもしれないが、それ自体ほかの動因からなる事象の結果としての側
面が強い。長距離交易、戦争、人口増加がおころうとも、国家に類する権力の
集中等がおこらない社会の事例は多々存在する。恒久的な社会的不平等、そし
て強制力行使の裁可をもつ意志決定機構の出現[315]についても懐疑的な見解は
ある[316]。

　特定の発展的歴呈をドグマとしたうえで当該社会のなかに類似点を指摘し帰
結とするあてはめ型理論、社会類型論や指標主義などそれ自体を脱する姿勢が
生産関係論以降、とくに権力資源論より後の諸論には通底している。上記イデ
オロギーへの着目とあわせて、総じて文化進化論における一般進化で指摘され
ているような発展段階説からの脱却が試行されている。生産関係論で重要性が
示された生産様式や交換は、考古学が得手とする物質文化から解明しやすいこ
ともあり、類型や序列化を脱する方向性の確立に寄与した。しかしながら生産
関係論は、生産関係と親族組織との重複度合いが乏しくなる段階あるいはそう
いった社会については有効な視点ではなくなる。親族組織自体が行政制度に上
書きされ、政治組織も擬制的親族構造とは異なる原理で組織化されている様態
は存在する。そしてむしろ、その段階こそが国家機構の確立段階ともとらえら
れよう[317]。

　こうした諸理論の盛衰が浮き彫りにするのは、「国家というものはそれぞれ
の単独理論が述べるよりも雑然としていて、体系性や一元性に欠けるもの」[318]

---

315 e.g. Clastres 1974; Gledhill 2000; McGuire & Paynter 1991
316 cf. Routledge 2004: 21~22
314 Godelier 1973b
318 Mann 1993: 訳上巻96

ということである。これは国家の現代的定義にたち返った場合でも明確で、国家を何か単一の機能や制度からのみ把握するのは適切ではない。形成過程においても国家は多形体的に結晶化するのが本来的だと考えられる[319]。この示唆に肯首するならば、対応させてきた諸事象についてのヘテラルキーを視野に入れた見直しがまずは求められることになる。しかし、さらにつきつめてしまえば、過去の国家的機構については体系的な理論的枠組みを付与するのは困難、不可知論に徹すべきいう姿勢に帰着することにもなるだろう。

国家と権力

一方で類型化や序列化を脱する国家研究の方向性としては、権力／イデオロギーに着眼した議論がある。権力／イデオロギーは国家を物語る主要な事項として常にあった。王権についての以下の概念規定[320]は、そうした国家概念にもあてはまるように思われる。王権は「つねにある種の中心性を主張する、差異化をほどこした社会的装置」であり、中心性や「社会的装置総体」の違いは差異化を表象するしくみ、すなわち権力の正当性が如何に保持されているかという部分にあらわれる。王権による統治は「階層的社会組織の存在、収奪行為、秩序維持の機能」という3要素から構成され、それぞれにかかわる権力の行使によって達成される。ここでの権力は「影響力という第一次的な力に、強制力と権威という権力の対象者の行動を確実に変更させる力が加わった複合的な力」[321]である。強制力の手段には物理的強制力、価値剥奪、価値付与があり、権威の手段には説得、教育、正当的イデオロギーが相当する[322]。ゆえに「主権国家は強制力と正当性イデオロギーをかね備えなければならない」[323]。

---

319 Mann 1993: 訳上巻83~97
320 松原1991
321 岡部2011: 8
322 岡部2011: 8
323 岡部2011: 8

第1部　国家／帝国という問題枠

　社会進化論や文化進化論、それから派生した多くの論では、国家形成にしろ不平等性の発現にしろ、その要因として可視的あるいは不可視的に資源や生産力、強制力を少数の人間が掌握するための動力としてのこうした権力の見方がもとになっている。近世以降、国家の前提となってきたのは秩序そのものをどのように作りあげるのか、そのためにどのような力が必要なのかという政治の概念[324]だった。それは秩序を形成するための政治、作為としての政治である。政治的な共同体や秩序を特定個人／集団の作為の産物と考えるならば、どのような力が政治を成立せしめるのかということが問題になる。そこで考案された概念が権力であり、その文脈では、政治は権力の分け前にあずかり権力の配分関係に影響を及ぼそうとする努力と同義になる。

　たしかに近代以降の政治は権力の獲得や維持を中心的な課題とし、近現代国家 stato を表象する語を体現するものとしてある。国家／国家形成論における権力論の重要性はここを起点とする[325]。こうした分野における国家へのアプローチでは「現実の物理的な強制力がもたらす服従の可能性とか、または服従者の心理的な状態としての規範意識とかでもって、国家の存在を説明している。しかし、社会的行為の規則性や心理的な結合の濃度といった量的な基準で国家を説明してしまうと、ある国家はたまに存在しなかったり、または多くあったり少なくあったりする、という奇妙な言い方ができてしまう。そうではなく、国家は、たとえ警察に反抗したり法を遵守しなかったりする者がいても、客観的に存在する」[326]。すなわち国家は規範的強制秩序[327]としてとらえることができる。

　しかし古代では、「現実において支配や権力が一定の制度化を経験していなかった。（中略）権力を示す語群は安定した制度化での厳密な概念化にもとづ

324　cf. 早川 2007: 12~13
325　早川 2007: 16
326　宋 2013: 31
327　宋 2013: 32

100

いていたというよりも、支配者が時々に置かれる状況や、そこで経験される多様な現実の方と密接なつながりを持っていたと考えられる」[328]。そこでは政治は本義として「秩序が形成される一連の実践や制度を意味する」[329]。1980年代以降はとくに、権力の多様性やバランス、権力現象のメカニズムの説明に重点がおかれてきた。権力資源論以降の経済から権力への視点の転換は、構造マルクス主義の流れをくむ人類学からの影響をおおきくうけつつも、もとをただせば政治学や社会科学分野での権力観の転換に由来するもので、文化進化論とは理論の系譜からして異なるものであった。

前章でヘゲモニー論に関連して述べたように、国家に限らず権力現象が支配秩序と等しくなっている場合には権力の自明性がある程度確保されているはずである[330]。権力の自明性とは権力 (によって組織化・固定化されている様態) が成員にとって正当なものになっていることを意味する。そして、こうした正当化機能をもつ代表的なしくみとしてイデオロギーが想定されてきたわけだが、イデオロギーについても権力と同様の暗黙裡のオーソドキシーが根強く存在してきた。支配秩序を正当化するイデオロギーは支配層のある程度作為的な創造物であると同時に、主要なイデオロギーはその政治的権力にほかならないという見方である。

ある社会の秩序化の度合いは一次理論 (人々の主観的な世界像、自分たちをとりまく自然的および社会的世界に関する人々の推測、知識、あるいは信念) の共同性の度合いに比例する[331]。そして社会的事物のなかでも制度的なものになればなるほど、それに関する一次理論の共同性も高くなると考えられ、成文法や慣習法・規範は制度的なものの典型としてとらえられてきた。あるいは社会進化論以降、過去社会におけるイデオロギーは原則的に経済的倫理にそくした

328　Mann 1986: 訳222
329　Mouffe 2005: 9, 121
330　伊藤1996: 113
331　盛山 [2000] 2010: 179~182

第1部　国家／帝国という問題枠

存在として認識されてきた。しかし自然的あるいは経験的に存在する事物に関する知識は、制度的なものに比しても本来的に共同性が高い。これは、いかにも国家・権力らしきものを取りあげて済ますのではなく、その変異のもっと広い外延をとらえる必要性を示唆している[332]。「人間社会を理解するうえで決定的に重要な要素は『人間主体の意識的諸活動ではなく、これらの活動の前提となる無意識の構造』である」[333]。そこでは権力は、「社会的なヒエラルキーの頂点から下へ押し付けられるとか、支配階級と被支配階級の二元対立から由来するという考えではなく、『下から毛管状にやってくる』という『関係性に内在する権力のとらえ方』である」[334]。この権力観は、日常的実践や認知心理・行動科学的特徴からみたヒトの生物的領域といった、人の基層への着目によってマクロな社会変化を説明する方向で結実していく。支配や政治制度、権力の類型といった視点よりも、むしろそれらとは一見直接的に結びつかない諸現象における政治過程、すなわち「社会的価値の配分、配置にかかわるすべての過程」[335]を解明していくことになる。

　しかしながら、イデオロギーそして権力は本来的に不可視の位相であることから、過去社会について物語るには大きな困難がともなう。心理的側面についても同様のことがいえる。とくに本書で依拠する物質文化研究は、観念世界や意識の領域に言及するのがそもそも不得手なことは否めない。したがって物的痕跡からこうしたソフト面に言及することには慎重にならざるをえない。だからこそ物質文化をあつかう考古学ではいわゆる下部構造に対応する諸側面が主だった対象としてあり、社会進化論や文化進化論が隆盛したのもそうした方向性に沿う視点だったからという事由は多分にあるだろう。そのなかで、個人レベルでの意思決定メカニズムにふみ込む上記のような不可視の位相への着目は

332　関本 1987: 8~10
333　Carnoy 1984: 訳121
334　山本 1990: 140
335　石井 1994: 409

とりわけ実証性を確保しがたく、不可視性／遍在性の側面を強調した場合さらにアプローチがむずかしくなることから長らく回避されてきた視点であった。

物的痕跡からこの領域にアプローチしようとする場合、可視的かつ局所的な権力様態、そして政治的行為者が自己利益追求のなかで基本となる行為としての権力や資源の獲得に目をむけざるをえない場面は多い。過去の無文字社会に関する国家形成研究で上記のような経済的位相への偏向が根強かったのには、物質性が高い経済的側面から説明せざるをえないという研究法上の制約もあったといえる。権力観の変化は、ほかの人文・社会科学分野の変化、ならびに考古学分野の大きな潮流の変化と対応しつつ展開した[336]。しかし上記のようにそもそも不得手であることに加え、権力を「個体間の行動様式にまで分解してしまうと、(中略)過去社会の復元と向き合うわれわれにとっては理解しづらい」[337]というのが大方の実情だろう。

たしかに、こうした権力観の変化にそって国家を理解しようとすると可視性が高い制度や構造物と決別し、形態学の範疇となりえた実在的国家像の放棄へと向かわざるをえなくなる。もしかすると、国家現象を日常的現実でもあると前提してあつかうと同時に、既存の理論で自明となっている有国家社会と無国家社会の違いを強調しないほうが有意なのかもしれない。すると国家の特殊性を見いだそうとするのではなく国家の普遍性をまずは認め[338]、そのうえで国家はどのように把握できるのか検討する試みとなる。それは国家の起源や指標ではなく、国家の潜在性への問い[339]となってくる。しかしこうなると過去社会についてはさらなる不可知論へとおちいらざるをえなくなる。そこまではともかくとしても、現に不可視性／遍在性を考慮しなければ説明困難な現象が存在する以上、権力／イデオロギーの作用は不可知の領域であると割り切ることはで

---

336 溝口1999: 38~39
337 北條2006: 119
338 Deleuze & Guattari 1980
339 Deleuze & Guattari 1980

第1部　国家／帝国という問題枠

きない。既出の論で示された既存の権力現象のメカニズムについて解析するためにもさらなる考察は必要だといえる。

国家と社会

　端緒として重要だと考えられるのは、政治体階梯論ですでに明示されているように、社会と国家とがそもそも別のものだという認識を起点とすることだろう。国家は政治体であることを一義とする。政治体は物理的強制力の装置およびヒエラルキー状の組織化／制度化をなす権力関係によって生成・維持される。日常的実践の共同がおりなす集団／全的社会はその土壌ではあるが、概念としても実態としても質的に異なる位相にある。「社会的世界は社会的観念図式によってある特定の形に秩序づけられているのであり、その仕組みは、狭義の政治権力を成立させる仕組みと同じメカニズムに従ってはいるのである。しかし、社会的世界のあらゆる秩序がその内容において政治的秩序と連続しているかのようにみなすことはあきらかに間違っている。政治的秩序は社会的世界の一部にすぎず、社会的観念図式に依存して成立しているのであって、断じてその逆ではありえない」[340]。

　国家は機構であるため社会と等値ではない。両者を同じ枠組みで検証することや、一方の把握でもって他方をはかる方法については慎重になるべきだろう。ただこの不等性については、国家の本質と同時に国家の形成研究においても重要な示唆を与えてくれる。国家は社会と等値でも等質でもないにもかかわらず、あたかもそうであるかのように立ち現れる。ヘゲモニー論以降、上記権力観の転換のなかで国家について述べられてきた事柄も、この現象の説明を一つの帰結として設定していた。結果として提起されたのが、「毛管状」権力が醸成することで、社会を構成する価値基準が立場の異なる諸個人間、さまざまな分節・

---

340 盛山［2000］2010: 169~170

地域間で共有され秩序と化すというプロセスを解明する必要性だった。

変異性の高さを特徴とする人間社会について、とくにこうした分節や立場の変異性の顕在化が顕著な国家形成過程についてこの視点から挑むためには、おそらくはできるだけ人間社会に通底する部分に目をむけて論を展開する必要がある。社会を成す最小単位は個人で、最大単位は国家だろう。「国家活動は、まず、自覚的な結束によって成立する人間集団・共同体のうち、最大規模のもの」[341]であると同時に、「理念共同体として最大のもの」でもある[342]。そして個人と国家の間には無数の中間集団[343]が存在する。こうした集団がときに階層的に、ときに並列的にあつまることで社会は構成される[344]。

社会の基本単位

こうして俯瞰するにもっとも普遍的な単位は個人となるわけだが、前述したように、個人レベルの行動・思考の復元にはかなりの困難がともなう。さらにいえば個人に着目するとはいえ、厳密には個人間の相互行為が検討されるべきなのであって、社会的関係から切り離された個人を単独で観察することは求められていない。ひるがえって、社会の単位となる集団には恒常的あるいは反復的に同所性・同時性をもつ関係がある。ただしその関係が集団化するためには時空間を共有するのみならず何かしらのしくみがあり、しばしば様式的事象がともなう。また同一集団を成す諸個人は血縁関係をともなう場合が多い。つまりこれは、人のまとまりが集団としてある場合には実在的現象、可視的事象、生物学的証左をともない、客観的に把握可能で具体的な現象としての性質をもつことを意味する。

---

341 中田1990: 152
342 中田1990: 153
343 真島2006a; 2006b
344 足羽2008

第1部　国家／帝国という問題枠

　集団は常に具体的な実在としてある[345]。社会の具体的な構成要素であると同時に確実かつ便利な分析単位であるともいえる。そして、そのなかでも実体性が保証されている集団として世帯がある。前章の実践理論の項でも述べたように、世帯とは日常的実践に相当する相互行為が織りなされる舞台でもある。生産、資源の分配、富の移動、再生産、共住という5つの行動圏の重複部分における主体を担う社会単位であり[346]、生態環境への適応戦略としての最前線でもある[347]。総じて、最大の共同体的機能をもつ最小の集団として位置づけられる[348]。

　当該社会構造の特性化のためには「どのような集団が社会を構成しているのか、そうした集団による社会構造がどのような仕組みや成り立ちになっているのか」[349]をあきらかにしていくことになる。そのためにも、世帯のような社会を成す基本的な単位がどういった原理で構成され、どういったしくみで相互関係を築いていたのか、生態環境への適応戦略がいかなるレベルでどのようにとられていたのかなど、あらゆる社会で基本的な枠組みとして想定可能なこうした事項もあきらかにしていかなければならない。この位相での集団の日常的実践レベルでの変化が、社会の実体的変化だと考えられるためである。

　「全体社会と国家は表裏一体の関係にあるのであって、統治そのものも、擬制としての共同体理念に一面依拠している」[350]のであれば、世帯や共同体（世帯の実体的結びつき）といったレベルでの日常活動も、政治体のあり様を反映していると考えられる。同時に、社会の基底構造[351]は、統治機構にとっても基底をなしているはずである。こうした構造への着目は国家形成研究に「固有の社会的結合関係をふまえたうえで、民衆の政治化のあり方を問う視点」[352]を加味することに結びつく。そして同時にそれは、人類史上でも相当に遡及可能かつ自

345　河合 2009
346　Wilk & Netting 1984
347　木下 2003
348　Hammel 1980
349　足羽 2008: 154
350　二宮 1995: 237
351　D'Altroy & Hastorf 2010
352　二宮 1995: 235

律性の高い世帯や共同体といった社会の構造が、国家のような機構が権力の構造と化すプロセスを通史的に考察することにつながると考えられる。

2　国家が成ること

基本単位の基層化

　政治体は世帯や共同体、そしてこれらを成して生きる個人、ひいては社会にとっても本来的には異質で不必要である。そこで統治機構は「存在意義を、＜社会＞にとって説得的なかたちで構成しなければならない」[353]。普遍的に社会の基本単位を成すこれらを、権力資源の基層としてのみ統治機構は存立する（第1図における⑬〜⑱の確立）。そしてこの達成は集団の基本単位と（統治層に属する個人も含む）集団成員の社会生活が国家帰属化 naturalized すること、すなわち集団の成員が国民化することを意味している[354]。

　社会内での分節化と成層化の進行、並行しておこる社会間の競合／統合関係の構造化が国家形成の前提となるが、国家はそうした構造化を確立する、あるいは確立の結果形成される機構としてとらえることができる。しかし一見国家的な秩序維持メカニズムはどんな社会においても存在するため、国家的な機構はそうしたメカニズムが一定範囲で共有されるようになる過程で変性を遂げながら形成されると考えられる。この過程がすなわち国家形成の過程である。こうした現象が認められるということは、必然的に構成原理の異なる集団が統合的秩序のもとにあるということを意味するため、立場の異なる個人や構成原理の異なる集団の間での利害や要求の表出、その結果として交渉と合意形成を行

353　清水 1991: 271
354　Mann 1993: 訳上巻 25. cf. 佐藤 2006: 27~28

第1部　国家／帝国という問題枠

う力学が想定される。そこでの動力は成員の関係を調整し、社会を組織化して動員する基盤構造権力 infrastructural power として概念化されている[355]。統治機構と国家とを構成する諸制度は、基盤構造権力の操作によって社会生活への浸透の度合いを高めていく。基盤構造権力は、統治者を主体とし暴力を背景として強制的に行使される「生の」権力、すなわち専制権力 despotic power と対比的な概念としてある[356]。社会関係や社会的ネットワークをつうじて生成し行使される慣習的チャンネルでもあるため、日常的慣習・日常的実践の秩序化から社会生活への浸透を実現する。また経済的位相で物語るのであれば、それら統治の技法は家政と政治的経済との一致ととらえられる[357]。生活の糧を得るための家政における権力と各人が共同体運営に参加する権力とが、本質的・系統的相異をこえて一致するという例外的事態[358]（第1図）は、国家機構の進化軌跡区分を左右する政治的経済の議論（奢侈品財政か主要生産物財政か）でも重視されている。そこでの生存経済の財政化と相つうじる視点は、こうした側面からも提示できる。

　社会を成す各位相でこの様態が進行する現象が、すなわち権力関係の自明化 naturalization of power relations だといえるだろう[359]。国家帰属化プロセスをとおして国家は社会を国民的なものとして「国家の檻にかこいこむ」[360]。国家はこうした基盤構造的メカニズムをつうじて統合力を行使する機構である。そして国家の強度は、基盤構造のメカニズムにかかわる諸制度に依っている[361]。これは国家と社会の関係性をテーマ化するという有効性と同時に、基盤構造権力および世帯／共同体を自明化する（第1図における⑬と⑭を再生産する）しくみの変性に目をむけることで、国家形態と秩序維持機構の変性についての説明も

355　Mann 1993: 訳上巻66~69
356　cf. 佐藤2006: 26
357　高橋1998: 148
358　Aristotle 335-323 BCE
359　Johansen & Bauer 2011: 15
360　Mann 1993: 訳上巻66~69
361　佐藤2006: 31~32

容易になることをも示唆している。

権力資源論でも示されたように、たとえば帝国・領域国家と都市国家では形成の軌道からして異なる[362]。前者の特徴としては広大な領域、多民族／多文化統合、中心—周縁関係、中央集権があげられる[363]。これらは相関しつつ異質な諸集団間の統合秩序を確立する。同質の集団間で点的に自明性を確立した状態（第3図②）が首長制や原初的王制だとすれば、基盤構造権力現象にのっとる異質な諸集団にとっての自明性を広域で確立した状態（第3図③）を、帝国・領域国家として概念化できる[364]（第1図）。

基層化のメカニズム

国家機構とその形成過程のメカニズムを説明するためには、支配機構が「生活過程に、いかに介入し、媒介し、統合し、その結果としてみずからの存立基盤をどのような形で作りあげるのか」[365]を調べ、それが統治機構へと変貌する様子を観察する必要がある。そのために基層の実体的単位としてある世帯・共同体レベルの様相に着目し、変化を検討する。上項で述べたように政治体は社会にとっては本来的に不要で、世帯や共同体にとっては異質なものである。人類集団の基本単位が権力資源の基層と化すのが普遍的な事象でないことは、国家的機構の生成のみならず、その前提としてとらえられてきた社会の複雑化ですら人類史上普遍的な事象ではない事実[366]が端的に示している。

人類集団の特性にたちかえってこの事象を特性化してみる。集団は複数人の関係性からなる[367]。そして社会はそうした集団関係の集積だ。しかし生物学的、地理的な所与であるかのような家族や親族集団、出自集団、地域的集団といっ

---

362 Kristiansen & Rowlands 1998; Rowlands & Kristiansen 1987
363 山本 2003: 10~11
364 清水 1991
365 清水 1991: 271
366 cf. Trigger 1990b
367 小杉 2006: 219

第1部　国家／帝国という問題枠

た一次集団でも、集団と称しうるような社会的関係が自動的に再生産されるわけではない[368]。生得的所与があるところでも普遍的に社会的関係が築かれるとは限らない。血縁関係にもとづく出自集団の形成すら常ではなく、血縁関係や家族でもそのあり方はさまざまである[369]。したがって、ある程度恒常的な諸個人の関係性すなわち集団や社会には、生得的関係や共通の目的意識、反復的な対面式関係に加えて、成員間の関係を社会的なものに整形して再生産する何らかのしくみがある[370]。成員の獲得的属性による部分が大きい国家のような社会集団（特定の目的達成をめざす組織のようなまとまりも含む）ならばなおさら、成員が秩序ある行動や思考をするように導くメカニズムが重要になってくる[371]。

　そのうち認識しやすいのは、成文法規や経済的規則のような規制的制度を設置し、それらを尊受させるために物理的強制力（軍事力、警察、裁判）やインフラストラクチャーを行使するしくみだろう。国家形成研究でも着目されてきた所以である。しかし諸個人の行動や思考すべてを規制する成文法規を作成することなどできない。また物理的強制力を構成員各人に常に行使するとなると、行使する側の負担は相当なものとなる。つまり、物理的強制力による規制的制度への強制的服従に依存するしくみは、不安定なものにならざるをえない。ゆえに暴力を独占する機構である国家であっても、少なくとも常態においては非暴力的に秩序を維持している。

　社会や集団を安定的に再生産するには、個人を制度や構造に自発的に追従させること、すなわち個人を集団の構成員として主体化することが要件となる[372]。そのためにはまず、社会構造やそれにともなう規制的制度が個人にとって正当で、自明なものでなければならない。そこで、規制的制度や社会構造を観

368　河合 2009: ix
369　Keesing 1975
370　河合 2009: xi~xiii, 表1
371　今村・今村 2007: 48~49; 内堀 2009; 河合 2009: ix; 河合ほか 2009: 315; 杉山 2009; 山下 1988; Hendry 1999: 訳177; Scott 1998
372　清水 1988; 盛山 1995; [2000] 2010; Althusser 1970; Arendt 1960; Bourdieu 1980

念体系レベルで意味付けし、正当化するさらなるしくみが必要になる。そのし
くみは集団にとっての倫理的支えで、「適切な」倫理規範や価値観を提示する
象徴的位相とでもいうべきものだ[373]。つきつめれば、スキーマやスクリプトと
いった認知心理学的枠組みが相当するといっても良いのかもしれない[374]。ただ
し、ここではあくまで社会的な概念として設定しておく。こうした象徴的位相
が倫理規範や価値観として内面化されれば、個人は集団の主体となる。

　すなわち、固有の価値観や倫理規範が成員へ内在することを前提としてヒト
のまとまりは再生産され、実体化する[375]。そして主体化された個人は、（象
徴的位相にもとづき、価値体系や倫理規範を内面化した日常的範型から生じる）
慣習的行為をとおして無意識のうちに集団の秩序に沿った社会的関係を維持
し、集団の構造を再生産するようになる[376]。つまり集団にとって適切な思考や
行為に始終するようになるのである。これが、個人が集団の成員として主体化
された様態だと考えられる（第2図）。同時にこれは社会構造や規制的規則への
自発的追従様態であり、集団の再生産を支えるしくみだと考えられる。

　これを政治体と社会との関係性に還元してみると、イデオロギーのなかに政
治体がはめこまれている状態が必要となる。こうした物言いをすると、支配—
被支配あるいは征服—被征服という構図の中で双方に人格的概念が付され、そ
の関係性を維持するために支配の側が恣意的に行使するかのような印象を与え
てしまうかもしれない。一定の領域において一定の集団に対する（しばしば物
理的強制力の独占的行使をともなう）権力行使・支配機構としての国家像が描
かれるもとになる[377]可能性もあるだろう。しかしここでの象徴的位相はそう
した関係性を正当化する観念体系に対応するとは限らず、支配機構の正当性を
完了するものでもない。たとえそうした社会構造があるにせよ、結局支配する

373　今村・今村 2007; 杉山 2009; 盛山 1995; [2000] 2010; Althusser 1970; Bourdieu 1980
374　河野 2002
375　河合編 2009; 今村・今村 2007
376　今村・今村 2007
377　e.g. Oppenheimer 1914/1922; Weber 1921; 1922

第1部　国家／帝国という問題枠

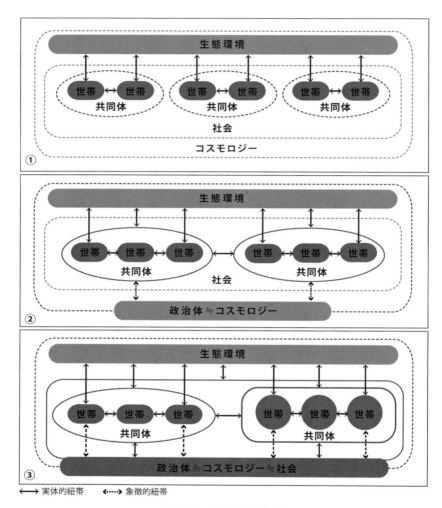

↔ 実体的紐帯　　◄┈┈► 象徴的紐帯

第3図　社会と政治体

側も象徴的位相に規定されてしまい、被支配側からの規定をうけざるをえないからである。

　一定規模の社会が成っている場合には、こうした基層化のメカニズムは稀で

第2章 国家形成の概念化

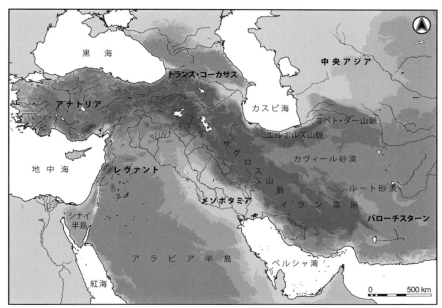

第4図　西アジア全図

はないだろうが、構成原理をたがえる異質な諸集団に対して、対面式関係をこえる広域で、しかもそれぞれの日常的実践にまで作用する高い浸透性を備える事象の発現は、ヒトや人類集団にとっての画期とみなすことができる。この事象を特性化するにあたり一事例として、上項で述べたような属性を備える領域国家を取りあげたい。領域国家形成プロセスにおける人類史上での位置づけこそが、この事象が示す人類史の画期を詳らかにすることにつながると想定できる。権力の基層に着目したプロセスの解明と特性化は、必然的に人類集団の共通項への着目にむかうことになるため、人類史への通史的な位置づけがより容易になると考えられる。

　次章以降ではこうした検討の前提とすべく、西アジア（第4図）を事例として国家と国家形成過程の史的特性化を試みる。後述するように西アジアは現生人

第1部　国家／帝国という問題枠

類出アフリカ以降、人類史を画する事象が自生する舞台としてあった。当地の
国家形成事象もユーラシア大陸における始原として普遍的価値をもつ。ゆえに
前章で記した国家形成にまつわる理論が創出される現場であり続けたという背
景がある。こうした概況は、人類そして社会の基層に着目した国家形成プロセ
スの解明と特性化という上記視点を実践するのに適当であると同時に、本書の
視点は西アジアの地域史においても新たな画期を提示することにつながると考
える。

第2部　西アジア国家形成への視点

第3章　西アジア国家形成概要

1　都市国家の形成

都市国家の発現

　西アジアで見いだされた人類史上の不可逆的な画期には、定住、植物の栽培、家畜化、社会の複雑化、文字の発明といったものがある。いずれも人の現在のあり様からさかのぼらせて、近現代社会が形成されるに至る要件として認識されている。そして国家の形成もこのなかに含まれている。それでは、国家はいつ成立するのか。この問いに答えるにあたっては、西アジアでは複数種類の国家的機構が生成してきたことに留意しなければならない（第5図）。

　まず、前4千年紀末から前3千年紀初頭[378]にかけて、メソポタミア地方南部のシュメール Sumer 地方（第6図）で最初の国家形成現象が完了すると考えられている[379]。それは都市国家というかたちであらわれる。都市国家成立の根拠となったのは、この地域にあるウルク Uruk 遺跡の規模と空間構成だった[380]。まず、集落の中心とみられ、その規模6ha から7ha にも達するエアンナ Eanna 地区では、神殿 temple ともくされる大規模な公共建造物が複数建造されている[381]。そして後続する時期[382]には、ウルク遺跡の居住地面積は250ha に達することから[383]、おおよそ1万人ほどが居住していたとみられており、ほかの集落とくらべ卓越した規模になっていたことがうかがえる。エアンナ地区でも前時期を凌駕する規模で巨大な建造物が相次いで築造されたようだ。

378　銅石器時代末期：ウルク後期末葉～ジェムデット・ナスル Jemdet Nasr 期
379　Adams 1966; 1981
380　Boehmer 1991; Nissen 1983; 1985; 2002; Pollock 1992
381　cf. Amiet 1977: 526
382　ジェムデット・ナスル期（前3000年～前2900年頃）：エアンナ III 層並行
383　Nissen 1983: trans. 71~72; 2002: 7

第2部　西アジア国家形成への視点

国家類型	名称	年代	揺籃地	最大領域 (M ㎡)
都市国家	ウルク第 1 王朝	3200 BC	メソポタミア	0.90 ?
領域国家	アッカド王朝	2250 BC	メソポタミア	0.80
領域国家	ウル第 III 王朝	2050 BC	メソポタミア	0.10
領域国家	バビロン第 1 王朝	1800 BC	メソポタミア	0.25
領域国家	ミタンニ	1400 BC	メソポタミア	0.30
帝国	新アッシリア	700 BC	メソポタミア	1.40
領域国家	バビロン第 11 王朝	600 BC	メソポタミア	0.50
帝国	アケメネス朝ペルシャ	400 BC	イラン	5.50
帝国	アルサケス朝パルティア	100 BC	イラン	2.50
帝国	ササン朝ペルシャ	250 AD	イラン	3.50

第5図　西アジア古代国家の類型と年表

　この事実は都市的集落とそれ以外の集落との間で人口からして大きな格差が
あったこと、そのなかでも都市的集落が特段の機能をになっていたことを示唆
している。さらにウルク遺跡周辺の集落分布をあきらかにした研究によれば、
シュメール地方のほかの集落はウルク遺跡を中心に3層から4層に階層的関係
を構成しており、各集落がウルク遺跡と運河や水路によって直線的に結びつけ
られていたことから、集落間・地域間の中心—周辺関係[384]と都市領域がおこっ
たと考えられる。また、こうした遺跡からはベベルド・リム・ボール beveled-
rim bowl と呼ばれる土製の器が多くみつかっている。この容器は口が広く開い
た鉢の形をしている。さらに特徴的なのは大きさを一定にするためにおそらく
は型を使用して作製されていることである。そのためこの器は、組織だった労
働に動員された多くの人々に食糧を配給するための容器であると考えられてい
る[385]。そして、この器が近東の広い範囲に分布していることから、ウルク遺跡

384 Adams 1981; Nissen 1983; 2002; Adams & Nissen 1972
385 Johnson 1973; Nissen 1970

第3章　西アジア国家形成概要

を起点とする慣習が広域化していたことの証拠としてもとらえられてきた[386]。

　こうした様相が国家であるという認識を決定づけたのは最終的には行政・経済粘土板文書と、そのなかでの「王」に相当する語の記載だった[387]。この時期、ウルクで発明された文字システムはメソポタミア各地で普及したことから、粘土板の使用が本格化し、各地で文字記録がのこされるようになる。そもそもこうした文字システムの発生は官僚組織 technocrat の萌芽を裏付けており、ひいては「王」にあたる特定個人を頂点とする身分制度が定まっていて、職能分化もその統制下にあった証拠と考えられてきた。こうした粘土板には複雑な再分配の管理・操作体制の内容ものこされていて[388]、経済的にも社会の複雑化が進展していたことがうかがえる。

都市国家の発達

　前2900年頃から前2350年頃にかけて[389]は都市国家がもっとも発達する時期としてとらえられる[390]。前4千年紀末頃には、すでにバビロニア Babylonia 地方のおおよそ50％から80％の人口が都市的集落に居住するようになっていたこと、それぞれの統括する土地面積も広域化していったことがあきらかになっている[391]。こうした都市国家の変質を端的に反映した現象として、ウルクにおける人口の急増が指摘されている。前2900年から前2700年[392]にかけて、この集落では前時代の倍に人口が増大、同時に居住面積もおおよそ500ha と倍増する。一方、おそらくは管理下にあったであろう中間規模の集落が60ha から75ha となり、加えて20ha 程度の小規模集落もあった。ウルクが突出した規模

---

386 Van de Mieroop 2007
387 Nissen 1983: trans. 94; 2002: 13
388 ウルク後期の最末期：エアンナ IV 層
389 青銅器時代：初期王朝期 Early Dynastic Period（第 I 期：前2900年〜前2750年、第 II 期：前2750年〜前2600年、第 IIIa 期：前2600年〜前2450年、第 IIIb 期：前2450年〜前2350年）
390 Adams 1981
391 Algaze 2008: 106
392 青銅器時代：初期王朝期第 I 期末ないし II 期

第2部　西アジア国家形成への視点

になるぶん、集落間の差異も拡大していったようだ[393]。さらにメソポタミア南部のみならず、より北部の地域やティグリス川とユーフラテス川それぞれの流域に沿った近東の広い範囲で都市国家が濫立し、それぞれが勢力をもつ状況が形成されたと考えられる[394]。シュメール族Sumerian都市国家群の成立と称される現象である。

　都市国家の下で生きることがある程度一般化したこの時代では、社会の中で都市国家が果たす役割もさらに大きくなっていった。まず、灌漑や農業をはじめとする生産技術全般が都市に集約され技術の高度化と生産の効率化がはかられた。高度な貴金属製品も多量に作られるようになり、奢侈品の類も多種多様になる。さらに管理する物資の量・種類も増加したことから、物資や品物は制度化された税収制度や再分配制度をとおして管理されるようになる。こうしたなかで、制度を執行する官僚組織が確立し、中心組織としての宮殿が都市の中核に築かれていった。前時代まで都市のイデオロギー的かつ政治的中心と目されていたのは神殿だった。一方この時代には、行政の場が神殿から宮殿へと移行するとともに[395]、経済活動に関する神殿と宮殿の機能分化も確立するのである。つまり神権政治からの政教分離、そして世俗政治へという構図[396]となるわけだが、この理解の前提となっている前時代の「神殿」比定には異論があるため、全面的に首肯するわけにはいかないとする意見もある[397]。ただし、この時期の都市国家におけるほかの事象も考慮すれば、身分や職業の分化すなわち社会の複雑化がさらに発達したこと、さらに都市国家の政治体機能の強化がおこったことは確からしい。

　こうした理解は都市国家から見つかる粘土板や碑文によるところがおおきい。この時代には、文字資料が前時代とくらべて圧倒的に増加する[398]ことから、

393 Van de Mieroop 1997: 94~95
394 cf. Garfinkle 2013: Map 3.1; Liverani 2011: Figure 6.1
395 Liverani 2011: 99
396 Adams 1966; Adams & Nissen 1971
397 前川 2010

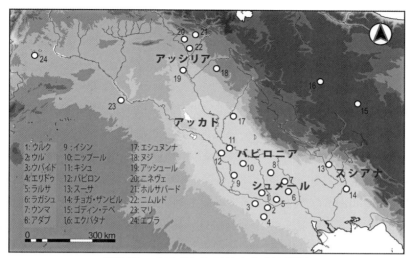

第6図 メソポタミア地方と主要遺跡

文字記録システム（シュメール正書法）が確立し、本格的に普及したと考えられている。都市国家の位置や範囲、土地経営、家畜管理、穀物収支などの文書や支給品リストといった文字資料からは、都市を中心とした社会・経済、身分秩序のありようを読みとることができるのである。文字記録システムが政治経済の主要な方法として定着したようだ。

さらにこの時期の特徴として文字記録の増加のみならず多様化があげられる。私的やりとりの記録ものこされており、個人名などの特定も可能になっている。文字システムの確立は、表象表現全般にも変化をもたらしたようだ。すなわち文字による表象表現、物語の出現である。さらに文字を用いない図像表現でも写実性が高まった。そこでは特定個人を描写し、さらに神と同一化する表現が確立する。前25世紀半ばからは具体的な王についての文字記録がのこされているが、これはウルク第1王朝 Uruk I を記したものと言われる。ギルガ

398 cf. Van de Mieroop 1997

第2部　西アジア国家形成への視点

メシュ Gilgameš 叙事詩で物語られている王も、前3千年紀半ばごろウルク第1
王朝に実在したと考えられている。以降普遍化していく王をこのようにあらわ
す手法自体、この時期にはじまったといえる。

　ウルクより南方には、ウル Ur とエリドゥ Eridu といった都市国家が成立して
いた（第6図）。とくにウルを中心とするウル第1王朝 Ur I が遺した資料は、前
3千年紀中頃[399]の都市国家における上位層のありようをよくあらわしている。
次節で記述するウル第3王朝 Ur III による破壊のため、当時期のウルの詳細は
しばしば不明瞭であるが、一方で王墓群として記載される16基の大型墓は、こ
の時代の都市国家の勢力や身分秩序の確立と隔絶化を示す証左としてしばしば
あつかわれる。主に前26世紀から前25世紀半ばにかけてという時期があては
められるこれら大型墓には殉死者がともなっていたが、そこではあきらかにメ
ソポタミアでは産出しない材料をふんだんに用いた工芸品が多数供えられてい
た。こうした品物はウルにおける工芸技術の発達に加え、メソポタミアの都市
国家と周辺地域とのやりとりおよび長距離交易の発達を示している[400]。都市国
家は富を蓄積し管理するとともに、富をめぐる不平等を醸成する場としても
あったようだ。加えてそうした経済的不平等と政治的身分秩序が一致してあっ
たと考えられよう。こうしたウルに近接するエリドゥでも同時期に宮殿が建設
されており、政治的権力の隔絶化はあきらかに進捗している。

　ウルクより東方ではラガシュ Lagash とウンマ Umma が代表的な都市国家と
して存在した（第6図）。前3千年紀後半[401]にはラガシュを中心に複数都市が連
合し、大規模な連合国家を築いていたと記述されている。ラガシュより領土・
規模は小さかったと推定されているものの、ウンマについても多くの記録がの
こされている。前3千年紀末時点での記録によれば、この都市国家は20万 ha
の土地と、そのなかにあった多くの村落や小規模都市を統括していたとい

---

399 青銅器時代：初期王朝期第 III 期
400 Van de Mieroop 2002
401 青銅器時代：初期王朝時代 III 期

う[402]。さらに前3千年紀半ばから前2350年にかけては、境界をめぐりラガシュと約150年におよぶ紛争をくりひろげたとする記録も遺されている[403]。

これらよりやや北方のメソポタミア平原中央部にもアダブ Adab やニップール Nippur、イシン Isin といった都市国家があった。ラガシュやウンマよりもティグリス川を遡上した北方にあるバビロニア地方では、前3100年から前2350年[404]にかけてキシュ Kish を中心に地域的支配のかたちが確立し、前26世紀から前25世紀半ば頃には宮殿も建造されている。メソポタミアから遠く北方でも、ティグリス川上流にアッシュール Assur、ディヤラ川沿いにはエシュヌンナ Eshnuna/Tell Asmar が出現する。ユーフラテス川中流域にもマリ Mari、そして上流域でもエブラ Ebla といった都市国家が勢力をもっていたようだ。これらの文書庫からは当時の政治制度や物資の貯蔵、再分配制度についての記録が見つかっている。始原地から遠く離れた地域でも都市国家システムが機能し、国家的な政治的階層秩序やそれにもとづく複雑化した社会秩序を確立していたのである[405]。

こうした近東一帯での都市国家の勃興のなかで、前2600年ごろにはメソポタミアでの都市国家間の攻防、そして周辺地域の都市国家との間での交易や政治的やりとりが増加する[406]。都市国家の増加およびそれぞれの勢力の拡大は、国家間・地域間の相互関係や競合を活発化し、結果的にメソポタミア文明と称されるような社会・経済の興隆をもたらした。しかし一方で、このような多くの勢力の勃興は必然的に、勢力間の衝突の機会を増加させることとなる。史料には少なくとも前3千年紀半ば以降、メソポタミア南部の都市国家間でそれぞれが軍をひきいて争った記録がのこされている[407]。考古学的調査でも、都市を囲む防壁が堅牢になるとともに、銅製や青銅製の武器が増加していく様子があき

---

402 Adams 2008: 6
403 Cooper 1983
404 青銅器時代前半：ニネヴェ Nineve 5期
405 Garfinkle 2013: 103
406 Van de Mieroop 2002
407 Cooper 1986: 54~55; Garfinkle 2013: 104

第2部　西アジア国家形成への視点

らかになっている[408]。こうしたなか、前24世紀半ばにウルクがほかの都市を制圧し勢力を拡大したとの記述があり[409]、都市間・地域間の統合そして支配―被支配関係は拡大したが、この時期成立した諸都市国家はその後も政治・社会組織の基本単位として継続することになる[410]。

都市国家の揺籃

　こうした都市国家が成立する前段階としてあるのはメソポタミア南部における都市の形成であるため、西アジアでは都市の形成研究がすなわち国家の形成研究とみなされてきた側面がある。そのなかでは、都市国家の基であり、かつ前提とみなされてきた都市とは何かという問いが必然的に生じてくる。国家と同じように都市についても多くの概念規定が提示されてきたが、西アジアでは都市革命の提言の基となったウルク遺跡の変遷がモデルとなっている。当初の都市の指標[411]とは、大規模な集落とそこへの人口の集中、専業化、余剰物資の蓄積、余剰物資を管理する施設、文字システム、暦・算術・天文学、芸術表現、文字や暦等を特権的に管理する支配層、支配層が統括する職人集団、長距離交易だった。人口の集中、巨大な建築物、新たな技術、文字、規則、信仰といったその後の人間社会の基礎となる要素が誕生する場として、都市は国家出現にむけた社会変化の起点と認識されたのである。その後、考古学的な調査が増加するにつれて、都市を囲む城壁、公共建造物、階層的な集落分布パターン、職人集団、支配層がコントロールする農耕経済[412]といった都市の指標についての再定義もなされているが、大枠は変わらない。規模が卓越している集落であることは、周囲のほかの集落との階層的関係において上位にあることを意味し、そこ

---

408 Forest 2005: 195
409 ウルクのルゲルザゲシ Lugalzaggesi による制圧
410 Barjamovic 2013: 121
411 Childe 1950: 9~16
412 Pollock 1999: 46~51

では同時に生産技術と物資のコントロールを職務とする社会階層が特権的地位を構成している。

　とくに文化進化論の興隆以降、西アジアの都市ひいては国家の要件として最大公約数となったのは社会の高い複雑性だった[413]。単一の社会内であっても生業や生活スタイルが異なり、社会の中でになう役割にも違いがある状況は現在でこそ普通だが、ヒト集団にそうした現象があらわれるのは比較的新しい出来事だといえる[414]。それは約40万年の現生人類の歴史のなかでさかのぼっても1万年前、ごく限られた地域で発生したにすぎない。言葉を変えれば、だからこそこの現象の革新性は際立ち、その後におこる都市や国家を規定する要素を見いだすことが可能であるという点でも、画期とみなされるのは必然だった。

　西アジアでは、都市につながる社会の複雑化は前6千年紀中頃から前4千年紀にかけて[415]本格的に進行したと考えられている。とくに顕在化するのは前4千年紀の前葉であり[416]、その際社会の複雑化の萌芽として指摘されるのは土製容器製作の専業化から想定される職業分化、ならびに祭祀集団のみ特別な埋葬が行われるといったような葬送儀礼に際しての不平等から想定される地位分化である。さらに特定の集落には「神殿」ともいわれる公共建造物そして独立倉庫が発達し[417]、都市的集落構成の基盤が整う。建材である型ぬき日干しレンガの広域での普及、水利施設の発達も、こうした文脈のなかで居住パターンがこの時期おおきく変化したことを示唆している。関連するであろう現象として、前4千年紀中葉には中近東の広域でこうした特定集落を中心とした集落分布パターンと新たな居住パターンが普及していく。それぞれの集落の規模が拡大するとともに、ある程度のまとまりをもって立地するようになるのである。メソポタミアではそのなかでもとりわけ人口の集中する規模の大きな集落が出現す

---

413 Forest 2005: 198
414 Blanton 2008: 102
415 銅石器時代前半：ウバイド Ubaid 期（0期：前5800年〜前5500年、I期：前5500年〜前4800年、II期：前4800年〜前4300年、III期：前4300年〜前3900年、IV期：前3900年〜前3500年）。テル・ウェイリ Tell el Oueili での時期区分による。
416 銅石器時代：ウバイド IV 期（ガウラ XII 期）
417 Tobler 1950: Pl. VIII

125

第2部　西アジア国家形成への視点

るが、それらは城壁をもっており、ほかの集落に見える位置に立地していることが指摘されている[418]。新たな土器編年を加味した精査の結果によれば、都市国家成立の指標とみなされてきた前4千年紀後葉の人口増加も、前4千年紀中葉[419]のこうした現象からひき続いたものであることから、ウルク遺跡への人口集中もこの時期から始まっていた可能性が高い[420]。

　前3500年から前3100年頃にかけて[421]メソポタミア南部では、いよいよウルク遺跡を舞台とする都市を中心とした社会の動向が本格的に活発化することになる。ウルクをはじめ大規模集落の一部はさらに拡大すると同時に、そこで都市空間が成りたっていたと考えられている。前時期にもすでに都市空間の外枠を区画する城壁は確認されてはいたが、この時期には加えて、目抜き通りや「神殿」を中心とした規則的な空間構造が整えられていく。さらにそれぞれの空間が多目的かつ専門的に分けられており、神殿区画、工房区画、市場等が計画的に配置されていったと考えられている。排水施設といったインフラの整備も進んでいることから、こうした事業を組織的に行う体制が定まっていたことがうかがえよう。さらに「神殿」の大型化やそれに関連する祭祀的品物の発達からは、信仰の体系化と同時に、当時の階層や社会的立場が信仰体系に沿って秩序づけられていた可能性も考えられる。ウルク遺跡周辺の集落分布パターンの検証では、この時期にはすでに、都市国家を中心とした集落の階層的分布パターンが確立していたことがあきらかになっている[422]。おそらくは集落の規模と機能にもとづく4段階の階層（大センター、小センター、大村落、小村落）が存在するとともに、それらの階層に沿った分布パターンは、中心地理論[423]によって示されたセンター——衛星都市がおりなす支配領域のあり方とも合致していたと

---

418 Garfinkle 2013: 100
419 ウルク中期
420 小泉2013: 96〜97
421 銅石器時代前半：ウルク期（ウルク初期：前3900年〜前3500年、ウルク中期：前3500年〜前3300年、ウルク後期：前3300年〜前3100年）
422 Johnson 1975
423 cf. Renfrew & Bahn 2000
424 cf. Johnson 1975: fig. 31

みられる[424]。さらにこれら集落から出土する土製コーンの存在からも、集落間の相互関係が示唆される。土製コーンは壁面のモザイク装飾に用いられていたと推定されている建材で、都市の公共建造物で特徴的に出土する傾向がある。こうした建材が大センターにあたる集落を中心とする10km圏で、等間隔にある集落に分布しているという。こうしたことからもこの時期、都市を頂点とする階層関係にもとづく有機的なネットワークが、メソポタミア南部に形成されていたと考えられている。

都市国家の始原

　都市の諸条件と都市化をめぐる諸説が端的に示しているように、都市の発生や複雑化は灌漑農耕そして定住的生活様式を前提に説明されている。そうなると、都市化が本格化するのは上記のように紀元前4千年紀の後半だが、新石器革命以降の諸事象の累積が複雑化の大前提ととらえることができるため、さらにその嚆矢は出アフリカ以降の現生人類がはじめて定住を開始した前11000年から前8300年頃[425]の定住革命に求められることになる。その後、定住の本格化と植物栽培の開始は前7600年頃[426]いわゆる新石器革命期に実現したと考えられている。ただしこの時点では家畜はともなっていなかったようだ。植物栽培もにわかに確立したのではなく、このあと1000年ほどかけて前6600年頃[427]にようやく本格化したと推定されている。また並行して矩形建物が出現することから、生業変化にともなって生活様式や親族関係も根本的に変化していったようだ。そして前5500年頃まで[428]に家畜化が本格的に行われ、集落の規模も拡大していく。また儀礼的行為がある程度体系だって行われるようになること

---

425 続旧石器時代：ナトゥーフ期
426 先土器新石器時代 Pre-Pottery Neolithic：A期
427 先土器新石器時代：B期前葉～中葉
428 先土器新石器時代：B期後葉～末葉

第2部　西アジア国家形成への視点

から、観念世界の発達とひいては対自然認知の大きな変化がドメスティケーションの確立とともにおこったと考えられる。

　人類社会に普遍化するこうした生業形態の確立とともに、前6000年頃から前5500/5000年頃にかけて[429]自然や資源をより集約的に管理し、活用する方法・施設・道具ができあがっていく。なかでも、この時期あらわれる土製容器は資源の貯蔵・加工道具であったと同時に、ヒトがパイロテクノロジーpyrotechnology[430]を習得した証左として重視されてきた。同時期にメソポタミア中部の沖積地では[431]耕地開発が本格化する。用水路の建設や、河川の定期氾濫を利用した灌漑農耕が導入されていく。主要集落は年降水量200mm以下の地帯に分布するようになり、また家畜化された種が家畜の大部分を占めるようになる。集落内でも型抜き泥レンガ製で規則的なプランの矩形建物（扶壁付）をはじめとする定型的な独立建物が規則的に連なる。

　そして、こうした集落において前5300年頃から前4500年頃[432]、土器生産のパートタイム的専業化といった、後続する時期に顕在化する職能分化や非生産身分の出現に結びつくような、社会の複雑化の萌芽ともとらえられる現象がおこるのである。つまり西アジアでは都市化そして都市国家形成は、こうした長期にわたる社会・文化変化の結果としておこると考えられる。とくに植物栽培や家畜化の確立を起点とした実態的・観念的両位相におけるエクメーネ oikumeneの拡大、資源・物資・技術の開発とコントロールが上記都市の要件のほとんどを規定していることは明白である。西アジアでは都市化はこうした生産形態が発明されて以降の社会変化の累積としてあるわけで、ひいては国家も間接的にしろ新石器革命の結果として位置づけられることになる。

---

429 土器新石器時代 Pottery Neolithic
430 cf. 久米 2008
431 土器新石器時代：サマッラ文化
432 土器新石器時代：ハラフ文化

第3章　西アジア国家形成概要

2　領域国家の形成

領域国家の発現

　前3千年紀中葉、シュメール民族都市国家群が統合された後、前2千年紀[433]の西アジアではシュメール民族以外の諸民族のバビロニア地方への進出がおこる。そして都市国家を凌駕し広域を統合する領域国家が出現する。統合の方法は政治体ごとにさまざまだが、都市国家とはあきらかに異なる方向性として、統合下の土地のあらゆる資源を搾取できるような方向で組織化の度合いが高まっていくことがあげられる[434]。そのための方法としては、直接的には経済的側面での物資、生産技術や製品の集約的管理と操作があげられよう。

　ただしその手法は、国家機構による厳格な直接的かつ支配的コントロールから、制度化・組織化によるコントロールを経て、領主／事業主が個別に行うマイクロマネージメントによる生産活動の増加の後、そのマイクロマネージメントを国家機構の統制下に置くという方法へと、徐々に移行していったと考えられている。こうした間接的な土地経営を実現することによる領域化の実現[435]は、後述するアッシリア Assyria やミタンニ Mitanni の段階で本格化していたともいわれるが、十分に直接的な証拠はない[436]。少なくともこの時期の諸勢力の様子をみていくと、こうした領域化に必須だと考えられる税制や目的に応じた集落配置、労働力を組織的かつ大規模に動員してのインフラ整備やモノカルチャーの推進[437]といった事柄が時期をおって制度的に整っていく[438]。さらに当該政治体に固有の観念体系を創造し、表象表現を駆使して広範に伝播させていくしくみも格段に発達していく。

433　青銅器時代後半
434　Barjamovic 2013: 151
435　Postgate 2001
436　Barjamovic 2013: 129
437　Barjamovic 2013: 129
438　Barjamovic 2013: 127, 151

129

第2部　西アジア国家形成への視点

　こうした性格をそなえる勢力のさきがけとして登場するのがアッカド王朝
Dynasty of Akkade[439]である。前2350年、メソポタミア北部にあるアッカド地方
のセム族 Semites がシュメール都市国家群を統合していたウルクを制圧、初め
て南北メソポタミアを統合した。それは同時にシュメール族以外によるはじめ
てのシュメール地方の支配達成でもあった。セム語族はもともと居住していた
メソポタミア北部の都市国家キシュから独立し[440]、アナトリア、地中海方面、
ザグロス Zagros 山脈方面への軍事侵攻をおこない[441]、広範な版図を実現する。

　セム語族による統合は、行政文書等の書式をセム語に統一したうえで、地方
にはセム語族の有力者を派遣するなど、民族的支配の性格が強いものだったと
考えられている。それゆえ体制維持のための工夫として、領域内に等間隔に官
庁を設置するハード面での統合のしくみに加え、表象表現を操作することによ
る正当性の確保がより体系立ててはかられていく。神話の創設や写実的な描画
表現、そのなかでの王の神格化がおこなわれるようになるのである。アッカド
王朝はこのような統合のしくみを創設した政治体として、人類史上初の領域国
家ともいわれる。ただしアッカド王朝は、前時代にあった都市国家を単位とし
て、諸都市をゆるやかに編成していた側面が多分にあったともいわれており、
統合の制度はあれど、実態として確固たる統合を面的に成していたかといえば
異論もある。

　アッカド王朝のあと、前2112年頃から前2004年頃にかけてはウル第3王朝
Third Dynasty of Ur がメソポタミア地方の統合を確立する。アッカド王朝滅亡
後の混乱期を経ておこるこの王朝は、前時代にメソポタミア地方にあった都市
国家と同一の言語体系を継承していたことから、シュメール民族都市国家の再
興ともとらえられてきた。しかし内実にはおおきな違いがある。まず確固たる
中心にウルをすえ、中心域と周辺域との違いを明確にしたうえで、都市や地域

439　前2334年～前2193年
440　サルゴン Sargon 治世（前2334年～前2279年）
441　ナラム・シン Naram sin 治世（前2155年～前2119年）

130

第3章　西アジア国家形成概要

を序列化した階層的領域支配をおこなった。その一環として行われたのが周辺域の属州支配である。周辺域における耕地開発と税収、貢納と再分配制度の整備によって、地域間の搾取—被搾取のシステムを確立したのである。ニップール Nippur 近郊、現在のドレヘム Drehem には、周辺諸国やメソポタミア地方の諸都市から貢納として運ばれてきた家畜を管理するウル王家直轄地のプズリシュ・ダガン Puzrish-Dagan があり、王家直属の施設が管理していた。こうした施設からは物資のやりとりや管理の様子、動産・不動産のやりとりの詳細を記録した史料が多数に見つかっている。

　文字システムによる記録・管理の浸透はこうした行政・経済文書の増加とともに、公文書の形式・用語の統一といった様式の厳密化からもうかがえる。また前提として、これらを管理する行政機構そして官僚制の整備も想定できよう。一方で、常備軍の設置、度量衡の統一、そして法集成の作成もすすめられていく。国家は「その本質が命令—服従に依拠せず、また権力と支配、あるいは法と命令を同一視しない権力と法の観念」[442] として概念化できる側面がある。この時期の法集成の作成は、こうした国家のかたちに接近する画期的な出来事としてとらえられ、実際こうした成文法をはじめとして、常備軍や度量衡の整備は領域化に必須の方法として以降普遍化していくこととなる。

　また行政・経済文書以外の文字による叙述の充実もこの時期の特徴であり、王の系譜をはじめとする歴史叙述と物語が発達する。代表的なグデア Gudea 王[443] のニンギルス Ningirsu 神殿建立物語などはあきらかに、神意を体現する存在として神格化された王の表象を意図して作成されている。こうした表象操作による地域統合のしくみも、その後の国家機構で基礎的要素となっていく。こうした祖型を成したということから、ウル第3王朝の成立は国家機構の変遷のなかで一つの画期とみなすことができる。

442　Arendt 1972: 訳129
443　前2144年〜前2124頃

第2部　西アジア国家形成への視点

領域国家の分化

　ウル第3王朝後、前2千年紀前葉は都市国家が各地でおこり乱立する時代となる。引金となったのはメソポタミア外から遊牧的生活を営んでいたセム語族系アムル民族が台頭、そしてインド・ヨーロッパ語族が西アジアへ拡散したことだと考えられている。民族間の対立と交流が活発化し、それぞれが勢力拡大を志向するにつれて、衝突が激化していった。つまりメソポタミアとメソポタミア外世界との外交が活発になった時代といえよう。こうした状況の前提としてはさらに、人口超過や資源の枯渇に起因する都市国家以来の伝統的都市の衰退が指摘されてはいるが、定かではない。イシン Isin、ラルサ Larsa、バビロン Babylon、アッシュール、エシュヌンナといった都市国家が再興した記録もある。当初はいずれも強力な勢力ではなかったが、前1763年までにはそのなかのイシンによる都市国家の制圧が達成されたようだ。ここではシュメール文化を積極的に継承する傾向があり、シュメール語による文学がおおきく発展することになった。

　メソポタミア地方の再統合は前1800年頃、バビロン第1王朝 First Dynasty of the Kings of Babylon[444] によって実現されることになる。セム語族系アムル民族による再度のメソポタミア統一である。その後、前18世紀初頭から半ばにかけて[445]躍進したこの王朝は、イシン、ラルサ、アッシュール、マリといった諸都市に加え、東方のエラム Elam 国の征服も実現した。古代メソポタミアで最多条文数（282項目）からなるハンムラビ法典 Code of Hammurabi が編纂されたのもこの時期[446]で、そこには自由民（アウィルム amelu）、臣下（ムシュケヌ muskinu）、奴隷 ardu からなる厳格な身分制度が明記されている。成文法規とならんで秩序維持のしくみとして重視されていたのは宗教だった。バビロン第1

---

444 アッカド帝国 Akkadian empire あるいは古バビロニア Old-Babylonia とも称される。
445 ハンムラビ Hammurabi 王治世（前1792年〜前1750年）
446 前1772年

王朝ではシュメールの神々を再編成したうえで、それまで副次的存在だったマルドゥック Marduk を主神にすえるなど、新たな信仰体系を創出している。首都バビロンの宮殿も神殿に近接して建設していることから、こうした宗教的イデオロギーが重視されていたことは明白である。地方には専門役人を派遣し所管のやりとりでもって中央へ情報を集約するしくみが整備されていた。こうした両側面の拡張は総じて神権政治的中央集権制の確立といわれている。一方で支配した都市の自治はある程度保障されていたようだ。また、公用語としてはアッカド語が定められていたものの、法律と宗教はシュメール語を主言語としていたことからも、他民族に対して比較的寛容だったといわれている。この時期には、財産の相続等についての私的経済文書が増加し、利子の規定等も成文化されている。不動産取引なども含め私的な経済活動が活発化したようだ。こうした私的経済活動の促進と物資や財のコントロールは、以降の政治体がそれぞれに制度化を試行する重要事項となっていく。

　前1595年にバビロン第1王朝が後述するヒッタイトの侵攻により滅亡した後、カッシート王朝 Kassite Dynasty が前1475年にメソポタミアを支配下においた。前16世紀にはまとまった勢力としてあったようだが、その起源についてはよくわかっていない。統一勢力となった後は約300年間におよび安定した治世を実現したとされ、そのなかで、後続する勢力が踏襲するような政策をいくつか実施している。まず軍事政策としてウマの組織的飼育と戦車技術の確立という機動性の強化を実現した。また文化政策として文学作品の収集と編集を積極的に行ったとされる。さらに、特徴的な地方統合政策としてクドゥル kudurru の設置がある。クルドゥとは石製の碑文である。王の土地贈与の規則と条文を刻み、そして上部には世界を支配する主要な神々をシンボルで表し記すことで、神々が王の贈与を保証し、贈与された土地も神々の守護下に置かれたことを示したのである。つまりクルドゥは王と地方との関係性、そしてそれが神々に保証されていることを明示するしくみとして導入されたと考えられる。こうした内政

第2部　西アジア国家形成への視点

の充実とともに、西アジア外地域との外交の活発化がこの時期の特徴となっている。とくにエジプト[447]との積極的なやりとりは往復書簡（アマルナ書簡Amarna letters 中の13通）によって示されており、さらにそうしたやりとりがアッカド語でおこなわれた結果、アッカド語が国際語の位置を得ることになった。

　前1155年、エラム国の侵攻によってカッシート王朝が滅亡したのと時を同じくして、とくに前13世紀末から前12世紀初頭ごろ、カッシートのみならずメソポタミア以北を拠点としていたミタンニやヒッタイト Hittite も相次いで衰亡していく。ミタンニはハブール Khabur 川上流域一帯を前16世紀末頃に統合していたとされる。「北方の蛮族」であるフリ民族が主体となって構成されていたとされるが、起源の詳細はよくわかっていない。メソポタミア、エジプト、ヒッタイトに積極的な軍事遠征を行い、最盛期には地中海沿岸まで勢力下においたとされている。首都ワシュカンニ Washukanni が未発見なこともあり内政については多くが不明となっている。少なくとも、前13世紀末にアッシリアに併合されるまで、平和条約協定や外交戦略的婚姻関係、往復書簡（アマルナ書簡）による積極的な外交戦略によって外交バランスを保っていたことが、周辺勢力の記録からあきらかになっている。

　ヒッタイトは前1700年頃から前1200年頃[448]にかけてアナトリアを中心に隆盛した。前2300年頃にアナトリアに進出し、前17世紀にはハットゥシャHattuşaş（現在のボアズキョイ Boğazkale）を首都として王朝を確立している。そして前1595年バビロン第1王朝を滅ぼし、メソポタミアを制圧したはじめてのインド・ヨーロッパ語族となった。その後もシリア遠征（前1286年カデシュの戦い）、ミタンニ攻略（前14世紀）といったように周辺勢力に積極的に侵攻した記録がのこされている。ハットゥシャ出土の公文書はヒッタイト語、ルウィ語、パラ語で作成されていた。また文化政策（テシュプ Teshub 神の崇拝）や対

---

447 アメンホテプ4世 Amenhotep IV（前1353年頃～前1336年頃）
448 2時期区分：古王国（前1700年頃～前1400年頃）、新王国（前1400年頃～前1200年頃）

外政策のなかでは一部、ミタンニの要素の継承が指摘されている。積極的な対外政策もある意味ではミタンニの姿勢を受け継いだともとらえられ、戦略的婚姻関係や、メソポタミア・エジプト王朝との外交条約協定締結などの様相が共通している。なかでもカデシュの戦いの結果エジプトとかわした世界史上初の平和条約は画期的なできごとだったといえよう。しかし前1190年頃、内紛および「海の民」による包囲の結果滅亡したとされる。

　これらの勢力が滅亡して以降、メソポタミアでは前8世紀ごろにかけて都市国家群が再興する[449]。それぞれで神殿や中心区画の再整備が実施されたようだ。それらを統一したのがカルデア Chaldea 民族によるバビロン第11王朝11th Dynasty of the Kings of Babylon[450] である。カルデア民族は前9世紀頃からアラム民族とともにメソポタミアへ侵入していた。それが前626年[451]、東方のメディア Media 国と同盟を結び、新アッシリア Neo-Assyria を滅ぼしてバビロンの王座をアッシリアから奪取すると、メソポタミア地方をはじめ新アッシリアの旧領土をも勢力下におく大国となった。その後、前605年[452]にはカルケミシュの戦いでエジプトに勝利し、レヴァント地方にも侵攻すると前597年にユダ王国を滅ぼし、よく知られるバビロン捕囚を行った。

　文化政策では復古主義が貫かれている。シュメール民族都市国家とバビロン第1王朝の伝統の正統な継承者たることを掲げ、新アッシリア[453]に徹底的に破壊されていたバビロンの大規模な改修・修復を実施した[454]。バビロン史上最大の宮殿、そして化粧レンガによる装飾をほどこしたイシュタル門を築き、自身の正統性を強調したのである。宗教儀式も同じように復古的なもので、メソポタミア地方土着の神々（マルドゥク神など）を信奉し、バビロン復興の際にもジッグラトとマルドゥク神殿を再建している。そして政策面でも、軍事的征服

---

449 Barjamovic 2013: 152
450 新バビロニア Neo-Babylonia、バビロニア帝国 Babylonian empire、あるいはカルデア王朝 Chaldean dynasty とも称される。
451 ナボポラサル治世、前689年
452 ネブカドネツァル2世治世（前605年〜前562年）
453 センナケリブ王治世
454 ネブカドネツァル2世治世

第2部　西アジア国家形成への視点

ではなく商業と交易に重点を置いた。そもそもバビロンは古来より交通の要衝
であったことから、第11王朝はその特徴を最大限に活かした方針を貫くことで、
バビロンに富そして権限を集めたのである。前539年、後述するアケメネス朝
ペルシャ Haxāmaniš/Ἀχαιμένης によるバビロン征服[455]により滅亡して以降、メ
ソポタミア地方からは西アジアの覇権をにぎる勢力はあらわれなくなる。

領域国家の揺籃

　メソポタミア地方では国家形成研究といえば都市国家が主題で、その後のこ
うした一定地域の領域化活動、大規模な地域統合、そしてそのための機構が形
成されるプロセスについての関心は相対的に低かった[456]。前3千年紀初頭から
前24世紀半ばにかけての都市国家群乱立の時代に、都市国家間の相互作用・競
合が活発化していたのが、前2千年紀初頭には終結[457]し領域国家へむかうのだ
が、その事端ともいえるアッカド王朝はバビロニア地方に由来することから、
当地方にあった都市国家キシュの支配スタイルを踏襲していたともいわれてい
る[458]。それならば前2千年紀のこの現象が現れるプロセスを探求するためには、
前3千年紀のキシュを検討すべきということになるのだろう。しかし、キシュ
や周辺地域のありようが不明な段階では有効か否かの判断すらむずかしい。従
来の研究で注視されてきたのは、特定の勢力が強制力でもって他地域・勢力を
征服するという流れであり、そうした強制力をそなえて行使できる国家を強調
する視点が主流であった[459]。そしてこうした支配の説明的モデルとしての社会
進化の構造的型式、世界システム論、中心—周辺関係の醸成[460]からの説明が重
視されてきた。近年ではより不可視の位相への着目から、権力資源論に沿った

---

455 キュロスⅡ世治世
456 Barjamovic 2013: 120
457 Garfinkle 2013: 104
458 Steinkeller 1993
459 e.g. Olmstead 1918 ; Wittfogel 1957. cf. Liverani 2005
460 e.g. Lamprichs 1995; Larsen 1979b; Parker 2001; Postgate 1992; Smith 2003

第3章　西アジア国家形成概要

議論が盛んになっている[461]。

　西アジアの文脈に即して蓋然性が高いと思われる説明は、メソポタミア地方では前3千年紀初頭から前24世紀半ばまでの約700年近く都市国家が存続したという事象からのアプローチである。これだけの長期間都市国家が存続していたのは、都市―農村という「統合レヴェルが、人々の組織化・動員にもっとも適合的だったから」[462]だと言える。都市国家の節で記載したウンマでも、一定範囲を統括しその中に水路も整備していたようだが、それでも耕作地として使用可能な土地は一部であったと推測されている[463]。これは見方によっては非効率的な生産体制だったということになるのかもしれないが、異なる見方をすれば、「耕地を維持する運河・用水路の集団労働には都市レベルでの人々の動員が容易であり、またそのレベルで実施された工事は現地の生態的条件を持続可能な程度にしか浸食しなかったと考えられる」[464]。そして都市国家体制が上記のような長期にわたって現に継続したことを考慮すれば、ほかの要因はあるにせよ、この見方が正鵠を得ている可能性は高い。

　ではなぜそうした安定的な都市・都市国家システムが瓦解したのか。さまざまな要因はあっただろうが、灌漑の拡大による塩害の深刻化がもはや避けがたくなった結果、農耕のありようを変革する必要に迫られた[465]という側面が確かにあったと考えられる。その対応として、都市周辺での耕地生産力が低下した場合、より広域で耕地を確保すると同時に関連する作業をより集約的に管理する方法を考案することこそが都市を維持する方法として確実性は高い。メソポタミアにおけるそれは、それまでの都市―農村システムをこえて、桁違いに多くの動員を集約し、大規模な灌漑設備を造り、管理する体制が要請されることを意味した。こうしたシステムを実現する機構として領域国家が形成されたと

461　Adams 2007; Barjamovic 2004; Fleming 2004; Radner 2011; Von Dassow 2011
462　前川 2005: 168
463　Dahl 2007: 36
464　前川 2005: 168
465　前川 2005: 170~171

第2部　西アジア国家形成への視点

考えられる。

3　帝国の形成

帝国の発現

　紀元前1千年紀[466]の西アジアは帝国の出現で特徴づけられる。この時期の国家領域の広大化は、はじめてザグロス山脈以東も包括する規模で進行していく。その結果として多民族・多文化・多言語の本格的な統合がおこる。こうした統合・広域化の実現は、汎地域的に浸透し、かつ広域で人々の生活や死生観を統治する機構を中心とする新たな文化・社会システムの構築を意味し、軍事的・経済的・文化的求心力をそなえる強固な中央集権権力と、その権力を正当化する体系的宗教の出現が背景にあったと考えられている。

　これらすべてを兼ね備える勢力として画期をなしたのは新アッシリア Neo-Assyria である。アッシリアはその名のとおりアッシリア地方から興り、前1950年—前15世紀頃[467]には国家の基盤を形成していた。前14世紀初頭以降ミタンニに服属したが、前934年[468]に独立を遂げた後、前10世紀後葉から前9世紀前葉にかけて[469]かつての領土を復活させた。なかでも古代西アジアにおけるもっとも強大な国家であった前934年から前612年にかけて[470]は、新アッシリアとして区別されている。

　新アッシリアは前8世紀半ばから前7世紀後葉にかけて[471]領域をとくに拡大

---

466 鉄器時代
467 古アッシリア期：シャムシ・アダド1世治世
468 中アッシリア期：アッシュール・ウバリト1世治世
469 新アッシリア時代初頭：シャルマネセル3世治世（前934年〜前827年）
470 アッシリア3時期区分：古アッシリア（前1950年〜前15世紀頃）、中アッシリア（前14世紀初頭〜前934年）、そして新アッシリア（前934年〜前610年）
471 新アッシリア期後半：ティグラト・ピレセル3世治世（前744年〜前610年）

し、中央集権制を確立した。かつてない領土の拡大は、機動性をそなえた常備軍を中心とした、卓越した軍事力によって実現した。あくまで敵対・反乱する場合に限っていたとはいえ、徹底的な虐殺、略奪、破壊の実行力をそなえていたことは、やはり特筆に値する。軍事侵攻後の統治政策としてよく知られているのは被征服民に対する強制移住（捕囚政策）だろう。経済政策に沿った労働力配分という経済政策の側面と同時に、征服前の言語や宗教の使用を禁止し民族の結束を弱めることで反乱防止の機能も果たしていたと考えられている。さらに、さまざまなバックグラウンドをもつ人々を統括する宗教的政策として[472]、独自の主神（アッシュル神）を創設し神と王の関係を明示することで、支配的秩序につながる信仰体系を創設していた。

　こうした軍事的かつ宗教的権威の強調は、宮廷文化によく表われている。宮廷を装飾していたアッシリアン・レリーフやフレスコ画では、王の勝利の記録、偉業、力強さが主なモチーフとなっている。形式的かつ力強い表現は威厳を重視したものとなっており、イデオロギー[473]や象徴的自己表現形式の確立による権威の浸透[474]が体系的に行われていたのはあきらかである。そのなかでも、王はとくに超人的存在として描写されている。圧倒的に力強い肉体で猛獣を圧する王の姿は、王の権威を高めるのに十分な効果を発揮したことだろう。言葉をかえれば、こうした王の権威醸成のために表象表現や宗教をきわめて効果的に利用する方法を確立したといえる。

　他方、そのような王の権威の誇示は王個人の資質におおきく依存していたことを意味し、実質的には体系的な統治体制を欠いていたのではないかとの指摘もある。しかしながら上記の表象表現は、古代西アジア諸文化を把握し混交したうえでの新たな文化システムの構築と、具現化するための富や技術の集積があったからこそ実現した方法であることは明白である。実際新アッシリアでは

---

472 Goldstone & Haldon 2009: 9; Holloway 2002: 40~64
473 Liverani 1973; 1979
474 Bahrani 2008; Machinist 1993; Winter 1981

第2部　西アジア国家形成への視点

各地の文化人や職人を主要都市および宮廷に招集し、組織的な知識と技術の集積を行っている。ニネヴェ Nineveh の図書館[475]にはそのようにして集めた50万点の蔵書があり、知識人による辞書作成も行われていた。最盛期だけをとっても300年以上にわたるかつてない広域統治は、このような施策の上に成っていたととらえるほうが妥当だろう。

帝国の交替

　新アッシリアは前612年、ザグロス山脈北部にあったメディアを中心とする連合に制圧される。その後、メディアを統合し古代西アジア世界で新アッシリアに匹敵する領土・統治体制を確立したのがアケメネス朝ペルシャである。アケメネス朝はシュメール地方を統治した初めてのメソポタミア外由来の勢力であり[476]、西アジアにおこった古代国家のなかで最大領域の獲得を達成した勢力でもある[477]。アケメネス朝の領土拡大は前6世紀半ば、メディアの征服[478]（前550年）を皮切りに、バビロン[479]（前539年）およびエジプト[480]（前525年）をたて続けに制圧し、統合することで基盤を築くところから始まった。その後も前6世紀後葉から前5世紀前葉にかけて[481]絶え間ない領土拡大を実現していく。アナトリア、地中海世界、メソポタミアのみならず、西はエジプト、北は黒海、東は北西インド、そしてイラン世界を史上初めて統一した。こうしたかつてない広域な領土の実現ゆえに、人類史上初の帝国と称されることもある[482]。

　西アジアではこれだけの範囲を領域化すれば必然的に、文化的、言語的、宗教的背景が異なる人々を統治していくことになる。そうした統治のためのしく

---

475 アッシュールバニパル治世に成立
476 Barjamovic 2013: 153
477 Wiesehöfer 2009: 66
478 キュロスⅡ世治世（前559年〜前530年）
479 キュロスⅡ世治世（前559年〜前530年）
480 カンビュセス2世治世（前530年〜前522年）
481 ダレイオス1世治世（前522年〜前486年）
482 cf. 岡田2004; 杉山2003: 64〜65

140

みとして、王の側近や執政官を組織化し、王を支える諸機関を整備した。アケメネス朝は中央集権官僚制を確立したのである。度量衡と貨幣制度も整備されていく。軍事力の整備もすすみ、傭兵部隊の増強とともに王直属の親衛隊が組織された。同時に重視されたのが王への情報網の整備だった。中央集権制の基礎となる一元的な情報集約のためのインフラ整備も各地で進められていく。代表的事例としてあげられるのは「王の道」の建設である[483]。ただし、これはアケメネス朝期になって創設されたというよりも、地域ごとにすでに造られていた道を徐々に集約化して整備したものという理解のほうが適切なようだ[484]。とはいえ結果的にこの「王の道」によって「移動する王と都」が実現することになった。アケメネス朝は基本的に征服した諸勢力が首都としていた各地の主要都市を踏襲し、みずからの都とした。エクバタナ Ecbatana（前549年）、サルディス Sardis（前547年）、スーサ Suse（前540年）、そしてバビロン（前539年）はその典型であり、加えてパサルガダエ Pasargade（前546年）とペルセポリス Persépolis（前520年）を独自に設置している。これらは首都と称されてはいるが、それぞれ役割が異なっており、王は執政や祭儀といった目的あるいは季節に応じてこれらをめぐり、各地の情報取集とともに権威の浸透にもつとめていた。

　こうした中央集権化の一方で領域は属州に分割され、基本的にはサトラップ khshathrapāvā/σατράπης による自律的地方統治が容認されていたと考えられている。王の巡回や巡察官（「王の耳」、「王の目」）の地方への派遣があったとはいえ、比較的緩慢な統合形態といえる。こうした姿勢は文化政策にもあらわれている。宮廷装飾のレリーフ[485]は一方的な威厳の誇示というよりは説話的な物語性が強いもので、しかも諸民族の協調を表現した内容となっている。メソポタミア系諸勢力（アッシリア、バビロニア）とイラン系諸勢力（エラム、メディア）の表現技法やモチーフも融合してもちいており、古代西アジア諸文化の融

---

483 cf. Seibert 1985: 15~27; Koch 1986
484 Liverani 2005: 231
485 cf. Root 1979

第2部　西アジア国家形成への視点

和性が顕著にみられる。

　こうした姿勢は、少数のペルシャ民族が西アジアでより伝統のある多数の異民族を統治するために必要な策だったのだろう。しかし同時にアケメネス朝はたくみに、独自のペルシャ宮廷様式を確立している。さらに抜本的な改革としてゾロアスター教の採用があげられる。メソポタミア地方には伝統のないマズダ教とゾロアスター教の重用によって、信仰体系や価値体系、そして葬送儀礼をはじめ儀礼様式も刷新されたと考えられる。加えて文字記録システムにも大きな変化がおこる。アケメネス朝下では古代ペルシャ語が確立し、エラム語（公文書）やアラム語（共通語）が重用されるようになる。また記録媒体として羊皮紙が普及するのもこの時期からで、前3千年紀初頭以降普遍化していた粘土板の伝統もここで絶たれることになった。

　アケメネス朝は前330年にマケドニアの侵攻で滅ぶ。しかしアケメネス朝のこうした統治体制はその後の勢力にも多大な影響を与えたといわれる。マケドニアはそれまでの自身の領土にアケメネス朝の領土を加えることで西南アジア世界とギリシャ・ローマ世界をはじめて統一支配することになった。しかしアレクサンドロス王の一代のみで、前312年に広域支配は崩壊することになった。この間、各地にアレクサンドリアを冠したギリシャ式都市が建設され、職人、知識人が多く駐在するといったギリシャ文化の移植が実施されている。短命であったこともありこの時点では一過性の文化流入ではあったが、その後の東西文化交流のきっかけとしては十分な事象であった。

　西アジアでこの流れを引きついだのはセレウコス朝シリアである。前312年から前63年[486]にかけて存在したこの国は、西アジアにおけるヘレニズム国家の代表例である。この段階において、ギリシャ系要素が西アジア世界に本格的に導入されることになった。レヴァントを中心に軍事植民地や交易拠点などのさまざまな都市（セレウキア、ドゥラ・エウロポス、アンティオキアなど）が新設・

486　セレウコス1世（前312年〜前281年）の創設期、アンティオコス3世（前223年〜前187年）の中興期

拡張されていく。新設都市にはギリシャ式都市計画を採用し、各都市に都市貴族および元老院を設置したほか、公用語もギリシャ語だった。さらに王の肖像が主題の貨幣を発行・流通させるというギリシャ式の貨幣経済も導入された。しかし一方でアケメネス朝の領土の東半分を相続したこの勢力は、統治体制の一環としてアケメネス朝のサトラップ制度をなぞったサトラペス制度をとり入れ、被征服民族を同化しないまま、むしろ積極的に登用するような政策をとっていく。

　セレウコス朝は前2世紀半ば以降、各地の反乱やローマの侵攻により弱体化していく。一方でイラン世界ではアルサケス朝パルティアが勢力を伸ばしていた。アルサケス朝は前3世紀半ばに、北方遊牧民がイラン高原に進出して建設したとされている。その後相次いでエクバタナ（前147年）とメソポタミアを征服（前141年）[487]し、前96年にはローマとの境界をユーフラテス川とする協定を結ぶ。これにより西アジア世界とローマ世界の二極対立が明確となった結果、ユーラシア大陸南部情勢は安定し、東西交流の活発化をもたらすことになった。しかし当のアルサケス朝については統治体制の詳細など不明な部分が多い。表象表現からはギリシャ様式、イランの文化要素、北方遊牧民文化を融合した建築様式や彫刻が普及しており、独自のグレコ・イラン様式が確立した様子がうかがえる。アルサケス朝は碑文等もギリシャ語とパルティア語の2言語で製作している。これは、3000年以上続いた楔形文字の伝統がこの後1世紀で終焉したことを意味している。

　後226年、アルサケス朝に代わって西アジアを統合したササン朝ペルシャは、ギリシャ要素を重視したアルサケス朝に対して、アケメネス朝文化の復興・継承者であることを強調し、同時にアルサケス朝との隔絶を強調する文化政策を実施した。ゾロアスター教の普及と経典整備はその象徴的な例だろう。とはいえギリシャ文化をないがしろにしたわけではない。ギリシャの知識人を保護し、

487　ミトラダテス1世治世（前171年～前138年）

第2部　西アジア国家形成への視点

彼らを主体とした高等教育機関を設置している。公用語は中世ペルシャ語だが、ギリシャ語、サンスクリット語、中世ペルシャ語の文学作品、翻訳書、学術書を多数作成している。また、ゾロアスター教を奉じながらもキリスト教にも寛容だった。

　ササン朝はそもそも全体的に東西文化の融合と独自性を強調した文化政策をとっている。背景には当時のユーラシア情勢の変化があった。ササン朝は3世紀前葉[488]にパルティア（226年）とメソポタミア（230年）を制圧する。3世紀前葉から後葉にかけて[489]は対ローマ積極政策をとってゴルディアヌス3世に勝利（244年）し、6万のローマ軍に大勝（254年）して、エデッサの戦い（260年）でついにローマ皇帝ヴァレリアヌスを捕虜とした。6世紀中葉から後葉にかけて[490]再度対外的積極政策をとることで、6世紀末から7世紀前葉[491]に最大版図を実現することになる。こうした結果、ローマと隋・唐とともにユーラシア大陸の三大帝国時代を成した一角をになうようになる。つまり西アジアの文物が東アジアへもたらされ、その逆も普通になる時代になったのである。

　充実した文化政策、対外政策とともに、持続的内政制度の整備も進められていった。5世紀後葉から6世紀前葉にかけて[492]の定率税制（収穫量に応じて税額決定）から定額税制（耕地面積に応じて税額設定）への税制改革は、古代から中世への転換を決定づけたものであり、税の銀納もこの時期から行われるようになる。また身分制度と官僚制度 bureaucrat の発達によって個人の資質によらない支配体制が確立した。同時に大貴族の勢力を削減し、また官僚制度をすべての行政単位（シャフル）で徹底することで安定した中央集権を実現した。こうした内政の整備によって、651年に滅亡するまで、イスラーム時代への基盤形成がすすめられることになった。

---

488 アルダシール1世治世（220年〜240年）
489 シャープフル1世治世（240年〜272年）
490 ホスロウ1世治世（531年〜579年）
491 ホスロウ2世治世（591年〜628年）
492 カワード1世治世（488年〜531年）

帝国の揺籃

　こうした世界情勢を成した帝国 imperium の、定義あるいは概念規定は国家のそれと同じで一定しておらず、さまざまな議論がおこなわれてきた。そのなかで国家、とくに前節で述べてきた領域国家と何が異なるのかについては、とりわけ考察がなされてきた[493]。2章2節で述べたように、帝国の特徴としては広大な領域、多民族／多文化統合、中心—周縁関係、中央集権があげられる[494]。たとえば現在のアメリカ合衆国も時に帝国と称されるが[495]、それはとりわけこうした含意にもとづく場合が多いように思われる。近現代よりも実態が格段に分かりにくい古代について帝国といった場合には、ただの国家というよりも大規模で統治秩序が強固であるようなイメージが喚起される。西アジアではとくに1970年代までに、帝国研究の加速にともなって[496]、実に多くの帝国がつくりだされてきた[497]。前章ではそのように扱わなかったなかのいくつかも、時に帝国として語られるきらいがある[498]。アッカド王朝[499]、エブラ Ebla[500]、ウル第3王朝[501]、バビロン第1王朝[502]、ヒッタイト[503]、中アッシリア Middle-Assyria はとくにそのように言及される場合が多い。さらには前4千年紀の交易ネットワークがそのように称され、前1千年紀の帝国の起源として考察されることすらある[504]。

　こうしたなかではある程度の広がりとある程度の集約性 compactness とが推

493　cf. Alcock et al. 2001; Bang & Bayly 2003; 2011; Burbank & Cooper 2010; Chua 2007; Doyle 1986; Eisenstadt［1963］1993; Goldstone & Haldon 2009; Hurlet 2008; Kautsky 1982; Leitner 2011; Lieven 2000; Motyl 2001; Münkler 2007; Reynolds 2006; Sinopoli 1994; Wood 2003
494　山本2003: 10~11
495　杉山2003: 31~33; 山本2003: 5
496　e.g. Wittfogel 1957; Eisenstadt［1963］1993; Arrighi 1978; Garnsey & Whitetaker 1978
497　e.g. Larsen 1979a. cf. Garelli 1980; Liverani 2005: 228~229
498　cf. Barjamovic 2013
499　e.g. Liverani 1993; Westenholz 1979
500　e.g. Matthiae 1977; Pettinato 1979
501　e.g. Goetze 1963
502　e.g. Schmökel 1958
503　e.g. Gurney 1979
504　e.g. Algaze 2001

第2部　西アジア国家形成への視点

定される勢力であるなら、おおよそ帝国に該当することになる。しかしこうした帝国への比定は、当該社会および政治体の内部構造そしてイデオロギー[505]が考察されないままにそれとされてきた傾向がある[506]。権力支配により広域の多くの人間を服従させ、被支配側の集団が支配する側の集団に服従している様態は[507]都市国家でも領域国家でも重視されるところではあるが、帝国に特有なのは、被統治集団が往々にして前段階には領域国家に相当するような、すでにある程度強固な文化的・社会的秩序と固有の意味・価値体系をそなえていた点である[508]。西アジアではとくにこの指摘があてはまる。この地域で相対的ながらも国家より広大な領域が実現しているということは、複数の勢力（都市国家・領域国家）・民族・部族に対しての包括統治が実現していることを意味する。このような汎地域的政治体が恒常化するのに必要なのは正当性と専制性、そのための超国家的 supranational 中枢機構の存在、そして両者につうじるイデオロギー的位相の確立だといえる[509]。ハード面ではコミュニケーションシステム、官僚機構、軍事機構、法律、徴用制度にもとづく統治様式を基本とする。そしてこれらに対応する権力行使が複合化することで、人々の生活に対する影響と管理を実現している[510]。ソフト面で統治を支えるのは世界観と等しくなる帝政的イデオロギーの浸透である。この場合のイデオロギーは統治下にある集団がそれまで有していたものとはあきらかに異なるもので[511]、それにより周辺を成すさまざまな勢力が、それまでの文化や慣習にそれぞれ適した形で帝政的統治に組みこむことができなければならない[512]。だからこそ広大な範囲で多民族／多国家間を統合する統治が実現する[513]。そこで、帝国に注視する際にはただ領

---

505 cf. Fales 1981; Liverani 1979; Oppenheim 1979; Tadmor 1997; Tadmor & Weinfeld 1983
506 Liverani 2005: 228
507 Finer 1997; Reynolds 2006
508 Doyle 1986: 30, 45
509 Goldstone & Halden 2009: 6
510 Doyle 1986
511 cf. Doyle 1986; Mann 1986; Bang & Bayly 2003; Runciman 2011
512 Scheidel 2013: 28
513 Howe 2002

第3章　西アジア国家形成概要

域の広大さというよりは、固有のイデオロギーの創設とその浸透の様子も加味して判断するのが有効だといえる[514]。

　こうした点を鑑みたうえで判断すると、西アジアでは帝国の枠組みは新アッシリアとアケメネス朝に限ってもちいるのが適当だと考えられる[515]。これら帝国の形成過程において、上記各種要素が一斉に確立したとは考えがたい。しかしながら近年まで、西アジアについては国家群のなかからこうした帝国が形成されるプロセスについては、あまり注意が払われてこなかった[516]。帝国形成の主要動因が考えられるとしても、国家形成と同じく経済的位相に求められることが多い[517]。あるいは前節で記述したとおり、帝国が揺籃する前12世紀には領域国家が瓦解してメソポタミア地方で都市国家が再興する。小規模な勢力が乱立する状況が新アッシリアによる統合を比較的容易に完了する前提となっていたと考えられる。

514 Liverani 2005: 232
515 Liverani 2005: 229~230
516 Wright & Neely 2010: 2
517 Liverani 2005: 228

第4章　西アジア国家形成への視点

1　脱メソポタミア中心史観

古代西アジア史の弁証術

　前章でみてきた古代西アジア国家形成の通説は、いくつかの弁証術の技法によって成り立っている。まず、新石器化を起点とする社会の累積的進化を前提とする。西アジアでは新石器化の進行そして都市化（複雑化）の累積が、その後の国家形成をもたらすバックグラウンドとなる。次に、都市国家を起点とする政治体の累積的進化を前提にしている。西アジアでは複数の国家類型がたて続けに現れる。各々が自身こそが西アジアにおける国家、帝国の起源と主張し、独自の形成論を展開してきた。そしてこうした政治体間の関係性についても、後出する類型が前出のそれを統合・支配することでおこる制度の移植と発展、すなわち累積的かつ定向進化の各段階をなす位置づけで物語られている。つまり西アジアの国家の最初は都市国家であり、領域国家は都市国家を前提とする。領域国家は都市国家を基本単位としながら、その発展型としておこる。そして古代国家の最終形態である帝国も、先行するこれらを祖型として現れる。最後の技法としてメソポタミア地方史の普遍化がある。前章でみてきたように、西アジア国家形成はメソポタミア地方の国家形成に等しい。灌漑農耕の先進地そして都市化の起源地であり、かつ国家にかかわる文字資料が豊富なメソポタミア地方を中心に西アジア史を語る史観は国家形成論に限らず正統をなしている。

第2部　西アジア国家形成への視点

単系進化への懐疑

　新石器化の重視は、西アジアの国家形成論において経済中心史観を通底させる根拠ともなっている。新石器化自体はもちろん画期的なできごとではあるものの、少なくとも西アジアでは、国家に結びつくような社会変化を引きおこすには必要十分ではなかったと考えられる[518]。まず、農耕／牧畜がさきがけて発達したと考えられる西アジアのほかの地域（レヴァント Levant 地方、タウルス Taurus 山脈域、ザグロス山脈域）では、メソポタミア地方のような中心化に結びつく変化は必ずしもみられない。また一方、都市化ひいては都市国家化の直接的な要因として考えられるのが人口増加なのは確かであり、前提となる食糧獲得手段としての農耕の確立という見方はある。しかしながら都市化への文脈では単なる数的人口増加ではなく、それまで生活圏が重複することのなかった集団が共住するようになった人口流動こそを重視すべきだという視点もある[519]。

　メソポタミア地方において農耕のありようがとりわけ重視されてきたのは、そこでかならず灌漑がともなうことも理由になっている。1章2節で述べたように、このように組織だった動員を要する特殊な技術形態の導入は、それをつかさどる特定個人／集団が現れる契機となる。そして灌漑でもって獲得された余剰物資は彼らに管理、再分配する役割を付与し、彼らが社会的地位を確立していく契機ともなる。灌漑の導入はこのように経済的利益のための政治組織化という構図を保証してきた。しかし考古学的証拠によれば、灌漑は非常に間接的にしか国家形成に関連していないことがあきらかになっている[520]。まず実際の現象として、大規模な灌漑施設は国家が確立してからだいぶ後、少なくとも都市国家が確立してから5000年ほど経ってからしか本格的には発達しない。さらにいえば灌漑は、前章2節でもふれたように、長期的にみれば社会を経済

---

518 Forest 2005: 196
519 Forest 2005: 196~197, 201~202
520 Adams 1965: 40~41; 1966: 66~68; 1982. cf. Forest 2005: 201

150

的崩壊にむかわせるしくみ以外のなにものでもなく、だからこそ必要に迫られて行う事業にほかならない[521]。そのことは多くの民族事例において、そうした農業形態への過度の集約を避けるようにとり組まれていることからも指摘できる[522]。ゆえに、通常では新たな技術の導入はおこりえない。社会変化を引きおこすこうした生産体制の確立の結果としての人口増加という説明は、あまりにも資本主義社会の原理を遡及させすぎているといえる[523]。

　物資や技術（土地、水、道具など）をとおして大衆をコントロールする状況は、たとえば伝統的社会ではよくみられる。その場合、集団内でそうした役割を担う人は、たとえば年長者だからといったような家系上の基準によって管理や組織をになう権限を獲得する。つまり年長者が権威をもっているのはなぜなのかといえば、その人物が年長者だからであって、そうした物資や技術を管理しているからではないのである[524]。そして、都市国家のような複雑社会であっても、同様の基準が機能していたと考えられる[525]。つまりメソポタミア地方の都市国家では、「政治的権力は経済を組織する。しかしその逆も真とは限らない」[526]。富の所有や富を生産する技術の管理は政治的権力の獲得にかならずしも結びつかないし、ひいては国家は従来の枠組みで想定されていたような富を不平等に配分するために存在する[527]とは限らないのである。

メソポタミア地方の相対化

　メソポタミア地方の都市国家形成は主に当地におけるウルク遺跡の発掘調査

521　Downing & Gibson 1970; Fernea 1970; Gibson 1974
522　Boserup 1965
523　Forest 2005: 201
524　Forest 2005: 200~201
525　Forest 2005: 200
526　Service 1975: 8
527　Childe 1936: 115~116; 1942: 106~107, 124~125; Engels 1954; Fried 1967: 230

第2部　西アジア国家形成への視点

と周辺の遺跡踏査によってあきらかになった。都市化・都市国家形成の指標と
なってきたウルクと比類するのはハブーバ・カビーラ南のみということもあ
り[528]、前節までで述べてきた国家形成の説明は特定地域に限定的な現象である
と同時に、メソポタミア地方の中でもかなり限られた現象だった可能性が指摘
されている。加えてウルクとあわせてこうした現象の根拠となってきた集落分
布パターンについても近年の検証で懐疑が呈されている[529]。さらにこうした都
市の研究では、メソポタミア地方内外の都市名を列挙した「辞書リスト」[530]、そ
してそれぞれの都市を象徴する図案像をまとめた印章[531]が都市の同定やこれ
らの勢力について考察する手がかりを与えてきたが、その厳密な分析にもとづ
けば、「メソポタミアは文化を共有しつつも、小政治単位に分立していた」[532]と
いう理解が妥当らしい。前29世紀頃から前24世紀頃にかけてあった都市国家
群の同定・系譜、そして時代区分等でも参照され根拠となっているのはシュメー
ル王名表 Sumerian King List と称される史料である。前3千年紀半ばごろのウ
ルク第1王朝のギルガメシュについてもシュメールの王として系譜や名が記さ
れている。このことはウルクがほかの都市を制圧したという推定の大きな根拠
となってきた。しかしこれは同時代史料ではない。完成は前21世紀ごろだと
推定されており、さらに前3千年紀半ば以前の記載は曖昧である。前24世紀半
ば以降の記録のみ、ラガシュ、ウンマ、エシュヌンナといった主要都市国家の
いくつかには言及されていないものの、考古学的証拠やほかの文字資料の内容
と一部は一致するようになる[533]。

　メソポタミア地方での都市の形成も、一元的に新石器化以降の社会変化に帰
結するわけではない。メソポタミアの都市は形成プロセスにもとづき一次都市
と二次都市の2つに類型化することができる[534]。一次都市は前6千年紀以降の

528 小泉 2013:112
529 Adams 2007: 2
530 Englund 1998
531 Englund 1998: 92~93; Steinkeller 2002
532 前川 2005: 167
533 Liverani 2011: 110

152

長期にわたる社会変化を背景として、環境変化や交易などを契機に前4千年紀に形成された都市を指す。他方、二次都市は前3千年紀における都市国家に相当し、おもには一次都市の競合や交易関係のなかで台頭すると考えられる。こうした異なるプロセスで生成する政治体について、類似を強調すべきか相違に着目すべきか、より複眼的であってしかるべきだろう。

発現の地から揺籃の地へ

第1部でみたように、都市国家と領域国家とは生成の軌跡が異なる。すなわち論理的にも領域国家は都市国家の延長線上に必然的におこるとは限らない。メソポタミア地方の実例にてらしても、都市国家と領域国家とは、慣用的にともに国家を付してあらわされているけれども、少なくとも政治体としては別のものととらえるほうが双方について理解しやすいように思われる。さらにメソポタミア地方の領域国家はそれぞれ異なっており、継続期間も政治体としての特性もさまざまである[535]。前3千年紀後半のアッカド王朝はゆるやかながらも明確な政治的伝統を一定地域で複数世代にわたって維持していた。前3千年紀末葉のウル第3王朝は比較的せまい範囲において、労働者、インフラ、資源の強固な直轄管理を旨とした。前2千年紀前半のバビロン第1王朝は社会秩序が拡張論的イデオロギーによっていた。前2千年紀中葉のミタンニは影響を及ぼす地域は広いが権力基盤はもろく、在地社会に対しての影響力は低かったとされる。これらを同一類型の政体としてあつかってよいのかは今後、議論の余地があるだろう。さらにいえば、こうした領域国家に相当するほとんどの勢力が複数世紀におよぶような恒久性のある秩序・領域の再生産を実現しなかった[536]。政治的集約化と断片化の振幅が大きいことがこの時代の特徴であり、集約性が

534 Gibson 1973: 461~462
535 Barjamovic 2013: 127
536 Barjamovic 2013: 123

第2部　西アジア国家形成への視点

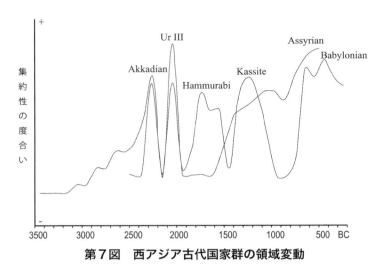

第7図　西アジア古代国家群の領域変動

通時的かつ直線的に高まるのではない[537]（第7図）。つまり、むしろ政治体が累積的進化をとげない時代であることにこそ、変化パターンの特徴を指摘することができる。

　こうした勢力の研究にはそもそもバイアスが存在する[538]。発見的かつ説明的なラベル（神殿国家 temple-state、治水国家 hydraulic state、宮殿経済 palace economy など）を各政治体にあてはめる手法が定式化しているが、それは実態をあらわしている保証はなく、遺存する資料／史料の質・内容をあらわしているにすぎないと考えられる。国家形成論がメソポタミア地方を中心に展開する背景には、当地の先進性とともに関連史料の豊富さがある。国家形成の議論で西アジアがほかと一線を画す要素でもある。しかし史料が豊富であるということは当然、史料偏重と上記のような誤謬をまねくおそれがつきまとう。

---
537 Barjamovic 2013: 123, fig. 4.1, 127; Marcus 1998: 60, 70~80, fig. 3.8; Matthew 2003: 100~101
538 Barjamovic 2013: 129

2 新たな史観と画期の設定

四頭の大きな獣

　前節冒頭でふれた西アジア古代史の弁証術にもつうじるが、近現代欧米社会の歴史叙述は一貫して、アッシリア→バビロン第11王朝→メディア→アケメネス→ギリシャ→ローマという方向で、これら勢力が単一系統につらなるかのようなイメージでなされている[539]。前提として、西アジアの古代国家や古代帝国はローマの後継者たる近現代欧米社会に結びつく[540]（帝国遷移論 translatio imperii[541]）。西欧の歴史家たちが聖書やギリシャの記述を所与としてつくりだしてきた世界史観であり、普遍化されて現在に至っている。西アジアの“文明 civilization”はオリエンタリズム Orientalism[542]の名の下に、近現代欧米文明・宗教の起源地とみなされ[543]、近現代欧米社会にとって特別な意味を付与されてきた[544]。古代西アジアの諸文化はだからこそ重視され、そして最終的には近現代欧米社会に“到達”させるべく、それぞれの由来や政治的・文化的特徴が先行する勢力に依拠するという累積性を前提として説明されてきた。なかでも「四頭の大きな獣」[545]たるバビロン王朝、アケメネス朝ペルシャ、ギリシャ、ローマはとくにこの系統の上で累積関係にしなければならなかったのである。

　こうした累積性の重視、そして国家はより多くの資源を得るために争いをおこすという“生得的”性質をもっているという古典的な国家観もあって、帝国は国家の発展的形態であるという見方が所与としてあった[546]。西アジアにおける帝国に類する統治の形は領域国家とはあきらかに別で、それのみで政治体あ

---

539 Liverani 2011: 560
540 Liverani 2005: 224
541 Goetz 1958; Kratz 1991
542 Said 1979; 1993
543 Goldstone & Haldon 2009: 21
544 Liverani 2005: 223~224
545 ダニエル書：2章31~43節、7章3~6節
546 Doyle 1986: 137; Goldstone & Halden 2009: 18; Scheidel 2013: 30

第2部　西アジア国家形成への視点

るいは社会の一類型をなしているという理解が正しいかは議論の余地があるだ
ろう。ただし少なくとも画して考察する有意性はあるように思われる。メソポ
タミア地方では、初期の領域国家は親族関係から構成される王家を中心として、
彼らと、都市国家を構成する伝統的都市のエリートとの相互関係を重視し、そ
こに権力基盤が依拠していた[547]。そこでは最終的な意思決定権をになう集団は、
前提として民族的バックグラウンドの共有、血縁関係が重視されていたと考え
られる。それが前2千年紀後半、伝統的都市のエリートを支配関係のなかにと
りこもうとする現象が始まる。それはより強固な地政的統合の実現を意味して
いた[548]。そしてそれは、西アジアでは史上初の多民族国家の成立を意味してい
たのである[549]。そして同時に、民族的多元性を統治層の利益供与に集中させる
ことが志向されるようになっていく[550]。

枢軸時代の実態

　西アジアにおけるこうした統治勢力の変化に関連させ得る現象は、別方向か
らも指摘されている。世界史上、国家の成長段階は3つ設定されている[551]。第
一段階（前3000年頃〜前600年頃）はメソポタミア地方に領域国家が現出して
から新アッシリアまでの諸勢力、第二段階（前600年頃〜後1600年頃）はアケ
メネス朝ペルシャからローマを経てモンゴルまで、第三段階（後1600年以降）の
代表事例としてはロシア帝国と大英帝国があげられている。相対的に重視すべ
きという指摘があるのは第一段階から第二段階にかけてである[552]。史料から推
定されている部分が大きいとはいえ、第一段階の帝国の最大領域は0.15万から
1.3万平方キロだったのが第二段階以降では2.3万平方キロを下らなくなる。西

---

547 Barjamovic 2013: 152
548 Barjamovic 2013: 152
549 Barjamovic 2013: 153
550 Barjamovic 2013: 153
551 cf. 杉山2003: 65; Taagepera 1978a; 1978b; 1979
552 Scheidel 2013: 29~30

156

第4章　西アジア国家形成への視点

アジアの過半をエクメーネとする広域性をもつ社会の形成に対応するこの画期
は、枢軸時代 Achsenzeit/Axial Age（前700/500年〜前200年頃）[553]といわれてきた。
　西アジアにおける枢軸時代を確立するのは、第一段階から第二段階を画す前
6世紀半ばに成立するアケメネス朝ペルシャである。古代帝国の典型ともとら
えられるローマや秦・漢の実施したシステムは、そのほとんどがアケメネス朝
で先行してあり、引きつがれた側面がおおきいことから、世界的な帝国史のな
かでもとくに「多種族・他民族・多言語の大領域国家をいかに統治するか、その
要点をほとんど網羅しており、以後の人類史における国家・『帝国』の基本形と
なった」[554]と評価される。このように歴史的実際にてらしても、西アジアにお
いてここで現出する社会は枢軸文明 axial civilization として、社会・政治・経済
システムはもとより、ヒトの心理・イデオロギーシステムの形成・発達軌跡に
おける進化のひとつの到達点ととらえることができよう[555]。つまりは超越的観
念世界や世界観を理論化し、物事に秩序づける能力・しくみの不可逆的な発達
がこの時期顕著におこると考えられている。これはヒトが集まるなかで、この
ようなしくみでの集団化が実現した結果として、領域国家そして帝国と認めら
れる現象がおこるのだと考えられる。国家そして帝国は、こうした画期をあき
らかにする発見法として有効だといえる[556]。

---

553 Jaspers 1949
554 cf. 杉山2003: 65
555 cf. Goldstone & Haldon 2009
556 Goldstone & Haldon 2009: 5

157

第2部　西アジア国家形成への視点

3　二次国家か、世界帝国か

敵の叙述

　画期をなすアケメネス朝ペルシャについてはしかし、メソポタミア地方の国家とは対照的といってよいほどソースが欠乏している[557]。アケメネス朝の最大の特徴であり、かつメソポタミア由来の勢力（たとえばアッシリア）との最大の違いは、ペルシャ民族が自身の手による自身の歴史を記述しなかったことである[558]。さらにイランでは歴史を口承伝達する伝統があるため、今日追跡できるのは限られた部分にすぎない。前章3節でふれた記録媒体の粘土板から羊皮紙への移行も、史料の遺存率をおおきく下げる結果になったと考えられる。資料はあったとしても時期・地域によっておおきく偏りがあり、定量化できる性格のものはとくに乏しい。

　そして、わずかな史料でさえもあきらかにバイアスをともなっている。アケメネス朝に関する文字・図像資料の多くは領土や彼ら自身に由来するものではなく、しばしば敵対するほかの勢力がのこした文献・図像に相当するからである。これまでアケメネス朝やその形成過程の復元でとくにおおきな影響力をもってきたのはヘロドトス Herodotus の史料だった[559]。しかしながらこの記述は同時代になされたものではなく、彼が事実を記載している保証もない。そして実際に多くの誤認があることから、この物語は、当時のギリシャそして筆者の個人的な世界観を織りまぜて記述しているものであって、そもそも事実の記述ではないと考えるのが無難だということになっている[560]。

　こうしたことからアケメネス朝の構造については不明な点が数多く残されて

---

557 Wiesehöfer 2009: 66~69
558 Briant 1996: 14
559 Wiesehöfer 2009: 68~69. cf. Bichler 2000
560 Wiesehöfer 2013: 210

いる[561]。アケメネス朝の碑文などでは領域内の記述において行政機構の単位や名称を「土地」、「人々」といった呼称をもちいて著すことが多く、行政機構自体の詳細がよくわかっていない[562]。ギリシャ側の記述でも不明瞭もしくは統一性がない部分がみられる。領土の区分などは時期ごとに違いが大きく、そもそも一定していなかったと考えるほうがよいようだ。さらに、たとえば「メディアとリディアを征服した」といった記録はあっても、征服の後、自身の領域とするためにこの地に、そして人々に対して実施したであろう統治の操作[563]はよくわかっていない。アケメネス朝がこの2勢力を征服したのは確かだが、その後の方策についてはリディア西部付近に関する断片的な記録しかのこされていないのである[564]。

なぜキュロスなのか

　起源と揺籃はより多くの謎に包まれている。アケメネス朝ペルシャの歴史は「大王」キュロスII世 Kuruš/Kῦρος の治世[565]あるいはキュロスII世のメディア国の征服[566]からしばしば記述されるため、それがアケメネス朝史の起点ととらえられがちである。それでは、アケメネス朝のはじまりは「なぜキュロスなのか」[567]。それはメソポタミアから遠くはなれた辺境の、新興民族の若い王が「衝撃的」[568]かつ「突然の」[569]軍事侵攻を行ったインパクトと、アケメネス朝にふれる史料ではキュロスII世即位以降の記述がほとんどであるという事情による。この事象はたしかに、キュロスII世の治世には、他勢力に侵攻しうるだけの軍

---

561 Briant 1996: 9
562 Wiesehöfer 2009: 85
563 Doyle 1986
564 Wiesehöfer 2009: 70
565 前559年 - 前530年
566 前550年
567 Briant 1996: 23
568 Briant 1996: 23
569 Liverani 2011: 562

159

第2部　西アジア国家形成への視点

事力と組織性をもつアケメネス朝という勢力がすでに形成されていたことを示している。つまり、アケメネス朝の起源と揺籃といった場合には、これ以前の様態をあきらかにしなければならないのである。

　キュロスII世以前のアケメネス朝そしてペルシャ民族はなぜか、西アジア古代史において無視されている[570]。この段階のアケメネス朝について有効な記録は非常に限られており、当時を復元するのに全く不十分である[571]。ヘロドトスはアケメネス朝の揺籃として始祖たるキュロスII世の出自・来歴にまつわる3つの説を提示しているが、いずれもキュロスII世ひきいるペルシャ民族がメディア国の覇権を打ち崩す流れで語られている。しかしそれらはキュロスII世以前のアケメネス朝について何ら有効な情報をもたらさない[572]。キュロスII世という個人の来歴をすなわち国家形成とすることは無論できないのである。

　ペルシャ民族はあいかわらず出自や来歴についてなんら書きのこしてはいない。ただわずかに、彼ら自身が記したと考えられる関連記録はベヒストゥーンBehistoun 碑文に記されたティスペス Cišpiš/Τεΐσπης/Teispes[573] までさかのぼる「王」の系譜である[574]。さらにキュロスII世の来歴や功績を記した円筒印章Cyrus Cylinder にも同様に王の系譜が記されていて、そこではティスペスをアンシャン Anšan の王と表現したうえで、王の系譜が家系図に等しいことも述べている[575]。つまり、ペルシャ民族はアケメネス朝以前にアンシャンという地域を中心にペルシャ民族国家 Persis のごとき勢力をすでに形成していたと推測することができる。こうしたことから、現時点で得られている史料を総合した場合、アケメネス朝の生成過程を解明するには、アンシャンにおけるティスペスの治世をあきらかにしなければならないということになる。そしてアンシャンは現在、イラン南西部のファールス Fārs 地方にあるマルヴ・ダシュト Marv

---

570 Briant 1996: 28
571 Briant 1996: 25
572 Briant 1996: 26
573 治世：前635年 - 前610年
574 Briant 1996: 28
575 Briant 1996: 27

第4章 西アジア国家形成への視点

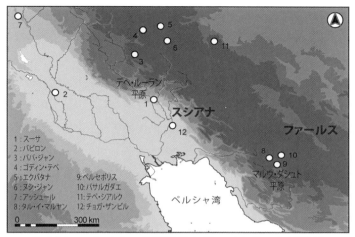

第8図　アケメネス朝揺籃地と前1千年紀の主要遺跡

Dasht 平原に比定されている[576]（第8図）。それではこの地域をアケメネス朝揺籃の地としてみた場合、どのような筋書きがえられるだろうか。

辺境の遊牧民

　マルヴ・ダシュトにあるペルセポリス平原では前2千年紀末以降、集落が急激に減少していく。パサルガダエ周辺も同様で、こうした地域ではその後キュロス II 世とカンビュセス Cambyse 治世並行期まで遺跡が確認できない[577]。より北西、ややザグロス山脈中にあるデヘ・ルーラン Deh Lurān 平原でも、前2千年紀後半には遺跡が非常に乏しくなる。資料の時期判断がむずかしいというバイアスをふまえても[578]、前1千年紀中頃まで同じような傾向が続くことは確からしい。ここでもこうした現象は、当地がもっぱら遊牧民に活用されるように

---
576 Briant 1996: 27
577 Briant 1996: 30
578 Wright 2010: 91

第2部　西アジア国家形成への視点

なった証左としてとらえられている[579]。総じてこうした集落の断絶は史料の不在とあいまって、アケメネス朝がキュロスⅡ世のころに突然出現したかのようなイメージの付与に寄与してきたきらいもある[580]。

　この現象は多くの研究者を当惑させると同時にアケメネス朝ペルシャの成立過程における画期として注目されてきた[581]。なぜならメディア国を滅ぼした段階のアケメネス朝について、ヘロドトスは部族社会だと記述しているからである[582]。「王」は王ではなく部族長のような存在であって、ペルシャ民族国家も国家というより実態は部族連合のような勢力だったととらえられている。こうした史料の記述にもとづいて、後述するエラム国の衰退（紀元前2千年紀後半）による既存集落の消滅、その後のペルシャ遊牧民族の本格的な到来（前1千年紀初頭）という文脈が解釈されることになる[583]。つまりマルヴ・ダシュトに定着して以来前1千年紀前半の間、キュロスⅡ世がメディア国を征服するまで、ペルシャ民族はひき続き遊牧的生活を営んでおり、だからこそ、考古学的には不可知の痕跡しか遺されなかった[584]。そして本質的に不可知ゆえ、これ以上の検討は不可能ということになるうえに、この見方に沿えば、ペルシャ民族によるメディア国家の征服は政治的統合プロセスではなく、遊牧民が定住生活を基礎とする王国に対して戦利品を目的とする略奪行為をおこなったのと同じこと[585]なのだから、このできごと以前のペルシャ民族について、たとえば社会構造や統合秩序といった点をこれ以上知る必要もなくなる。そもそも機動力に優れた遊牧民がいて、そこにあるとき知恵と勇気のある偉大な若者が生まれ、略奪行為によって多大な富と土地を手に入れただけなのだから。

579　Wright 2010: 91
580　Liverani 2011: 559
581　Miroschedji 2003: Fig3.2; Sumner 1986; Young 2003: 246
582　Briant 1996: 28 ; Herodote：巻Ⅰ, 125節
583　Briant 1996: 30
584　Briant 1996: 30
585　Briant 1996: 29

メソポタミアの副産物

　キュロスII世が治世を確立したらしい前6世紀頃は、西アジア最初の帝国新アッシリアが前7世紀に滅ぼされた直後であり、西アジアにはエラム（首都：スーサ）、メディア（首都：エクバタナ Ecbatana/Hamadan）、バビロン第11王朝（首都：バビロン Babylon）、そしてリディア（首都：サルディス）といった諸国家が濫立し、そしてアフリカにはエジプト第26王朝（首都：サイス Saïs）がならびたっていた（第9図）。一次国家が確立すると周辺地域では、たとえその直接的な干渉がなくとも、それに対する適応として一次国家の支配構造を模倣する動きがおこる。それは、軍事的侵攻や貢納等も含めた一次国家からの政治的・経済的干渉をはじめ、不平等であるにせよ平等であるにせよ、何らかの関係性が影響しておこると考えられる。一次国家からの過干渉を防ぐ作用、あるいは一次国家との関係性を積極的に強化・円滑にする作用も考えられ、さらに一次国家との関係性を内部にアピールすることで政治的エリート層の権威を増幅する作用もあるだろうことが予想される。

　上記諸国家がそれまでほとんど意識していなかったような辺境の遊牧民が帝国化する説明として、こうした二次国家形成プロセス[586]はひとつの大きなパラダイムとなってきた。ペルシャ民族は諸勢力が乱立するなかで比較的メソポタミア地方に近く、直接的にしろ間接的にしろ政治的・文化的影響をうける位置にあり、同時にフゼスターン地方やザグロス山脈域の諸勢力からはあきらかに直接的な干渉をうける位置にもいた。そしてあらわれたアケメネス朝は、しばしば非ペルシャ民族や支配地域に対して寛容な政策をとったという点が強調されることからアッシリアとの対比がなされてきたものの、この解釈にはすでに多くの懐疑がある[587]。なかでも、あきらかに矛盾する事実として、少なくとも

---

586 Brown 1986; Liverani 2003
587 Wiesehöfer 2009: 93~94

163

第2部 西アジア国家形成への視点

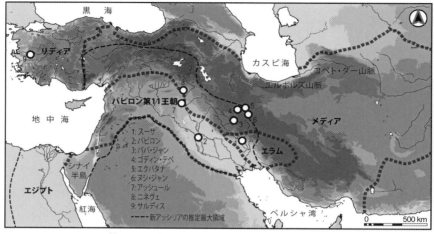

第9図 前6世紀前葉の西アジア勢力図

キュロス以降の王はアッシリアの伝統すなわちアッシリアの用語や宮廷文化を色濃く受け継いでいることが指摘されてきた[588]。また、アケメネス朝もアッシリアと同じように戦争をへて領土を拡大していったのも事実である[589]。

ただし、ペルシャ民族は当初からアッシリアの影響をうけていたかといえばおそらくはそうではない。とくに直接的な影響と関係が想定されているのはエラムである[590]。エラム国は前3400年頃から[591]イラン南西部をすでに領域化していたとされる勢力で、スーサ、そしてアンシャン(タル・イ・マルヤン Tall-i Malyan)を主要都市としていた。地理的近接性もあって、メソポタミア地方情勢におおきな影響を与えたメソポタミア地方外勢力の代表的なもののうちの一つである。初期段階からメソポタミア地方の文書に記載があり[592]、とりわけ前24世紀、アッカド王朝やウル第III王朝が侵攻[593]した以降はとくに記述が増加

---

588 Matthiae 1999: 209~263; Roaf 2003; Van der Spek 1983
589 Briant 1999b
590 Briant 1996: 31
591 5時期区分：原王国(前3400年頃 - 前2700年頃)、古王国(前2700年頃 - 前1900年頃)、スッカル・マハ王朝(前1900年頃 - 前1600年頃)、中王国(前1600年頃 - 前1100年頃)、新王国(前1100年頃 - 前539年頃)
592 原王国時代

164

第4章　西アジア国家形成への視点

する。また前13世紀頃にはチョガ・ザンビル Choghā Zanbil にジッグラトを建立するなど、メソポタミア地方と恒常的に密接な関係があったことで知られる。メソポタミア諸勢力と対等な外交関係を志向しつつ[594]、バビロン第1王朝やカッシートとの対立をも辞さず[595]、新アッシリアとバビロニアの対立に介入したこともある。しかし前8世紀以降、新アッシリアとの対立が激化するなかで前647年[596]の侵攻によりスーサを手放し弱体化、メディア国やペルシャ民族の侵攻も度重なり、小国に分裂する。そして、この小国のなかでもアンシャンを手中にしたのがペルシャ民族であったわけである。エラム国の後続勢力はその後もフゼスターン地方のスシアナ Susiana 平原で継続していたが、前539年、完全にアケメネス朝の統合下にはいることになる[597]。このように、帝国化以前のペルシャ民族との同時性と同地性の高さ、そして上記キュロス II 世の円筒印章にもエラムの影響をうけた要素がみられる[598]ことなどから、アケメネス朝ペルシャ形成過程でのエラムからの影響を重視する傾向は強い[599]。

　同様の文脈で重視されてきたのはメディア国である。メディアは前9世紀以降、ザグロス山脈北部域を中心に、エクバタナに首都をおいていた。エラムに比べれば短期勢力であったが、バクトリアから中央アナトリアまでを安定的に支配した国家と評価されている[600]。そしてメソポタミア地方に多大な影響を与えたことでも知られる。とくに前614年のアッシュールへの侵攻、そして前612年[601]、バビロン第11王朝とともにアッシリアを滅ぼしたことで西アジア史に名を遺すことになった。前6世紀初頭頃にはさらに勢力を伸張し、リディア国と国境付近での対立がおこったが、平和協定と婚姻関係をむすぶに至ってい

593　古王国時代
594　スッカル・マハ時代
595　中王国時代
596　アッシュールバニパル治世
597　キュロス II 世治世
598　Briant 1996: 31
599　cf. Henkelman 2003; Liverani 2003; Vallat 1996
600　cf. Liverani 2011: 561
601　キュアクサレス II 世 Cyaxares 治世

165

第2部　西アジア国家形成への視点

る。一方、首都のエクバタナ周辺では前8世紀半ば頃から前6世紀半ば頃[602]に、集落の急増が指摘されている[603]。ちなみにこの時期の集落の61%はそれ以前の時期[604]には居住されていなかった地域である[605]。さらにザグロス山脈北部域では前13世紀半ば頃から前8世紀半ば頃にかけて、集落が減少しかつ土製容器の地域的多様性が増す一方、前8世紀半ば頃から前6世紀半ば頃には集落が増加し、かつ土製容器が斉一化するとされている[606]。そして前8世紀半ば頃のこうした変化はメディア国成立にともなうもので、斉一的な土製容器の分布域はそのままメディアの直接的な支配領域として解釈された。前550年、メディアはアケメネス朝に統合される。その際、ペルシャ民族が踏襲したのはゾロアスター教だったと考えられている。メディア国はペルシャ民族と同じインド・ヨーロッパ語族系で、さらにペルシャ民族同様、前2千年紀半ば頃からイラン北部で部族社会を形成しつつあった。そうした社会のより強固な秩序化を助長したのがゾロアスター教であったという指摘がある。メディアはゾロアスター教を信奉した初の勢力であり、そしてその信仰はアケメネス朝ペルシャにおける宗教政策の原型となっていく。

メソポタミア地方からの離脱

　ペルシャ民族は諸勢力の影響に対して、これらの統治戦略、（定住的）生活様式や文化様式、秩序化のしくみを積極的に導入し同様の体制を整えることで、自身の立場を確保する必要があった[607]。とくに前7世紀後葉、アッシリアが滅ぼされて以降の上記群雄割拠下におけるそうした要請の高まりは想像に難くない。そしてその結果が勢力の拡大と帝国化となってあらわれることとなる。

602　鉄器時代 III 期（前750年頃～前550年）。cf. Young 1967
603　Young 1967; 1975; 2002
604　鉄器時代 I 期（前1450年頃～前1250年頃）あるいは鉄器時代 II 期（前1250年頃～前750年頃）
605　Young 2002: 425
606　Young 1967
607　Brown 1986; Liverani 2003

166

第4章　西アジア国家形成への視点

　こうした解釈にはしかし、問題点も指摘されている。キュロスII世以前のペルシャ民族が遊牧民であったという所見に対して、まず、最大の根拠となってきたヘロドトスの記述にそもそもバイアスがともなっているため前提とすべきではない。加えて、ペルシャ民族が遊牧民だったならば、もちいていたのが農事に適した暦だったことへの説明がむずかしくなる[608]。考古学では、この見方への支持はあくまでアンシャンを中心としたファールス地方に関するデータにもとづいてきた。この地域はペルシャの最初の国家がおかれたらしいという点で主要地域のひとつであったことは確かだろう。しかしそれは前1千年期の初頭にも彼らがここにいたということの保証にはならず、現在でも多くの謎につつまれている[609]。現時点では、ペルシャ民族はより北方地域（ザグロス山脈北部、イラン高原あたり）からこの地へ、前2千年紀末頃南進してきたというのが言語学的・考古学的検証によって導かれたもっとも蓋然性のある説となっている[610]。また、なにより、前章でも記したように国家的機構の形成は一過性でおこるものではなく、長期にわたるプロセスによるものだ考えるべきである[611]。こうしたことを考慮すれば、アケメネス朝ペルシャの起源や初期の様相は、国家的機構をすでにそなえていた記録の遺るアンシャン段階以前の、移住元の地域でこそ検討されるべき可能性も十分あるといえる。

　アケメネス朝が統合し文化要素等を踏襲したとされるメディア国は、前提とされている事項も含め、じつは多くのことがわかっていない。メディア国についての記述はアケメネス朝についてと同じく主にヘロドトスの記述とアッシリア年代記にもとづいて理解されてきた。北方の強力な勢力であるウラルトゥ Urartu やメソポタミアの勢力に接していたと考えられるメディアは、それらによって、王を頂点とする強力な支配秩序で貫徹された勢力であるようにとらえ

---

608 Briant 1996: 30~31
609 Briant 1996: 31
610 Briant 1996: 28
611 Goldstone & Haldon 2009: 7

第2部　西アジア国家形成への視点

られてきた[612]。しかしながら文化や社会の実態はほとんど不明としておくべき
現状がある。少なくともヘロドトスの記述の信ぴょう性にはアケメネス朝につ
いてと同様懐疑があるため、アッシリアの記述もふくめ根拠とするのではなく
仮説としてとどめておくのが無難であると指摘されるに至っている[613]。加えて
メディアとの関連が推定・発掘された遺跡はザグロス山脈北部のエクバタナ
Ecbatana、ゴディン・テペ Godin Tepe、テペ・ヌシジャン Tepe Nūsh-i Jān、そし
てババ・ジャン Bābā Jān の4遺跡にとどまっている（第9図）。さらに、メディ
ア国の本拠地における上記集落分布と土製容器分布について、土製容器 ware
を細分した上で、その分布傾向と集落分布の再検討があわせて行われた[614]とこ
ろ、前8世紀半ば頃から前6世紀半ば頃にかけての集落の急増は再確認された
一方、土製容器についてはこれまでの指摘とは反対に多様化することがあきら
かになり、土製容器それぞれの分布圏をそれぞれ違う民族あるいは小規模勢力
の範囲とする解釈が示された。ひいては集落の増加も人口増とともにこうした
分化に結びつけて考察すべきということになる[615]。このような実情から、「メ
ディアは実在したのか」[616]という命題すら提示されるようになった。そして現
在、史料批判も含めて整理された結果としては、メディアは国家というよりも
緩慢な紐帯にもとづくリーダーシップで統合された勢力であったと考えられて
いる[617]。

　もしメディアが国家ではなく部族連合のような勢力であったとしたら、そし
てそうした統合形態をとっていたがゆえにアケメネス朝のような帝国にはいた
らなかった[618]のだとしたら、なぜ民族的・文化的には親縁性があったはずのペ
ルシャは帝国となり、メディアはそのような勢力で始終したのかという点につ

---

612 Briant 1996: 36
613 Briant 1996: 37
614 Levine 1987
615 Levine 1987: 242~243
616 Liverani 2003: Sancisi-Weerdenburg 1988
617 Liverani 2003
618 Wiesehöfer 2009: 70

いて説明がもとめられる。アケメネス朝が形成される要因・背景では常に、メ
ソポタミア地方との近接性が重視されてきた[619]。間接的にしろ、アッシリアを
はじめとするメソポタミア地方に先駆けておこった国家機構の文化・政治シス
テムを積極的に模倣した結果だという上記説明のなかでは当然、前項で述べた
二次国家形成プロセスをはじめ、メソポタミアからの影響を前提とした説明が
あり、アケメネス朝時代の諸画期で主にメソポタミア方面からの影響が想定さ
れてきた[620]。そうしたなかで「メソポタミアの帝国から距離があったため、北
東イランでは政治的統合が相対的に遅れることになったようだ」（傍点筆者）
[621]。つまり上記のように、エラムを介してメソポタミアはじめ西方の影響を多
分にうける位置にあったペルシャに対し、メディアは相対的に北方にあったこ
とからそうした勢力からは距離をおくことになり、そのような体制を成す必要
がなかった、という説明に帰着することとなる[622]。

　しかしこれは史料の不在を利用した曲解に近い。そもそもメディアを含め北
部地域の様子についてはほとんどわかっていないのである[623]。東部地域につい
ても同じで、記述が無ければ、あるいは正確性に保証がないのならば、こうし
た解釈の根拠としてあるのは、ただたんにメソポタミア地方の諸勢力の史料に
おける記載の多寡であるという印象をうける。アケメネス朝の形成がメディア
の感化にせよ、エラムの文化的影響にせよ、あるいはアッシリアの支配体制を
間接的にしろ模倣したにせよ、上記二次国家形成プロセスの枠組みを重視する
以上、外因に説明をもとめている。しかし当時、当地に居たのはペルシャ民族
だけではなく、メソポタミア地方に近接する土地・人々は他にもあった・いた
はずである。それなのになぜメソポタミア地方からは帝国がおこらなかったの
だろうか。

619　佐藤1995; Briant & Boucharlat 2005 ; Briant 1999a ; Curtis 1995 ; Hole 1987
620　Hole 1987; Young 1967
621　Liverani 2011: 560
622　Briant 1996: 37~38; Liverani 2011: 557, 560
623　Wiesehöfer 2013: 209

第2部　西アジア国家形成への視点

　この時代、メソポタミア地方をはじめ他勢力からの外圧・干渉という構図は、ある程度普遍的にあったと考えられる。それはメソポタミア地方とて例外ではなく、だからこそすべての変化・画期を一元的に帰結させてしまうわけにはいかない。外因が契機だったとしてもそれはあくまで起点であり、その指摘が十全な説明であるとは言い難いだろう。ほかの政治体の秩序や文化要素を導入したとして、その前提となる社会状況、結果としておこる社会変化はイランの内在的様相でしか確認できない。さらに、懐疑的にみるべきということがほぼ前提となっている文献の記述をもとにしてそこでの変化を限定して追うよりは、そうした時期に、イランという地でなにがおこっていたのか詳らかにするほうが有効だと考えられる。さらにそれは外在勢力との攻防や外交戦術ではなく、当時この地に生きていた個々人の日常生活や人生に何がおこっていたのかということでもある。ペルシャ民族やメディアといった漠然とした単位ではなく、社会のより実態的な側面にそくしてみていかなければならない。

帝国の基層へ

　都市である前4千年紀後葉頃[624]までのウルクと都市国家としてのウルクを画す要素としては、人口の流動や集落規模の拡大こそあれ、やはり文字システムの有無がおおきい。ただ一方、文字よりはるかにさかのぼって、相関する機能をそなえていたと推測される物的痕跡がみつかっている。焼成粘土でできたトークンと称される製品は、おおむね5cm未満ながら円錐体や球体、方形など形は多岐にわたる。前8千年紀頃から確認されていて、興味深いのは西アジアのみならず、南アジアまでふくむ広い範囲でみつかっていることである。このことからトークンは交易に際して物資の個数の表現に使われ、伝票のような機能をそなえていたのではないかと考えられている。前4千年紀半ば頃からは形

---

624 ウルク後期

状が多様になって刻線も施されるようになり、表す意味内容がより具体的かつ複雑になったことがうかがえる。そして、こうしたトークンを複数まとめて管理する道具として、ブッラと称される球形の粘土製容器も作られた。ブッラはトークンを内蔵するばかりでなく表面にもトークンによる押印があり、これによっても物資の計量が表記されていたようだ。総じてこれらは文字記録にもつうじる役割を果たすと同時に、粘土板をもちいた文字記録のもとになったとも考えられている[625]。

　しかしながら端的な意見として、「粘土板記録システムは、たんに羊や容器の数をかぞえただけではない。これは支配体制そのものを情報化している」[626]。メソポタミア地方では前3千年紀初頭、都市国家が発達して以降、こうした文字記録システムが確立・普及し、実に豊富な文字資料がのこされることから、過去社会についての記述も史料にもとづいて行うようになっていく。すると、そこに記録される支配層を構成する関係性や官僚制度、外交戦術、対外戦争が社会を規定する事項となる[627]。語族・民族単位での過去社会研究・記述もこの時期以降に普遍化する。あるいは同時期に起こる表象表現の変化（写実的な図像表現や、特定個人と神の描写）は物質文化を美術の範疇へ移行させた。オリエント史叙述の要点である帝国についてはかならず、世界帝国観に沿うような絢爛さが創造される場がなければならない。そこで西アジアの国家や帝国の研究では宮殿や神殿、要塞といった政治的施設に注目が集まるようになる[628]。歴史時代のはじまりであり、同時に、政治史のはじまりといえる。そしてこの時点で人類史を画す基準も転換する。大まかに、青銅器時代が領域国家の形成に対応し、鉄器時代が帝国の形成に対応はしている。だがそれは、青銅製品の導入と領域国家形成、および鉄製品の導入と帝国の形成との関連性が検討された

---

625 cf. Schmandt-Besserat 1996. 文字との相関性については訳115~117頁。
626 前川2005: 163
627 Barjamovic 2013: 121. e.g. Van de Mieroop 1999
628 cf. Liverani 2005: 227~228

第2部　西アジア国家形成への視点

結果かといえばそうではない。歴史時代以降の人類史は生活様式や道具、生業といった物質文化の変化ではなく、王や政治勢力の交替が人類史の画期として設定されており[629]、政治的・支配的秩序を創設した特定個人の思索や行動に帰結させられる場面が登場するようになる[630]。

　結果として、当時の社会を復元し物語る主体が考古学から歴史学・美術史学となっていく[631]。実態として、技術や生業変革ではなく行政変革が社会変化の動因となったことは事実としてもちろんあっただろう[632]。堅牢な施設やマクロな政治・経済制度、大規模な表象表現が重要なことは間違いない。そうした位相への注視の結果、一方で、「国家の『普通』の人々を構成するさまざまな要素の役割や機能そして『普通』の人々の日々の活動はほとんど無視されてきた」[633]。しかし、第2章で述べたように、国家機構は、こうした「普通」の人々が織りなす基盤構造的関係性の多様性、すなわち社会のミクロ構造をになう社会組織の広範囲かつ長期にわたる進化の結果が結晶化した上澄みである[634]。そうした社会組織は在地化しそれぞれの生態資源に特化しており、独自の伝統や慣習に即してあるわけだが、同時にかならずインターローカルな資源の管理や分配のネットワークと共同してある[635]。

　国家的／帝国的機構が恒常性を獲得するのは、こうした機構の権威や中心部が「普通」の人々の日常生活や生活圏ごとの権威、エリートとの関係性とうまくかみあい、これらの間に均衡が達成されたときである[636]。そして均衡はひとたび達成されれば無条件に続くというわけではない。これも2章1節でふれたが、本来的に、日常生活世界における社会的・経済的活動の基盤と、広く包括的な帝政的権威の再生産との間の均衡が一定であるはずがない。つまり国家／帝国

629　e.g. Brinkman 1977
630　Barjamovic 2013: 123
631　Liverani 2011: 105
632　Barjamovic 2013: 152
633　Goldstone & Haldon 2009: 21
634　Goldstone & Haldon 2009: 23
635　Goldstone & Haldon 2009: 22
636　Goldstone & Haldon 2009: 25

も安定的な構造なのではなく、常に流動的な均衡関係の上に成りたつ動的な存在としてとらえるのが適切だと考えられる。各生活圏での経済活動と国家機構の需要のバランス、そして統治層の権威と各生活圏におけるエリートの権威、さらに文化的・地域的・経済的に多様な諸集団を国家／帝国の意味体系・価値体系にくみ込むイデオロギー的統合とのバランスが維持されてはじめて、継続する[637]。そしておそらく、このプロセスとメカニズムは枢軸時代に至るそれと本質を共有する。

物質文化による基層化研究

　西アジアにおける国家形成過程の解明のためには系統発生ではなく、個体発生の視点での検討がより重視される必要がある。少なくとも帝国的国家については あきらかに、メソポタミア地方起源の系統とは異なるプロセスを想定することが有効な事象がある。確かに都市化や都市国家成立の先進地はメソポタミア地方だった。しかしバビロン第11王朝を最後に、紀元前1千年紀後半以降イスラーム時代まで、メソポタミア地方をふくむ西アジア世界を統治する諸勢力は、この地からはおこらなくなる。揺籃の地はイランへと移行するのである。この事象は西アジア領域国家生成過程における一特性かつ不可逆的画期とみなせるにもかかわらず、看過されてきた。少なくともこの段階に関しては、メソポタミア地方における累積的社会進化の枠組みを一度外して検討すべきだろう。そしてその際には文字システム、灌漑の導入や長距離交易の重視[638]といった、メソポタミア地方の生態環境や固有の文化伝統を前提に重視されている要素を所与としない説明がもとめられることになる。

　そこで帝国と称される国家について、アケメネス朝ペルシャを事例として、

---

637 Goldstone & Haldon 2009: 25; Morrison 2001: 277.
638 Kohl 1978; Lamberg-Karlovsky & Sabloff 1972; 1979

第2部　西アジア国家形成への視点

人類集団としての特性化と人類の進化的過程への位置づけをめざす。そのため
に人類集団の要件にたち返り、生成過程での変化と画期をあきらかにする。す
なわち、領域国家と称しうる複雑かつ大規模な社会でも、世帯・親族・共同体と
いった諸関係が日常的実践を営む基本単位としてあったはずである。言いかえ
れば、これらを成す個別の集団化原理と環境への適応形態、そして統合のしく
みが、帝国の基層にあったと想定できる[639]。そこで、基層を成す世帯／共同体
レベルの諸集団に視座をすえ、生業形態および集団化／統合のメカニズムの多
様性と実態、統合と変動のプロセスを解明する。分析単位は行政区分や史料に
よらず、生態環境条件に沿って設定する。そして、そこでの生活様式や日常的
実践を共同する関係性といった人類社会の共通項に着目することで、西アジア
国家形成事象を人類史の俎上にのせる。

　本論では西アジア国家形研究におけるメソポタミアおよび近接地域中心史観
を払拭すべく、あえてイランの自律性を重視しつつ、イラン鉄器時代を対象と
して先行期も含めた長期的社会変動をあきらかにする。上記のようなネット
ワークが国家機構の確立に先行する以上[640]、変化のプロセスをあきらかにする
にはこうした位相への着目を欠かすわけにはいかない。その変化はしかも長期
（上節で述べたように、メソポタミア地方では約1000年間とみることも可能）に
わたると想定でき[641]、かかわるすべての時代・地域について関連史料が保証さ
れていることのほうが稀である。実際、結果的に、こうした動態の大部分は歴
史家にとっては不可視の位相となってしまっている[642]。だからこそ、これまで
物語られる機会が乏しかったわけである。そこで、過去社会のこうした位相に
アプローチするためには、物質文化を中心とした考古学的手法をとらざるをえ
ない。そうすることで、関連史料の有無によらない一貫した視座での分析、史

639　河合編2009; D'Altroy & Hastorf (eds.) 2010
640　Goldstone & Haldon 2009: 22
641　Forest 2005: 184; Goldstone & Haldon 2009: 22
642　Goldstone & Haldon 2009: 21~22

料の乏しい諸側面の実証的解明が可能になる。生活の直接的痕跡から上記関係性等を復元し、地域・通時的に比較して、多様性と連関のメカニズムをマルチスケールで復元していくこととする。

第3部　領域国家形成期における地域統合プロセスの事例

第5章　西アジア辺境山岳地帯の概要

1　西アジア辺境の鉄器時代

帝国のかなた

　西アジア国家形成研究を規定する史観は、研究対象となる地域・遺跡の選択にも影響を与えてきた。イランにおけるアケメネス朝ペルシャ関連の研究対象は、史料に記述のあるイラン南西部である。さらに、宮殿や神殿、要塞があるような政治的中心地と目されてきた地域に集中しており、そのなかでも首都と目される遺跡、王廟が主となってきた。一般集落、一般住居の調査事例はほとんどなく[643]、王廟以外の墓も未調査となっている[644]。国家をあきらかにするためには、機構の中枢にかかわる地域や遺跡についてのデータ収集はもちろん必須である。だが一方で、国家形成を探求するためにはそればかりでは不十分であることは第1部で述べた。さらに、こうした行政機能や軍事機能に集約した区域が存在するということは、かならずほかの地域が後背地として発達していることを意味する。たとえば都市化 urbanization では並行して地方化 ruralization がおこる[645]。つまり結果的に政治的主要都市がおかれる地域、そして地方化が顕在化するであろう後背地をマルチスケールで検討してはじめて、現象の総体をあきらかにすることができる。またそれは、国家機構そしてそれが揺籃する要件を具体化することにもつながるだろう。

　イランの中でも北部に広がる山岳地帯（以下、イラン北部域[646]）（第10図）は

643　Wright 2010: 91
644　Boucharlat 2005: 279~281
645　Matthew 2003: 144; Yoffee 1995: 284
646　Haerinck 1983: 2~3

第3部　領域国家形成期における地域統合プロセスの事例

メディアやアケメネス朝の形成には直接関係のない、実に「普通」の、さらには
辺境の地域である。ただし、史料から復元された両勢力の領域には含まれては
いるため、4章2節でふれたようにペルシャ民族が前2千年紀頃いたともくされ
る北方地域[647]に該当する可能性はある。「メディア・ペルシアの両帝国を建設し、
その後二五〇〇年以上にわたって、現在までペルシア文化の華をさかせてきた
イラン人が、具体的にどのような文化をもって、どのような経路で、いつイラ
ン高原に移住してきて、どこに最初の根拠地を置いたか」[648]という課題がイラ
ン古代史では普遍的にあるなかで、「このような問題に解明の手掛かりを与え
るように見られた遺跡はイラン西北部からカフカズ東南部にわたるタリシュ地
方のドルメン式墳墓と、イラン高原のほぼ中央部にあるテペ・シアルク」[649]と
とらえられた時期もあった。そうしたなか、この地域の「土器、青銅器、鉄器、
珠類などには、一方ではタリシュのドルメン文化に全く共通のものが少なくな
いと同時に、他方ではシアルクB墓地文化とも同類のもの」[650]も存在するとい
う指摘は今でも正しい。そこで、「いわゆるアムラシュ遺物を出土する遺跡を
確認し、それを発掘調査することが、前二千年紀後半ないし前一千年紀前半の
イラン北部の民族や文化をうかがううえに、特にイラン高原へのイラン人の移
住の問題を解決するためにすこぶる肝要なことが認識された」[651]。しかしなが
ら現況ではいずれも定かではなく、この地域がメディアやアケメネス朝に直接
的に関連していたことを保証することはできない。こうした北部の山岳地帯は、
国家・帝国の揺籃・形成期には特殊な物質文化が展開する孤立した地域と評価
されており、むしろ、これも前章2節でふれたように、「メソポタミアの帝国か
ら距離があったため」[652]政治的統合が相対的に遅れることになったというイ
メージのほうが一般的だろう。

647 Briant 1996: 28
648 江上ほか編1965: iii
649 江上ほか編1965: iii
650 江上ほか編1965: iv
651 江上ほか編1965: iv
652 Liverani 2011: 560

第5章　西アジア辺境山岳地帯の概要

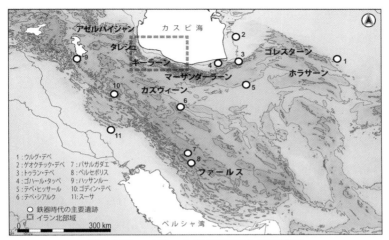

第10図　イランと鉄器時代の主要遺跡

　この地域はメソポタミア地方やイラン南西部からみれば北方の辺境だが、ユーラシア大陸における複数のアジアをつないでいる要衝地でもある。西方にはアゼルバイジャン Azerbaijan、さらに西方ではコーカサスにいたる（第4図）。東方にはエルボルズ山脈を介してホラサーン Khorasan 山塊に連なり、中央アジアへの回廊となっている。南の中東の結節地点として、各地の文化要素の収斂がこの地域の文化的特性を成してきた。そこで、この地ではミクロなレベルでさまざまな文化伝統（とその基盤にある生業体系や観念体系）をバックグラウンドとする人々がいかに交錯し、生態環境の多様性を資源化してきたのか、そのプロセスを復元していくことになる。既存の見方にのっとれば、ここであきらかになるのは、メディアやアケメネス朝の形成が少なくとも前提とはならないイラン地域社会の内在的そして自律的なプロセスのはずであり、さらには当時の「普通の」人が暮らす世界の移り変わりのはずである。たとえばこうした地域が完全に孤立しておりかつ自律した世界であり続けたとしても、その背景について「メソポタミアの帝国から距離があったため」というよりも少し踏

第3部　領域国家形成期における地域統合プロセスの事例

み込んだ説明をすることで、帝国の揺籃を別の側面からうきぼりにできるので
はないか。あるいは、メディアやアケメネス朝と関連するにせよしないにせよ、
「普通の」人々がより広大なエクメーネに生きるようになったのならば、それは
どのようなプロセスと契機を経た結果なのだろうか。イラン南西部では十分に
理解することが困難な側面を、あえてあきらかにしていきたい。

鉄のない鉄器時代

　メソポタミア地域では、アケメネス朝ペルシャ並行期ともなれば歴史時代が
はじまって久しいため、王朝の交替劇が時代・時期区分として機能している。
しかし、イラン北部域では、一次史料はおろか二次史料もないに等しいため、
この時期でも物質文化が時期区分の唯一の手段となっている。そのなかで前
15世紀半ばからメディア、アケメネス朝ペルシャ時代を含めた前4世紀後葉ま
での約1200年間は、鉄器時代という枠組みでとらえられてきた。この設定と4
時期区分[653]は、イラン北西部にあるハッサンルー Hassanlu 遺跡での物質文化の
変化によっている[654]。

　鉄器時代と称されてはいるものの、最初期の鉄器時代 I 期並行期にはほとん
ど鉄製品は普及していない。時代区分のおもな根拠となっているのはハッサン
ルー遺跡での土器変化[655]および居住シークエンスの断絶[656]であって、鉄製利器
使用の確立ではない。土器変化とは暗色磨研土器の導入である。この地域で土
器が使われはじめて以降先行する時期まで主流だった彩文土器はこの時期に途
絶え、表面を平滑に調整し還元焔焼成によって灰色や黒色を呈する土器が主流
となる。さらにゴブレットや嘴形注口付土器といった、それまでにはなかった

---

[653] 鉄器時代 I 期（前1450年頃～前1250年頃）、鉄器時代 II 期（前1250年頃～前750年頃）、鉄器時代 III 期（前750年頃～前550年頃）、鉄器時代 IV 期（前550年頃～前330年）
[654] Dyson 1965 ; Dyson 1989 ; Young 1964
[655] Medvedskaya 1982; Mousavi 2001; Young 1964; 1967
[656] Dyson 1977; 1989b; Young 1967

第5章　西アジア辺境山岳地帯の概要

形の容器が使われはじめる。そしてハッサンルー遺跡ではこれらと時期を同じくして、ごく例外的にしろ鉄製装身具がみつかったことから、以降を鉄器時代としてきたのである。こうした土器の変化は北西イランのほかの遺跡でも確認されており、ある程度一般的な現象だったことが裏づけられている[657]。前時期までの文化伝統からのまさに画期的な変化だったこと、さらに、この暗色磨研土器がイラン北東部や中央アジア方面との類似性が認められるものだったことから、前章2節でもふれたようにペルシャ民族そしてメディア民族が属するインド・ヨーロッパ語族がこの地に侵入してきた証左ととらえられてきた[658]。物質文化の変化と言語学的に認定されている語族とを結びつけることには当然反論もあるが[659]、他方この物質文化の変化についてかわる説明がないのも事実である。

　アケメネス朝期とその後のマケドニア、そしてセレウコス朝期は物質文化による区別がむずかしい。そこでここでの鉄器時代 III 期から IV 期の区分はアケメネス朝ペルシャの確立を示唆しているものではなく、同時に鉄器時代 IV 期がアケメネス朝並行期に合致するものではないとした上で、アケメネス朝以降（多くの場合アケメネス朝期後半相当）、パルティア期以前の期間を指すこととする[660]。

657　Young 1967; 1971; Medvedskaya 1982: Muscarella 1974; Vanden Berghe 1964
658　Dyson & Remsen 1989: 108; Ghirshman 1977 ; Mousavi 2001; 2005; Young 1967
659　Dyson & Remsen 1989: 108; Medvedskaya 1982
660　Boucharlat 2005: 270~271

第3部　領域国家形成期における地域統合プロセスの事例

2　山岳地帯の鉄器時代地域社会

世界最大の内陸湖と西アジア最高峰

　イランは中央アジアのステップ地帯や小アジアといった諸地域に接し、約163.6万平方 km と広大な陸地面積のなかにさまざまな地勢および自然条件を内包する（第10図）。まず、北部ではエルボルズ山脈からなる山岳地帯が広がる。エルボルズ山脈はアルプス・ヒマヤラ造山帯 Alpine-Himalayan Orogenic Belt の一部をなしてカスピ海の南岸をとりまくように東西にはしっている。約500km にわたって3000m 級の山並みが広がり、中東最高峰のダマーヴァンド دماوند/Damāvand 山（標高5678m）を擁している。イランの西部から南東部にかけてはザグロス山脈がイラクとの国境とペルシャ湾 Persian Gulf に沿って広がる。連なる山々は1000m から2000m 程度だが南北約1000km、東西約200km と広大だ。この2つの山脈は北西部のアゼルバイジャン地方でであう。この地域も海抜1500m の高地になる。

　北方と南方の国境はそれぞれ、カスピ海 Caspian Sea、ペルシャ湾、オマーン湾 خليج عمان/Gulf of Oman で区分されている。そして主だった平野は山脈とこうした海の間隙に広がる。山岳地帯にはカスピ海やペルシャ湾からくる湿った空気により雨雲がとどまるため、平野では適度な雨量が期待できる。一方で内陸部は湿気が遮断されることから降雨が少ない。さらに夏季は高温に達するために天水農業はむずかしいといわれている。とくに二つの山脈に挟まれた地帯の東部にはキャビール砂漠 شت كوير/Great Salt Desert やルート砂漠 لوت كوير/Lut Desert といった乾燥地帯が広がる。一方、ザグロス山脈の東部からアフガニスタンにかけての南東部に広がる海抜平均700メートルのイラン高原にはオアシス地帯が点在しており、灌漑を工夫すれば農業は可能だ。イランは国土の大部分をこうした高原地帯がしめている。

184

ミクロな地理的・生態的多様性

　カスピ海南岸域でもやや西部、沿岸域からエルボルズ山脈にかけて位置する
イラン北部域はおおまかにいうと、エルボルズ山脈を中心とする山岳地帯から
なる（第11図）。カスピ海と山脈に挟まれ、雨量が豊富な平野部の中でもエル
ボルズ山脈の北側のカスピ海南岸地域は、降雨量の多い農業地帯として知られ
ている。とくに海岸に沿った平野部、カスピ海にそそぐ河川の氾濫原は、カス
ピ海からもたらされる湿った空気の恩恵をうけて湿潤な気候となっている。や
や内陸に位置するギーラーンگیــلان/Guilan 州の州都ラシュトرشت/Rasht でも
年間降水量が1355mm に達する。

　この地域ではセフィード・ルードسفیدرود/Sefīd-Rūd 川上流域およびチャーク・
ルードچاکرود/Chāk Rūd 川流域に考古学調査が集中してきた。セフィード・ルー
ド川はエルボルズ山脈からそいで縦断し、カスピ海に至る。セフィード・ルー
ド川下流域には平野部が広がっている。セフィード・ルード川のながれにとも
なう扇状地で、海岸線に沿った地帯には海抜0m の湿地帯も少なくない。一方、
セフィード・ルード川上流域は山岳地帯から本流に流れ込む多くの支流によっ
て形成された渓谷がつらなるため起伏が激しいが、急勾配の中に緩斜面・平坦
面が点在している。山岳地帯につらなる丘陵部、高地、盆地状地形といった多
様な地形からなっており標高差も大きい。とはいえ本流の周辺は比較的平坦で
視界もひらけている（第12図）。そうした平坦面には沖積土が堆積しており、
農耕が可能で、現在でも耕作地として利用されることが多い。

　エルボルズ山脈に連なる山岳地帯には標高約2703m のクーヘ・ダルファク山
（第12図）をはじめ山がちな地形がつらなる。平地ほどではないものの雨量は
豊富で湿潤な気候である。ただし、それゆえ冬季には積雪がはなはだしい。ま
た植生も高地ゆえに異なる。現在は山麓の中腹などでは草本類や低木が主であ
り、地肌が視認できる場合もあるほどだが、鉄器時代にはある程度の高木で覆

第3部　領域国家形成期における地域統合プロセスの事例

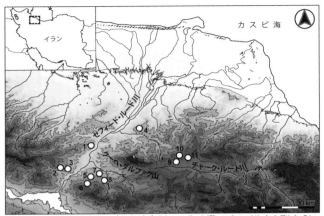

1：ジャムシード・アーバード、2：キャルーラズ、3：タッペ・ジャラリィエ、4：ラーメ・ザミーン、5：マールリーク、6：アリ・キャラム・バーグ、7：ゼイナブ・ベジャール、8：ゲシュラーグ、9：ラスルカン、10：ガレクティI号丘、11：ガレクティII号丘

第11図　イラン北部域と鉄器時代の主要遺跡

われていたと推測されている。現在でも、人や家畜のおよばない地域では高木が鬱蒼と茂る様子が確認できる。こうした諸条件からなる地域は、イランの大部分が大陸性気候で乾燥地域帯に属すのに対して、局所的に湿潤な地中海性気候となっている。

　チャーク・ルード川流域は、セフィード・ルード川流域とはクーへ・ダルファク山で隔たれる。山岳地帯の中の標高1500m以上の高地にありながら、比較的緩斜面からなるひらけた地形となっている（第13図）。この地域の山間部にはこうした個所が点在する。チャーク・ルード川流域一帯はとくになだらかな傾斜が続く盆地状地形であり、一帯はデーラマン دیلمان ／Deilaman 地域と称される。厳密には「プール・イ・ルード河の東のアセヤバールから、西ホルボン・ダーレエーの流域附近一帯の河谷地方」[661]を指す。ここでは水稲栽培などは困難ではあるものの、牧畜、牧草や小麦の栽培をはじめとする農業がおこなわれている。セフィード・ルード川流域と同じく湿潤な気候であり、夏季には霧がかか

[661] 深井・池田編 1971: 4

第5章 西アジア辺境山岳地帯の概要

第12図　イラン北部山岳地帯の景観：主要河川とダルファク山

るほか、冬季には降雪量が多い。

　イラン北部域はこのように、ミクロなスケールでみても多様な地理条件から構成されていることが特徴だ。関連する知見は現在の状況から導かれたものではあるものの、少なくとも地理条件が当時でも大差ないだろうと前提する限りにおいて、上記諸条件も大きく異なってはいなかったと考えられる。こうした多様性は活用できる生態資源も地域内で多彩であったことを意味しており、なおかつそれにともなって、生業も地域内で違いがあった可能性を想定しておかなければならない。そして当時の集団や生活域のあり方にも何らかの影響を及ぼしていたことは想像に難くない。

墓にまつわる物質文化の発達

　イラン北部域のやや南方ながら、似かよった物質文化とみなされたフルヴァン Khurvin 遺跡の調査成果から、イラン北部鉄器時代文化の特徴として、①墓

第3部　領域国家形成期における地域統合プロセスの事例

第13図　イラン北部山岳地帯の景観：山間部盆地

地の形成、②石槨墓の普及、③注口を多用する暗色磨研土器の出現、④多量の金属製品（とくに青銅製武具）の副葬、⑤動物モチーフの多用の5点が指摘された[662]。注目すべきは墓地の形成が特徴の第一にあげられていることであり、それ以外も墓構造あるいは副葬品にかかわる事柄が特徴として指摘されている。

　こうした認識を決定づけたのは、今でもイランの鉄器時代を代表する遺跡として紹介されることの多いマールリーク Marlik 遺跡の調査であった[663]。マールリークはセフィード・ルード川東岸の高い台地上にあり、53基の墓壙が検出されている。大規模な石槨墓から単純な土壙墓までさまざまな様相をもった墓とともに、特殊な土製器具、貴金属製品、貴石類の装飾品など、精緻な武具や工芸品が多量に出土したことで知られている。加えて、セフィード・ルード川西岸のキャルーラズ Kaluraz 遺跡の発掘調査も、当地のイメージをかたち作るのに貢献した。1965年から1969年にかけて発掘調査が行われ[664]、前2千年紀後半

662　Vanden Berghe 1964; 1966
663　Negahban 1964; 1995; 1996
664　Hakemi 1968; 1973

第5章 西アジア辺境山岳地帯の概要

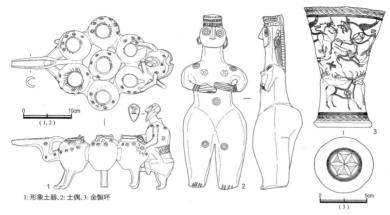

1: 形象土器、2: 土偶、3: 金製坏

第14図　イラン北部域における鉄器時代の工芸品

から前6世紀に年代づけられるさまざまな墓、さらに建造物の痕跡と想定可能な石基礎や石壁がみつかったとの報告がある。墓からはマールリークと同じように形象土器や土偶、金属器をはじめ、金銀製品、瑪瑙やラピスラズリなどの製品が見つかっている（第14図）。

　こうした発見以降、イラン北部域では調査が長らく墓地にかたよってきた。これらによるバイアスはあることは想定できるものの、それでも検出された墓の多くが鉄器時代に相当するとともに、冒頭で述べた諸特徴にあてはまるものが多数存在するため、この時期に手の込んだ墓がとりわけ多く造られたことは事実だろう。こうした墓は居住域とは別の場所につくられており、巨石をともなう精緻な石槨墓を規則的に配置した大規模な墓地として展開する。この地域では青銅器時代の遺跡は乏しい。しかしそれが鉄器時代になると突如、ときとして堅強な石槨墓をともなうこのような大規模な墓地が形成されるようになる（第15図）。そしてこうした墓からは、上記のようにユニークな工芸品に加え、貴金属製品はじめ多量の副葬品が出土する。こうした物質文化の特殊性は、葬送儀礼にまつわる品物をイラン北部域の鉄器時代文化の表象として位置づ

189

第3部　領域国家形成期における地域統合プロセスの事例

第15図　イラン北部域における鉄器時代の墓地

けると同時に、この地域を辺境として歴史外の世界におく根拠ともなってきた。

こうしたイラン北部域の物質文化は上述したように、おおきくはイラン北西部のハッサンルーでの鉄器時代の時代設定と時期区分を前提としている。しかし集落であるハッサンルーと墓地から示されたイラン北部域の様相とは比較がむずかしい場合も多い[665]。そこで時代区分の大枠や区分はハッサンルーのそれに則りつつも、それぞれの墓地や墓の時期比定は個別に構築した編年に沿って提示されている[666]。本章の以下の記述もそれにならっておこなう。

墓にもとづく社会の復元

イラン北部域では、社会秩序への言及も墓の様相にもとづいて行われてき

---

[665] Levine 1987; Muscarella 1973
[666] 足立2007a; 2007b; 谷一1997; 三宅1976; Arimatsu 2011: 79~133; Haerinck: 1983; 1988; 1989; Hori 1981; Piller 2008;

第5章　西アジア辺境山岳地帯の概要

た[667]。とくにマールリークは貴金属製品を多量に含むという副葬品の豪奢さ[668]から王家の墓地 Royal Cemetery と称され[669]、この地域の社会が複雑化していた証拠として言及される。確かに検出された墓壙数、墓壙の規模、副葬品の質量すべてにおいて対象地域内で最大の墓地といえる。この墓地の墓は規模、副葬品の種類や多寡により分類されており、とりわけ規模も大きく副葬品が豊富な墓を王の墓、次いで多くの副葬品をともなう墓は王妃・王女、副葬品をあまりともなわない墓をマールリーク繁栄以前の墓というように比定している[670]。王家の墓地とされた墓群・墓域の被葬者集団については、マルディ Mardi 民族王国が想定された[671]。マルディ民族とマルディ王国はギリシャ・ローマの史料にあるカスピ海南部の大部分を支配下におさめた勢力で、ある程度斉一的な文化ホライズンと複雑性をともなう王国であると考えられている。マールリークの副葬品には外来製品が多数含まれていることから、そうした品物が由来するギーラーン、マーザンダーラーン مازندران/Mazandaran、アゼルバイジャン Azerbaijan を支配下におき、コーカサス方面にまで影響をおよぼしていた可能性が指摘された[672]。さらに、セフィード・ルード川の対岸にあるキャルーラズも、マールリークと類似する金製品、形象土器の存在から、同様の勢力下にあるマルディ民族の墓地ではないかと考えられた[673]。かくしてこの地域にマルディ民族による独立した王国があったという考えが補強されることにもなったのである[674]。

　チャーク・ルード川流域のデーラマン地域にあるガレクティ I 号丘 Ghalekuti I の A 区も、大型の墓壙を中心とした墓域構成から、複雑社会を推測する根拠として言及されることが多い[675]。ここではもっとも大型の墓（V 号墓）にむけ

667　江上ほか編1965: 45; 深井ほか編1971: 78; Cinquabre 1978; Negahban 1968; 1996; 1998
668　Negahban 1968; 1996; 1998
669　Negahban 1968: 60; 1996: 13; 1998: 43
670　Negahban 1996: 16~25, 60~61
671　Negahban 1996: 325
672　Negahban 1968: 62; 1998: 45, 50
673　Hakemi 1968: 65; 1973: 3
674　Hakemi 1973: 3

第3部　領域国家形成期における地域統合プロセスの事例

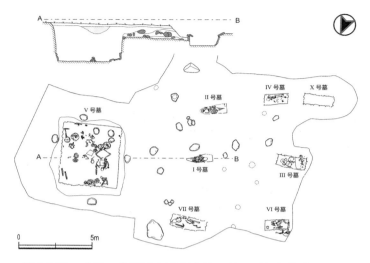

第16図　イラン北部域山間部盆地の前2千年紀後半の墓地

て石槨墓が長軸をそろえ、規則的に配置されているという墓域構造があきらかになった[676]（第16図）。Ⅴ号墓は計画的な墓域構成のなかで中心をしめることに加え、突出して大型かつ木材をもちいるという墓壙の特徴、埋葬姿勢の特異性、副葬品の豊富さといった点から被葬者が首長 chef であったとも考えられている[677]。同時にA区の墓地構成の規則性から、ほかの墓がⅤ号墓の殉葬だった可能性も指摘されている[678]。ただし、Ⅴ号墓以外の墓の間には副葬品や構造に大差がないことをうけ、当時の社会には「極端な階級差はみられない」[679]とする考え方も提出された。

　こうした理解は次章以降で検討していくことになるが、鉄器時代における葬送儀礼にかかわる物質文化そしておそらくは関連して特殊性の高い品物の発達

675　江上ほか編 1965: 45; 深井ほか編 1971: 78; Cinquabre 1978
676　江上ほか編 1965: PL. XLI
677　Cinquabre 1978: 336
678　江上ほか編 1965: 45
679　深井ほか編 1971: 78

が、この地に顕かな現象であることは間違いない。そこで、このあきらかに特徴的な現象を糸口にして、この在地社会の内実をみていこうと思う。

第6章　人間関係の階層化—前15世紀から前13世紀—

1　弔いの様式性 modality

縦の次元の様式性

　墓や墓地の存在は、そこで死者や死にまつわる何らかの行為、すなわち葬送儀礼が発達していたことを物語る。イラン北部域の鉄器時代では墓は住居址とは異なる場所に設置されているため、墓地に遺された構築物や器物はもっぱらそうした葬送儀礼の残滓とみなせる。死体処理という墓の一義的機能[680]を考慮すれば、葬送儀礼関連の事象にその機能を逸脱したエラボレーションが認められた場合、そこに何らかの社会的要請を読み取るのは自然だろう。とくに階層秩序や複雑化の出現を論じる際には、もはや一般的な事項となっている。しかし実際、葬送にまつわる行為は社会なり文化なりをどれほど反映しているのだろうか。さらにいえば、考古学的に認識しえる葬送関連の痕跡から当時の社会秩序を復元することはできるのだろうか。多くの議論がある中では当然、懐疑的な見解もある[681]。

　しかし一方で、葬送儀礼については考古学的研究から多くの成果がえられていることも事実である。考古学者の多くは葬送にまつわる痕跡から当時の社会を復元するむずかしさを認識しながらもそれを不可能とみなしているわけではない。ただし葬送儀礼関連のどういった痕跡に着目するかによって社会のどの側面が復元されるかは確かに異なってくる。そのなかでも、直感的に理解しやすい基準として、葬送の準備に費やされたエネルギー量と副葬品の多寡が、「社

---

680 嶋根2009：56~57
681 Ucko 1977; O'shea 1981: 1984

第3部　領域国家形成期における地域統合プロセスの事例

会の構造文化における縦の次元」[682]すなわち社会の階層をはじめとする縦方向
の社会関係を表象する傾向があるという説がある[683]。エネルギー量は墓壙の建
造方法、副葬品の多寡は副葬品の個数ではなく種類数に反映される可能性が高
いという[684]。つまり、より手間のかかった築造工程をへている墓壙、より多種
の副葬品をともなう被葬者が階層的社会秩序の中でより上位にあったことにな
る。

　前章2節で石槨墓の発達が指摘されていることを紹介したが、実際にはそれ
以外のさまざまなつくりの墓が存在している。石槨墓、土壙墓、木槨墓に大別
することができるのだが、こうした墓の築造は共通して壙の掘削からはじまる。
その後、最終的にめざす形に応じて、石材あるいは木材での壁面の補強、付属
施設（基壇など）の設置、蓋石で覆うなどさまざまな工程をへることになる。た
とえば石材や木材を使う場合にはそれを獲得し、利用可能な形態に加工し、運
搬するという一連の作業が必要となる。そうなると掘削以降の工程が必要にな
る石槨墓や木槨墓は、そうでない土壙墓に比べ労力を要したと判断できる。石
槨墓でもさらに、平面形態、石材の質・量、石積の方法に傾向があるため、より
多くの石材を使っている、もしくは整形された板石や希少な搬入石を使用して
いるほうが多くの手間がかかっていただろうと推測できる。土壙墓も断面形態
（竪穴式か竪穴付か）および平面形態に違いがあり、多角形にするもしくは竪穴
を付属するといった場合、そうでないものにくらべて多くの労力が必要だった
だろうと考えられる。こうした要素を総合すると、鉄器時代の墓の造りには14
種類のバリエーションが確認できた[685]。

　こうした墓では被葬者を埋める前に何らかの品物を供える作法があったこと
が想定されており、実際の考古資料としても器物や什器、人や動物を模した形

682　Tainter 1978
683　Brown 1981; Carr 1995; O'shea 1981; 1984; Peason et al. 1989; Tainter 1978
684　Carr 1995; O'Shea 1981; 1884; Tainter 1975; 1977; 1978
685　cf. 有松2012b: 89~90 ; Arimatsu 2011: 226~228

第6章　人間関係の階層化—前15世紀から前13世紀—

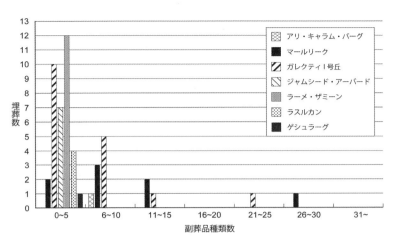

第17図　前15世紀から前13世紀頃の副葬品種類数：墓地間の比較

象品、装飾品、武器や馬具、インゴットなど、実にさまざまなものが供物として墓からみつかっている。それらは素材も多様で、確認されているだけでも金、銀、青銅、鉄、バイメタル（青銅＋鉄）、ガラス、ファイアンス、貴石（瑪瑙類、埋木、水晶等）、歯牙骨、貝、土、石、動物質繊維があった。供物のカテゴリーと素材をあわせて分類すると、計119種類をも数えることとなる[686]。

　前15世紀から前13世紀にかけての墓では、そうした副葬品は平均4.4種類がみられたが、そのなかでは、墓地間においてあきらかな不平等が存在していた（第17図）[687]。墓を比較した場合にも差があり、平均以上の種類数を有する墓は上位34％に限られ、あきらかに少数の墓に副葬品が集中している。そうした墓はマールリークとガレクティI号丘にのみ存在した。ただしこうした墓地内でも平均以下にとどまる墓が多数だったことからも、墓地内での不平等が顕著だったといえる。

686　cf. 有松2012b: 89; Arimatsu 2011: Table 7.1
687　各遺跡の平均値は以下のとおり。マールリーク：9.3、ガレクティI号丘：5.4、ジャムシード・アーバード Jamsid Abad：2.7、ラスルカン Lasulkan：1.7、ラーメ・ザミーン LamehZamin：1

第3部　領域国家形成期における地域統合プロセスの事例

　墓の造りを比較してみると、よりエネルギー量が費やされたであろう大型の石材や搬入石を豊富に使用した墓やまれな木槨をともなう大型の墓などは、マールリークとガレクティⅠ号丘に限られていた[688]。こうした遺跡では相対的に多くの種類の造りの墓が併存しており、墓の構造と副葬品種類数の傾向の比較からは、より多くのエネルギー量が費やされたと仮定できる造りの墓に限り20種類以上副葬品が出土するという結果が得られている[689]。同時に、この時期もっとも単純な造りであったと推定される土壙墓では、副葬品種類数が平均以下に限られている。これはつまり、墓構造と副葬品の選択がおそらくは同一の基準にもとづいて、同様の背景や事情をもって行われたことを示唆している。

横の次元の様式性

　死者とともに埋められた品物のなかで当時もっとも一般的だったのは、ほぼすべての墓からもみつかっている土製の器物だったと推測できる。さまざまな形のものがあるものの、それでも地域ごとの墓に納められるセットを指摘することができる。つまりこの地域の特徴とされてきた特殊な土製器具はアトランダムにあったわけではなく、おそらくは葬送儀礼様式そして作法にのっとって墓におさめられていたと考えられる。こうした副葬土器のセットでみると、地域内でおおきく二つの様式が指摘できる[690]。

　まず、セフィード・ルード川上流域では注口付無頸壺（第18図2、7）、注口付深鉢（第18図3、8）といった嘴形の注口が埋葬に際して重視されていたらしい。加えて盤形土器（第18図1、5）、太頸壺（第18図4、6）[691]、長胴壺[692]といった器も多く墓におさめられていた。一方、チャーク・ルード川流域で特徴的なのは

688　cf. 有松2012b: 90, 図3
689　cf. 有松2012b: 図3
690　cf. 有松2012b: 図5
691　Neganban 1996: Fig. 17-496, 497
692　Negahban 1996: PL. 106-539

198

第6章　人間関係の階層化——前15世紀から前13世紀——

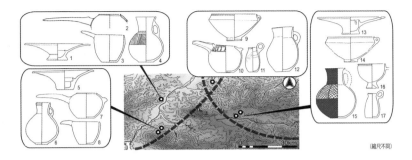

第18図　前15世紀から前13世紀頃の副葬土製器の地域的多様性

胴部上半に屈曲部を有する大型の鉢(以下、胴部屈曲大型鉢)で、複数個副葬される墓も少なくない(第18図14)[693]。高台付の半球形を呈する鉢(第18図16)[694]も多くみられた。太頸壺(第18図15)[695]、長胴壺(第18図17)[696]、盤形土器(第18図13)[697]、注口付深鉢といった器もしばしば埋葬されていた。

2　弔いのネットワーク

様式性のなかの多様性

　チャーク・ルード川流域でとくに多用されていた胴部屈曲大型鉢[699](第19図)は、セフィード・ルード川東岸でもおそらく使われていたと考えられる[700]。こ

683　江上ほか編1965: PL. XLIII-19, PL. XLV-7, 8, PL. XLVII-7, PL. LII-20~23, PL. LXII-17, PL. LXIV-21, 22, PL. LXXIX-204, 205, PL. LXXXI-22, PL. LXXXIII-8~11, PL. LXXXVIII-2, PL. LXXXIX-5; 深井・池田編1971: PL. XLVIII-2, PL. LIV-2, 5, 8, PL. LVI-1, PL. LVII-3
694　江上ほか編1965: PL. XLIII-17, PL. XLVII-3, PL. LXII-13; 深井・池田編1971: PL. LV-4, PL. LVI-2
695　江上ほか編1965: PL. LIX-2, PL. LXVI-15, PL. LXXIX-206
696　江上ほか編1965: PL. LIII-26, 27; 深井・池田編1971: PL. LI-12
697　江上ほか編1965: PL. LII-25, PL. LXII-19, PL. LXXIX-208, PL. LXXXI-19
698　江上ほか編1965: PL. XLVIII-35
699　Arimatsu 2011: Fig. 2-19, 26, 32, Pl. 10, Pl. 25-29
700　Arimatsu 2011: Pl. 16-1~4

第3部　領域国家形成期における地域統合プロセスの事例

の付属部位であるとみられる高台も採集されている[701]。したがってこの時期、ある程度の斉一性をもって分布していたものと考えられる。しかしこの器は、各エリアで同じような形でありながら、製作の技術は実にさまざまだった。胴部屈曲大型鉢について胎土の混和材、屈曲部および口縁部の成形技法[702]、器面調整について観察すると[703]、その共通点を強いてあげるとするならば、いずれも器面を平滑に調整するということだろう。丁寧なミガキ、ライト・バーニッシュによって光沢をともなうものが多い。しかし調整作業で工具を動かす方向や、おそらくは工具の種類、平滑にする程度はさまざまだった。ナデのみでの完了は稀だが、胴部下半や底部にはナデ痕がそのまま残っている例もある。多くの場合ミガキやライト・バーニッシュの前にひととおりナデで器面を平滑にしており、口縁部付近のナデでは回転台を使用した痕跡もある。ただし、ミガキやライト・バーニッシュによる調整の段階では回転台を用いることはまれだった。

　セフィード・ルード川東岸とチャーク・ルード川流域で比較を行った場合、セフィード・ルード川東岸で採集された資料では、丁寧に光沢をともなうミガキをほどこすものが多い[704]。また1mmから2mm程度の褐色および灰色の鉱物質混和材を多く含んだ胎土も使用されていた。屈曲部の破断面を観察すると、屈曲部上半部と下半部の接合箇所に複数回粘土を足して成形する技法が多数を占めている。対してチャーク・ルード川流域ではライト・バーニッシュがほとんどで器面に光沢をともなうような例はない。胎土には鉱物質混和材を含むものの、セフィード・ルード川東岸ほど顕著ではない。また上述したような屈曲部の成形方法はチャーク・ルード川流域ではほとんどみられない。

　そして、この器がとりわけ多く死者にたむけられるチャーク・ルード川流域

701　Arimatsu 2011: Pl. 26-10
702　Arimatsu 2011: Fig. 6.6
703　Arimatsu 2011: 181~182
704　Arimatsu 2011: Pl. 16-3

第6章　人間関係の階層化―前15世紀から前13世紀―

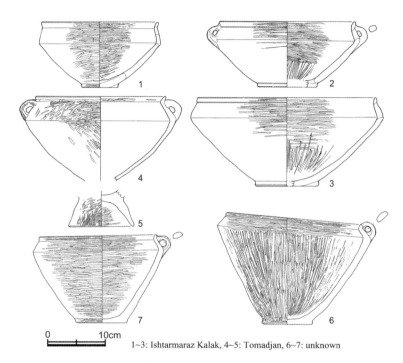

1~3: Ishtarmaraz Kalak, 4~5: Tomadjan, 6~7: unknown

第19図　前15世紀から前13世紀に副葬される大型の鉢

では、地域内でも実にさまざまな製作技法が採られていた[705]。墓地内でも複数の製作技法が認められ、ガレクティⅠ号丘のような墓地では墓や墓域といったまとまりのなかでも同じ技法で作られているとは限らなかった[706]。こうした製作技術の違いが、細かい時期差による可能性はもちろん否定できない。しかしその多様さやひとつの墓からみつかっていることを考慮すれば、すべてが時期差によるものとはむしろ考えがたい。

705　Arimatsu 2011: Fig. 6.7
706　Arimatsu 2011: 183~184

第3部　領域国家形成期における地域統合プロセスの事例

土製器具の発明：パイロテクノロジーの集大成

　過去社会の物質文化研究のなかで、土製品、とくに土製の器物は常に主要な研究対象となっている。その理由としては当然、遺跡を発掘していると多数出土するということがあるだろう。遺存率が高いということは、当時を復元するのに蓋然性が確保しやすいという利点がある。また通時的、地域的に多様性が高いため、時期判断や地域間交流を具体化する便利な基準となる。土製器物は通常一括され土器というカテゴリーで総称されるが、その実態としては、非常に多様な用途が推定できる。食物の煮炊きや供膳、物の貯蔵や運搬のような実用的機能から、ほかの金属製容器やガラス製容器の代替、あるいは土偶や形象土器に代表される装飾性が高い工芸品のようなものまで、幅広い選択肢が用意されている。

　土器がほかの道具と一線を画す点は二つある。まず、石製品や骨角製品、木製品が引き算型の造形なのに対し、土器は足し算型の造形だという点である[707]。土器がこれまで多用されてきたのは原材料が入手しやすいことがまずはあげられるだろうが、加えて、この特性があると考えられる。土という可塑性が高い原材料を使っているため、ほかの素材とくらべて造形の恣意性が高い。どんな形にも創造可能であり、形をひととおり完成させた後でも修正を加えることができる。したがって用途に応じた形を実現すること、ならびに装飾性を付与することが、ほかの素材工芸にくらべれば自在であったと考えられる。土器の多様性の高さ、実用的機能の多様さ、そして土器が象徴的機能をも時に備えられるのは、こうした物質上の特性に由来する。そしてもう一つは、「土器工芸は単なる素材工芸（木彫・骨彫の如き）とちがって錬金術に匹敵するほどの複雑・高度の物理・化学的工芸」として位置づけられる点である[708]。土器を完成

707　小林2007
708　渡辺［1988］2000a；［1990］2000b：97〜98

第6章　人間関係の階層化―前15世紀から前13世紀―

させるには、原材料となる土や混和材の採集、胎土の下準備、成形、整形、付属部位のとり付け、器面の調整、焼成といった工程が必要な上、各段階で的確に素材を変質させていかなければならない。とくに焼成段階には、求める硬度や色調に応じて的確にパイロテクノロジーを操縦しなくてはならない。

人工物の複合性

こうした特徴から、土器を作るにはそのためのノウハウ savoir-faire の習得／伝達が不可欠だったと考えられている[709]。製作技術（それぞれの技術および動作連鎖）の共有は、社会的学習を可能にする生得的／社会的関係性を前提としている[710]。したがって諸属性（をもたらす形態的要素や製作技術）のあり方は、製作者や使用者の社会的背景に規定されずにはありえない[711]。つまり土器や土器の諸属性は社会的に獲得されたものであり、製作者や使用者がおかれていた社会的な慣習や習俗を反映していると考えられる[712]。つまり可塑性の高さにもかかわらず、土器や土器の諸属性の分布はしばしば一定の傾向を帯びてあらわれるのである。逆説的に述べるならば、土器の使用者や製作者による土器や属性（を形成する形態的要素や製作技術）の取捨選択がランダムであったならば傾向は生じない。そうした取捨選択が無意識にせよなんらかの枠組みを背景にしておこなわれるからこそ、傾向が現れることになる[713]。

こうしたことから、土器の属性に斉一性が認められた範囲こそが「ある種の共通基盤をもつ空間」[714]だということは確かだろう。しかしながらその共通基盤が何なのかということは、考古学のデータのみから直接導くのはむずかしい

---

709 鈴木 2009; Arnold 1981; 1985; 1989a; 1989b; Foster 1965; Gosselain 2002; Pétrequin et Pétrequin 1999; Rice 1984; 1987: 462
710 Gosselain 2002
711 小林 1977; Bowser 2000; Carr & Neitzel 1995; Dobres & Hoffman 1999; Gosselain 1998; Lemonnier 1992; 1993; Petroski 1993; Pfaffenberger 1992; Rice 1987; Shennan 1989; Stark 1998; Wiessner 1983; Wobst 1977
712 Childs 1991; Gosselain 2002; Lechtman 1977; 1984; Sackett 1977; 1990
713 髙木 2003
714 岩崎 1988: 152

第3部　領域国家形成期における地域統合プロセスの事例

場合が多く、しばしば経験的・感覚的にならざるをえない。曖昧な解釈にならざるをえないのは人工物の複合性に起因する。人工物には生態的適応様態から観念体系まで、常に複数の側面が内包されている[715]。そしてそれぞれがミクロからマクロまで多層的なデータとして集積している[716]。そして前項で述べたように、人工物の中でも土器はとりわけ多様な機能が想定できるため、共有されている土器の用途および機能の違いによって背景にあるものが異なってくる[717]。似かよった土器が分布する範囲の共通基盤は食物加工の方法かもしれず、貯蔵の方法かもしれないし、食事のマナーかもしれないし、単に好みかもしれない。さらに土器の諸属性はそれぞれ異なった社会的側面を反映しているとも考えられる[718]。加えて製作に用いられる技術が多様かつ複雑なぶん、製作の諸段階は個々に異なった背景によって規制されていた可能性が高い。これは、本節「様式性のなかの多様性」項でも示したように、たとえば似た形の器を作る場合であっても製作の技法はてんでばらばらであるという、しばしばみられる実際の現象からもいえる[719]。

土器属性の階層化

　人工物の複合性を前提とした上で社会関係を抽出するための土器の属性分類は考古学で盛んに試みられてきた。一般的なのは「じかに目に見える（みようみまねのできる）要素」と「じかに目には見えない（みようみまねの利かぬ）要素」への分類だろう[720]。それぞれ「模倣可能な属性」と「外見上模倣できない属性」とに言い換えることもできる[721]。前者には完成品から視認可能かつ模倣可

---

715 Binford 1962; Bromberger 1979; Kristiensen 1984
716 cf. 阿子島 1998: 5
717 Rice 1996; Gosselain 2002
718 鈴木 2009; 林 1975; 1988; David et al. 1988; De Boer 1990; Dietler et Herbich 1989; Gosselain 2002; Hardin 1977; 1996
719 Costin 2000; Gosselain 2000; Hegmon 2000
720 林 1990a
721 林 1975

第6章　人間関係の階層化―前15世紀から前13世紀―

能な器形や文様など形態属性、後者には完成品を一見した限りでは模倣がむず
かしい粘土素地の調整など、製作工程にかかわる技術属性が対応する。他方、
民族考古学では属性の選択における恣意性の高低で土器属性を区分する試みも
なされている。土器製作にはノウハウの習得が必要で、かつ上記のとおり、土
器の属性分布には一定の傾向が常に認められるため、土器製作にかかわる技術
的行動は無意識的選択によるものであってもランダムに採用されるわけではな
いと考えられる。それらは社会的に固定化された行為、すなわち「特定の習得
プロセスに起因する社会的に獲得された『性向』」とみなすことができる[722]。だ
からこそ、土器にかかわる諸行為は日常的範型により固定化された社会的行為
であり、なおかつ製作者／使用者のおかれた社会状況を反映しているとみなせ
るわけである。

　そうすると、土器製作におけるすべての場面がスタイル表現の軌跡ととらえ
られるため[723]、形態属性についての形態的スタイル、技術属性についての技術
的スタイルという分類が成りたつ[724]。土器の形態的スタイルと技術的スタイル
はそれぞれ異なる日常的範型により定められており、それぞれ異なる社会的関
係を反映していると考えられている[725]（第20図）。

　形態的スタイルのように視認できる属性は、使用者や製作者が他者と自身た
ちとの区別や集団への帰属という意識を無意識にせよ示す部分であると考えら
れてきた。すなわち形態的スタイルは社会的アイデンティティーの表出で、異
同が社会的領域や社会的立場を内外に示す機能を担うというわけだ[726]。なかで
も可視的効果の高い装飾的属性は、製作者や使用者の特定の階級や集団への帰
属意識、伝統意識の共有を内外に表象するものとして注目されてきた[727]。こう

722　後藤 2007; Gosselain 1998; 2002; Lemonnier 1992; 1993; Petroski 1993; Pfaffenberger 1992
723　Gosselain 1998: 82
724　Gosselain 2002
725　Dobres & Hoffman 1999; Stark 1999
726　Carr & Neitzel 1995; David & Kramer 2001; Conkey 1978; 1990; Wobst 1977; Stark 1998; Hegmon 1992; 1998; Sackett 1977;
　　Bowser 2000; Wiessner 1990
727　Bowser 2000; Deetz 1965; Friedrich 1970; Hardin 1977; Hardin & Mills 2000; Herbich 1987; Hill 1970; 1977; 1978; Hodder
　　1982; Livingstone Smith 1993; London 1991; Longacre 1970; Whallon 1968; Rice 1987: 244~273; Wobst 1977

205

第3部　領域国家形成期における地域統合プロセスの事例

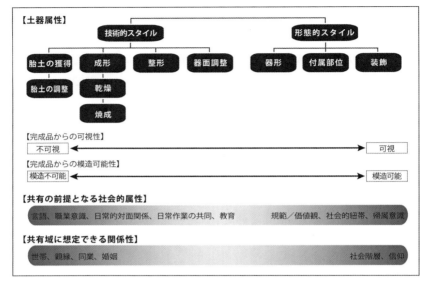

第20図　土製器物の階層的属性

した見方は、形態的スタイルが似かよう範囲は文化的領域、社会的領域、ときに政治的領域と解釈される根拠になってきた[728]。一方で、これらの属性は完成品から視認できるがゆえに間接的な接触でも類似品を作ることが可能であり、独自に変化させうる[729]。それゆえ形態属性は「変異性が強く、現地性が弱く、容易に転移し、伝達する際に欠落しにくい」[730]。転移には「自由度があり、疎遠な接触においても（表層〜深層的関係）成立」し、「恒常的接触は必要ない」[731]。したがって、審美的価値観や実用的要請に合致さえしていれば形態的スタイルを模倣し、使用することはあっただろう。

　技術属性は完成品からみえにくく、偶発的な類似は形態属性よりもおこりづ

---

728 Bowser 2000; Carr & Neitzel 1995; Shennan 1989; Stark 1998; Rice 1987
729 鈴木2009
730 鈴木2009: 430
731 鈴木2009: 432

第6章　人間関係の階層化—前15世紀から前13世紀—

らい。恣意的な模倣の試みも形態属性よりは限られており、中間的属性にかか
わる技術（調整や特定の器形を成形するさいの特殊な技法）、土器生産の効率向
上につながる技法、実用的機能に不可欠な技法の獲得を志向した場合などが想
定される。また模倣を試みた場合でも、上述したようにある程度の時間をかけ
たノウハウの習得／伝達が必要だったと考えられる。それゆえにこの属性は
「変異性が弱く、現地性が強く、転移は容易でなく、伝達する際に欠落しやす
い」[732]。また「親密な接触（深層的関係）でなければ伝わりにくい」もので、「そ
の転移には恒常的な接触が必要」[733]だと考えられた。つまり結果的に、技術的
スタイルは形態的スタイルよりも流動性や可塑性に乏しく、変化は緩慢にな
る[734]。さらに、ノウハウの習得／伝達は作業現場を共有するなかでの対面式の
やりとりで成ると考えられる以上、日常的居住域、親族関係、性別、言語の共有
が重要となる[735]。こうしたことから技術属性の共有範囲には、これらの要素に
もとづく関係の近接性が想定されうる[736]。また、土器製作者にとっては親族組
織と同程度に技術属性の共有集団は重要なものだったと考えられることから
[737]、技術伝統の共有意識や特定の職人集団への帰属意識が技術伝達の前提にな
るという指摘もある[738]。いずれにせよ技術的スタイルが共通する範囲には、あ
る程度恒常的かつ密接な社会的関係や根源的な紐帯、それを背景にした技術伝
統を共有した技能集団の存在が想定できる[739]。

　技術的スタイルはおおまかに、粘土採取、胎土の調整（混和材添加など）、祖
型作り、成形、整形（付属部接合）、器面調整、装飾、焼成という諸段階で構成さ
れている[740]。こうした段階は模倣や習得の難易度によって三つに分類でき

732　鈴木2009: 430
733　鈴木2009: 432
734　鈴木2009: 430; De Boer 1990; Hardin et Mills 2000; Hodder 1977; 1979; Longacre 1981; 1991; Stanislawski 1977
735　Gallay et Huysecom 1991; Gosselain 2002; Pétrequin et Pétrequin 1999
736　Gosselain 2002: 140
737　Gosselain 2000; 2001; 2002: 215; Franc 1998; MacEachern 1998; Sall 2001
738　Gosselain 2002: 214~215; Stark（ed.）1998; Sall 2001
739　鈴木2009; Dobres & Hoffman 1999; Gosselain 2002; Lechtman 1977; Lemonnier 1992; Stark（ed.）1998
740　Gosselain 2002: 191~193; Pétrequin et al. 1999; Schlanger 2005: 25

第3部　領域国家形成期における地域統合プロセスの事例

る[741]。①完成した土器から認識しやすい段階（文様装飾、付属部や器形の整形、セット関係の構成）にかかわる技術、②粘土の選択・胎土の素地作り・土器焼成の技術、③祖型作りおよび成形技術である。なかでも後二者は完成品からはもっとも模倣しにくい。だからこそこうした段階が共有されている場合には、①器面調整や施文方法の共有よりも恒常的で密接な関係性が想定できる[742]。なかでも特にまねるのがむずかしいのは、③祖型および成形技法だと考えられている。この段階の技法は完成品からもっとも見えづらく、共同で行うことの少ない個人的な作業段階にあたる。製作者自身も最初に習得した技術を使い続けることが多く、後発的な交流や社会環境の変化を容易にはうけつけない[743]。したがってもっとも不変の段階といえる[744]。成形段階は加えて、工程が多く用具を多用する複雑な段階といわれる[745]。習得にも一層の時間とコミュニケーションが必要であり、諸要素を十分に満たしていたとしてもなお、模倣はむずかしい。そこで、この段階での技術が共通する場合には、教育環境や言語を共有する関係性の存在、あるいは製作者の移動範囲が推定できる[746]。②胎土、焼成は成形技法よりは表層的で、可変的関係を反映できるという指摘がある。その根拠は、製作者がこれらを他の製作者との交流や職業上の立場などにより、ある程度任意に変化させることができるという点にある[747]。つまり、これにかかわる属性は製作者同士の交流範囲や職人集団内での立場の共有を反映しやすいといえる。また粘土の選択は慣習化している場合が多く、器形や文様装飾よりも強く帰属意識や領域を反映する場合もあるようだ[748]。

---

741 Gosselain 2000: 191~193
742 鈴木2009; Gosselain 2002
743 Gosselain 2002: 79
744 Gosselain 2002: 214
745 Gosselain 2002
746 Gosselain 1992 ; 1998 ; 2000; 2002 : 191~193; Gosselain et al. 1995; Pétrequin et al. 1999; Stark et al. 2000
747 Gosselain 2002: 214
748 Stark et al 2000

第6章　人間関係の階層化─前15世紀から前13世紀─

弔いによる統合

　こうした土製容器の複合性そして属性の階層性と、本節初項で述べた副葬土
器の技術的スタイルの多様性をあわせて考えれば、チャーク・ルード川流域で
様式化されていた葬送儀礼の作法は、技術的スタイルの多様性が反映する複数
の小集団で共有されていたことが考えられる。

　副葬される土器を作成する際の胎土や成形技法、そしてそれらの組み合わせ
は非常に多様であり、単一遺跡内でさえもさまざまな技法が確認できた。製作
技術の多様性を単純にみれば、組織的な生産体制があったとは考えがたい。そ
の点にもとづけば、そもそも土器全般が家内生産による品物だったのかもしれ
ない。当時の土器の作りをみる限り土製容器の生産単位は小規模で、土器を広
域に流通させるといったこともまれだったと考えるのが自然だろう。少なくと
も支流域などよりも細かい単位で作られ、使用されていた可能性が高い。すな
わち、土製容器を作るといった日常の活動は、きわめて小規模な単位で営まれ
ていた可能性が指摘できる。現状ではこうした小集団が血縁関係にもとづくま
とまりか技能集団だったかは判断しがたい。ただ、日常的実践を共有する関係
性と表現しておくのが無難だろう。

　そして、そうした個別生産にもかかわらず共有される形態的スタイルは、本
章1節で述べたように、特定の形の器を死者にたむける作法が、地域内で浸透
していたことを推測させる。ひいてはそれは、この地域や上記日常的実践を共
同する小規模な諸集団が、葬送儀礼において結びついていたことを物語る。

弔いによる再生産

　葬送儀礼はこの時期、こうした結びつきを再生産し、さらに秩序化するしく
みとして機能していたと考えられる。胴部屈曲大型鉢は丁寧な仕上げや装飾要

第3部　領域国家形成期における地域統合プロセスの事例

素が散見されることから考えても、儀器として生産され、副葬用としてある程
度特化していたと考えられる。本章1節で指摘した上位の墓からとりわけ多く
出土することからも、この器が少なくともチャーク・ルード川流域の葬送儀礼
のなかで重要な位置をしめていたことが推測される。ほかの副葬土器をみても、
土製品としての足し算型の造形性を最大限に活かした形そのものの装飾性が高
く、丁寧なつくりの製品となっている。土製工芸品のなかでも凝ったつくりの、
高度工芸的土器[749]として位置づけられるだろう。たとえば盤形土器は、製作技
術をみた場合には胴部屈曲大型鉢ほど副葬品として特化していたのか判断しが
たいものの、形態的に特殊であり、セフィード・ルード川流域でも多数副葬さ
れている。前後の時期や周辺地域とも比類ないことから、その意味で特殊な器
であったといえる。全体に装飾性が高く、器面を平滑にして刻文や暗文をほど
こすものがみられる。また注口や高台など付属部位が多く、それら細部の造形
も特異な場合が多い。上項で述べたようにただでさえ複雑な技術を要する土製
品のなかでも、このように形態的に特異な土器を作りあげるためには、いっそ
うの手間と技巧、厳選された材料が必要となるだろう。

　だからこそ、あえてそうした土器を作る理由としては、おそらくはその社会
固有の社会的、文化的要請があったからだと考えられる。人工物に実用的領域
と非実用的領域という二つの領域を見いだす見方[750]に沿うと、土器の実用的領
域には物をおさめる容器としての実用的機能（重要度：入れ物としての土器＜
中身、作業）が、非実用的領域には土器自体やそれが使われた場／行為に何らか
の社会的価値を想定する象徴的機能（重要度：物としての土器、土器を用いた
行為≧中身）がそれぞれ対応する[751]。そして、実用的機能が優先する実用土器
には煮沸用器や食器、貯蔵容器などが、象徴的機能が優先する非実用土器には、
実用的機能よりも社会的機能の重視が想定できる儀器や供献・供膳用の器等が

749　渡辺 [1990] 2000b: 13
750　Sackett 1982: 70
751　Orton et al. [1993] 2001: 227~228

第6章　人間関係の階層化—前15世紀から前13世紀—

おおまかには対応する。

　高度工芸的土器は一般に後者に該当する。つまり、そこでの土器の象徴的機能はその価値や意味が共有される範囲があるからこそ存在することができ、価値は提示する場／行為を媒介にして共有されてはじめて意味を成す。実用ではない土器が流布するにはまさにそのような形態的特異性を評価する価値体系を共有し、必要とする社会構造の存在を前提とするのである[752]。したがって、高度工芸的土器のような製品はそうした場／行為があるからこそ発達したと考えられる[753]。同時に、そうした場／行為が社会のなかで重要な位置を占めていたからこそ、実用的機能にもとづく要請がないにもかかわらず、そこで使用されるこうした工芸品が発達したともいえる。

　イラン北部域でこの時期、そうした象徴的機能が共有される場に相当するのが墓地、行為が葬送儀礼だったといえる。イラン北部域で発達した高度工芸的土器は価値体系や慣習の共有を表象する象徴的機能を備え、それをもちいた葬送儀礼は社会的立場や帰属意識を相互確認する場／行為としての役割があったと推測できる。また、土器以外でも、エネルギーを費やした造りの墓や奢侈品もともなう豊富な副葬品群があり、墓のつくりや副葬品についても、一貫性のある不平等の傾向が見いだせた。さらに、上位の墓を中心に据える規則的な墓域構成も確認できる。こうしたことからこの時期、階層秩序も葬送儀礼に反映されていたと考えられる。

　副葬品のなかでも多数を占める土器についての地域的多様性に沿えば、地勢に沿って葬送儀礼の様式が若干異なっていたことが考えられる。統合秩序もこうした地域的多様性に沿って秩序化されていた可能性が高い。想定可能な集団領域ごとに、同等の上位とみられる墓が存在することからも、ある程度自律した集団がそれぞれの秩序および統合の紐帯を葬送儀礼に反映させていたと推定

752　渡辺［1990］2000b: 13~14
753　渡辺［1990］2000b: 136

211

第3部　領域国家形成期における地域統合プロセスの事例

できる。墓の構造と副葬品種類数の分析では、セフィード・ルード川上流域に
おいてマールリークに上位の墓壙が集中していた。そしてチャーク・ルード川
流域でそれに匹敵する墓壙が存在したのはガレクティI号丘であった。二遺跡
ともに見晴らしの良い丘陵に営まれ、眼下を一望できる。いずれも墓地に特化
しており、堅牢な石槨墓を展開している。とくにガレクティI号丘では、上記
分析で同遺跡中最上位と判断したA区V号墓を中心に、規則的に墓壙が配列
している様子が確認できた（第16図）。一方、マールリークは面的に発掘され
ているものの、ガレクティI号丘ほどの規則的墓域構成は認められない。しか
し上述したように、より稀少な石材をもちいた墓壙や、複雑な構造の石槨墓は
存在していた。

　以上のことからこの時期、こうした墓地自体社会的立場を表象する場である
と同時に、そこでの作法を共有する諸個人は共通の価値観や行動規範を有し、
特定の集団の成員として主体化されていたと考えられる。

威信財の消費

　墓からは土器以外でも副葬品としてさまざまな遺物が出土している。とくに
青銅製利器と貴金属製品が充実していた。被葬者とともに墓におさめるという
ことは、当然のことながらその後使用できなくなるということを意味するため、
この行為は消費にあたる。この時期の青銅製品の副葬状況をみてみると、青銅
製品が多数副葬されているのは本章1節で指摘した墓の序列の中で、上位の墓
に限られることがわかる（第21図）。なかでもチャーク・ルード川流域で上位
と判断したガレクティI号丘A区V号墓では触角状突起付青銅剣身[754]（第22
図3）というユニークな形の品物がとりわけ多数出土する。この剣はデーラマ
ンはじめトマジャン Tomadjan などチャーク・ルード川流域でのみ特徴的に出

---

754 江上ほか編1965: PL.LIV

第6章　人間関係の階層化─前15世紀から前13世紀─

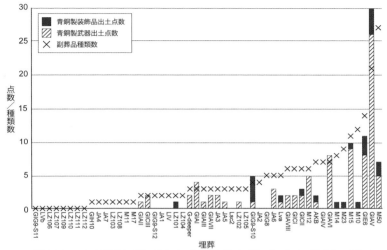

第21図　前15世紀から前13世紀頃にかけての副葬品種類数と青銅製品副葬点数の比較

土する品物であり、なおかつ、アゼルバイジャンやコーカサスとの類似が多くみられるため、こうした地域が由来として指摘されている[755]。加えてA区V号墓の被葬者の独特の埋葬姿勢（仰臥屈葬）[756]（第22図1）についても、コーカサスや黒海沿岸との類似が指摘されている[757]。この埋葬姿勢についてはガレクティI号丘のE区6号墓でも確認されている[758]（第22図2）。この墓はA区V号墓とは異なり石槨墓ではあるものの大型かつ非常に精緻な造りであった[759]。副葬品の分析でも唯一A区V号墓と同等と推定できたこの墓にも、特徴的に触角状突起付青銅剣身が複数副葬されていたのである[760]（第22図4）。

755　有松2008; Medvedskaya 1982: 75
756　江上ほか編1965: PL.L
757　江上ほか編1965: 45; 千代延2000: 35
758　深井・池田編1971: PL.L
759　深井・池田編1971: PL.L, PL.LI
760　深井・池田編1971: PL.LII-1~3

第3部　領域国家形成期における地域統合プロセスの事例

　こうしたことから、このような埋葬姿勢や剣の副葬は偶発的ではなく、集団内での葬送儀礼における作法の一環であったといえる。同時に、デーラマンを中心としたチャーク・ルード川流域に墓地を造った集団は、少なくともそこでの中心的な人物は、北方との文化的つながりが強い人々だった可能性が指摘できよう。イラン北部域で墓から出土する青銅剣身は概して身幅が広くて薄く、鎬もない。したがって儀器化したものが副葬品として採用されていたと考えられる。こうした外来系の品物の重要視、ならびに上位の少数の墓への偏在傾向といった点から、鉄器時代の前半期に副葬された青銅製品は、威信財の本来的意味[761]にてらしてもおおきく逸脱するものではないだろう。つまり、葬送儀礼に際しての青銅製品の埋納行為には威信財消費という意味も見いだすことができる。この青銅剣は今のところチャーク・ルード川流域に限ってみつかっている。これもおそらくは、両地域の葬送儀礼についての系統的相異を裏付ける現象としてとらえられるだろう。

3　僻地の単位

集落の不在

　社会的な集団は、そのあり方において多かれ少なかれ環境への適応という側面を含んでいる。集団や集団間の関係は基本的に社会的そして生態的双方の適応形態の相互作用としてあるはずなのだが、前項まで述べたのは前者のみを重視した項目だった。そこで後者に対応する視点として世帯・共同体レベルでの生態環境への適応戦略を考察すべきであり、とくにその発現としての生業体

761　下垣2010
762　高倉2012

第6章 人間関係の階層化―前15世紀から前13世紀―

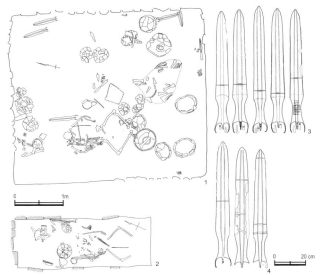

1. ガレクティI号丘AIX V号墓、2. ガレクティI号丘EIX 6号墓、3. AIX V号墓出土青銅製剣、4. EIX 6号墓出土青銅製剣

第22図 イラン北部域山間部盆地の厚葬墓と威信財

系[762]の復元が不可欠となってくる。しかし残念ながら、対象地域ではこうした側面の復元の根拠となる動物遺存体や植物遺存体、古環境のデータは得られていない。

 そこで、生態資源や地域活用の状態を推測するために、地勢ごとの遺跡分布パターンをみてみようと思う[763]。セフィード・ルード川の西岸ではこの時期の遺跡は非常に限られており、現時点ではキャルーラズのみとなる。こうした状況は不自然ではあるものの、網羅的な踏査がなされたにもかかわらず遺跡が発見されなかったことから、実情とうけとるしかない。同じくセフィード・ルード川西岸でも下流では、あきらかにこの時期に相当するジャムシード・アーバードがある[764]。セフィード・ルード川下流の東岸、川岸からは多少離れるものの、

---
763 Arimatsu 2011: 304~305
764 Fallahiyan 2004
765 Fukai & Matsutani 1978

第3部　領域国家形成期における地域統合プロセスの事例

ハリメジャン地域にもラーメ・ザミーンがある[765]。踏査が実施されていない下流域では両岸ともにより多くの遺跡が分布しているのかもしれない。セフィード・ルード川西岸のこうした状況に対して、チャーク・ルード川流域では複数の遺跡（18遺跡）がみつかっている。さらに、セフィード・ルード川西岸では本流の近辺でしか遺跡が発見されないのに対して、チャーク・ルード川流域では盆地状地形のなかでも支流沿いから本流をのぞむような小高い台地上にまで、遺跡は広く散在する。

　ただし両地域では墓地しか確認されないという点は共通する。セフィード・ルード川西岸についてはほぼ墓地のみ、チャーク・ルード川流域でもみつかっている遺跡の95％を墓地が占める。つまりこうした遺跡分布の傾向は居住形態や生業形態の復元に結びつくものではない。厳密には墓地を造置するにあたっての立地選択の傾向をあらわすにすぎない。ただし、集落遺跡が確認できないことを重視するならば、恒常的な住居を建設しないような生活様式であったということはいえるのかもしれない。

生態への追従

　さらにこうした遺跡分布パターンの違いは、葬送儀礼様式の共有範囲に沿って異なるという説明もできよう。この時期、日常的実践をいとなむ集団はおそらく土器の技術的スタイルを共有する範囲であり、なおかつそれは遺跡単位といってもよいほど小規模だった可能性が高い。そして、それらをつなぐのが葬送儀礼を媒介とした世界観であったと思われる。そうした統合のしくみとしての葬送儀礼は地勢に沿って異なっていた。このことからも、集団はセフィード・ルード川上流域、セフィード・ルード川東岸下流域、チャーク・ルード川流域といった単位で、地勢に沿った状態でまとまっていたと考えられる。威信財のごとき金属製品にも違いがあり、そしてそれぞれで序列が認められたことから、

第6章　人間関係の階層化―前15世紀から前13世紀―

社会秩序も地理条件にある程度規定され、その範囲での集団化と秩序化がなされていた可能性が高い。こうしたことから、この時期は文化的適応としての社会的しくみが生態的適応システムで規定されている状況が想定できる。

　こうした区分の中で、いくつかの器形についてはすべてのエリアで共通してみられるものの、一方から他方へ搬入されたと考えられる器もあるなど、相互のやり取りが行われていた痕跡がある。セフィード・ルード川東岸とチャーク・ルード川上流域というまとまりで、墓におさめる土製器物のセットに違いがあるなか、盤形土器や長胴壺、太頸壺は両地域に共通してあった。また嘴形注口付土器のなかにはマールリークとガレクティⅠ号丘で搬入が推定できるほどに器形が一致する例もある[766]。さらに、両者の中間的位置にあるラーメ・ザミーンの組成は、このふたつの系統の折衷的ともとらえられるような様相であった。ここでは両地域に共通する盤形土器がない一方で、それぞれに特徴だった注口付無頸壺（第18図10）[767]と大型鉢（第18図9）が一緒に墓におさめられていた。地理的に隔絶し、おそらくは葬送儀礼の様式が異なっていた地域間も、完全に没交渉だったというわけではないようだ。むしろ、こうした交流があったにもかかわらず、地勢ごとに独自の作法と自律的な秩序を堅守していた事態を強調すべきだろう。この時期は、地勢に沿って複数の集団が並存しており、個別に展開しつつも限定的な相互交流を行うという状況が想定できるのである。

---

766 Negahban 1996 : Fig. 30-632; 江上ほか編 1965 : Pl. LII-17
767 Fukai & Matsutani 1978 : PL 58-5

第7章　活用域の拡充—前13世紀から前8世紀—

1　儀礼性 orthopraxy の発達

儀器の重用

　イラン北部鉄器時代文化の代表とみなされてきた装飾性の高い土器は、ほとんどが前13世紀から前8世紀にかけてのものである。それらは前時期と変わらず墓から見つかっており、高度工芸的土器の埋納が葬送儀礼の作法としてさらに重視されるようになったことがうかがえる。とくに土偶[768]やコブウシ形土器のような形象土器[769]が特徴的に副葬されるようになる。コブウシを模した形象土器は、現時点ではマールリークからしか検出されていない特徴的なものである。また、この墓地からは土偶も10点近く出土している。こうした作法の確立とともに副葬土器のセット自体が変化したようで、ほとんどの器が前の時期にはなかったものになる。細頸壺[770]（第23図1、2）や注口付無頸壺[771]、ゴブレット[772]、ブリッジ状嘴形注口付平底短頸壺[773]（第23図3）が登場し、鉢類は大型で半円球を呈すもの[774]（第23図4）が特徴となる。一方、丸底あるいは平底の短頸壺[775]や盤形土器[776]（第23図5）は前の時期と共通することから、こうした土製容器セットの変化は漸移的におこったものかもしれない。

　細頸壺はとりわけ多数を占めることから、形態的にも特徴的な器種であると

---

768 Negahban 1996: Fig. 11-70~74, Fig. 12-76
769 Negahban 1996: Fig. 13-84~99, Fig. 14-106, 113
770 Negahban 1996: Fig. 17-505, 506, Fig. 18, Fig. 19
771 Negahban 1996: Fig. 25-572, 573, 575, 577
772 Negahban 1996: Fig. 22-547
773 Negahban 1996: Fig. 25-578, Plate. 110-582
774 Negahban 1996: Fig. 26-585, 586
775 Negahban 1996: Fig. 24-562~567
776 Negahban 1996: Fig. 29-619~622

第3部　領域国家形成期における地域統合プロセスの事例

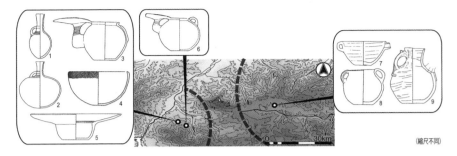

第23図　前13世紀から前8世紀頃の副葬土製器の地域的多様性

いえる。胴部が長楕円形あるいは球形で、球形の場合肩部がやや張りだしている。そしてすべてに頸部下半以下から肩部にかけて把手がとり付けられ、肩部に列点文が、頸部には畝状貼付文がしばしばほどこされる。この壺に限らず墓にいれられる器は装飾性が高くなり、大型鉢にも口縁部に斜格子状の暗文がほどこされる。こうした様相が示すように、この時期、副葬される器のセットは造形的にも装飾性が高くなり、器の種類としても小型の壺やゴブレットといったような日常生活での実用性の低い、おそらくは儀礼用に特化した類が多くなっている。

厚葬化

こうした土製器具の変化は副葬品や墓の造りとも連動してあったようだ。まず、副葬品の平均が12.1種類と、前13世紀半ばまで（平均4.4）と比べて大幅に増加する。また、手のこんだ造りの墓も増加する。石槨墓が主流なのは継続する傾向だが、そのなかで墓床に基壇や器台、テラスを付属する事例が出現する。基壇は巨礫を組み合わせて造られており、遺跡から15km程離れた場所から搬入した黄色石[777]で構築されていた場合もあった。この搬入黄色石板は壁面に

220

第7章　活用域の拡充―前13世紀から前8世紀―

積まれる、床面に敷かれる、ほかの付属部位の建材にもなるなどの方法で利用
されている。

　さらに、墓の平面プランとして、それまで長方形がほとんどで例外的に方形
がある程度だったものが、五角形や六角形のようなプランをもつものとして登
場するようになる。前13世紀半ばまで上位をしめていたのは、壁面すべてに石
材を積む長方形プランの石槨墓であったが、この時期になると中位以下の墓で
も採用されるようになる。前章冒頭でもふれた死体処理という墓の一義的機
能[778]から逸脱したエラボレーションが、著しく発達した時期として位置づけら
れよう。

平準化メカニズムの強化

　前章2節でも述べたように、墓にいれるということは、その物を使うことが
できなくなることを意味しているため、副葬品は基本的に葬送儀礼において消
費される物であり、投資される財としてとらえられる。こうした財としての副
葬品が増加することはすでに述べたが、そのなかでもとくに青銅製品の増加が
著しい（前13世紀半ばまでは墓壙平均2.2点なのに対して、この時期は7.6点）。
そしてこれはそれまでと同じく、副葬品も墓構造も突出している上位の墓で多
量に消費されている[779]（第24図）。

　この時期のこうした青銅製品の特徴としてはまず、イラン高原やザグロス山
脈のそれに似かよった製品が多くなることがあげられる。副葬される器のなか
にはエルボルズ山脈をこえてより南東部に位置するシアルク Sialk などと似た
ものまで含まれる。貴金属製品についてはさらに広域との比較が可能で、イラ
ン高原のみならずザグロス山脈の墓地やウルミエ Urmia 湖周辺の諸遺跡とも

777　Negahban 1996: 14
778　嶋根2009: 56~57
779　cf. 有松2012b: 図4

第3部　領域国家形成期における地域統合プロセスの事例

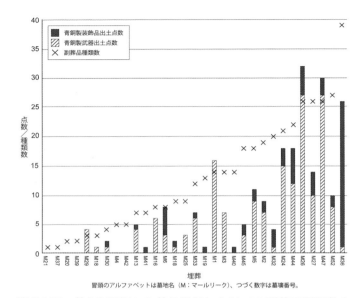

第24図　前13世紀から前8世紀にかけての副葬品種類数と青銅製品副葬点数の比較

共通する品物が出土している。そうした品物には武具、容器、装身具や装飾品が含まれるが、とくに装身具が好まれる傾向があったようだ。青銅製品以外でも外来系の貴石がふんだんにもちいられている装身具が大幅に増加する。

2　統合秩序の再編

ヒエラルキー秩序の強化

　こうした投資行為は平等に行われたわけではなく、投資される財や労力は前15世紀から前13世紀半ばにかけてと同様、縦の次元の秩序を反映していたと

第7章　活用域の拡充―前13世紀から前8世紀―

考えられる。副葬品種類数、墓の構造ともに墓の間では格差が明確にあった[780]。ただし、上記したように副葬品は平均12.1種類数と増加するなかで、平均以上の副葬品を有する墓は43.5%と、前よりは偏らない。これは上位の墓の副葬品が増加するのと同時に中位に相当する墓が増加したことによるものである。前13世紀半ばまでと同様、こうした副葬品種類数と墓構造には相関性が見いだせた[781]。副葬品を20種類よりも多く有する最上層の墓は基壇や器台を伴ったり、搬入石を使用するなど、多角形を呈する墓に限られていた。それ以外は単純な石槨墓や土壙墓が多数を占めていた。つまりこれも、墓構造の選択も副葬品と同じ規律のもとで行われていたことを示唆している。

　こうした不平等のあり方をみると、とくに副葬品種類数の差異で、中位に相当する墓が増加していることはあきらかだ（第25図）。前13世紀半ばまでは、上位と下位の墓で前者が少数ながら二極化していたことから、副葬品の配分による階層秩序を表示する様式が分化したととらえられる。また、墓の造りを見ても、ふれてきたような新しい構造やプランの墓が造られるようになったにもかかわらず、墓の造りの種類はほぼ半減している[782]。つまりこれも中位にあたる墓のデザインが一律になったことによるものである。これは厚葬の傾向と合わせ、階層秩序を物質化する葬送儀礼の機能が整った証左ともみなせよう。

拠点域の一元化

　ここまで述べてきた様相は主にマールリークからえられた知見にもとづいている。以前はマールリークと同等の墓があり、規則的な墓域構成もみられたガレクティI号丘は、この時期利用されなくなったようだ。一方、チャーク・ルード川流域にあって当時期の墓が確認されているガレクティII号丘では、マール

780　有松2012b: 図2、図4
781　有松2012b: 図4
782　有松2012b: 91; Arimatsu 2011: Figure 7.6

第3部　領域国家形成期における地域統合プロセスの事例

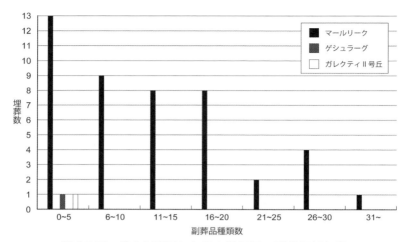

第25図　前13世紀から前8世紀頃の副葬品種類数

リークのものと類似するような器はほとんど副葬されていない。ここでの墓に入れられるのは把手付平底短頸壺[783]と太頸長頸壺[784]が主だが、セットの組みあわせや器それぞれのプロポーション、装飾がことごとく異なっている。チャーク・ルード川流域の様子がよくわかっていないため、これは全く推測の域を出ないのだが、この時期についてもおおまかには前時期と同じような地域的枠組みで、葬送儀礼の作法に違いがあったのではないか。なお、チャーク・ルード川流域にはマールリークの上位に匹敵する墓はみつかっていない。

---

783 深井・池田編1971: PL. XLIV-4, 5
784 Negahban 1996: PL. XLIV-9, 10

第7章　活用域の拡充—前13世紀から前8世紀—

3　活用域と資源化域の拡大

集落の出現

　墓地の様子からうかがえた地域間関係の変化は、遺跡分布パターンからも指摘できる[785]。前13世紀半ばまでは活用の痕跡がほとんど確認できなかったセフィード・ルード川西岸で、墓地、そして集落が出現する。遺跡の総数でみると6.0倍にもなるなど、集落と判断できる遺跡が出現するのは特筆すべき事項であるといえる。ただし、多数は変わらず墓地が占めている（83.3%）。新規集落・墓地が96.3%を占めるなかで、前時期に墓が確認されていたジャムシード・アーバード、そして対岸ではあるがラーメ・ザミーンも、この時期には利用されなくなったようだ。

　チャーク・ルード川流域では対照的に多くの墓地や集落が断絶し、遺跡数の総数は前時期の3割程度になる。前13世紀半ばまで広く分布していた墓地も、この時期まで利用されるものは約12%にとどまる（11.8%）。集落は、数こそ変わらないが前時期のものは継続しない。ただし、墓地が大半を占める（80.0%）傾向はこのエリアでも同様だったと考えられる。

活用域の拡大

　セフィード・ルード川西岸の活用が本格化するのはこの時期からはじまる画期的なできごとだといえる。また、地域間で分布傾向は若干異なるものの、それぞれで分布域が拡大するのも特徴である。まずセフィード・ルード川西岸ではいくつかの支流域に偏った分布がみてとれる。一方、チャーク・ルード川流域では、上流の支流域にも遺跡が点在するようになることから、渓谷の中でも

---

785 Arimatsu 2011: 305~306

第3部　領域国家形成期における地域統合プロセスの事例

そうした地域にまで活用域が拡大していたことがうかがえる。これらの遺跡は
少数ながらも一定の間隔をおいて広く散在する。こうした遺跡分布域の拡大は、
当時の活動域と活用資源の拡充を推測させる。

新たな資源化のこころみ

　5章1節で述べたように、当地における鉄器時代は実質的な鉄器時代と一致
するわけではない。あきらかな鉄製利器の導入は、鉄器時代でも後半期にあた
る次代を待つことになる[786]。ただ、兆候ともいえる出来事がこの時期におこる。
それはバイメタル剣の出現である。ガレクティII号丘で副葬されていた青銅
柄鉄身剣[787]は、イラン北部域にはじめて登場する鉄製利器のかたちといえる。
この青銅柄鉄身剣は長らく、当地における鉄導入の示準となってきた[788]。

　当然、青銅柄鉄身剣の系統と由来も長らく考察の対象となってきた。しかし
金属製品の豊富さが通史的特性である当地でも、青銅柄鉄身剣の祖型を見いだ
すことはできていない。近似する年代の検出事例が報告されているのはイラン
北西部やコーカサス地方といった北方地域となる。よってこれらの地域を起源
地とする説[789]が有力だが、実証には至っていない。とはいえ、利器のすべてが
青銅製で、鉄製品といえば腕輪のような小さな装飾品に限られていた[790]ところ
に、鉄製剣身という後世に普遍化する鉄利用のかたちが少数とはいえ現出した
事象は、画期とみなすに値しよう。

---

786 Piller 2008
787 深井・池田編 1971: 図27-4, 44-1
788 三宅1976; Haerinck 1988
789 De Morgan 1925: Fig. 251-2~4; Gambaschdze et al. 2001: 406; Khalatbari 2004a: Figs. 50~53; Maxwell-Hyslop 1946: Pl. 39-2;
　　Schaeffer 1948: Figs. 232-1, 3, 4, 11, 12, 237-16, 271-1 and 3, 282-1~3 and 6; Smith 1971: 26, Figs. 23 and 469; Wever 1969: 26;
　　cf. 足立2012; Moorey 1991
790 e.g. Dyson 1989

第8章　統合秩序の再編—前8世紀から前6世紀—

1　弔いの機能的変化

薄葬化

　この時期の副葬品は平均8.2種類と、前時期の3分の2程度となる。遺跡間で比較すると、平均以上の副葬品がみられた9基のうち8基がマールリークの墓だった。マールリークの平均は11.4なのに対し、ガレクティⅠ号丘は5、ゼイナブ・ベジャール Zeinab Bejar は1というようにへだたりがある。一方、平均以上の副葬品をがおさめられる墓は45%と、墓の間の格差は緩和している様子がうかがえる[791]。さらに、墓のつくりは一様に土壙墓しか確認されていない。つまり副葬品種類数や墓の構造といった点で突出した個人墓はみられず、墓や遺跡間の差異は相対的に小さくなっている。

　そもそも報告されている限りでは、当時期の副葬品や墓の造りは概して貧弱だ。まず上記のとおり副葬品のバリエーションは減少傾向にあり、なおかつすべてが不定形の土壙墓という相対的に簡素なつくりの墓になる。なかでも副葬品については、遺存状態によるバイアスが大きいとはいえ、墓への鉄器の大量副葬が少なくとも以前の青銅製品と比べられるような規模ではない。また副葬された鉄製品には装飾的な要素は見いだせない。同様の利器とはいえ、鉄器時代前半におけるものとは機能が異なっていた可能性を想定すべきだろう。

　前13世紀までは多数の品物を副葬し、かつ手のこんだ造りの墓があった墓地も規模を縮小していく[792]。それはガレクティⅠ号丘の様子によく現れている。

---

791 Arimatsu 2011: Figure 7.9
792 cf. 有松2012b: 図2

第3部　領域国家形成期における地域統合プロセスの事例

この遺跡では、前14世紀頃には木槨墓のV号墓を中心に石槨墓群が並ぶ整然
とした墓域が形成されていた。それがこの時期、墓壙の形状も判然とせず、被
葬者が複数混在する埋葬形態となってしまう。

葬送儀礼の様式変化

　鉄器時代の当初、堅牢な石槨墓が大規模に展開する墓地は見晴らしのよい高
台に造営されており、存在自体が象徴的な役割をになっていたと考えられる。
それは副葬品の豊富さ、ならびに整然とした墓域構成からもうかがえる。それ
が前8世紀半ば以降、少なくともチャーク・ルード川流域では、ガレクティI号
丘のような大規模に展開していた墓地が使用されなくなるようである。総じて、
前時期から転じて全体的に薄葬化が進行し、墓に過度なエネルギーが費やされ
なくなったようにみえる。一見すれば、対象地域内で縦の次元の差が消失した、
ととらえられる。あるいはこの地域が衰退したというのが第一にうかぶ解釈で
あろうか。一方、これに対する反論として想定できるのは、縦の次元の上位に
位置する墓壙や遺跡が未検出あるいは未区分だという可能性である。しかしそ
の場合でも、それまで大規模に展開していた墓地が縮小したことは変わらない。
　この状況を解釈するにあたってもう一方で考慮しておかなければならないの
は、葬送儀礼様式自体の大きな変化である。まず、副葬品のなかであいかわら
ず多数を占める器のデザインが大幅に変化する。それまで、副葬される土器は
暗色で、表面が光沢をともなうまでに平滑に調整されているという特徴があっ
た。そして大型の壺や鉢がセットのなかで主要な器であった。それがこの時期
から緻密な胎土を使用したあかるい褐色や橙色の一式になる。副葬に際しての
セットは皿、小型壺、坩、蓋形土器からなり、壺類と皿類が大部分をしめる（第
26図）。とくに口縁断面が三角形を呈する皿（第26図1、6、8）[793]が特徴的に出
土する。壺類では胴部球形（第26図2、7、10、12）[794]あるいは洋梨形の細頸壺

228

[795]、長胴壺（第26図3、9）[796] が主を占め、胴部球形のものには多くの場合注口がつく。これらに加えて片口形土器[797]や蓋形土器（第26図4、11）[798] もある。どの器も前時期までとは一線を画すデザインであり、断面三角形の明瞭な稜を有した把手[799]、輪状把手[800]、ディスク・ベースという特徴的な底部[801] も、この時期から出現する。土偶等（第14図2）も前の時期までとはまったく違うデザインになる。さらに、明赤褐色の精製の胎土を用意して使い、器面は主にナデで丁寧に平滑にし、硬質に焼しめる焼成を行う、といった諸技術も新しい。

葬送儀礼の機能変化

　墓構造やほかの副葬品への投資が減少するなかで、こうした器は変わらず高度工芸的土器に相当するような、造形的にも製作技術的にも手のこんだ器物のまま存在した。上記のような粘土を一律に用意し細部までこだわった整形を行い、表面も丁寧に仕上げられている。底部や把手の縁辺には刻目が多用される[802]（第26図2、5、10、11）。そして製作技術が器種間でも共通していることから、それぞれの器は製作段階当初から一式を成す意図のもとで作られていたと考えることができる。

　重要なのは、こうした副葬土器が、それまでこうした慣習の範囲を規定していた地理的障壁をこえて斉一化することである[803]。墓からみつかる土製器物を比較すると、すべての墓地で基本的なセットが共通し、それぞれの形や装飾の

---

793 キャルーラズ（Ohtsu et al. 2006: Fig. 1-1)、ゲシュラーグ（Negahban 199-6: Pl. 111-595, PL. 112-602)、ガレクティⅠ号丘（江上ほか編1965: PL. LI-1~3, PL. LXVI-12~1)から出土する。
794 キャルーラズ（Ohtsu et al. 2006: Fig. 3-40)、ゲシュラーグ（Negahban 1996: Pl. 103-522)、ガレクティⅠ号丘（江上ほか編1965: PL. LXVI-9, PL. LXXIII-4~7, 9, PL. LXXIII-2)から出土する。
795 Negahban 1996: Pl. 101-499; 江上ほか編1965: PL. LXXIII-1, 3
796 キャルーラズ（Ohtsu et al. 2006: Fig. 3-35, 36)とガレクティⅠ号丘（江上ほか編1965: PL. LXVI-7)から出土する。
797 Ohtsu et al. 2006: Fig. 1-7; Negahban 1996: Pl. 112-606; 江上ほか編1965: PL. LXXIV-17
798 キャルーラズ（Ohtsu et al. 2006: Fig. 3-43, 44)とガレクティⅠ号丘（江上ほか編1965: PL. LXVI-4, 5)から出土する。
799 Ohtsu et al. 2006: Fig. 1-1; 江上ほか編1965: PL. LXVI-1, PL. LXXIII-2
800 江上ほか編1965: PL. LXVI-14
801 Ohtsu et al. 2006: Fig. 1-1, 3; 江上ほか編1965: PL. LI-2, PL. LXVI-10, 13
802 Ohtsu et al. 2006: Fig. 1-4, Fig. 3-40, 41; 江上ほか編1965: PL. LXVI-13, PL. LXXIII-3, 9
803 有松2012b: 図5

第3部　領域国家形成期における地域統合プロセスの事例

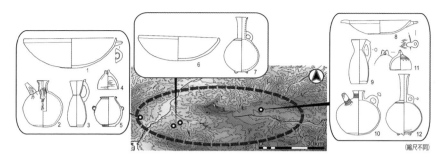

第26図　前8世紀から前6世紀頃の副葬土製器の斉一性

特徴も非常に似ている。さらに口縁や底部といった細部、そして把手など付属部位の形態も一致する。その上、胎土、成形・整形技法まで、技術的スタイルの総体も斉一化することが当時期の大きな特徴といえる。

　一方で、やはり地域ごとの特徴も存在する。胴部洋梨形の細頸壺はデーラマンとマールリークのみでセフィード・ルード川西岸では確認されていない。口唇部平坦口縁はキャルーラズととくにタッペ・ジャラリィエに多くみられ、あとはわずかにマールリークで確認されるのみである。蓋形土器はキャルーラズ（第26図4）とガレクティⅠ号丘[804]（第26図11）のみで出土している。また、キャルーラズではほかの墓地に比べて装飾が格段に精緻で、かつ大型の器が存在している（第27図）。しかし技術的スタイルはあまねく同様であり、それまでと比べればあきらかな規律性を全域で維持している。

　副葬用器物の受容が、それまで技術伝統や葬送儀礼伝統を違えていた集団・地域間でなされていたことから、当時期、葬送儀礼の様式性は高まったととらえられる。同時に、副葬用器の製作技術やセット関係にまでおよぶ斉一化を重視すれば、社会的紐帯や帰属意識を示す機能は強化されたといえよう。葬送儀礼は少なくとも、横方向の社会関係を示す機能は維持し、むしろ統合性を高め

804　江上ほか編 1965: PL. LXVI-4

第8章　統合秩序の再編―前8世紀から前6世紀―

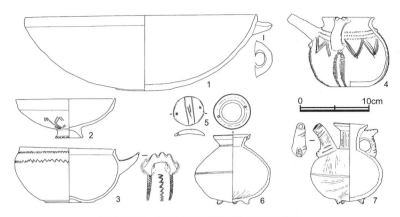

第27図　前1千年紀前半の副葬用器

たものとしてあったと考えられる。

　こうしたことから、薄葬化についての第二の解釈を提示したい。それは、葬送儀礼における奢侈品の消費や墓の造りのエラボレーションによる権威の表象が、在地社会で有効ではなくなってきたことの反映、という見方である。大規模な墓や多量の副葬品を消費するような作法が社会的地位の高さを示す場／行為ではなくなったとすれば、それらが単純化し、縦の次元の上位者でも薄葬にとどめるようになったとしても不思議はない。

2　統合儀礼の体系化

副葬用途外の工芸的土器

　そして葬送儀礼の機能変化を支持するさらなる証拠としてあげられるのが、副葬用器以外の、おそらくは集落用の工芸的土器が斉一的に分布するようにな

第3部　領域国家形成期における地域統合プロセスの事例

る現象である。副葬用器とはあきらかに異なる器物の一式として、オレンジ・ウェア Orange ware と称される器が登場する[805]。この一式はおおむね明赤褐色を呈する。黒色など暗色系の場合もあったが例外的である。対応するのはおそらくは鉢や皿など、ひらいた器形が主だったようだ（第28図）。数少ない完形の出土事例、また同様の技術的スタイルで製作された片口部位の存在などによれば、おそらくは片口が主要な形だったと思われる。口唇部から胴部上半にかけて、縦方向の平行線あるいは格子状の暗文をほどこす例も散見される（第28図15）。同様のモチーフを刻線で描く場合もある。やや幅の広い複数の水平線を口縁部直下に刻む例もある（第28図9）。少数だが円形貼付文を口唇部直下に施すものもあった。細部形態でも口縁部を肥厚させ、かつ口唇部は水平あるいは外傾してやや丸みを帯び、口唇部と胴部の境には稜が形成されるという共通点があった。

　オレンジ・ウェアは大部分が明赤褐色で、特徴的に精製の胎土を使ってつくられている。混和材は微細な砂粒を含む程度だった。類似した胎土は以前から一部地域では使われてはいたが、多量に、広範で採用されるのは当時期になってからといえる。成形は基本的には輪積みだったようだ。そして整形や器面調整の際には高速の回転台を使っている場合もある。胴部が比較的残存している破片の場合、胴部外面下半に水平のナデ痕がみられる。器面はしばしば回転台によるナデの後、胴部上半から口縁にかけては、非常に丁寧にミガキあるいはライト・バーニッシュで平滑にされている。前項で述べた副葬用器以上に、時には光沢をともなうようになるまで表面を平滑にする点も、この器の共通点としてあげられる。とくに内面は下部にかけても丁寧に調整されている場合が多い。

　この時期以前まで、象徴的機能が想定できるような手間ひまをかけた土製器具は墓におさめられており、副葬用かどうかはともかくとして、葬送儀礼の作

805 Arimatsu 2011; Mahroozi & Piller 2009; Piller 2008

第8章 統合秩序の再編—前8世紀から前6世紀—

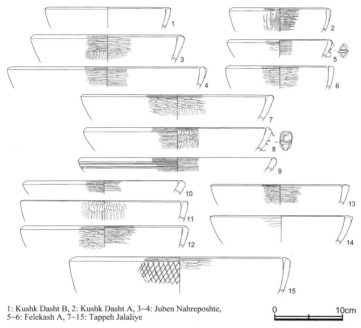

1: Kushk Dasht B, 2: Kushk Dasht A, 3~4: Juben Nahreposhte,
5~6: Felekash A, 7~15: Tappeh Jalaliye

第28図　前1千年紀前半の集落で使われていた精製の器

法のなかで重要だったからこそ作られたと考えられる。対してオレンジ・ウェアは、同時期の副葬用器が斉一的なぶん、あきらかに副葬用器とは異なるものとして作られていたと考えられる。オレンジ・ウェアは後述するようにこの時期から本格的に登場する集落[806]から多量に出土し[807]、出土口縁部片全体の17.6%を占める。ただし、多数見つかるとはいえ、土製の器の中では精緻な作りでかつ少数派の部類にはいる。そして当地では、墓地からは少数しか出土しない。キャルーラズで1点[808]、ガレクティⅠ号丘から1点[809]、ガレクティⅡ号丘

806　タッペ・ジャラリイェ Tappe Jalaliye Ⅱ層およびⅢ層
807　Ohtsu et al. 2004: Fig. 148-81, 102; Ohtsu et al. 2005: Fig. 41-17-8, 28-1, Fig. 42-12-7
808　Ohtsu et al. 2006: Fig. 1-7
809　江上ほか編1965: Pl. LXXIV-17

第3部　領域国家形成期における地域統合プロセスの事例

からも1点[810]が出土している。ちなみにガレクティⅡ号丘の出土例は、厳密には墓からみつかったものではない可能性が高い。

　この器の特徴は、広くかつ面的に分布するという傾向にもあらわれる[811]。後述するように、当時期には墓よりも集落が多くなるという事実があり、オレンジ・ウェアはそうした集落の多くからみつかっている。ただし、イラン北部域を網羅する分布範囲の中で、オレンジ・ウェアの分布はセフィード・ルード川の西岸に偏る。セフィード・ルード川西岸踏査遺跡153遺跡のうち、この土器群が確認できたのは18遺跡だった。対してセフィード・ルード川東岸では139遺跡中6遺跡、チャーク・ルード川流域では93遺跡中6遺跡にとどまる。さらに、セフィード・ルード川西岸域というよりミクロな範囲内でも、分布は一様ではない。この地帯は上述したように高低差の大きい地勢からなるが、セフィード・ルード川に近接する地帯は比較的平坦で、ひらけている。そうしたなかでこの器が見つかっているのは、セフィード・ルード川の下流に位置する平坦地の比較的多い渓谷沿いである。

供膳／供献作法の様式化

　こうしたコンテキストおよび形態的・技術的特徴から、オレンジ・ウェアの機能を具体化してみたい。オレンジ・ウェアは鉢や片口で、一見シンプルな器である。しかし口縁部の形態には特徴があり、口唇部まで丁寧に整形されていた。そうした部分には暗文、刻文で装飾される例も多い。さらに緻密な胎土が選択的に用いられており、表面は入念に平滑にされていた。全体に、細部までこだわって丁寧に作られた器となっている。上記したように集落から出土する場合でも、出土土器全体のなかでは精製の部類にはいる。またいずれも二次焼

810　深井ほか編1971: Pl. XLIII-12
811　有松2012a; Arimatsu 2011: 265～274

第8章　統合秩序の再編―前8世紀から前6世紀―

成をうけた痕跡等はみあたらない。

　こうした特徴は、土製容器の主要用途に対応する形態的および技術的特徴、出土状況にてらしあわせると[812]、供膳用／供献用器に適うものである。この用途の容器は住居址やゴミ捨て場に加え、墓壙やキャッシュ cache など非日常的なコンテキストから出土する。形態は利便性よりも審美的価値を追求したものが多くなる。製作には比較的精緻な胎土を用い、器面はミガキやナデ、スリップなどで平滑にする。皿類や鉢類など、中身が視認できるような開口部の広い器形が主となる。

　これらから、オレンジ・ウェアは当地では集落内での供献用・供膳用器として使われていたと推定できよう。6章2節で述べたように、こうした用途の器は象徴的機能を帯びやすいとされる[813]。供膳は他者との交流の場や公の場でしばしばおこなわれる行為のため、集団特有の作法がかならずあり、慣習やタブーを反映しやすい。だからこそ、そこで使われる器具も、属する集団特有の慣習的側面や価値体系を反映したものとなる。供献用器ならばなおさらだろう。こうしたことからオレンジ・ウェアはある程度の象徴的機能も帯びた器であったことが考えられる。すなわちこの器の所有と使用、使われる場面と行為に特定の意味があり、オレンジ・ウェアの広域分布の背景にはその意味の共有があったのではないだろうか。

斉一性と多様性

　前項で述べたように、ミクロなレベルでみた場合、オレンジ・ウェアはある程度の傾向をもって分布していた[814]。そのなかで、オレンジ・ウェアには複数

---

812 Henrickson & McDonald 1983; Orton et al. [1993] 2001: 218~226; Plog 1977; Pollock 1983: 360; Rice 1987: 236~242, Table 7.2; Shepard 1976
813 Orton et al. [1993] 2001: 227; Rice 1987: 240
814 Arimatsu 2011: Figure 6.8

235

第3部 領域国家形成期における地域統合プロセスの事例

の技術的スタイルがあるということは重要だろう[815]。そして、それらの分布にはさらにミクロな地域的多様性が見いだせた。そして技術的スタイルの分布はある程度地勢に沿っている[816]。以前ほどの多様性がみられる場合はまれであることから、相対的により組織的な生産と流通に移行してはいたのだろう。それでも、セフィード・ルード川西岸ではとくに、集落単位か支流域単位だったと推測できる。形態的スタイルの広域化が発達する一方で、それでも地域単位での土器生産と流通はある程度維持されていたと考えられる。

こうした分布偏向や製作技法の地域的多様性は同時期の副葬用器には認められなかった。このことから広域に分布するオレンジ・ウェアは、単一の生産地や流通拠点から配分されていたのではなく、複数個所の生産地あるいは流通拠点から、副葬用器とは違う規則性でもって配分されていた可能性が指摘できる。同時に、オレンジ・ウェアが使われる行為は対象地域を包括する規模で、地勢を越えて共通していたと解釈できる。

統合儀礼の体系化

オレンジ・ウェアが特徴的に多くみつかっているタッペ・ジャラリィエはこの時期から居住のはじまった集落で、セフィード・ルード川をみわたせる要衝に建っている（第29図）。タッペ・ジャラリィエⅡ層およびⅢ層から検出された遺構は、幅1mを超える石造基礎をそなえた建物だった[817]。そしてこの集落からは小型の土偶[818]（第30図）もみつかっている。ここで使われていた土器の装飾性の高さもあわせて考慮すれば、この集落は在地社会内で拠点的役割を果たしていたのは確かだといえよう[819]。当時期以降、こうした場において在地社

815 Arimatsu 2011: 186~192
816 Arimatsu 2011: 186~196
817 Ohtsu et al. 2004: Fig. 88
818 Ohtsu et al. 2005: Fig. 11, Fig. 55-33
819 山内2006

第8章　統合秩序の再編—前8世紀から前6世紀—

第29図　前1千年紀前半にあらわれた集落と主要河川

会内での地位や立場が示されるようになったのではないだろうか。それまで大規模に利用されていた墓地の縮小と本章1節で述べた葬送儀礼の機能的変化もこのことを裏づける。

　さらに、集落でのこの器を使った行為と葬送儀礼とが連動していた可能性もある。タッペ・ジャラリィエから出土する土偶はオレンジ・ウェアと同じ胎土と器面調整で作られている。さらに、近接する墓地のキャルーラズから同じモチーフながら格段に大型の土偶（第14図2）が出土している[820]。加えて両遺跡の関連性を裏づけるのは、キャルーラズとタッペ・ジャリィエの土製品に共通し、ほかの遺跡のそれとは一線を画す、エラボレーションの高さである。これらはいずれも刻文や刻み目を多用しており、全般に土器の装飾的要素が強い。キャルーラズでは上述のように、ほかの墓地と共通する器でもとりわけ大型[821]もし

---

[820] Ohtsu et al. 2006: Fig. 4-46
[821] Ohtsu et al. 2006: Fig. 1-4, 9, 13, Fig. 3-41

第3部　領域国家形成期における地域統合プロセスの事例

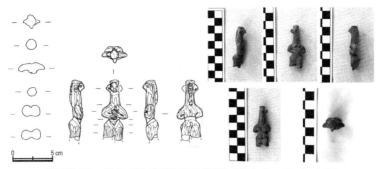

第30図　前1千年紀前半の集落で使われていた土偶

くは装飾的要素が強い傾向がある[822]。こうしたことから、ともに同一体系の儀礼的作法を共有し、そのなかで中心的な役割をになっていたものと考えられる。この推測が正鵠をえているのならば、キャルーラズに当時期の卓越した埋葬が存在する可能性がある。現にこの墓地では、詳細は不明だが、大型の墓が検出されたとの記述もある[823]。そこでは金製坏[824]や大型かつ精緻な土偶[825]等、類をみないものも含まれている（第14図）。キャルーラズの詳細があきらかになれば、当時期の葬送儀礼の機能についてもより具体的な解釈が可能となるだろう。

　並行しておこる副葬用器の様式性の強化と、地理的多様性をこえた斉一化はすでに述べた。しかし例外的に、副葬用器（とくに皿）と同じデザインの器が別の技術的スタイルで作られている場合があった。それはタッペ・ジャラリィエからの出土例である。そこで検出されたこの種の器は墓から出土するものとは異なり、オレンジ・ウェアと同様の技法で作られていた。すなわち胎土からして通常の副葬用器のそれと違い、たとえば底部はこの場合、削り出しで成形されているものが多かった（第31図6）。墓から出土するものがもっぱら貼りつ

822　Ohtsu et al. 2006: Fig. 1-1, 9, 13, Fig. 3-41
823　Hakemi 1968; 1973
824　Ohtsu et al. 2006: 14, 24-26
825　Ohtsu et al. 2006: 12-13, 23, 26

第8章　統合秩序の再編―前8世紀から前6世紀―

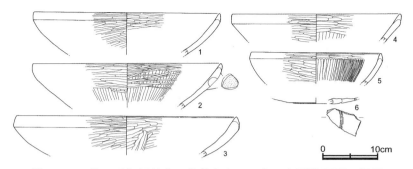

第31図　前1千年紀前半の集落からみつかった副葬用器の類品

けによるディスク・ベースによることと相異する。タッペ・ジャラリィエに近接する墓地のキャルーラズから出土する同じ形の器は、副葬用器の技術的スタイルだった。こうしたことからも、葬送儀礼の社会的機能、そして意義は存続していたといえる。そして同時に、葬送儀礼と集落内での供膳／供献行為とは連動しながらも一線を画し、異なる役割があったのだろう。儀礼総体としては複雑性が増すと同時に、日常生活により接近する方向で実践の場を拡張していった様子がうかがえる。

統合儀礼の広域化

　オレンジ・ウェアの斉一化現象（オレンジ・ウェア・ホライゾン Orange Ware Horizon）[826] は、イラン北部域という枠組みをこえて、より東方のマーザンダーラーン、セムナーン سمنان /Semnan、ゴレスターン گلستان /Golestān、ホラサーン خراسان /Khorasan、あるいはより西方のターレシュ Talesh といったカスピ海南岸域のイラン北部山岳地帯全域でおこっていた可能性が指摘されている（第32図）。これら地域でみつかっているものは、技術的スタイルについても、タッペ・

---

826 Arimatsu 2011; 2015; Piller 2008; Mahroozi & Piller 2009

第3部　領域国家形成期における地域統合プロセスの事例

ジャラリィエ出土品と共通する。精製の明赤褐色の胎土をもちいており、似かよった色調を呈する。また器面はミガキかライト・バーニッシュで丁寧に平滑にされている。また形態的特徴の細部、とくにこれら器形の最大の特徴である口縁部の肥厚、口唇部の境に稜を形成する点が一致する。こうした共通点を考慮すれば、これら土器の広域での類似は偶発ではないと考えられる。さらに網羅的踏査が行われたギーラーンとゴレスターンの様相にもとづけば、オレンジ・ウェアはこれら地域でもある程度面的に分布していた可能性が高い。マーザンダーラーンでは、ゴハール・タペ Gohar Tappe でオレンジ・ウェアの出土が指摘された。タッペ・ジャラリィエ出土品との類似が指摘されており、この遺跡の年代比定の根拠となっている[827]。ゴハール・タペはイラン北部域ではめずらしい墓地と集落の複合遺跡であり、銅石器時代から鉄器時代にかけてを網羅するかたちで長期にわたって使用されたようだ。そのなかでも、オレンジ・ウェアは墓およびピットからの出土が報告されている。双方での出土量の違いやピットの性格などは不明なため、当遺跡での機能のこれ以上の精査はむずかしい。またゴレスターンの北東、トルクメニスタン Türkmenistan のウルグ・デペ Ulug Depe でも、形態的にはゴレスターンのそれと類似する資料が存在している[828]。他方、ターレシュでも、同じような土器が出土している可能性を指摘しておきたい[829]。ウルグ・デペとターレシュの出土資料の実見はできていないけれども、報告書の写真や同地域の表採品を観察した限り、両地域で得られた該当する資料は、明赤褐色の器面、滑らかな器面調整、肥厚させた口縁部といった特徴を共通してそなえている。

　オレンジ・ウェアは一見、イラン北部山岳地帯に満遍なく分布しているように見える。しかし分布状況をより細かく比較した場合、地域ごとの違いが指摘できる。イラン北部域内でも、セフィード・ルード川西岸に偏っている可能性

---

827 Mahroozi & Piller 2009: 197
828 Lecomte 2006; Boucharlat et al. 2005
829 Khalatbari 2004a: 81-1, 3, 84-1; Khalatbari 2004b: 30, 33

第8章 統合秩序の再編—前8世紀から前6世紀—

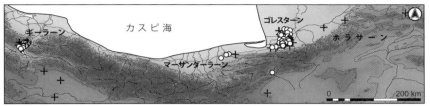

○ オレンジ・ウェア採集遺跡　＋ オレンジ・ウェア未検出の踏査遺跡

第32図　前1千年紀前半におけるイラン北部山岳地帯での供膳・
供献用器の共有範囲

はすでに述べたが、さらに、イラン北部域とゴレスターンというマクロな規模で比較した場合でも、地域間の相異を指摘することができる。前者では36%の遺跡で採集されているのに対し、後者では73%の遺跡で採集されている。両者はともに同様の網羅的な遺跡踏査が行われた地域であるため、こうした違いは調査状況以外の要因にもとめられるべきであろう。こうした分布偏向への着目はオレンジ・ウェアの伝播経路の解明に有意だろう。あるいは、オレンジ・ウェアが各地域で偶発的に展開したのではなく、ある一定の規則性のもとで流布したととらえることができるのではないか。これは公共建造物の分布からも支持されよう。ゴレスターン方面や中央アジア方面ではゴクチック・デペ Goktchik Depe やウルグ・デペ等で大型建造物の検出が報告されている[830]（第33図）。イラン北部域でも、オレンジ・ウェアが偏向してあるセフィード・ルード川西岸にはタッペ・ジャラリィエがあり、また後述するように集落がこの時期急増するという特徴がある。タッペ・ジャラリィエの建造物の規模は上記より東方の諸地域にある遺跡の比ではないほど小規模ではあることから、同様の建造物の一端としえるかはおおいに検証の余地がある。だがしかし、オレンジ・ウェアの分布とこうした公共建造物の分布が相関していた可能性は指摘できるだろう。

---

830 Lecomte 2005; 2006; Boucharlat et al. 2005

第3部　領域国家形成期における地域統合プロセスの事例

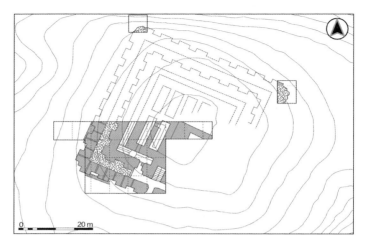

第33図　前1千年紀前半におけるトルクメニスタンの大型建造物

　オレンジ・ウェアは主に鉢あるいは片口で、供献用あるいは供膳用と考えられることはすでに述べた。オレンジ・ウェアが多く分布する地域に存在する大型建造物の性格は不明な場合が多い。想像の域をでるものではないが、大きな広間等が存在することから、そこでなんらかの儀礼や饗宴がとりおこなわれていたとしても不思議ではない。あるいはより実務的な政がおこなわれていたのかもしれない。いずれにせよこの時期広く分布するようになるこの器は、そうした公の行事や儀式の際にもちいられた供献用あるいは供膳用器だったのではないか。もしそうだとすれば、日常的な礼儀作法あるいは行動規範に近いものの共有を反映しているともとらえられる。こうした地域間ではオレンジ・ウェアは共通する一方で、そのほかの副葬土器はそれぞれ固有だった。ターレシュでオレンジ・ウェアとともに見つかったほかの副葬土器は対象地域のものとかけ離れてはいないものの、同じ範疇に含めることはできない[831]。ゴハール・タペでもそれは同様である。イラン北部山岳地帯の実に多様な自然条件、そして

831 Khalatbari 2004a: 54~80, 82~84; Khalatbari 2004b:20~28, 31~32, 34~48

第8章　統合秩序の再編—前8世紀から前6世紀—

文化慣習を包括する広がりこそ、新たな統合原理の特徴として指摘できる。

儀礼的行為の機能と範疇

　2章2節で述べたように、国家のような政治体は社会にとって本来的に不要であり、世帯や共同体にとっては異質なものである。それを社会の一部として不可欠な存在にするイデオロギーが個人の倫理規範や価値観として内面化され、集団にとって適切な思考や行為に始終するようになってはじめて、世帯や共同体は基層化する。つきつめれば、これは政治体に限らない。そもそも規制的制度と象徴的位相にもとづく社会的知識（価値、規範、観念、真理、役割期待といった規範的構造）および行為（行動的構造）が不断に集積されることで、集団は再生産される[832]。

　象徴的位相がそのように集団化のしくみとして作用するためには、成員間で象徴的位相の共同性が高く、自明なものとして内面化されていかなければならない。しかしイデオロギー、世界観や価値観は本質的に不可視であるため、なにかしらの言説や行為、物や場、空間といった可視的なもので人々に表象することで現実性を付与し、実在化することになる[833]。イデオロギーはそのように物質化 materialization されてはじめて共同性を維持するしくみとなる[834]。そうした機能をになう可視的媒介は統合秩序の再生産には不可欠だ[835]ということになれば、それら不可視の位相の物質化様態は集団や社会の特徴を物語るには有効な視点といえよう[836]。これは同時に、文字資料や詳細な図像資料がなければ「社会関係を形成する権利・義務やイデオロギーそのものを取り扱うことはできない」が、「それに関係する行為の痕跡即ち物的証拠をとらえて、その構造

---

832 盛山1995; [2000] 2010; 渡辺2007; Schütz 1932; Scott 1995; 1998
833 Giddens 1979
834 De Marrais et al. 1996
835 杉山2009
836 足羽2008: 156~157; De Marrais et al. 2002: 353~358; Earle（ed.）1991; Earle 1997

243

第3部　領域国家形成期における地域統合プロセスの事例

を検証することはできる」[837]。これはつまり考古学にとってとりわけ適した視点であるともいえる。考古学があつかうのはまさにこうした物質化の残滓ととらえることができるからだ。

　固有の価値体系と結びつきながら展開している独自の統合秩序が、どのように表象されることで人の集合が集団化されているのか[838]。その表象機能をになう可視的媒介としては、儀礼的イベント、象徴財、公共的記念物、文字システムがある[839]。たとえば文字システムの代表格ともいえる成文法規もこうした媒介の一種とみなすことができる（この意味で、規制的制度と象徴的位相は相互補完的関係にあるといえる）。文字システムが無いあるいは一般的ではない世界では、それ以外の物や場／行為などによる具象化や現象化がいっそう重要性を増すことになるわけだが[840]、そうした物質を総合的に組みあわせた様式的行為のひとつとして儀礼がある。儀礼は特有の場、物、言説、様式的行為といった表現形式を組みあわせることで象徴的位相を表象し可視化する[841]。そして、そこでの体験を反復することで、集団固有の世界観や価値観を共同的な現実に統合し、構成員に経験的に共有させることができる[842]。儀礼は物質化の一形態として、イデオロギーの内在化や社会秩序の再生産に寄与していると考えられる[843]。

　社会組織（政治組織も含む）と儀礼的行為も直接的にしろ間接的にしろ不可分な場合が多く、儀礼の形式によってはときに社会構造すらも変化するため[844]、ハードの位相へアプローチする視点としても有効だと考えられている。社会総体の文化的システムにおけるイデオロギー的かつ象徴的要素の操作によって、国家的機構は複数世代にわたる再生産を可能にする[845]。たとえ当初は

837　渡辺 [1988] 2000a : 2
838　足羽 2008: 156~157
839　De Marrais et al. 2002: 353~358
840　Earle 1997
841　Hendry 1999: 訳97
842　Tambiah 1981
843　河合編 2009; 今村・今村 2007; De Marrais et al. 1996; Blanton & Fargher 2010
844　Hocart 1927

244

物理的強制力の行使をはじめとする制圧的行為によって発達したにせよ、その後、複数世紀にわたり秩序と領域を維持するような勢力はかならず、互恵主義的なあるいは総体的合意に至るような、それゆえに複雑化した関係性を構築している[846]。国家形成の要件は、そのための複雑なイデオロギー／正当化システムの創造、それによる物理的強制力への依存度を軽減した統合システムの発達、それと一致するかたちでの非人格化・制度化された余剰搾取形態が発達していることだといえる[847]。国家はそうして中心的権威をもたらすと同時に、法的、社会的、経済的関係性にとっての規範的秩序をもたらす機能も兼ね備えることで、秩序を維持している。だからこそ、国家形成の痕跡は常に、そのように創造される経済的・政治的活動にとり組む関係性や構造に加え、正当性や信仰体系を反映する固有の社会慣習のなかにも刻みこまれていることになる[848]。

　こうした儀礼の社会的機能への着目はもはや古典的ともいえる[849]。しかしこれまでの視点では、宗教の実践体系あるいはそれに準ずるような、みるからに象徴的な行為を重視して、象徴の意味解釈を論ずることが多かった。儀礼は聖なるものへむけての行為とされてきことを考慮すれば当然かもしれない。そこでの儀礼は宗教の行為的側面として、また聖なるものを正当化して表出する場／行為として位置づけられてきた[850]。あるいは宮廷文化に代表されるような荘厳な式典や大規模なモニュメントが、支配層の価値観を被支配者に植えつけるための文化政策とみなされて、重視されてきた。これらは実世界からは離れたものだからこそ、そうした「特別な」機能があったはずだという観点で、物語られてきたといえる[851]。

　しかし1章2節の各処で述べたように、象徴的位相を実在化する媒介として

---

845 Goldstone & Halden 2009: 10
846 Goldstone & Halden 2009: 11~12
847 Goldstone & Halden 2009: 6~7
848 Goldstone & Halden 2009: 13
849 e.g. Durkheim [1912] 2013; Radcliffe-Brown 1952
850 宇田川2008
851 Van Gennep 1909; Eliade 1949; Turner 1967; 1969; Geertz 1973

第3部　領域国家形成期における地域統合プロセスの事例

の儀礼の機能は、そうしたいわゆる宗教的・権威的側面に限定されない。儀礼は象徴的位相（聖なるものも時にはこれと同義）に沿って、集団にとっての適切な行為を創造し、定義する構成的制度[852]としての側面をもつ。だからこそ上記のような媒介として機能してきたのだと考えられる。上述したように、儀礼は象徴的位相の共同性を高めたうえで倫理観や行動規範に等しくし、適切な行為や思考を設定する媒介である[853]と同時に、個人をそうした行為・思考に始終する成員として主体化する装置としての機能もそなえている[854]。こうした儀礼の機能は個人の日常生活やコミュニケーション、そして集団に「制度なるものを構成する働き」[855]、すなわち構成的機能にほかならない。なかでも通過儀礼にはこうした構成的機能が指摘される場合がある[856]。また儀礼の場／行為では諸個人の社会的役割や社会的立場にもとづいた相互交渉が展開する[857]。だからこそ儀礼は、そこでの作法をとおして個々人にそうした社会的位置を自覚・承認させ、社会的秩序を遵守させる働きもする[858]。それが発揮されるのもいわゆる宗教的・権威的な場／行為に限定されない。日常的場面で実践される様式的行為や相互交渉も、相互の社会的立場を表象するものとしてある。たとえば礼儀作法やエチケット、それに準ずる慣習的行為も社会的立場に応じた言説や様式的行為といえる。こうした様式的行為は、しばしば諸個人の社会的位置に沿ったものとなる。そうして相互の社会的立場やそれを支える社会のしくみを自明にするのである。だからこそ広義にはこれらも社会的秩序の遵受を示す表現媒体であり、社会的立場を表象する相互交渉の一環であるため、儀礼と同様の構成的機能そなえる行為とみなすことができる[859]。

　イラン北部山岳地帯を包括する規模で分布していたオレンジ・ウェアは象徴

---

852 河野 2002; Rawls 1955; Searle 1969; 1995; Scott 1995
853 今村・今村 2007; Blanton & Fargher 2010; Bray 2003
854 Bloch 1986; 田中 2002; Althusser 1970; Tambiah 1985
855 河合ほか 2009: 319
856 2002: 340~341
857 杉山 2009
858 竹沢 1987
859 清水 1988; Dobres & Robb 2000

第8章　統合秩序の再編—前8世紀から前6世紀—

的機能を重視してつくられたと考えられる。こうした器の使用は社会的に規定
されており、同様の品物の使用が表層的（政治的、経済的）紐帯、特定の文化慣
習（宗教などの信仰体系）への帰属を内外に表象する機能をそなえていたと想
定できる[860]。また、オレンジ・ウェアの技術的スタイルの多様性は、この器が
単一の生産／流通拠点からもたらされたのではないことを意味する。つまり実
用上有意な機能がさしてあったとは思えないこの器を、人々は個々に志向し製
作していた。オレンジ・ウェアの形態的斉一化は、土器生産の技術や単位、流
通網といった経済面での変化の結果ではなく、この器の所有や使用の場面／行
動様式の共有が背景としてあったと考えられる。つまりこの背景には世界観や
価値観を共有する広大な有機的ネットワークの存在が推測できるのであって、
結果的に大規模な擬態的集団が創造されたととらえられるのである。

　そしてこのネットワークは生態環境の多様性や従来の文化伝統の多様性をこ
えて存在した。そうしたなかでの葬送儀礼様式の在地社会内における斉一化は、
当地が一律の秩序の下で構造化されるようになった証左としてとらえられる。
広義の儀礼[861]の分化によって、このネットワークは総体としては、在地社会の
既存の枠組みを維持しつつ広域での編成を実現していた可能性が高い。正当性
や信仰体系を反映する固有の社会慣習、経済活動、政治的活動にとり組む関係
性等を表象し、かつ強化する工作としての儀礼的勢力浸透はあらゆる社会にみ
られる現象だが、浸透の程度はおおきく異なる[862]。死のような非日常的なイベ
ントではなく、日常的な作法と連動するこのしくみは、エクメーネの拡大につ
ながる浸透性をそなえていたのだと考えられる。

860　林部1994; Bowser 2000
861　清水1988
862　Goldstone & Halden 2009: 13

第3部　領域国家形成期における地域統合プロセスの事例

3　定住的生活様式の敷衍

集落の局所的急増

　前8世紀半ば頃から、セフィード・ルード川西岸が集約的に活用されるように
なる。86.8%以上がこの時期からあらわれる集落と墓地とで占められ、遺跡
数の総数は8.3倍（50遺跡）、なかでも集落の増加率は圧倒的に高く、9倍にもな
る。ちなみに墓地が7.6倍となるため、結果的に墓地と集落はおおよそ半々と
なる。前13世紀半ばから前8世紀半ばにかけても集落が増加することを指摘し
たが、当時期には増加傾向が顕著になる。そのなかでは、テペ状集落も本格的
に出現する。チャーク・ルード川流域でも遺跡数は増加し3.6倍（18遺跡）とな
るが、セフィード・ルード川西岸と比較すれば増加率は低く、数的には前14世
紀頃と同程度にとどまる。しかも墓地（4.0倍）のほうが集落（2.0倍）よりも増加
率が高く、結果的に墓地の占める割合がむしろ増加して多数（88.9%）になると
いう違いは、居住域がセフィード・ルード川に集約化されるという、地域活用
の分化が進行した様子を示唆する。
　セフィード・ルード川西岸では集落や墓地の分布域もとりわけ拡大する。ほ
ぼすべての支流に分布するようになり、各支流の上流にまで広がる。そして、
そのなかでミクロな地域差が顕在化する。セフィード・ルード川下流の緩斜面
を形成する支流域では、緩斜面、なかでも中腹あたりのセフィード・ルード川
を視野におさめる見晴らしのよい台地状地形にテル状集落が形成される。テル
を有する支流では同時に、短期滞在用だったと推測されるオープン・サイト
open siteと墓地が、テルより上流に発達している。テル状集落がないより上流
の支流域では集落と墓地がセットで展開する。集落はこの場合、尾根から下流
域までほぼ均等に分布するようになる。チャーク・ルード川流域では上記のよ
うに遺跡数自体は前15世紀から前13世紀頃にかけてとほぼ同様ではあるもの

248

の、立地をみると上流北岸に偏るようになっている。墓地は一貫して、河川からはやや離れた高台の台地上に造られる。

垂直方向の移牧

　このようにイラン北部域では集落の急増と面的な広がり、ひいては活用域の拡大がおこる[863]。そして同時に、活用パターンの地域差もあらわれる。セフィード・ルード川西岸では遺跡の分布密度が急増し、とりわけ集落が増加するという質的な面での変化が特筆に値しよう。また分布域が拡大し支流の上流付近にまで達するばかりでなく、遺跡密度の増加も著しいものとなる。同時に、各支流といった単位のミクロな地域差が顕在化し、支流域を基本単位とした新たな居住パターンが形成されるようになる。対して、チャーク・ルード川流域ではそのような変化は認められない。ここでも遺跡が増加傾向にあるとはいえる。しかし増加率はセフィード・ルード川西岸ほどではなく、遺跡の分布密度や遺跡数といった点では前13世紀以前に戻ったともとらえられる。新規の出現率はチャーク・ルード川流域でも同程度ではあるものの、なによりその増加率は墓地にこそ顕著で、結果的に変わらず墓地の割合が圧倒的に高い。このように地域ごとに比較すると、遺跡数が増加するということ自体は共通しているが、具体的な性格はおおきく異なっているといえよう。つまり当時期にセフィード・ルード川西岸に集落が増加し、多数の居住区が形成されるのは、この地域の特性こそが引き起こした現象だったと考えられる。

　それではなぜ選択的にセフィード・ルード川西岸が居住地とされたのだろうか。チャーク・ルード川流域と比べて、当地を選択する利点とはなんだったのだろうか。両者を比較した場合まずいえるのは、前者のほうが相対的に他地域からのアクセスが容易だという点だろう。現在ではダムの建設により水量が調

863 Arimatsu 2011: 306~308

第3部　領域国家形成期における地域統合プロセスの事例

節されたこともあって、イランの首都テヘランからこの地域にむかう際には、河川沿いが主要ルートとなっている。こうした交通の便の良さが重視されたのかもしれない。またチャーク・ルード川流域は高地の盆地状地形を呈するが、北斜面には比較的平坦な地形が広がっており、降水量も豊富で天水農耕が可能だが、冬季には降雪量が多く、屋外での生産活動は不可能とされている[864]。土壌も農耕には本来的には適さず[865]、収穫量の増大はのぞめない。一方、セフィード・ルード川西岸は支流が多く渓谷が連なる地形とはいえ、緩斜面・平坦面が点在する。そうした部分では農耕が可能で、現在も耕作地として利用されている。

　セフィード・ルード川西岸が集約的に活用されるようになるさらなる説明として、垂直方向の移牧が導入された可能性が指摘されている[866]。垂直方向の移牧とは、「高低差のある地形を利用した季節的な移牧」[867]のことである。セフィード・ルード川西岸は、セフィード・ルード川にそそぐ支流が多くの渓谷を成している。「その谷筋に沿って川沿いにある低地から高地、すなわち山の上方まで、季節的に移動していた」[868]生活形態が想定される。積雪により冬季の生業活動が困難になる高地には夏営地をもうけて主に夏の居住地とし、低地には冬に生活する冬営地を設置することで、季節ごとに谷筋に沿って移動する。前章で記したコブウシを模した形象土器が多数出土することを考慮すると、移動の際にはコブウシを家畜としてともなっていた可能性も指摘されている[869]。コブウシの飼育、そしてこの生業形態は現在でも実践されていることなどから説得力は高いだろう。このような生業形態はチャーク・ルード川流域のような地勢では展開しがたい。つまりセフィード・ルード川西岸の集約的な利用は、垂直方向の移牧のような高度差をたくみに利用する生業形態が採用された結果、という

864 江上編 1965: 1
865 深井・池田編 1971: 2
866 山内 2000; 2006
867 山内 2006: 17
868 山内 2006: 17
869 山内 2006: 27

第8章　統合秩序の再編—前8世紀から前6世紀—

側面もあったと考えられるのである。

4　基幹資源の転換

銅から鉄へ

　これまでたびたび述べてきたように、鉄製利器は鉄器時代の当初からあった
わけではない。初現として認められるのは前13世紀半ば頃に登場する青銅柄
鉄剣だが、それすらも確かな事例は限られており、実際の普及度合いを評価す
るのはむずかしい。さらにどこまで金属としての鉄の特性を活かした製品だっ
たのかについては、疑問の余地がのこる。確かではない事例も含め、これらは
儀器としての機能が重視されていたと考えたほうが無難であろうことから、当
時の鉄が基幹資源としての位置にあったととらえることは困難だろう。

　イラン北部域の実質的な鉄器時代は前8世紀のこの時期からはじまる。武具
のみならず工具類もおおむね鉄製におき代わることから、基幹資源の転換はこ
の時期に完了したと考えられるからである。副葬品としても鉄製品が一般化
し、タッペ・ジャラリィエでは鉄生産の痕跡と鉄片が見つかっている。この鉄
片の出土を根拠にタッペ・ジャラリィエが当時の製鉄産業にたずさわっていた
のではないかとする説もある[870]。もしこの説が正しいとするならば、堅牢な石
製基礎と小型土偶、装飾性の高い精製土器、広く分布するようになるオレンジ・
ウェアの多量の出土といったこの集落の特異性は、鉄という新たな基幹資源の
掌握と直接的に関連していた可能性が浮上することになる。

870　山内2006: 28

第3部　領域国家形成期における地域統合プロセスの事例

基幹資源の基本物資化

　こうした基幹資源の転換と並行して、前節で述べたように遺跡分布が大幅に変化することは重要だろう[871]。当時期からとくに集落が急増する。分布域の拡大と集落密度の増加も顕著である。山間部の渓谷上流付近でも規則的に遺跡群を形成しており、新たな地勢を集約的に利用しはじめた様子がうかがえる。本章1節で述べた葬送儀礼にともなう投資財の変化もあわせて考えると、領域外に由来する威信財や希少財のような物資よりも、領域内の土地や資源に由来する生存財の開発が重視されるようになったのではないか。前節でふれた生業形態の変化もその一環としてとらえられる。さらに集落の増加はタッペ・ジャラリィエとキャルーラズの位置するセフィード・ルード川西岸でこそ著しく、本章2節でふれたこの2遺跡の特殊性を考慮すれば、統合が強化された在地社会のなかで、こうした集落や墓地を遺した人々が新たに開発された領域や資源、財を管理する立場にあった可能性も推測できる。

871　Arimatsu 2011: 306~308

第9章　在地社会の文明化─前6世紀から前4世紀─

1　観念性 orthodoxy の発達

葬送儀礼の様式性の低下

　死者にたむけられる土製器物の斉一性はこの時期に低下する。まず、器のセットや同一種類の器の形がひとつの墓地でも統一されなくなる[872]。おもな器としては胴部が楕円形を呈する小型の長頸壺（第34図10）[873] や、やや粗製の太頸短頸壺[874] があるものの、これらとは別の器も墓それぞれでともなうため、共通するようなセットは判然としない。さらに指摘できるのは形態的単純化である。器のプロポーションは全般にシンプルとなり、実用性の認められない付属部位、装飾的要素は乏しい。そして技術的スタイルについても斉一性がみられなくなる[875]。このような事態は、前6世紀半ば頃の様相と比べれば大きな変化である。技術的スタイルの多様性自体は、それまでもむしろ通常だった。しかし当時期の多様性はこれまでのように地域的傾向があるわけではなく、器の形態的スタイル、器の種類に沿っていることが特徴である[876]。まず、水簸した精緻な胎土を用いて、高速の回転台あるいは水挽きによる成形を行う一群がある。器面は平滑で、胎土と同系色のスリップを施している例も散見された。胎土、器面ともに明赤褐色や橙色を呈し、これには皿（第34図4、5）[877] や鉢（第34図8）[878] が当てはまる。同じような成形技法でより赤色の一群もある。これは小型の壺が

872　Arimatsu 2011: 165~167
873　ガレクティⅡ号丘から出土する（曽野・深井編1968: PL. LXXVII-5, LXXVIII-1, LXXX-1）。
874　曽野・深井編1968: PL. LXXVII-2, PL. LXXX-2, 3
875　Arimatsu 2011: 196~200
876　Arimatsu 2011: 201~203
877　曽野・深井編1968: PL. LXXXI-4, XXXVII-2
878　曽野・深井編1968: PL. LXXVII-3

第3部　領域国家形成期における地域統合プロセスの事例

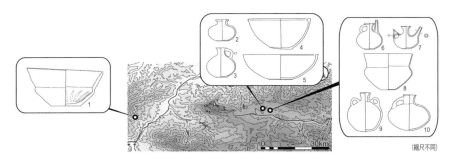

第34図　前6世紀から前4世紀頃の副葬土製器の多様性

主となっている（第34図2、3、6、7）[879]。一方、大きく異なる黒褐色磨研土器の長頸壺も、複数の墓で共伴していた。器面は黒褐色で、胎土には0.5mmから1mmの黒色あるいは褐色の砂粒を含む。器壁は薄めだが成形は輪積みによる。器面は単位の細かいミガキによって丁寧に平滑にされている。加えて内面や底部外面付近には、ナデあるいはケズリを多用する。製作技術の多様性は、器種によって規定されていたと考えられる。いずれも共通するのは比較的の精製度の高い胎土をもちいる点ぐらいだろうか。また、少なくとも橙色系や褐色系の土器では、成形段階から高速の回転台を多用しており、いずれも器壁は薄く一定の厚さで、器形も均整がとれている。とくに橙色精製土器や褐色精製土器の場合は、成形段階から水びきの可能性もある。このようにまったく系統の異なる技術的スタイルによる土器が、単一の墓で共伴するようになる。

同時におこるのは、副葬される土製器物のなかに、イラン北部域外の、イラン南西部のような遠方地域に由来する器も混在するようになる現象である[880]。以前は、明白な外来系の器自体少数であり、イラン北部域外と共通するオレンジ・ウェアについても、おそらくは主に集落で使われていたものだった。そし

---

[879] ガレクティⅡ号丘（曽野・深井編1968: PL. LXXXI-1, 3）とガレクティⅠ号丘（深井・池田編1971: PL. LVII-2）から出土する。
[880] Haerinck 1989

第9章　在地社会の文明化―前6世紀から前4世紀―

て副葬用器のセットは副葬用に特化して製作され、広域で共通する器が分布するなかでも、在地社会固有の形態的スタイルと技術的スタイルとを維持していた。前8世紀半ばまでは対象地域内でも地域ごとのまとまりが見いだせたほど、あきらかなこだわりをもったものとしてあった。こうした在地性と特定範囲内での斉一性をもって、社会的紐帯を物質化していたと考えられる。それが双方損なわれたことから、これには葬送儀礼そして土器の機能の変化、つまり、社会内における葬送儀礼様式を共有する意義の低下が想定できる。

　このことは、葬送儀礼にまつわるほかの作法が変化する様子からもうかがえる。たとえば確認できている墓の構造は、すべて不定形の土壙墓と判断されている[881]。ガレクティ II 号丘の場合、平面プランは隅丸方形か楕円形を呈しているため、竪穴式楕円形土壙墓に近いものかもしれない。石板が蓋石のようにともなう場合[882]もあったため、ある程度堅強な造りとしてあったのかもしれないが、定かではない。墓はある程度の規則性をもって配列されているようだが、墓域を形成しているのか定かではなく、中心性は認められない。大規模に造営された個人墓や墓地も確認できない。

　土製器物以外の墓にいれられた器具をみた場合、概して副葬品種類数が減少する。平均は5.0であった。墓や墓地間の差異も顕著ではなくなり、差異の規律性も乏しくなる[883]。最多種の副葬品をそなえる墓でも9種類にとどまった。こうしたなかであえて比較すれば、ガレクティ II 号丘が相対的に多くの副葬品をおさめる慣例があったようだ。ガレクティ I 号丘での平均は3.7種類なのに対しガレクティ II 号丘では6.3種類だった。ただしこの墓地間の違いはわずかにせよ時期差による可能性もあるため、実情と判断できるのかについては慎重となる必要がある[884]。副葬品の質的な面においても、それまで副葬品の多数を

881　曽野・深井 1968
882　ガレクティ II 号丘2号墓：曽野・深井 1968: PL. XXVI
883　有松 2012b: 図2
884　有松 2010a

第3部　領域国家形成期における地域統合プロセスの事例

占めていた祭儀的武具や土偶といった儀器の副葬が減少する。これは副葬土器と同系統の変化といえる。土製器物以外では貴金属製の小物、ビーズや装身具の類、すなわち日常でも併用可能な品物が主だった副葬品となり、またこれらにもイラン南西部や北方地域に由来する品物が多数含まれるようになる[885]。

このように当時期、墓構造の単純化や副葬品種類数の減少、そうしたなかでの墓壙間や遺跡間での差異の縮小傾向は顕著になっていく。さらに、墓に入れられる器に地域的な傾向がなく、ほかの副葬品や墓構造でもこだわりやエラボレーション、規則性が低下することから、被葬者の社会的立場に相関してはいないと考えられる。さらにこの段階ではあきらかに、それまで大規模に展開してきた墓地の伝統が途絶える。キャルーラズからは少数ながら当時期に比定しうる器も出土してはいるものの、土偶や独自性の高い器は存在しない。このような状況を総合すると、この時期、葬送儀礼の統合儀礼としての社会的機能が低下したと考えられる。つまり在地社会や集団のなかでの葬送儀礼が突出して意味をもつものではなくなったのである。その結果として、葬送儀礼に手間ひまや財が費やされなくなり、儀礼性を喪失していったのである。

供食様式の充実

前8世紀頃まで、分布する工芸的土器は副葬品として用いられた器が主だった。それがオレンジ・ウェアのような器が普及するようになり、集落からより多く出土する高品質の器が、イラン北域の枠をこえて広く分布するようになる。この時期、そうした傾向がさらに顕著になる[886]。集落で使われていた工芸的土器が実に多様化し、そしてイラン北部域外に由来する器が複数、認められるようになる。北東イランのモトルド・ウェア mottled ware やフェストーン・ウェ

---

885 Haerinck 1989; Hori 1981
886 Arimatsu 2011: 165~168

第9章　在地社会の文明化—前6世紀から前4世紀—

ア festoon ware に類似する彩文土器が出土している[887]。出土・採集史料としては一部の皿[888]や鉢[889]、小型の長頸壺[890]がこの類に該当する。ただ後二者についてはこの集落からしか見つかっていないため、例外的な事例かもしれない。皿については、技術的スタイルは異なるものの同様の器[891]がほかの集落でも確認できた[892]。またこの皿は西方のターレシュでもみつかっているのだが、こちらでは墓から出土している[893]。集落から、そして墓からも出土する外来系の器の代表例は竜骨部をもつ鉢である（第34図1、8）。ターレシュからも墓より出土しているほか[894]、イラン北東部でも確認できる[895]。同様の器がペルセポリスやサルディスといったアケメネス朝ペルシャの政治的中心地で多く出土する[896]ことから、この器についてはアケメネス朝ペルシャの影響が指摘される場合がままある。宮廷における饗宴や儀式用の酒器として使用されていたと考えられていることもあって、その分布は宮廷儀式とそれにより具象化されたイデオロギー浸透の反映、ひいてはアケメネス朝の勢力域とみなされるのである[897]。こうしたことからこの器が出土した際には、アケメネス朝の侵入にともなう慣習の変化がおこったと解釈される場合が多い[898]。

　いずれにせよこの時期、イラン北部域外のものも含めさまざまな土製器物が存在しており、なおかつ地勢をこえて分布する場合もめずらしくはなかったようだ。つまり葬送儀礼の場のみならず社会総体として多様な工芸的土器が展開するようになる。そして墓の造りとは対照的に、こうした器が使われていた集落の公共建造物はより頑強なものへとなっていた。こうした公共の場を重視す

887　足立 2003
888　Ohtsu et al. 2004: Fig. 143-11
889　Ohtsu et al. 2004: Fig. 143-10
890　Ohtsu et al. 2004: Fig. 143-9
891　Ohtsu et al. 2004: Fig.145-44
892　Arimatsu 2011: Pl. 6.13
893　Khalatbari 2004b: Fig. 30, 60, 62
894　Khalatbari 2004b: Fig. 32, 40
895　Atimatsu 2011: Pl. 7.14
896　Dusinberre 1999; Schmidt 1954; Stronach 1978
897　Moorey 1988
898　Dushinberre 1999; Magee et al. 2005

257

第3部　領域国家形成期における地域統合プロセスの事例

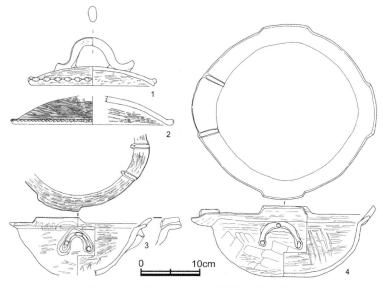

第35図　前1千年紀末葉頃の日用什器

る傾向は引き続いたようである。集落の建物は泥レンガと石基礎が検出されているのみでプランすらあきらかではないものの[899]、そのなかではこうした工芸的土器とはまた違う粗製の容器が多数みつかっている（第35図）。粗製容器は鉱物質混和材を多量に含み、かつ器面には黒斑が散見されることから、煮沸用具として用いられていたと考えられる。つまりこれは、集落内で、土製器具の分化が発達した結果といえる。そしてこうした調理器具が多数を占めていることは、この場でそれなりに生活にかかわる活動が営まれていたことを示唆する。少なくとも墓地と比較すれば日常生活に接近した場だったことは明白だろう。すなわち、上記さまざまな器類は、この地域では神秘の場というよりはある程度日常的な機能もそなえた場で、供膳器具として使われていたと推測できる。

---

899 Ohtsu et al. 2004: 49, Fig. 88, Fig. 92

第9章　在地社会の文明化—前6世紀から前4世紀—

統合儀礼の日常規範化

　こうした場での形式的行為の充実とともに、統合儀礼がより生活慣習化、日常規範化していったと考えられる。そしてさらに、在地社会がより制度化された社会構造の中に組みこまれていったと考えたならば、どうだろうか。言説化された秩序あるいは社会制度、教義をともなう信仰体系が導入されるのと並行して、儀礼的、非日常的場面での慣習や行為が在地社会の秩序や集団の紐帯を維持する機能をになわなくなった可能性が指摘できよう。葬送儀礼や工芸的土器によらずとも、在地社会の維持と再生産が可能になったのではないだろうか。在地社会の構成要素たる世帯や親族集団も同時に、より制度化された枠組みの中にくみこまれていったのである。そうなると葬送儀礼はじめ非日常的な慣習はより簡素化するだろうし、そうした場でもちいられる器が固有のものである必要も、専用に作る必要もなくなっていっただろう。

2　物質文化の機能的変化

パイロテクノロジーの進歩

　前8世紀半ばから前6世紀半ばにかけて、最も斉一性の高い工芸的土器としてあった副葬用器が、形態的にも製作技術的にも多様な器で構成されるようになり、セット関係も明瞭ではなくなる。背景としては前項で述べた葬送儀礼の機能的変化がまずはあると考えられるが、さらに別の状況も想定しなければならない。それは、土製器具自体の製作技術・流通革新である。それは工芸的土器の形態的規格化が傍証になる。形が総合的に単純化し、器壁は薄く、均一の厚さを呈するようになる。これは高速の回転台を用いた製作技法が普及するこ

第3部　領域国家形成期における地域統合プロセスの事例

とと関連する事態だと思われる。そしてこうした製作技術の革新にともない土器の生産体制が集約化した結果、さまざまな工芸的土器の生産が実現し、これにあわせて流通網が広域化した結果、技術的スタイルの地域的多様性が消滅したことが想定できる。つまり土器のあり様が変化した背景には、新たな土器製作技術の導入と、土器生産と流通の集約化、さらなる組織化という経済的側面での変化もあったと考えられる。ひいては副葬用器の変化の背景にも、土製器具自体におこった状況の変化を考慮する必要があるだろう。前節で述べた様式的行為にまつわる器具や場の変化も、こうした経済的位相と社会的位相との相互作用の中であらわれた事態だといえるだろう。

　こうした技術革新は土製器具のみならず他のマテリアルの様子からもうかがうことができる。この時期すでに、前章4節で述べた前8世紀以降に本格導入された鉄製利器が普遍化している。また精緻なガラス製容器も普及している。こうした製品は土製器具の製作よりもはるかに「複雑・高度の物理・化学的工芸」であるといえる。こうした状況が達成されているということは、格段に高度なパイロテクノロジーの操縦が可能になっていたことを意味しており、なおかつそれによる製品が辺境にまでもたらされるほどの流通網の整備が想定できる。

工芸的土器機能の相対化

　パイロテクノロジーの進歩を背景に、土製品以外での足し算型の造形（金属製器具やガラス製器具）がより容易に実現するようになったのだとしたら、高度工芸的土器の社会的価値は相対的に低まっただろう。容器としての実用的機能以上のものを、土製器物にもとめる必要性は累減する。土器自体の社会的価値が乏しい場合、工芸的土器に類する品物でも、社会的紐帯などを直接的には反映しないようになっていく。その場合、実用的機能とあまり関係しない形態

第9章　在地社会の文明化―前6世紀から前4世紀―

属性も、取捨選択は個々人の嗜好性や上記生産流通体制に沿う部分が大きくなる。つまりこの時期には、工芸的土器であっても形態的スタイルの共通範囲は社会的紐帯ではなく、単純にモードや流通圏の共有域を反映している可能性がより高くなるだろう。言葉をかえれば、そうした器物という認識であったからこそ、こだわりをもって、手間ひまを費やす対象ではなくなってしまったのだと言うこともできるだろう。

　イラン北部域の鉄器時代では、統合儀礼の残滓のなかで、埋葬址や工芸的土器が一見線的に発展していたようにとらえられてきた。だからこそ本稿でもこれらの機能に着目し、分析を進めてきた。しかしこの時期、副葬土器のエラボレーションは乏しく、形は単純といえる。そもそも分布する器物のなかで副葬用に特化していたと考えられるものは少数であった。当時期からは全般に、工芸的土器の社会的機能／価値変化を前提とする視点でもってみていかなければならなくなるだろう。

3　生態環境の攻略

　この時期には対象地域全域で遺跡がさらに増加する[900]。遺跡総数全体の増加率は地域全体でほぼ共通しており（1.7倍）、また前6世紀半ばまでと同様、とくに集落の増加がめだつ。しかしより具体的には地域ごとに異なる様子がみられた。まず、遺跡数はセフィード・ルード川西岸のほうが圧倒的に多い。この地域では前時期からひき続き増加傾向にあるものの、鉄器時代の中では遺跡数自体の増加率はもっとも低い。しかし一方で集落の増加率はもっとも高い。前6世紀半ばまでと比べると倍増し、はじめて集落の数が墓を上回る（55.0%）。チャーク・ルード川流域では墓地の増加は1.4倍にとどまるが、変わらず墓地が

---

900 cf. Arimatsu 2011: 295~296

第3部　領域国家形成期における地域統合プロセスの事例

多数（69.7%）を占める。ただし増加率では集落が圧倒的に高く（4.5倍）、セフィード・ルード川西岸よりも高い割合で増加した結果、全遺跡に占める集落の割合は鉄器時代を通してもっとも高くなる（30.3%）。

　前時期から継続する遺跡の割合も大きく異なる。セフィード・ルード川西岸では、墓地・集落ともに85%以上（85.7%と85.2%）の遺跡が前時期にも使用されていたものだった。一方、チャーク・ルード川流域では33.3%が継続するにすぎない。遺跡の継続率は鉄器時代をとおしてもっとも低く、過半数の遺跡は前時期からこの時期にかけての間に使われなくなっている。こうした違いにともなって、新規出現遺跡の占める割合も地域ごとに大きく異なってくる。セフィード・ルード川西岸では新たに出現する遺跡は半数未満（46.5%）にとどまった。鉄器時代のなかではもっとも低い割合である。対してチャーク・ルード川流域全体では80.7%が新たに出現した遺跡だった。とくに、この時期急増する集落はほぼすべてが新規に出現したものであった。

　分布パターンを比較してみると、セフィード・ルード川西岸のほうが遺跡数が多い分、より面的に分布しているようにみえる。そしてこの地域での遺跡の継続率を反映してか、遺跡立地傾向は前時期と共通する部分も多い。テル状集落は変わらずセフィード・ルード川でも下流の支流に、その中でも本流に近い緩斜面を形成する地点に立地する。テルがある支流にはオープン・サイトがともなうことも変わらない。そして、この時期の遺跡の増加はこうした下流の支流よりも上流の支流でのほうが顕著だったようだ。そこではとくに集落が増加し、より上流の地点にまで集落が点在するようになる。これは、この地域の活用が本格化した痕跡とみなすことができる。チャーク・ルード川流域では増加した集落遺跡はある程度の間隔をおいて対象地域内に広く分布しているようにもみえる。集落はなかでもチャーク・ルード川南岸で増加し、多く分布するようになっていく。墓地は、南岸に分布するものは全体の39.1%にとどまるのに対して、集落の90.0%はこの地域に位置しており、実際南岸の遺跡の半数は集

落からなっている。セフィード・ルード川での活用域の広がりに対し、この地域ではこうした特定エリアの集約的な開発が遺跡数の急増に結びついていたといえよう。

第10章　地域統合プロセスの復元

1　ニッチ分化

　前15世紀半ばから前8世紀半ばまで、工芸的土器の技術的スタイルは副葬容器のセット共有が行われるなかにおいてもさまざまであり、ひとつの墓地内でも複数が併存される様相がみてとれた。このことから、日常的実践を共同する小規模集団を統合するしくみとして、葬送儀礼が機能していたと考えられる。この期間には遺される物的痕跡の圧倒的多数が、墓地をはじめ葬送儀礼にまつわるもので占められることが特徴となっている。また、特定の墓地では非常に手のこんだ造りの墓、あるいは多量の副葬品が投資された墓が存在する。したがって、こうした造りや財の不平等からは、遺跡間や遺跡内での規律が見いだせるといえるだろう。こうしたことからこの時期、集団や社会的紐帯および立場の表象に際しては、葬送儀礼に重きがおかれていたと考えられる。

　さらに、葬送儀礼が地勢に沿って様式化されていたことも指摘できる。まず、墓地で被葬者にともなう土製器物のセットが地勢に沿って異なっていた。そのなかでも山間部盆地では、このエリアで最大規模の墓を中心にすえた規則的な墓の配置が確認された[901]。加えて、上位の墓に限定してみられる特殊な埋葬姿勢や、この墓地ではめずらしい嘴形注口付土器の副葬、青銅製武器、外来系儀器の大量副葬といった状況が共通していた。したがって山間部盆地に墓地を形成した集団は、少なくともそこでの中心的な人物は、北方との文化的つながりが強い人々であった可能性が指摘できる。こうした墓の構成や威信財の消費行為は、セフィード・ルード川の支流域では確認されていない。ただし同等に手間ひまをかけて財を投資した墓が確認できるため、こうした葬送儀礼の違い

901　江上ほか編1965: PL.XLI

第3部　領域国家形成期における地域統合プロセスの事例

はエリア間の格差を示すものではなく、葬送儀礼における作法の違いを反映していると考えられる。

　遺跡分布の傾向も、地勢に沿って異なっている。この地域を縦断するセフィード・ルード川の支川流域には活用の痕跡が極端といえるほどに少ない一方、山間部の盆地では盆地状地形やチャーク・ルード川の支流に沿って広い範囲に墓地が散在する。こうしたことから地理条件に沿って、対象地域内に複数の集団が展開していたと考えられる。それぞれの分布域における生態条件の差異や地域活用傾向の違いも考慮すれば、集団のあり方は生計戦略によって規定されていた可能性が高い。

　こうしたことから、おおまかにはクーヘ・ダルファク山の西と北東では、セフィード・ルード川東岸の支川流域でマールリークを拠点とする集団と、山間部盆地のガレクティⅠ号丘を拠点とする集団とが展開していたと考えられる。これらは個々に自律的であり、個別に縦方向の社会関係を構築していたと解釈できる。一方で双方を比較すると、石槨墓が主流であることやいくつかの器が共通していることも指摘できる。そうした器はユニークな形をとることから、偶然の一致とは考えがたい。そもそもこれらの集団では、ともに集落を遺さない一方で葬送儀礼に大規模に投資するという生活様式あるいは価値体系が共通している。こうしたことから集団間は完全に没交渉であったわけではなく、何らかの相互関係もしくは、少なくとも相互の交流が存在したと考えられる。これと同様の指摘を、両地域の折衷ともいえる副葬用器セットが見つかったハリメジャン地域の様相からもすることができる。少なくとも双方の中心勢力間は、部分的な交流をしながらも並存していたようだ。ここで重要なのは、それにもかかわらず、それぞれの様式や作法の固持がおそらくは200年間近く引き続いたという事態だろう。これは、共通項があるからこそある種の棲み分け状態が、均衡を保っていたことによるものと考えられる。

2 内向的複雑化 Involution

しかしこの均衡は前13世紀半ば頃から崩れはじめる。葬送儀礼への投資の高まりと居住形態の変化、活用域の拡大がセフィード・ルード川の支川流域で局所的におこりはじめる。当初の様相は、以前にはない相当なエラボレーションをともなう上位の墓のほとんどが、東岸エリアに偏って出現することから読みとれる。もっとも大規模な墓地では墓の規模だけではなく、副葬品も以前を圧倒する質と量になる。上位の墓が底上げされるため、副葬品や墓構造にみられる格差は総体としては拡大している。ただし、たむけられた土製器物のデザインやセットが変わる一方で、このエリアでは以前にも上位の墓があった墓地がひき続き使用されている。また、石槨墓を重視する傾向も変わらない。以前と同じ系統の葬送儀礼ではあるものの変化 involution[902] した結果、秩序や社会的関係の表象機能、および秩序自体を構成する働きが強化されたと考えられる。

さらに、それまで遺跡自体少数であったセフィード・ルード川の西岸エリア支流域に、集落を含む遺跡群が出現する。こうした遺跡の立地は分散的で相互に一定の距離を保ち、流域も異にして分布している。こうした集落が有機的に関連しあいある種の集団を形成していた可能性は十分想定できるだろう。周囲の墓地も含めて小規模ながら複数の集団が展開していたのかもしれない。さらにつけ加えるならば、セフィード・ルード川西岸支川流域の集約的利用は、この前13世紀頃を起点として前6世紀頃まで引き続く。この後、イラン北部域全体で遺跡は増加にむかう。それにともない、墓地に対して集落の占める割合が増加していく。こうした傾向は全域にあてはまりはするが、顕著にあらわれるのは一貫してセフィード・ルード川西岸支流域である。とくに前8世紀以降、このエリアでの増加率はいちじるしく、圧倒的多数の集落や墓地が立地するようになる。そして、次節以降でも述べるような物質文化が以後おおきく変化す

---

902 cf. 山下 1988: 266~268

第3部　領域国家形成期における地域統合プロセスの事例

るにもかかわらず、前13世紀頃セフィード・ルード川西岸支流域にあらわれた
集落や墓地は高割合で継続し、山間部盆地でもこの時期の集落は少数ながらも
継続していく。こうしたことから、以降におこる物質文化の変化も、この時期
におこった活用域の拡大が前提となっていた可能性が指摘できる。前13世紀
から前8世紀頃にかけてのこうした変化 involution をへて、その後にまで引き
続く基底的な構造ができあがっていくのである。

3　構造的進化 Evolution

　前8世紀半ばに、葬送儀礼様式が大きく変化する。それは前13世紀頃の変化
とは異なり、同系統での発達ではなく、作法も機能も画期的にかわる変化
evolution であったと考えられる。確かに墓地の様相をみると一見、それまでと
は一転して薄葬化に向かったようにもとらえられる。しかし副葬される器は種
類ごとの形に加え、組み合わせや技術的スタイルにいたるまで画一化する。そ
してその様相は、イラン北部域でのはじめての斉一化を意味するのである。細
部にまでいたる斉一化を重視すれば、それにより紐帯を示そうとする意図はむ
しろ前時期よりも強くなったともいえよう。また、セフィード・ルード川西岸
に位置する拠点集落に近接する墓地では、ほかと一線を画すエラボレーション
が認められた。薄葬化の傾向からは、たとえば葬送儀礼の機能的変化なども推
し量ることはできる。しかしここではむしろ強調されるべきものとして、セ
フィード・ルード川西岸地域を中心に社会秩序が再編成され、それまで大規模
に利用されていた墓地の重要性が損なわれた結果としてあらわれた側面を想定
すべきだろう。

　さらに別の側面から考えてみると、こうした葬送儀礼様式と機能の刷新は、
新たな統合儀礼の導入と連動する現象だったのではないかと指摘することがで

268

きる。集落で使用されていた供献／供膳用の工芸的土器は、イラン北部域をこえてカスピ海南岸の広い範囲で共有されていたことから、この器を使う形式的行為の作法や、その背景にある価値体系・思想体系・世界観が広く普及していたと考えられる。そのなかには、遺跡分布パターンの違いやこの器を作る技術的スタイルといったミクロな相違が包含されていた。それらはおおまかには地勢に沿って、反対に細かくみれば各支流域といった単位でまとまっていた。つまりそれは、おそらくは日々の生業や居住域を同じくする人々のまとまりに対応していると考えられる。つまり在地社会の基層を成す集団の単位やその集団化原理は、前15世紀頃とおおきく変わっていないものの、それらが統合されるしくみや共有される世界観が、画期的に変わったと考えられるのである。これが変化 evolution の背景にあるのではないだろうか。

　葬送儀礼と連動した集落における作法が流布し、社会のなかで重要な意味をもつようになった可能性は、集落の様相からも支持されよう。この時期から出現するテル状集落の特徴は、広域で流布する器の大量保有や土偶の出土といった点にある。またその立地や規模、さらには金属の精錬を行っていた可能性から、立地する渓谷の拠点であったとも推定されている[903]。前13世紀からひき続き、居住拠点がセフィード・ルード川西岸へ移動するとともに、集落や大型建造物をともなう高密度の遺跡群が展開するという質的変化が加速したのだろう。上述したような統合儀礼、ひいては集落間そして地域間の有機的関係のセンターとして、テル状集落が新たに出現したとも解釈できる。そして、とくに集落の増加が顕著なことから、新たな儀礼の導入ひいては集団の相互関係の変化が、定住的な生活様式やそれを可能にする生業形態をもたらした可能性も指摘できる。同時に、こうした場での器物が共有される範囲における技術的スタイルや、遺跡分布のミクロな多様性を考慮すると、当期の工芸的土器の斉一化は集団領域自体が拡大したというよりも、集団編成の強化ととらえるほうが適

---

903 山内2006: 27~28

第3部　領域国家形成期における地域統合プロセスの事例

切だろう。ただし、間接的な結果にしろ多様な生態条件や文化伝統を包括する
ネットワークは広域で構築されていたとも考えられる。

4　文明化 Policé

　前8世紀頃、前節で述べた儀礼様式や生活様式の変化と並行しておこるのは、
パイロテクノロジーの進歩である。鉄製品が本格的に導入され、前6世紀頃ま
でには武器をはじめ道具類にいたるまで利器はほとんどが鉄製になる。加えて
この時期は、ガラス製品、金製品や銀製品の工芸品としての完成度が非常に高
い。また、工芸的土器の形態は単純化する。前6世紀には本格的に水びき成形
が導入されたことがうかがえ、ほぼすべての工芸的土器が高速の回転台を多用
し整形され、形態的かつ技術的に均質化している。これは一義的にはほかの素
材による工芸品が発達することで、土製品、とくに複雑な造形の土製品の費用
対効果が見込めなくなったために、生産が低下したと考えられる。

　流通体制の変化を示唆するものとしては、イランの他地域に由来する器形の
登場があげられる。この時期の土器を含む工芸品のなかにはイラン北部域外、
とくに南西イランや北東イランといった地域と共通する品物が含まれていた。
それまでも他地域と類似する器が混在することはあったものの、イラン北部由
来のものにほぼ限られていた。それが前6世紀以降、イラン北部地域はより広
範な、政治的中心地をも含む地域と品物を共有するのである。この時点ではイ
ラン北部域には外来のものも含め、さまざまな工芸的土器が混在しており、地
勢をこえて分布する場合もめずらしくはなかったようだ。イラン北部域の集落
で使用される器の地勢によらない多様性は、こうした状況の反映だったと考え
られる。おそらく土器はある程度一括で生産されていたのだろう。そして広域
の土器流通網に連結したイラン北部域では、土器の分布は慣習の違いや文化的・

社会的状況よりも経済状況や審美的価値により左右されるようになっていくのである。

　並行して、それまで統合儀礼の主要な機能をになってきた葬送儀礼の様式性が低下する。加えて儀礼性も低下することから、いわゆる儀礼的行為に重きがおかれなくなった可能性がある。すなわちこれは、社会的紐帯や立場を表象する媒体が変化したということだ。この時期にそうした媒介として物的残滓が遺りがたい場／行為が盛行した可能性もあるが、ここでは社会的紐帯や立場を物質化するという慣習自体がそもそも衰退したと考えるほうが自然である。いずれにせよ同じ器を副葬するという行為に社会的な意味がともなわなくなれば、土器の象徴的機能の低下もあいまって、副葬用の器というものは作られなくなるだろう。

　そして、その後の土器生産体制および流通体制の変化はこうした傾向に拍車をかけた。つまり前6世紀ごろ、より大規模な土器生産や流通が可能になったと考えられる。また前8世紀以降の傾向として、イラン北部域で鉄製品やガラス製品が多様になることがあげられる。結果として、土製品の社会的価値、審美的価値が相対的に低下した。こうした経済状況の変化もあいまって、工芸的土器であっても社会的機能の低下は決定的になる。特殊な土製器物に対する社会的要請は減少し、前6世紀頃には「すでに土器型式の分布域自体は、モノの流通や消費の様子を一義的には示していて（中略）人間集団の領域を反映していない」。「あくまで焼物の流通や消費の結果を反映しているだけ」[904]であったと考えられる。そうなれば、他地域由来の器を副葬するようになっても不思議はない。そうした器は単純に審美的価値をもち、稀少性が高い品物のひとつとして墓におさめられたのである。

　前6世紀以降の変化として同じように顕著なのは、対象地域全域で集落が増加することである。これは前13世紀から引き続く傾向だが、この時期に特徴的

904　川崎 2008: 37〜38

第3部　領域国家形成期における地域統合プロセスの事例

な事態としては、セフィード・ルード川西岸以外の地域にも活用域が拡大し、集落が増加することがあげられる。この現象の背景でありおそらくは結果でもあることとして、まずは上記技術革新が想定できる。鉄製品などの普及は生業活動に用いられる日用具にも及んだことは容易に予想されうる事態であり、生業活動はじめ日常作業の効率が圧倒的に向上する。資源化や活用が困難であった地域の開発なども進行したと考えられる。生業面についての集団のあり方もまた、変化しただろう。少なくともこうした変化が生活様式や居住形態を変化させたことは想像に難くない。ただし、技術革新に結びつく試行錯誤や生活様式、地勢をこえるエクメーネの認識はこの時期にわかに確立したのではなく、前々節の変化 involution を起点としつつも、前節で述べた変化 evolution がおそらくはもととなっている。そのうえで、言説化や制度化、組織化といった工夫がなされることで、この時期、辺境の在地社会が構造化されることになる。

第11章　地域統合プロセスの画期

1　集団化機序の常態化

　親族関係にある人々をたどることで構成できる範囲や、対面的関係を保持できる人数は限られているため、そうした関係性にもとづく居住集団の規模も当然限られる。それが常態を逸脱して拡大し、広大な領域を確保する現象は普遍的におこるわけではない。領域内の人口を支えるだけの政治経済システムの発達、そしてそのために、対面式関係がない人々の間に「われわれ」意識を醸成する社会的しくみが必要になる[905]。そのような、社会的に設定された「われわれ」意識にもとづくヒトのまとまりは文化範疇に相当し、厳密には集団と区別される[906]。しかし文化範疇は実際には、人間が行動する際、実在的な社会集団としてたちあらわれる。少なくとも集団（人間が可視的に集まり相互行為をしている状態、現象）を生みだし、維持する原動力となる[907]。たとえば民族はある種の文化範疇ととらえられるものの、ある民族に属しているという自意識が、同じ意識を共有する見知らぬ（そしておそらくはどこまで遡っても血縁関係も定かではない）他者への共感や支援を助長したりする。これは文化範疇にもとづく集団現象といえるだろう。

　そして大きくみれば、国や組織の多くもこの範疇とみなすことができる。そこでは見知らぬ他者や血縁もない者同士が、実在しない紐帯のもとに、われわれとして結びつけられている。同時に、文化範疇の性質にもよるもののそうしたかたちでの接合は、不可視の相手の自分とは違う属性を無意識のうちに受容することにもなる。つまり結果的に、お互いが属する既存の枠組みや集団の自

---

905 杉山2009; 寺嶋2009
906 Keesing 1975
907 曽我2009

第3部　領域国家形成期における地域統合プロセスの事例

律性は多様性として保持したうえで、それぞれの居住集団における既存の関係を維持しつつも、われわれとして編成されていくことになる。

　対面式関係や相互行為が希薄な人の間で集団化がおこるときには、こうした文化範疇が実体性を帯びて優先するといえる[908]。広範囲に暮らす人々を巻き込んだ文化範疇が実現すれば、文化範疇は擬態的集団となって実在することになる。そして、こうした文化範疇の形成と擬態的集団の実在化を実現するのが、8章2節でも述べた象徴的位相にもとづく統合のしくみということになる[909]。ある程度恒常的な集団が形成される際には、集団の規模や政治的な統合の度合いに関わりなく、こうした位相を前提とすること[910]はこれまでもたびたび述べてきた。本書ではこうした見方にもとづき、このしくみ（あるいはそれを具現化し内在化する装置としての広義の儀礼）が共通する範囲を集団としてとらえてきたのである。

　ここでいう象徴的位相は、個人の具体的な経験とは切り離されたところで成員が互いに認知するしくみとして、またそれぞれの居住集団を成立させる権威の基盤として機能する。だからこそ、象徴的位相による居住集団と文化範疇ならびに重層的関係にもとづく構造化のしくみは、伝統や信仰の異なる集団間の接触においてそれらの混淆を容易にし、集団規模の拡張を支えてきた[911]。伝統にしろ信仰にしろそうした既存の枠組みを超越するには、新たな枠組みを設定し流布させることがもっとも効果的だが[912]、象徴的位相はまさにこの新たな枠組みとしてしばしば機能するのである。

　象徴的位相による集団の編成および構造化のこうした機能を鑑みれば、このようなしくみが集団規模の拡大に不可欠なことはあきらかだろう。それは前1千年紀に辺境にいた集団にとっても例外ではなかった。前15世紀頃の集団は、

908　曽我2009
909　杉山2009
910　杉山2009:241; 寺嶋2009
911　曽我2009
912　竹沢1987

規模や統合儀礼の性格から推測するに、対面式の関係性や日常生活における相互行為を基礎として成っていたと考えられる。この時点でのしくみとして重視されていたのは、高度工芸的土器と葬送儀礼であった。まず前者は象徴的機能をそなえる器具であり、集団成員の社会的紐帯や立場を表象する物質、そして社会を統合するしくみの一端としてあった。しかし、とくに前8世紀頃からこのカテゴリーに属するような特殊な土製器物は乏しくなっていく。「特殊な」というのはいささか恣意的かつ主観的な表現ではあるものの、具体的にはあきらかに実用的必要性のない付属部位の多用、意味内容の理解が困難な文様といった、固有性の高い品物が使われなくなっていく。

　この現象は審美的価値観の変化によっているといえばそれまでなのかもしれない。けれども、6章2節で述べたように、高度工芸的土器のような製作に手間ひまがかかるうえに、意味内容の独自性が高い品物が流布するには、それを提示する場／行為が必要であり、なおかつそうした場／機会が社会のなかで重要視されていることが前提となる。すなわち高度工芸的土器の減少は、そうした場／行為として想定される墓地や葬送儀礼の機能的変化を反映していると考えられるのである。

　葬送儀礼の機能的変化は前6世紀に明白になる。墓はデザインの単純化と墓域の衰退が進行するとともに、儀器や威信財の消費の場でもなくなる。突出した個人墓は確認できず、副葬品や墓の造りに不平等が見いだせなくなる。この時期には副葬土器の斉一性と在地性が弱まることから、紐帯をしめす機能も低下した可能性がある。こうした点と高度工芸的土器の変化をあわせて、イラン北部域では前1千年紀に葬送儀礼が財や労力を投資する場でなくなっていった可能性を指摘した。在地社会のなかで、葬送儀礼は社会的立場や紐帯を可視化する媒介ではなくなるのと同時に、集団を秩序化する機能からも離れていくのである。

　ただし、イラン北部域でのこうした薄葬化現象については、ほかの可能性も

第3部　領域国家形成期における地域統合プロセスの事例

考慮しておかなければならない。まず、調査状況のバイアスによるデータのかたよりにすぎないという可能性がある。前8世紀以降については、それ以前のような大規模な墓地や墓が未検出なために、葬送儀礼が衰退したようにみえているだけかもしれない。8章や前章で述べたように、とくに前8世紀以降についてはこの可能性も否定できない。

　次に、当地の経済的あるいは政治的優位性が失われて、葬送儀礼に費やす余力が乏しくなったという、こうした現象に対する古典的な解釈がある。イラン北部域内での生産力の低下、人口の減少、政治的立場の弱体化がおこれば当然、生存に必須ではない葬送儀礼のような行為に財やエネルギーを投資できる余力は乏しくなるだろう。しかしイラン北部域では徐々に集落が増加しており、集落を含む遺跡分布密度は、葬送儀礼が小規模になったと考えられる前6世紀頃がむしろピークであるといえる。また前6世紀以降の墓をみてみると、儀器的あるいは威信財的要素こそ乏しいものの、精緻な貴金属製の装身具、ガラス製の小物などは副葬品として出土している。これらは副葬土器と同様南西イランはじめ他地域との交流が指摘されている品物である。こうしたことを鑑みるに、当地がこのような意味での衰退にむかったとは考えがたい。

　副葬土器も含む葬送儀礼の変化は、イラン北部域の在地社会がおかれた経済的・政治的状況の変化によるというよりは、葬送儀礼の社会的機能の変化による部分が大きかったと考えられる。この薄葬化は、作法の単純化というよりも、葬送儀礼が社会的紐帯や立場など、社会的側面を示す機能をどの程度そなえていたかという事項において、相関性が低下したことによる反映として考えられるのである。

　一方、前8世紀以降、対面式関係が恒常的ではなかったと考えられる範囲でも、一次集団の規模をこえて、新たな価値観や世界観、そして社会規範が共有されるようになっていく。ここで広く普及するようになる器は住居での行事、あるいは饗宴のような様式的行為に用いられた供献用あるいは供膳用器であったと

276

考えられる。このことから統合儀礼の場／行為が、成員の死にともなう墓地での象徴行為から、住居あるいは公共建造物での実践的行為へと転換していった可能性が指摘できる。

イラン北部山岳地帯では、広大な規模で有機的な関係が築かれたことになる。一方日常的実践を共同する単位や在地社会ごとの葬送儀礼は、おそらくある程度維持されている。副葬用器は同時に、かつてない規模で斉一化されていたことから、葬送儀礼の機能は「われわれ」意識を表示する側面において強化されていたと考えられる。つまり居住域をもまき込む様式的行為との連動、そして機能分化の結果といえるだろう。つまりこの時点では、それまでの集団が統合されたというよりは、それらの多様性を活かしながら編成するしくみとしての新たな位相が、もともと重層的な集団関係に加えて創造されたという解釈がなりたつ。こうした大規模な集団編成ひいては在地社会の統制に際して、新たな工芸的土器に表象されるような新規統合儀礼が文化範疇に等しい枠組みを提供し、既存の慣習の枠を超越した非対面式関係の構築を助長したと考えられる。そうだとすれば一連の現象の内実は、擬態的集団たる文化範疇につながる象徴的位相の設定と、それを浸透させるしくみであるところの在地の葬送儀礼とがうまく連動した、新たな形式の行事が発達した結果ととらえられるのである。

新たな作法は用具、場所、そしておそらくは意味内容においても、葬送儀礼よりは実生活に接近した作法としてあった可能性が高い。つまり成員の死に際しての儀礼的行為より催される頻度が高かっただろうし、なおかつ特殊財への依存度が低いぶん、その実践も容易だったろう。日常生活に接近した作法は広域で普及し、実践レベルへの浸透を実現することになる。あるいはエチケットに等しい側面があったのかもしれない。少なくとも人の死にともなう作法よりは日常的実践に近く、また多くの人と（その意味内容や場を）共有しやすい形式的行為であったといえるだろう。

当時の社会変化をあきらかにする要点は象徴的位相の内容とこうした行事の

第3部　領域国家形成期における地域統合プロセスの事例

性格とによるが、現時点ではこれ以上の具体化はむずかしい。位相は超自然的な聖なるものに対する儀式や信仰なのかもしれず、ある程度は社会的あるいは政治的に設定された特定の個人に対する忠誠だったのかもしれない。民族のようなまとまりの認識だった可能性もある。いずれにせよそれは、位相を具現化しそこへの帰属を表象する行事の浸透性 perméabilité とあいまって、既存の枠組みや関係性を包括する擬態的集団を形成した。つまりこの時期の統合儀礼の変化は、ただ葬送儀礼様式の変化にとどまらず、集団化の原理やしくみ、すなわち他者認識やヒトの関係性の根本的な画期を示していると考えられる。

　前6世紀頃には、前8世紀の作法が引き続いたとは思えない。工芸的土器の単純化がさらに顕著になっていくことは確かであり、葬送儀礼をはじめ固有性の高い慣習を重視する傾向はさらに影をひそめ、死者にたむけられる器すら象徴的機能を帯びた物ではなくなっていく。つまり在地社会での紐帯や立場はもはや、物質文化によらない形で具現化されるようになっていく。

　これらの背景として想定できるのは、在地社会や集団の秩序およびその構造が組織化／制度化された、ということである。儀礼的行為自体の衰退、呪術的要素の欠落は、個人や集団の機能分化の進展あるいは確立の反映とも読める[913]。在地社会や社会的生活に要する関係性や諸集団が、より組織化／制度化された社会構造の中に組みこまれていった結果、葬送儀礼をはじめとする非日常的な儀礼的行為や用具によらず、こうした関係性や在地社会の維持と再生産とがなされるようになったのではないだろうか。たとえば成文法規などの導入があったとする。規範や情報伝達は法典や文書で統一化、明文化されているため、慣習法や口頭での情報伝達、儀礼などの役割は限定される。そうなれば葬送儀礼をはじめとした非日常的な慣習はより簡素化し、同時にそうした場でもちいられる用具も固有のものである必要はなくなるため、専用の物を製作する必要性が低下する。

---

913 Gluckman 1962

第11章　地域統合プロセスの画期

　さらに背景として想定できるのは、高い頻度で様式的行為をおこなう日常的な儀礼が、社会的なしくみとして流布した場合がある[914]。こうした場合の儀礼的行為（あるいは端的に宗教）では教義が明文化されており、流布が組織的におこなわれることが多い。それゆえ超地域的、普遍的性格をもちやすく、その版図も広い。特殊財を重用するような秘儀的要素は弱く、むしろ日常の行動規範のようなかたちで浸透する。したがって、それがある種の社会的しくみであると意識することなく、自明のことのようにそのしくみに組みこまれていくのである。

　イラン北部山岳地帯の鉄器時代では、葬送儀礼はイデオロギーの物質化の一形態として、一時たしかに重要ではあったものの、時をへるごとに様式が簡素になりその機能が喪われていく。そもそも葬送儀礼は、イデオロギーの物質化手段としては「生活上の合理性と社会的な実利に欠ける弱点」[915]がある。当地の物質文化と葬送儀礼の機能的変化は、大局的にはより日常生活に接近した浸透性の高いしくみへの転換という文脈で解釈することができる。

2　適応戦略の社会化

　こうした転換にともなって、集団の枠組みや内実も変化する。固有の価値体系や倫理規範によって固定化された慣習的行為を共有しているからこそ、ヒトは集団化され、集団は再生産され、実在化する[916]。言葉をかえれば、そうしたしくみや価値体系、倫理規範を共有する範囲を集団ととらえることができるのである。そのことをふまえて、さらに6章2節で述べた形態的スタイルの内容にたち返れば、非実用的属性あるいは「象徴的機能を重視して作られたと考え

914　松本2007; 三尾2004; Whitehouse 2004
915　稲田2008: 39
916　河合2009: ix, xi~xiii, 表1; 盛山1995; [2000] 2010; 山本1988; 渡辺2007; Hendry 1999: 訳177; Schütz 1932; Scott 1995; 1998

279

第3部　領域国家形成期における地域統合プロセスの事例

られる土器」の形態的スタイルの共有域をある種の集団の痕跡、さらにいえば、集団として実在化した文化範疇[917]とみなしておくことはあながち間違いではないだろう。そこで、前8世紀に広域で出現する工芸的土器の斉一化現象、すなわちオレンジ・ウェア・ホライゾンを、そうした有機的な人のまとまりとみなし、当地で確立した意味を考察してみたい。

　前15世紀頃、生態環境条件に沿って複数の小規模集団が、おそらくは生計戦略を違えつつも自律的に併存していた。それが前8世紀以降、同一形式の葬送儀礼、そして従来にはなかった作法を共有するようになる。一見集団規模が拡大したように思えるが、前節でも述べたように、これは均質な関係性のまとまりではなく、内実はより緊密で小規模な、おそらくは居住集団や技術集団の重層的関係から成っている。このレベルでのこうした構図は、集団が地勢に沿ったうえでそれぞれの葬送儀礼を展開していた前15世紀頃と大差はない。生業活動や日常生活を共同する単位は、少なくともこの時点ではほとんど変わっていなかったようだ。ただしイラン北部域全域が強固な統合を形成しつつ、さらに広大なネットワークに内包されるようになったことは反映している。つまり社会のしくみの共有範囲が桁違いに広がったために、より多数の、そしてより多様な技術伝統と文化伝統の諸集団とが連関するようになったといえるだろう。この時点で、多くの社会的あるいは文化的多様性を内包したネットワークに、在地社会が組みこまれていったと考えられる。

　同時に、生態的多様性も一律の社会的領域下に収まるという現象がおこる。イラン北部山岳地帯、そしてイラン北部域がそれぞれ多様な生態条件で構成されていることはすでに述べた。集落の割合も含めた遺跡分布・変遷パターンがミクロな地勢に沿って違っていたことから、居住形態も異なっていたことが想定できる。さらに生態条件によって生活可能範囲や活用できる資源も違うのだから、生業形態・生存戦略の多様性も推定できよう。前8世紀に斉一的にみえ

---

917 Keesing 1975：曽我2009

る統合儀礼の共有範囲は、こうした多様な資源、自然環境、生業形態を包括する擬態的集団の確立とみなすことができる。前15世紀頃から前9世紀頃にかけてはこうした生態条件に沿って、同時に生業形態や居住形態によって区分される集団が併存していた。つまり生態的適応システムのあり方によって、上記の文化的多様性すなわち集団のあり方が規定されていた状態といえる。それがおそらくは前8世紀以降、生態条件を社会的にコントロールできるようになり、生態的適応システムが社会的な構造に上書きされている状態が発生する。この時期の対象地域を包括する規模での工芸的土器の斉一化は、こうした生態的多様性を内包する集団の揺籃を反映していたと考えられる。

イラン北部山岳地帯における生態的・文化的多様性を内包する大規模な擬態的集団の生成は、それぞれの集団や在地社会に、より保障的な経済的基盤をもたらしただろう。多様な資源や産業に依拠できるようになることは、集団にとって大いなる強みだ。結果的にしろ、この地にある個々の在地社会の安定的な経済基盤の確保に結びついたと考えられる。上述したとおりこのしくみでは、広範な関係性のなかで、居住集団単位での関係が維持される。重層的な集団編成が実現するわけである。こうした集団編成のあり方は、生態的適応システムとしても優れた点がある。まず、生活レベルにおける環境との直接的なかかわりは小規模な居住集団単位で行われることになる。こうしたあり方は自然環境への負荷を調整するのには適しているといえよう。一方、広い地理範囲に暮らすさまざまな人々とも紐帯をもっているわけだから、不慮の気候の変動や抗争にも耐えうる生存の安定化機構、すなわち生態的社会保障ネットワークを形成していることにもなる。

イラン北部域でのこうした生態的適応システムの変化の結果として解釈しうる現象は、遺跡分布の変化である。イラン北部域においては、統合のしくみの広域での共有は、多様な地勢、それに沿うかたちで展開していただろう生業形態や居住形態の違い、既存の文化慣習の伝統など、多方面にわたる多様性を包

第3部　領域国家形成期における地域統合プロセスの事例

括するネットワークと連動したことが予想される。それでは、在地社会の内実はどのように変わったのだろうか。まずは単純に、生活圏や活用域の拡大がみこめる。現に対象地域では鉄器時代をとおして遺跡が次第に増加し、分布範囲も広がる。また、分布密度も増していく。そして前6世紀以降には、それまで集落が乏しかった地域にまで居住域や生活圏が拡大する。こうした集落の急増と、さらにテル状集落および堅強な石製基礎をもつ建物の出現は、こうした在地社会の経済的安定化の結果、領域内でそれまでよりも定住的な居住形態が実現したことを示している。地域内でこうした居住形態と増加した人口を維持するためには、成員の生活を恒常的に保証するシステムがなければならない。ここにおいて、生態的適応システムがその背景となった可能性は十分に指摘できると思われる。そして、それは同時により定着的な在地社会がこの地に展開したと想定する根拠となりうるのではないだろうか。

　前8世紀におこるこうした遺跡分布の変化はこれまで、8章3節で述べた生業形態の変化に加え、歴史的文脈を重視して解釈されてきた[918]。つまり集落の増加時期がメディア国の成立、そして新アッシリアのザグロス山脈への侵入時期とも一致することから、イラン北部域の遺跡分布の変化傾向が大まかにいえばこのザグロス山脈北部のそれと類似する性格のものであることが重視されてきたのである。ザグロス山脈北部では、前1千年紀の土器と遺跡分布の画期は、メディア国の出現としばしば結びつけられて考えられてきた[919]。この地域に限らずメディア国あるいはアケメネス朝ペルシャとの直接的関連が目されている地域においては、①これらが進行してくる前時期における既存の遺跡の廃絶、②並行期以降の新たな遺跡分布パターンの出現（遺跡の激減や急増をともなう）および土器の地域性の拡大、③それがメディアやアケメネス朝の成立、アッシリアの軍事侵攻や政治的圧力がおよんだ結果おこった現象とされている、と

---

918 足立2007: 29
919 Young 1967

いった共通見解がある。しかし前章2節で述べたように、イラン北部域では、前13世紀頃形成された集落の多くが当期に継続するとともに、集落遺跡の増加や拠点域への移行がこの年代から継続する。こうした点は他地域の事例にはあてはまらない。つまり当地での地域活用パターンの変化は、たとえ外的要因があったにせよ、より以前からの漸移的変化の一過程であった可能性がある。

多様な生態的適応システムを内包する社会的しくみの出現は、さらにいえば、前8世紀以降の導入が推測されている移牧やパイロテクノロジーの革新の結果であるともとらえられる。イラン北部域は標高差のある地勢からなる。標高に沿って生態条件は異なり、直線距離上は大差無くとも多様な資源の獲得や生業が可能となる。そうした多様性を活用した代表的事例である垂直方向の季節的移牧は、前1千年紀頃から主要な生業だった可能性が指摘されている[920]。こうした活動が活発化した結果、集落増加に反映されているように人口も増加し、同時に森林伐採も加速することで、この地域も森林資源に依存した8章3節で記したような移牧や狩猟採集を中心とする生業形態から、森林伐採によって生じた平地における農耕に重点をおいた生活に移行していった[921]。前8世紀以降に顕著な集落の増加や生活様式の変化はこうした推移の結果という考えも成りたつ。

こうした生業の導入や技術革新が生態的適応システムを内包する社会的しくみの基礎を提供したのは確かだろう。ただし厳密にはそれは主たる原因ではなく、また、どちらかがどちらかを生んだ結果というわけでもないと考えられる。序章で述べたように、集団を構成する原理には常に集団中心主義的な要素と個体中心主義的な要素がある。前者は文化的適応たる社会を統合するしくみであり、後者は生態的適応システムに相当するわけだが、すべての集団や集団間の関係は、この双方の適応形態の相互作用としてあるはずなのである。

---

920 山内2006
921 山内2006: 20, 21

第3部　領域国家形成期における地域統合プロセスの事例

　たとえば前8世紀以降について、それまでの時期に特徴的にみられた儀器的青銅製品にかわる威信財的奢侈財を見いだすことはできない。それは前節で述べた社会的しくみの形式自体の変化と、こうしたパイロテクノロジーの進歩とが作用しあっておこった現象だったと考えられる。当時期の鉄の本格導入は在地社会の多方面に影響をもたらしただろう。そのなかでもとくに、おそらくは青銅製利器を重んじるそれまでの威信財システムと、それに依拠していた統合のしくみに打撃を与えたことは想像に難くない。少なくともそうした威信財の消費形態として、階層秩序再生産の一端をにない機能していた葬送儀礼様式が、変質を余儀なくされても不思議はない。同時に鉄製利器を使用した資源開発が生存財の充実に結びつき、そしてこれらが相乗した結果として脱威信財システム[922]という側面をもつ権力資源の変化がおこったととらえられる。それまでは葬送儀礼の作法の一環として、特殊な物資の大規模投資を埋めこむことで、「余剰生産は平準化メカニズムを備えた文化的象徴作用に振り向けられていたため、高度な社会的成層化に結びつかなかった」[923]。だからこそ在地社会内で自律的な集団間の均衡が保たれていたといえよう。こうした権力資源の変化と平準化メカニズムの崩壊は、より集約的に、全的に資源をもとめ、拡大再生産せざるをえない社会構造へと在地社会を転換させていくことになる。

3　集団化原理のシステム化

　前13世紀頃、在地社会における平準化メカニズムの崩壊を起点とする、資源化域の拡大にむかう生態的適応システムの変革は、前8世紀の文化的適応システムによる上書き作用によって、結果的に資源や生活保障の拡充に結びついた。

922　石村 2004; 2008; 辻田 2006
923　竹沢 2007: 142

第11章　地域統合プロセスの画期

こうした構造を採ったときには、象徴的位相や社会的しくみの創造が生計戦略としても意味をもっていたといえるだろう。このように、前1千年紀の文化的適応システムの変化と生態的適応システムの変化は相互に作用しており、だからこそ社会に構造的変化をもたらしたのである。

　こうした相互作用のうちにおこる前1千年紀の社会組織の変化は、文化慣習の別の側面からも指摘できる。本章1節で前6世紀以降、慣習的な様式的行為のうち、葬送儀礼をはじめとする儀礼的行為の重要性が乏しくなった可能性を指摘した。同時に土器だけではなく非実用的な製品全体が社会のなかで重要性を失った可能性を指摘した。統合儀礼の日常規範化と同時に、非日常的な場／行為、固有性の高い品物を媒介とした社会的関係や立場の物質化が失効していく。これは上述したように、葬送儀礼において突出した個人墓が確認できなくなることも含め、しばしば社会構造の再生産が非人格的 non-humanitisé なしくみに移行したことを示すと解釈される現象である[924]。さまざまな意味でヒューマニスティックな要素が優勢をしめる個人のカリスマ性や威信による秩序のあり方から、個人の人格や資質によらない、すなわちそうしたヒューマニスティックな要素が言説的・制度的な要素におきかわった統合のかたちへと移行した可能性については、当地についても考慮する必要があるだろう。もしそうだとすれば儀礼的行為の簡素化にも拍車がかかり、総体的に、社会秩序が制度的に再生産されるようになったと考えられる。そしてこうした統合がなるもととして、前8世紀におこった象徴的位相による枠組みがあったのではないだろうか。それがこの段階において、集団編成が統合のかたちへ推移し、同時に象徴的位相によるまとまりが構造化されていくというプロセスとして想定できるのである。

　また、素地としても前8世紀までに進行した威信財システムからの脱却、およびそれにともなう在地社会の統合強化ならびに権力基盤の変化があったことを指摘しておきたい。こうした変化は文化的適応システムの変化だけで実現す

---

924 安藤2009; 高木2009; 溝口2000; Brun & Ruby 2008: 138~139

第3部　領域国家形成期における地域統合プロセスの事例

る（だけに反映される）わけではない。そこにはさらに、上記保障的経済基盤の確保、それにもとづく奢侈品財政からの脱却[925]を志向せざるをえない動きがあったと考えられる。それは基幹資源の基本物資化とともに、生存財を権力基盤とする社会秩序の前提ともなろう。パイロテクノロジーの発達もこれに寄与するものである。

　こうした経済基盤と生態的適応システムにもとづく定住的生活様式の定着は、上述した人や集団の組織化や管理をより容易にしただろう。儀礼的行為自体の衰退、呪術的要素の欠落は、個人や集団の機能分化の進展あるいは確立の反映と読める[926]。そうした諸規範にもとづく人や集団の組織化は、儀器のような器物や儀礼的行為によって立場や権威を顕示する効力を低下させる。非日常的場面で紐帯を相互確認する必要性も低下させただろう。結果的に威信財的儀器をともなう葬送儀礼はさらに失効し、広義の儀礼[927]のなかでもより世俗的な様式的行為や、制度によらねば再生産されない事態に推移していくこととなる。在地社会の変容はこのような、脱儀礼化と個人の非顕示化をともなう社会的しくみの改変、その結果としての地縁的社会構造への移行[928]を示すと解釈できる。

　それは在地社会の構造化をさらに助長したとも考えられる。人の組織や技術はより生態を社会的にコントロールできるようになるため、多様な生態適応システムが社会的な構造に上書きされている状況は実現し易くなる。たとえば生存財を税収のような形で社会的に管理しようとする場合、技能集団や居住単位に沿った集団管理、組織的な人の管理が必須となるのは、『アヴェスタ』の記述でも示されているとおりである。非人格的なしくみへの移行も合わせて考慮すると、この時期、在地社会において生存財の制度的な維持管理が実現した可能性も出てくる。こうした形での社会システムが安定すれば、人格的あるいは威

925　Earle（ed.）1991; Earle 1997; Kristiansen 1998
926　Gluckman 1962
927　清水 1988
928　安藤2009; 北条1999; Earle（ed.）1991; Earle 1997; Kristiansen 1998

信的な権威によらずとも成員の掌握とそこからの搾取が可能となるのである。
西アジアの辺境では1000年をかけて、基層たりうる社会はこのように形作られ
ていった。

終章　　領域国家形成期の人類集団

　国家はヒトのまとまりを集団化するしくみの一形態である。世帯や親族のようなまとまりでさえも時々の必要に応じて変形させてきたヒトであれば、人類史上のある一定の状況においてこれまで述べてきたようなしくみを発現させたこと自体は、さして特筆すべきことではない。たとえば、とりわけ多様な社会的あるいは文化的な背景をもつ人や物が流動し混在する辺境では、そのなかで集団の原理をなす「われわれ」の紐帯を維持するため、あるいは流動性や多様性を包括して「われわれ」の領域を拡大するため、社会的紐帯や立場を内外に表象する媒体と手法が、よりわかりやすくかつ独自性が強い集団化のしくみとして機能していた。こうしたしくみを成立させる特異な場／行為や物は同時に独自の世界観をつくりやすく、また視認しやすく感覚的にうったえる touchant et impressionnant 物質化様態として、それを共有する個々人を強く結びつけるとともに、それを共有しない人々をより強固に排除する。そうしたイデオロギーの発動形態にもとづいた文化的しくみによって成る集団は、総じて組織化の程度が低く、構造が小規模で流動的である。そのことも反映して、より組織化された社会の前段階という意でプリミティブだったという評価をもってしてまとめられることが多い。しかしながら、少なくとも本書で扱った事例から導かれる結論、つまり平準化メカニズムを内蔵し、集団形態を維持する戦略をもつことで在地社会の秩序を複数世紀にわたり再生産していたという事実は、この視認しやすく感覚的にうったえ、独自性の高い集団化のしくみが、生態と集団との平衡を保つのに適切であったことを端的に示している。つまりは当地の物質文化の特殊性はこの平衡を維持するためのものでもあったわけである。

　ゆえに薄葬化のようなかたちで平準化メカニズムが機能不全に陥れば、それまでの統合秩序が保たれなくなるのは必然だった。その後におこる集団の再編

は、日常生活に接近した新たな集団化のメカニズムにのっとって、それにともなう生活様式の刷新と、集団編成の広域化とをもたらすことになる。その実現は、それまでの排他的／流動的な集団の様相と比べれば、より適切であったかどうかは別として、大規模な集団形成には有効だったと考えられる。端的にいえば、地理条件や既存の生業形態、慣習等の差異、対面式関係の有無には左右されず、領域が拡大するようになるからだ。そして結果的におこる社会統合からシステム統合へ[929]の部分的推移は、少なくともこの地域での人口増加を加速させたために、人の増加と多様化は経済的にも社会的にも在地社会の拡大再生産へと結びつかざるをえなかったのである。

こうした、日常に浸透し、おそらくは権力への無意識的な追従を可能にするイデオロギーのあり方は、基層化に前提的なメカニズムとして、権力基盤に着目して一般化された領域国家の特質[930]にもつうじる。とくにアケメネス朝ペルシャを特徴づけるものとして、領域内における民族的・文化的多様性の高さと、地方組織の形成についての成長性の高さがあげられる[931]。そしてそれを可能にしたのも、アケメネス朝は体制の要請に応じて文化的多様性をつくりだすことができたという指摘すらあるほど[932]浸透性の高い文化的統治システムが、この時期醸成したからだと考えられる。

前1千年紀後半の西アジアでは、帝国的統治の形は在地エリートの文化的統一化・同一化現象としてあらわれる[933]。当時、在地のエリート層がアケメネス朝ペルシャの政治的主要都市における主要建物のプランや器具のデザインをしばしば模倣していた様子があきらかになってきている[934]。当時、政治的・軍事的に重要な地位は、基本的にペルシャ民族で専有されていた。ただし、地方の

---

929 Giddens 1984
930 Kristiensen 1984; 1998
931 Briant 1996: 9
932 Briant 1999a
933 Goldstone & Halden 2009: 18~19
934 Allen 2005; Briant 2002; Brosius 2006; Huyse 2005; Klinkott 2005; Kuhrt 2001; 2007; Tuplin 2004; 2008; Wiesehöfer 2009: 85, 89

終章　　領域国家形成期の人類集団

エリートや異民族出身者も名誉はある職務につくことができた。王はそうした人々に対して特権や贈物を与え、ときにはペルシャ民族の配偶者を紹介し、ペルシャ民族と同じプランの家に住むことや、同様のふるまいおよび装いを許したとされている[935]。おそらく人々の意識には、帝国に帰属するか在地社会・文化に帰属するかの選択を強いられているというよりは、そのときもっとも華々しくかつ影響力をもっていた勢力の、その一員となることを許されたという心情が醸成されていた[936]。だからこそこの同一化現象については、在地の個々人が積極的かつ自律的に新たな行動様式、そして象徴的位相に帰属するようになっていったという説明がもっともあてはまる。

　そのなかでも宮廷は、そこでの行事や作法も含め、特定の行動様式や象徴的位相へのあこがれを醸成するとともに浸透させる装置として重視されていた。しかし王宮を舞台とした芸術や文化は、大衆が日常生活を営んでいる以上はなじみが薄く、そもそも存在が認識されていたか否かについても疑わしい。それにもかかわらず宮廷文化の整備が重視されていたということは、在地社会の全的支配というよりも、在地エリートの（古典的な意味での）ヘゲモニー的統治を経由した在地社会の統制が一義にはあったと考えられている[937]。帝国の存在や影響を直接には認識し得ないままに社会を成す大部分の人々と直接的にかかわるのは、王や官僚ではなくあくまで彼らだからである。

　エリート層の同一化現象とともにおこったのは、地方トップのサトラップレベルや在地エリートのみならず、宮廷に出入りできようもない在地の人々もこぞって王宮の慣習を自律的に模倣することにより、結果的に各地で固有の擬ペルシャ文化が独自にあらわれるという現象だった[938]。代表的な事例として扱われるのは9章1節でもふれた竜骨部付鉢である（第36図）[939]。フィアラ坏とよば

935 Wiesehöfer 2009: 89
936 Wiesehöfer 2009: 89~90
937 Galtung 1971; Scheidel 2013: 28
938 Dusinberre 1999; 2003; 2013; Miller 1993; 1997; Wiesehöfer 2009: 89
939 Dusinberre 1999

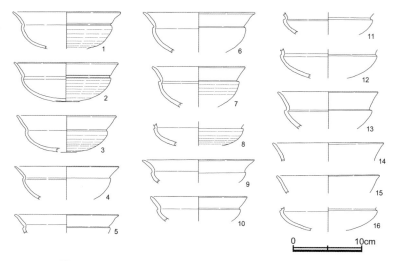

第36図　アケメネス朝主要都市で使われていた杯

れるこの器は主として土で作られたが、時には金もしくはガラスで作られていたこともあった。金製やガラス製のものは、基本的にアケメネス朝の本拠でしか見つかっていない。在地社会では土製のものが主であり、それらは当初、地方拠点に建てられたアケメネス朝宮廷様式の建造物内でしか使われていなかった。そうした場でみつかるフィアラ杯には、その土地の土製器具とはあきらかに異なる技術的スタイルがみられる。アケメネス朝本拠の様相が不明な以上断定はできないが、おそらく本拠から持ちこまれたものであると考えられている。それが時をへるにつれ、在地の技術的スタイルで作られるようになっていく。同時に、特定の建物があるエリアのみならず、おそらくは在地のエリート層が住む地区でも、在地に伝統的な供献／供膳用器とともに使われるようになる。そして、最終的にはそれ用の器の一式自体がフィアラ杯を中心としたものに変容し、大衆に広く普及していくことになるのである（第37図）。この杯を使う行為が宮廷に限定されず、広く社会一般での社会的立場／紐帯の相互確認の媒

終章　領域国家形成期の人類集団

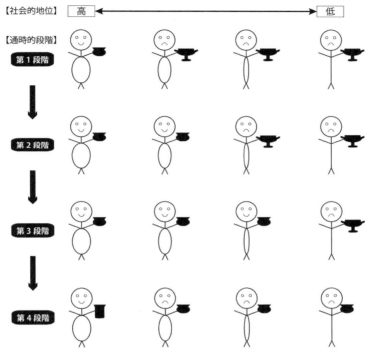

第37図　あらたな文化的象徴作用の浸透プロセス

体ともなったことで[940]、結果的に大衆の生活慣習や礼儀作法の改変をともなう在地社会全般の統治に至ったと考えられる[941]。

4章3節で述べたように、国家的／帝国的機構が恒常性を獲得するのは「普通」の人々の日常生活や生活圏にある既存の権威がうまくかみ合い、均衡が達成されたときである[942]。統治層の権威と各生活圏におけるエリートの権威、さらには文化的・地域的・経済的に多様な諸集団を国家／帝国の意味体系・価値体系にくみこむイデオロギー的統合、そしてこれらのバランスが維持されてはじめ

---

940 Costin 1991; Miller 1997
941 Dusinberre 1999; Magee et al. 2005
942 Goldstone & Haldon 2009: 25

て、再生産する秩序となる[943]。アケメネス朝ペルシャの統治のなかでみられたこうしたイデオロギーの浸透は、結果的に、新たな生活慣習に関連する日常財の管理を自然発生的に達成することにもつながったと考えられており、ゆえにこうした集団化のヘゲモニー的しくみによる統治の実現が、アケメネス朝ペルシャが世界帝国たりえた要件としてあげられている[944]。文化的多様性を維持しつつ編成するこのやり方はさらに、あえて在地社会の自律性を保存することで、在地社会間のやりとりがおこり難いようにする意味もあったという指摘がある[945]。これが、しばしばアケメネス朝ペルシャの統治体制の特徴としてあげられる「寛容な支配」の実態で、在地の伝統を活かしつつ包括し、人の心理を操作するこうしたイデオロギー的・文化的統治によったからこそ、かつてない広大な版図において、複数世紀にわたる安定的な秩序維持が可能になったと考えられている。そしてこのシステムは以降、近現代以前におこる帝国の特徴として継続していく[946]。

　国家形成研究に際して、中心と周縁の関係、あるいは辺境の様相こそが国家機構の支配体制を解明するために重要であるという指摘がある[947]。本章冒頭で述べたように、本来的に流動性や多様性が高く、それゆえに特異な象徴作用による集団化が根強い地域で支配秩序を確立していたか否かという視点が、当該国家機構の安定性をはかるのに有効な指標だという発想である。本書第3部で事例とした地域は西アジアの辺境でありながら、アケメネス朝ペルシャの本拠と共通する品物およびフィアラ坏に類する器も使われていた。そしてアケメネス朝ペルシャ成立と並行する前6世紀半ばにおこった事態も、在地社会やそこでの人間関係がより組織化／制度化された社会構造の中にくみこまれていったことを推測させるものでもあった。

---

943 Goldstone & Haldon 2009: 25; Morrison 2001: 277.
944 Dusinberre 1999: 99; Khatchadourian 2013
945 Motyl 2001
946 杉山2003: 65; Wiesehöfer 2013: 214
947 Earle 1991; Kristiansen 1998; Rowlands & Kristiansen 1987

終章　領域国家形成期の人類集団

　ただし、たとえそういった側面があったにせよ、社会構造がとくに流動的な辺境での在地社会の変化は、領域国家の基層化の結果というよりは、その前提的あるいは予兆的現象ととらえた方が適当ではないだろうか。前6世紀におこるそうした変化は、前2千年紀以降の長期にわたるプロセスのなかで自生するものである。とくに前8世紀以降、文化範疇の形成による擬態的集団の象徴的拡大は、社会的結びつきの広域化を示している。そしてこうした社会的結びつきの広がりは面的拡大というよりも、より柔軟な相互扶助ネットワークの形成によるものととらえられよう。こうしたあり様は人口動態と生態学的条件の圧力に応じて在地社会を再調整するシステムと、生存環境をおびやかす突発的かつ大規模な危機に対応できるシステムとをかねそなえた生態的適応システムを構築するのにも役立つ[948]。これは集団規模拡大条件の一つである「領域内の人口を支えるだけの政治経済システムの発達」にも寄与しただろう。こうした文化的適応システムの発達は、生態的適応システムの更新にとってのみならず、複雑化した秩序を再生産するのにも有効であったと考えられる。対面式関係がなくとも社会関係の構築が可能になるという点で、「通常その行為を目のあたりにすることのない人物ないしは集団（首長／王ないしは貴族層）の優位、統制に対する」[949]自発的追従を育むのにも有効だからだ。だからこそこうした集団化のしくみが機能することによってエクメーネのさらなる広域化が実現したのである。

　人がそのように集団化するメカニズムが、通常なりがたい辺境でさえそうである程熟んだ時代に国家はあらわれる。この現象は4章3節で示したように、超越的観念世界や世界観を理論化し、物事に秩序づける能力やそれにもとづく集団化のしくみの発達が顕著におこるという、枢軸時代の実態をよく示しているように思われる。こうした能力・しくみにもとづく集団化が常態となる過程

---

948 Keesing 1975: 訳218; 杉山2009; 寺嶋2009
949 溝口2006: 140

において、時折おこる落果が、古代における領域国家そして帝国の形成現象だと考えられよう。そうした現象があらわれるのは、約1000年をかけたヒトの他者認識や自然認識の内在的変化が、ある程度に横溢したことによる。「われわれ」の意識の変化は、社会の基本単位である世帯／共同体、親族の同定基準をも変化させると同時に、遠く離れた誰かがいる場所をも世界とみなす自然認識の変化と技術革新をはじめとする生態的適応システムの変化が相乗することで、実質的包摂の萌芽ともいうべき資源化戦略の画期となった。そしてこれに伴いおこる生業／居住形態の変化は、それらの実践単位としての世帯／共同体の規模・構成にさらなる変化をもたらすのである。

　こうした循環的な相互作用がとりわけ昂揚した前1千年紀、均衡状態における上澄みとして帝国的機構が表出する。「普通」の人々が織りなす在地社会の、こうした進化の結晶化部分がまさに国家機構とよばれるものなのであって[950]、この時点では国家的機構は決してその原因とはなっていない。国家は人類が進歩した必然の帰結としてあらわれるものではなく、人類の至上のしくみでもない。人の社会と生態との関係が不安定にならざるを得ないからこそ生じた集団化のしくみである。アケメネス朝が実践していたように、広大な領域と複雑な構造をともなう領域国家のような組織こそ、既存の慣習や対面式関係性をこえた大規模かつ重層的に人を集団化するしくみが不可欠だが、そのしくみ自体、国家機構が発明したというよりも、祖型はそもそもヒトと社会、ヒトと環境、社会と環境との循環的相互作用のプロセスにおいて自生して内在していたもので、ヒトや在地社会の変動が共鳴したことで制度化に至ると考えられるのである。あくまで結果的に、その事態を乗り越えることができたこのしくみはだから引き続いたし、引き続かせるためには拡大再生産していかざるを得なかった。本書ではほとんどふれることができなかったこうしたプロセスのメカニズムを解明するためには、おそらく、また異なる分野からの国家に対する視点が必要

---

950 Goldstone & Haldon 2009: 23

になるだろう。国家を考察する際に、近現代国家を相対化することは当然のことである。しかしこれを実践することはじつは容易ではない。だからこそ人類社会の統合の一形態として国家をとらえなおす本書の視点は、国家を相対化するための一助になりうると考える。

引用文献

阿子島香　1998『後期旧石器時代後半のセトルメントパターンと遺跡構造に関する比較文化
　　　　　的研究』平成7年度〜平成9年度科学研究費補助金研究成果報告書。

足羽與志子　2008「9　社会の構成―構造と反構造」内堀基光・本多俊和（編）『新版　文化人類
　　　　　学』放送大学教育振興会、153-169頁。

足立拓朗　2003「パルティア工芸的土器にみるヘレニズム時代の地域性」『第10回ヘレニズム
　　　　　〜イスラーム考古学研究　発表要旨集』ヘレニズム〜イスラーム考古学研究会。

足立拓朗　2004「イラン、ギーラーン州鉄器時代の土器編年再考」日本オリエント学会第46回
　　　　　大会研究発表配布資料。

足立拓朗　2007a「アケメネス朝期後のイラン土器編年の問題について」学会設立十周年記念
　　　　　連続シンポジウム『西アジア考古学の編年：日本考古学調査団からのアプローチ
　　　　　(II)―ヘレニズム時代〜イスラーム時代―』配布資料。

足立拓朗　2007b「原イラン多神教と嘴形注口土器」『西アジア考古学』8号：11-33頁。

足立拓朗　2012『鉄器時代西アジアの文化変容』同成社。

有松　唯　2005「鉄器時代からパルティア時代にかけてのイラン、デーラマン地域の土器編
　　　　　年」『日本西アジア考古学会　第10回総会・大会要旨集』日本西アジア考古学会、
　　　　　34-38頁。

有松　唯　2008「イラン、カスピ海南西岸における鉄器時代移行期の様相―触角状突起付青銅
　　　　　剣身の分析を中心に」『西アジア考古学』9号：131-141頁。

有松　唯　2010「イラン、デーラマン地域における前6世紀以降からパルティア期にかけての
　　　　　土器編年」『西アジア考古学』11号：90-100頁。

有松　唯　2012a「イラン北部、鉄器時代後期における工芸的土器斉一化現象の実態」『西ア
　　　　　ジア考古学』13号：19-35頁。

有松　唯　2012b「イラン北部、鉄器時代における葬送儀礼の機能的変化」『考古学研究』第58
　　　　　巻2号：87-106頁。

安藤広道　2008「1弥生集団論の新展開　③「移住」・「移動」と社会の変化」『弥生時代の考古学
　　　　　8　集落からよむ弥生社会』同成社、58-73頁。

安藤広道　2009「弥生時代における生産と権力とイデオロギー」『国立歴史民族博物館研究報

告』第152集：203-244頁。

石井真夫　1994「政治人類学」『文化人類学辞典』弘文堂、409-410頁。

石村　智　2004「威信財システムからの脱却」考古学研究会（編）『考古学研究会50周年記念論文集　文化の多様性と比較考古学』考古学研究会、279-288頁。

石村　智　2008「威信財交換と儀礼」『弥生時代の考古学7　儀礼と権力』同成社、127-139頁。

伊藤公雄　1996「権力と対抗権力―ヘゲモニー論の射程」『岩波講座現代社会学　第16巻　権力と支配の社会学』岩波書店、101-119頁。

稲田孝司　2008「先史－古代の集落・都市と集団関係」『考古学研究』第55巻第3号：28-43頁。

猪口　孝　1990『現代政治学叢書1　国家と社会』東京大学出版会。

今村仁司・今村真介　2007『儀礼のオントロギー―人間社会を再生産するもの』講談社。

岩崎卓也　1988「4章　古墳と在地社会」大塚初重・戸沢充則・佐原眞（編）『日本考古学を学ぶ(3) 新版』有斐閣、152-166頁。

岩崎卓也・常木晃　2008「総論：国家形成の考古学」岩崎卓也・常木晃（編）『現代の考古学7　国家形成の考古学』朝倉書店、1-32頁。

岩永省三　2012「階級社会形成に関する学説史的検討 (IV)」『九州大学総合研究博物館研究報告』10：145-163頁。

植木　武　1996「初期国家の理論」植木武（編）『国家の形成』三一書房、9-39頁。

植木　武（編）　1996『国家の形成―人類学・考古学からのアプローチ』三一書房。

宇田川妙子　2008「4　世界の見方」内堀基光・本多俊和（編）『新版　文化人類学』放送大学教育振興会、45-56頁。

内堀基光　2009「単独者の集まり：孤独と「見えない」集団の間で」河合香吏（編）『集団―人類社会の進化』京都大学学術出版会、24-38頁。

江上波夫・深井晋司・増田精一（編）　1965『デーラマンI　ガレクティ、ラルスカンの発掘一九六〇』東京大学東洋文化研究所。

江上波夫・深井晋司・増田精一（編）　1966『デーラマンII　ノールズ・マハレ、ホラムルードの発掘　一九六四』東京大学東洋文化研究所。

遠藤泰弘　2007『オットー・フォン・ギールケの政治思想―第二帝政期ドイツ政治思想史研究序説 (21 世紀国際史学術叢書)』国際書院。

岡田明憲　2004『別冊環8　「オリエント」とは何か－東西の区分を超える』藤原書店。

岡部悟朗　2011「主権について（最終講義）」『鹿児島大学法学論集』45巻2号：5-18頁。

引用文献

小澤浩明　1995「ブルデューにおける社会学的認識論と権力」『一橋論叢』114巻2号：285-300頁。

春日直樹　1988「ポランニーの儀礼理解」青木保（編）『儀礼―文化と様式的行動』東京大学出版会、257-276頁。

金山　準　2009「A.グラムシにおける規律と「ヘゲモニー」」『国際広報メディア・観光学ジャーナル』9：25-44頁。

カリー・トーマス（中尾央訳）　2012「系統比較法による仮説検定―社会・政治進化のパターンとプロセス―」中尾央・三中信宏（編・著）『文化系統学への招待―文化の進化パターンを探る―』勁草書房、65-84頁。

萱野稔人　2005『国家とはなにか』以文社。

河合香吏（編）　2007『生きる場の人類学―土地と自然の認識・実践・表象過程』京都大学学術出版会。

河合香吏　2009「序章　集団：人類社会の進化史的基盤を求めて」河合香吏（編）『集団―人類社会の進化』京都大学学術出版会、i-xvii頁。

河合香吏　2013「「集団」から「制度」へ―人類社会の進化史的基盤を求めて」河合香吏（編）『制度―人類社会の進化』京都大学出版会、1-16頁。

河合香吏・黒田未寿・北村光二・内堀基光　2009「「集団」から「制度」へ：まとめと展望」河合香吏（編）『集団―人類社会の進化』京都大学学術出版会、307-319頁。

川崎　保　2008「赤い土器のクニの誕生―弥生のムラとクニの考古学―」川崎保（編）『「赤い土器のクニ」の考古学』雄山閣、6-39頁。

河野　勝　2002『社会科学の理論とモデル12　制度』東京大学出版会。

ギギ・ファビオ　2011「行為者としての「モノ」―エージェンシーの概念の拡張に関する一考察―」『同志社社会学研究』15：1-12頁。

木下太志　2003「家族と世帯の研究史―文化人類学と歴史学を中心として―」木下太志・浜野潔（編）『人類史の中の人口と家族』晃洋書房、83-100頁。

久米正吾　2008「パイロテクノロジーのはじまり―先史西アジアの石灰・石膏プラスター工業―」西秋良宏（編）『遺丘と女神―メソポタミア原始農耕の黎明―』東京大学出版会、110-120頁。

小泉龍人　2013「都市論再考―古代西アジアの都市化議論を検証する―」『ラーフィダーン』第XXXIV巻：83-116頁。

古賀敬太　2004「国家」古賀敬太（編）『政治概念の歴史的展開　第1巻』晃洋書房、171-191頁。

古賀敬太　2007a「序文」古賀敬太（編）『政治概念の歴史的展開　第2巻』晃洋書房、i-vi頁。

古賀敬太　2007b「主権」古賀敬太（編）『政治概念の歴史的展開　第2巻』晃洋書房、83-105頁。

小杉　康　1991「縄文時代に階級社会は存在したのか」『考古学研究』37巻4号：97-121頁。

小杉　康　2006「地域と集団―林論文と縄文文化へのオマージュ―」林謙作（編）『ムラと地域
　　　　　の考古学』同成社、185-222頁。

後藤　明　1994「ハワイ諸島の国家形成と人口論的基盤」『国立民族学博物館研究報告』19巻1
　　　　　号：19-60頁。

後藤　明　2007「本書の編集にあたって」後藤明（編）『土器の民族考古学』同成社、3-11頁。

小林達雄　1977「型式・様式・形式」『日本原始美術大系1』講談社、166-169頁。

小林達雄　2007「1　縄文土器を学ぶ」安藤広道・後藤健一・小林達雄・田尾誠敏・手塚直樹『暮
　　　　　らしの考古学シリーズi.　土器の考古学』学生社、5-39頁。

小林正史　2000「第5章　カリンガ土器の変化過程」小川英文（編）『現代の考古学5　交流の
　　　　　考古学』朝倉書店、134-179頁。

坂井信三　1989「第7章　宗教と世界観」合田濤（編）『現代社会人類学』弘文堂、159-184頁。

佐々木憲一　1999「日本考古学における古代国家論―システム論的見地から―」『国家形成期
　　　　　の考古学―大阪大学考古学研究室10周年記念論集―』大阪大学考古学研究室、
　　　　　29-54頁。

佐々木毅　1970『マキャヴェッリの政治思想』東京大学出版会。

佐藤　進　1995「メディアおよびペルシアにおける民族と国家の形成」『オリエント』38巻2号：
　　　　　16-37頁。

佐藤成基　2006「国家の檻―マイケル・マンの国家論に関する若干の考察―」『社会志林』53巻
　　　　　2号：19-40頁。

篠原一・永井陽之助　1984『現代政治学入門』有斐閣。

嶋根克己　2009「葬送儀礼と墳墓の社会的変容」川崎市民ミュージアム（編）『墓から探る社会』
　　　　　雄山閣、55-78頁。

下垣仁志　2010「威信財論批判序説」『立命館大学考古学論集』Ⅴ：97-124頁。

下垣仁志　2012「考古学からみた国家形成論」『日本史研究』600：3-28頁。

清水昭俊　1988「儀礼の外延」青木保・黒田悦子（編）『儀礼―文化と様式的行動』、117-147頁。

清水昭俊　1991「コメント」松原正毅（編）『王権の位相』弘文堂、269-276頁。

引用文献

杉原高嶺・水上千之・臼杵知史・吉井淳・加藤信行・高田映　2012『現代国際法講義（第5版）』
　　有斐閣。

杉山正明　2003「第2章　帝国史の脈絡—歴史のなかのモデル化にむけて—」山本有造（編）『帝
　　国の研究—原理・類型・関係』名古屋大学出版会、31-85頁。

杉山祐子　2009「「われらベンバ」の小さな村：居住集団の日常と王国をつなぐしかけ」河合香
　　史（編）『集団—人類社会の進化』京都大学学術出版会、223-244頁。

鈴木公雄　1974「「集団」研究のための覚書—林報告に対するコメントにかえて—」『考古学研
　　究』21巻1号：69-76頁。

鈴木　信2009「続縄文文化における物質文化転移の構造」『国立歴史民族博物館研究報告』第
　　152集：401-458頁。

盛山和夫　1995『制度論の構図』創文社。

盛山和夫　［2000］2010『社会科学の理論とモデル3　権力』東京大学出版会。

関　雄二　2006「第1章　権力と権力資源」『古代アンデス　権力の考古学』京都大学出版会、
　　21-39頁。

関　雄二　2007「ジャガイモとトウモロコシ—古代アンデス文明における生態資源利用と権
　　力の発生」印東道子（編）『資源人類学7　生態資源と象徴化』弘文堂、209-244頁。

関本照夫　1987「東南アジア的王権の構造」伊藤亜人・関本照夫・船曳健夫（編）『現代の社会
　　人類学3　国家と文明への道』東京大学出版会、3-34頁。

宋　偉男　2013「主権の実在性について：カール・シュミット『政治神学』の権力論的読解」『社
　　会システム研究』16：27-41頁。

曽我　亨　2009「感知される「まとまり」：可視的な「集団」と不可視的の「範疇」の間」河合香
　　史（編）『集団—人類社会の進化』京都大学学術出版会、204-222頁。

曽野寿彦・深井晋司（編）　1968『デーラマンⅢ　ハッサニ・マハレ、ガレクティの発掘　一九
　　六四』東京大学東洋文化研究所。

髙木暢亮　2003『北部九州における弥生時代墓制の研究』九州大学出版会。

高倉浩樹　2012『極北の牧畜民サハ—進化とマクロ適応をめぐるシベリア民族誌』昭和堂。

髙橋　準　1998「ミシェル・フーコーの統治性概念—その射程と展開—」『行政社会論集』第11
　　巻1号：145-166頁。

竹沢尚一郎　1987『象徴と権力—儀礼の一般理論—』勁草書房。

竹沢尚一郎　1996「国家の生成」『岩波講座　現代社会学　第16巻　権力と支配の社会学』岩

波書店、121-137頁。

竹沢尚一郎　2007「「中世」西アフリカにおける国家の起源—生態資源、交易、考古学」印東道子（編）『資源人類学07　生態資源と象徴化』弘文堂、131-159頁。

田中拓道　2011「終章「人格」と社会的連帯—十九世紀社会科学史におけるデュルケム」宇野重規・伊達聖伸・高山裕二（編）『社会統合と宗教的なもの—十九世紀フランスの経験』白水社、241-266頁。

田中雅一　2002「第13章　主体からエージェントのコミュニティへ—日常的実践への視角」『日常的実践のエスノグラフィー—語り・コミュニティ・アイデンティティ』世界思想社、337-360頁。

田中良之　2006「国家形成下の倭人たち—アイデンティティの変容—」田中良之・川本芳昭（編）『東アジア古代国家論—プロセス・モデル・アイデンティティー』すいれん舎、15-30頁。

田辺繁治　1993「供犠と仏教的言説—北タイのプーセ・ヤーセ精霊祭祀」田辺繁治（編）『実践宗教の人類学—上座部仏教の世界』京都大学学術出版会、35-70頁。

田辺繁治　2003『生き方の人類学』講談社。

田辺繁治　2008「コミュニティを想像する—人類学的省察—」『文化人類学』73巻3号：289-308頁。

谷一　尚　1997「ハッサニマハレ、ガレクティ編年の再整理と発掘の意義」西秋良宏（編）『東京大学創立百二十周年記念東京大学展［第二部］精神のエクスペディシオン』東京大学出版会、150-156頁。

千代延惠正　2000「デイラマーン再考」大津忠彦（編）『ギーラーン踏査—1997、1998年度イラン遺跡踏査の記録』中近東文化センター、32-40頁。

辻田淳一郎　2006「威信財システムの成立・変容とアイデンティテイ」田中良之・川本芳昭（編）『東アジア古代国家論—プロセス・モデル・アイデンティティー』すいれん舎、31-64頁。

辻田淳一郎　2007『鏡と初期ヤマト政権』すいれん舎。

寺嶋秀明　2009「「今ここの集団」から「はるかな集団」まで：狩猟採集民のバンド」河合香吏（編）『集団—人類社会の進化』京都大学学術出版会、183-201頁。

堂山英次郎　2005「古代イランにおける社会組織の再編—『アヴェスタ』の記述を中心に—」前川和也・岡村秀典（編）『国家形成の比較研究』学生社、232-259頁。

引用文献

床呂郁哉・河合香吏　2011「序章　なぜ「もの」の人類学なのか？」『ものの人類学』京都大学学術出版会、1-21頁。

床呂郁哉・河合香吏（編）　2011『ものの人類学』京都大学学術出版会。

ドルチェ・ルチア・松本郁代　2010「序章　日本宗教研究における儀礼学の論点」ドルチェ・ルチア・松本郁代（編）『儀礼の力―中世宗教の実践世界』法藏館、3-28頁。

中尾世治　2011「書評 Jerome Rousseau, Rethinking Social Evolution : The Perspective from Middle-Range Societies, Montreal」『年報人類学研究』第1号：126-133頁。

中尾　央　2010「人間行動の進化的研究：その構造と方法論」松本俊吉（編）『進化論はなぜ哲学の問題となるのか』勁草書房、163-183頁。

中尾　央　2011「文化の系譜―文化系統学の（再）興隆―」『科学哲学科学史研究』第5号：51-69頁。

中尾央・三中信宏（編）　2012『文化系統学への招待―文化の進化パターンを探る』勁草書房。

中田光雄　1990『文化・文明―意味と構造』創文社。

西秋良宏・三國博子・小川やよい・有松唯　2006『東京大学総合研究博物館　考古美術（西アジア）部門所蔵考古資料目録　第7部　イラン、デーラマン古墓の土器』東京大学総合研究博物館。

西井涼子・田辺繁治（編）　『社会空間の人類学：マテリアリティ・主体・モダニティ』世界思想社。

西村正雄　1996「長距離交易モデル」植木武（編）『国家の形成―人類学・考古学からのアプローチ』三一書房、169-231頁。

二宮宏之　1995「シンポジウムを終えて―ソシアビリテ論のめざすところ」二宮宏之（編）『結びあうかたち―ソシアビリテ論の射程』山川出版社、229-239頁。

野島　永　2009『初期国家形成過程の鉄器文化』雄山閣。

野田　裕　1981『幻の瑠璃碗を求めて―秘境デーラマン発掘行―』東京新聞出版局。

早川　誠　2004「権力」古賀敬太（編）『政治概念の歴史的展開　第1巻』晃洋書房、149-170頁。

早川　誠　2007「主権」古賀敬太（編）『政治概念の歴史的展開　第2巻』晃洋書房、1-25頁。

林　謙作　1975「縄文期の集団領域（補論）」『考古学研究』第21巻3号：33-40頁。

林　謙作　1988「2　縄文時代の集落と領域」大塚初重・戸沢充則・佐原眞『日本考古学を学ぶ(3)新版』有斐閣、108-127頁。

林　謙作　1990a「素山上層式の再検討―M・Y・Iの主題による変奏曲―」伊東信雄先生追悼

論文集刊行会（編）『伊東信雄先生追悼　考古学古代史論攷』伊東信雄先生追悼論文集刊行会、105-162頁。

林　行夫　2004「魅する」関一敏・大塚和夫（編）『宗教人類学入門』弘文堂、199-211頁。

林部　均　1994「律令国家と土器の移動―飛鳥・奈良時代の畿内産土師器研究の現状と今後―」荒木敏夫（編）『古代王権と交流5　ヤマト王権と交流の諸相』名著出版、261-294頁。

菱田哲郎　2007『古代日本　国家形成の考古学』京都大学出版会。

広島大学イラン学術調査隊　1973『草原の道　The way of The Steppe -Archaeological Researches in Iran, 1971-』亜紀書房。

深井晋司　1959「正倉院宝物に似たカット・グラス」『朝日新聞』11月11日付朝刊学芸欄。

深井晋司　1968「突起装飾瑠璃碗―デーラマン地方、ハッサニ＝マハレ遺跡の考古學的發掘成果について―」『ペルシア古美術研究－ガラス器・金属器－』吉川弘文館、81-100頁。

深井晋司・池田次郎（編）　1971『デーラマンIV　ガレクティ第I号丘、第II号丘の発掘　一九六四』東京大学東洋文化研究所。

深井晋司・松谷敏雄（編）　1980『Halimehjan I: The Excavation at Shahpir, 1976』東京大学東洋文化研究所。

深井晋司・松谷敏雄（編）　1982『Halimehjan II: The Excavation at Lameh Zamin, 1978』東京大学東洋文化研究所。

福永伸哉　1999「古墳の出現と中央政権の儀礼管理」『考古学研究』第46巻第2号：53-72頁。

北條芳隆　2006「権力」安斎正人（編）『現代考古学事典　縮刷版』同成社、119-122頁。

北条芳隆・溝口孝司・村上恭通　2000『古墳時代像を見なおす―成立過程と社会変革―』青木書店。

星野　智　2000『現代権力論の構図』情況出版。

堀江湛（編）　2007『政治学・行政学の基礎知識』一藝社。

前川和也　2005「第8章　シュメールにおける都市国家と領域国家―耕地と水路の管理をめぐって―」前川和也・岡村秀典（編）『国家形成の比較研究』学生社、160-178頁。

前川和也　2010「初期メソポタミア王権をめぐる文献学、考古学、図像学」『日本西アジア考古学会　第15回総会・大会要旨集』日本西アジア考古学会、3-8頁。

前田　修　2009「石器のマテリアリティ―西アジア新石器時代における黒曜石の意味と役割について―」『オリエント』52巻1号：1-26頁。

引用文献

牧野雅彦　2007a「支配」古賀敬太（編）『政治概念の歴史的展開　第2巻』晃洋書房、107-127頁。

牧野雅彦　2007b「ウェーバーと「国家」の起源」『広島法学』31巻2号：43-108頁。

真島一郎　2006a「序―中間集団の問題系」『文化人類学』71巻1号：22-23頁。

真島一郎　2006b「中間集団論―社会的なるものの起点から回帰へ」『文化人類学』71巻1号：24-49頁。

松木武彦　2009『進化考古学の大冒険』新潮社。

松谷敏雄　1997「西アジアにおける学術調査」西秋良宏（編）『東京大学創立百二十周年記念東京大学展［第二部］精神のエクスペディシオン』東京大学出版会、102-110頁。

松原正毅　1991「はじめに」松原正毅（編）『王権の位相』弘文堂、i-xi頁。

松本直子　2007「Ⅳ　宗教的観念　③宗教的観念の発達過程（比較文化論）」小杉康・谷口康浩・西田泰民・水ノ江和同・矢野健一（編）『縄文時代の考古学11　心と信仰―宗教的観念と社会秩序』、210-220頁。

三尾裕子　2004「祀る」関一敏・大塚和夫（編）『宗教人類学入門』弘文堂、136-148頁。

三宅俊成　1976「デーラマン古墓出土の土器の考察」江上波夫・江上波夫教授古稀記念事業会『江上波夫教授古稀記念論集　考古・美術篇』山川出版社、297-329頁。

溝口孝司　1999「権力」安斎正人（編）『用語解説　現代考古学の方法と理論Ⅰ』同成社、35-40頁。

溝口孝司　2000「墓地と埋葬行為の変遷―古墳時代の開始の社会的背景の理解のために―」『古墳時代像を見直す―成立過程と社会変革―』青木書店、201-273頁。

溝口孝司　2006「構造化理論」安斎正人（編）『現代考古学事典　縮刷版』同成社、136-141頁。

宮島　喬　1997「ブルデューの社会理論―不平等問題への文化社会学的接近―」『現代社会学別巻　現代社会学の理論と方法』岩波書店、201-215頁。

宮原浩二郎　1997「フーコーのいう権力」『現代社会学別巻　現代社会学の理論と方法』岩波書店、231-247頁。

森脇俊雅　2000「序章　集団・組織理論への公共選択アプローチ」『社会科学の理論とモデル6　集団・組織』東京大学出版会、1-14頁。

山内和也　1998「イラン考古学の新発見(1)」『古代オリエント博物館紀要』17：123-149頁。

山内和也　2000「ギーラン州セフィードルード西岸の古墓群について」『西アジア考古学』1号：89-94頁。

山内和也　2006「イラン・キャルーラズ渓谷の文化的景観の出現と変遷」独立行政法人文化財研究所　東京文化財研究所国際文化財保存修復協力センター（編）『叢書［文化財

保護制度の研究］文化的景観の成立、その変遷［第18回国際文化財保存修復研究会報告書］』独立行政法人東京文化財研究所、11-35頁。

山下晋司　1988『儀礼の政治学—インドネシア・トラジャの動態的民族誌—』弘文社。

山本哲士　1990「権力関係と国家理性・ポリス—フーコー権力論序説—」『信州大学教養部紀要』第24号：139-154頁。

山本典幸　2006「社会集団」安斎正人（編）『現代考古学事典　縮小版』同成社、205-209頁。

山本泰・山本真鳥　1995『儀礼としての経済—サモア社会の贈与・権力・セクシャリティ—』弘文堂。

山本有造　2003「第1章「帝国」とはなにか」山本有造（編）『帝国の研究—原理・類型・関係』名古屋大学出版会、3-30頁。

渡辺　深　2007『組織社会学』ミネルヴァ書房。

渡辺　仁　［1988］2000a「序言」『縄文式階層化社会』六一書房、1-6頁。

渡辺　仁　［1990］2000b「第1部　縄文式階層化社会と土器の社会的機能　土俗考古学的・構造的アプローチ」『縄文式階層化社会』六一書房、9-190頁。

渡辺　仁　［1987］2000c「付論1　農耕化過程に関する土俗考古学的進化的モデル　ハードウェアとソフトウェアの可分性を中心とする」『縄文式階層化社会』六一書房、193-228頁。

亘　明志　1996「権力の記述と文体」『岩波講座現代社会学　第16巻　権力と支配の社会学』岩波書店、173-193頁。

Agamben, G. 1995 *Homo Sacer: Il potere sovrano e la nuda vita*. Torino: Giulio Einaudi Editore.［高桑和己（訳）2007『ホモ・サケル—主権権力と剥き出しの生（第3版）』以文社］

Adachi, T. 2005 The Iron Age pottery from Tappe Jalaliye layer II, III. In T. Ohtsu, K. Yamauchi and J. Nokandeh (eds.), *Preliminary Report of the Iran Japan Joint Archaeological Expedition to Gilan, Fourth Season*. Tokyo: Iranian Cultural Heritage and Tourism Organization and Middle Eastern Culture Center in Japan, pp. 69-95.

Adams, R. McC. 1965 *Land behind Baghdad. A History of Settlement on the Diyala Plains*. Chicago: University of Chicago Press.

Adams, R. McC. 1966 *The Evolution of Urban Society, Early Mesopotamia and Prehistoric Mexico*. Chicago: Aldine.

Adams, R. McC. 1981 *Heartland of Cities. Surveys of Ancient Settlement and Land Use on the Central*

引用文献

Floodplain of the Euphrates. Chicago: University of Chicago Press.

Adams, R. McC. 1982 Die Rolle des Bewässerungsbodenbaus bei des Entwicklung von Institutionen in der altmesopotamischen Gesellschaft. In J. Hermann and I. Sellnow (eds.) *Produktivkräfte und Gesellschaftsformationen in vorkapitalistischer Zeit*, Berlin: Akademie Verlag, pp. 119-140.

Adams, R. McC. 2007 The limits of state on the Mesopotamian plain. *Cuneiform Digital Library Bulletin* 2007: 1. (http://cdli.ucla.edu/pubs/cdlb2007_001.html)

Adams, R. McC. 2008 An interdisciplinary overview of a Mesopotamian city and its hinterlands. *Cuneiform Digital Library Journal* 1.
(http://www.cdli.ucla.edu/pubs/cdlj/2008/cdlj2008_001.html)

Adams, R. McC and Nissen, H. J. 1972 *The Uruk Countryside. The national Setting of Urban Societies*. Chicago: University of Chicago Press.

Adamson, W. L. 1980 *Hegemony and Revolution: A Study of Antonio Gramisi's Political and Cultural Theory*. Berkeley: University of California Press.

Alcock, S. E., D'Altroy, T. N., Morrison, K. D. and C. M. Sinopoli (eds.) 2001 *Empires*. Canbridge: Cambridge University Press.

Algaze, G. 1989 The Uruk expansion: Cross-cultural exchange in early Mesopotamia civilization. *Current Anthropology* 30: 571-608.

Algaze, G. 1993 *The Uruk World System: The Dynamics of Expansion of Early Mesopotamian Civulization*. Chicago: University of Chicago Press.

Algaze, G. 2001 The prehistory of imperialism: The case of Uruk period Mesopotamia. In M. Rothman (ed.) *Uruk Mesopotamia & Its Neighbors*, Santa Fe: School of American Research Press, pp. 27-83.

Algaze, G. 2005 *The Uruk World System: The Dynamics of Expansion of Early Mesopotamian Civilization*. 2nd ed. Chicago: University of Chicago Press.

Algaze, G. 2008 *Ancient Mesopotamia at the Dawn of Civilization: The Evolution of of an Urban Landscape*. Chicago: University of Chicago Press.

Allen, L. 2005 Le roi imaginaire: An audience with the Achamenid king. In O. Hekster and R. Foeler (eds.) *Imaginary Kings: Royal Images in the Ancient Near East, Greece and Rome*, Stuttgart: Franz Steiner Verlag, pp. 39-62.

Althusser, L. et E. Balibar 1965 *Lire le capital* (I et II). Paris: François Maspero.

Althusser, L. 1970 Idéologie et appareils idéologiques d'État. *La Pansée* 151: 67-125.

Amiet, P. 1977 *Les civilisations antiques du proche orient*. Paris: Editions d'Art Lucien Mazenod.

Arendt, H. 1960 Society and culture. *Daedalus* 89 (2): 278-287.

Arendt, H. 1972 *Crises of the Republic: Lying in Politics, Civil Disobedience, on Violence, Thoughts on Politics and Revolution*. New York: Harcourt Brace Jovanovich.［山田正行（訳）2000『暴力について』みすずライブラリー］

Areshian, G. E. 2013 Introduction: Valiability and complexity in multidisciplinary and interdisciplinary studies of empires. In G. E. Areshian (ed.) *Empires and Diversity: On the Crossroads of Archaeology, Anthropology, and History*, Los Angeles: Cotsen Institute of Archaeology Press, pp. 1-20.

Arimatsu, Y. 2006 Comparison between pottery from Kaluraz and Deilaman, Iran. In T. Ohtsu, J. Nokandeh, K. Yamauchi and T. Adachi (eds.) *Report of the Iran Japan Joint Archaeological Expedition to Gilan, Fifth Season*, Tehran and Tokyo: Iranian Cultural Heritage and Tourism Organization and Middle Eastern Culture Center in Japan, pp. 47-49.

Arimatsu, Y. 2011 *Communautés locales de l'âge du Fer dans l'Iran septentrional : variation régionale de la forme, de la chaîn opératoire et de la fonction de la céramique non-utilitaire*. Lyon: Thèse de l'Université Lumière Lyon 2.

Arimatsu, Y. 2015 Homogénéisation de la céramique fine de la deuxième moitié de l'âge du Fer au nord de l'Iran dans le cadre de l'horizon à céramique de type Orange Ware. *Iranica Antiqua* L: 213-232.

Aristotle［335–323 BCE］*Politica*.［牛田徳子（訳）2001『アリストテレス　政治学』京都大学学術出版会］

Arnold, D. E. 1981 A model for the identification of non-local ceramic distribution: View from the present. In H. Howard and E. Morris (eds.) *Production and Distribution: A Ceramic Viewpoint*, BAR International Series 120, Oxford: British Archaeological Reports, pp. 31-44.

Arnold, D. E. 1985 *Ceramic Theory and Cultural Process*. Cambridge: Cambridge University Press.

Arnold, D. E. 1989a Patterns of learning, residence and descent among potters in Ticul, Yucatan, Mexico. In S. J. Shennan (ed.) *Archaeological Approaches to Cultural Identity*, Londres:

Unwin Hyman, pp. 174-184.

Arnold, D. E. 1989b Technological diversity and evolutionary viability: A comparaison of pottery-making technologies in Guatemala, Peru, and Mexico. In C. C. Kolb (ed.) *Ceramic Ecology, 1988. Current Research on Ceramic Materials*. Oxford: BAR International Series 513, pp. 29-59.

Arnold, D. E. 1999 Advantages and disadvantages of vertical-half molding technology: Implications for production organization. In J. M. Skibo (ed.) *Pottery and People: A Dynamic Interaction*, Salt Lake City: University of Utah Press, pp. 59-80.

Arnold, D. E. 2000 Does the standardization of ceramic pastes really mean specialization? *Journal of Archaeological Method and Theory* 7: 333-375.

Arrighi, G. 1978 La *geometria dell'imperialismo*. Milano: Feltrinelli.

Ashmore, W. and R. Wilk 1988 Household and community in the Mesoamerican past. In R. Wilk and W. Ashmore (eds.) *Household and Community in the Mesoamerican Past*, Albuquerque: University of New Mexico Press, pp. 1-27.

Bachofen, J. J. 1861 *Das Mutterrecht: eine Untersuchung über die Gynaikokratie der alten Welt nach ihrer religiösen und rechtlichen Natur*. Stuttgart: Verlag von Krais und Hoffmann. [吉原達也（訳）2002『母権制序説』ちくま学芸文庫]

Bahrani, Z. 2008 *Woman of Babylon: Gender and Representation in Mesopotamia*. London: Routledge.

Baker, R. T. and W. T. Sanders 1972 Demographic studies in anthropology. *Annual Review of Anthropology* 1: 151-178.

Bang, P. F. and C. A. Bayly 2003 Introduction: Comparing pre-modern empires. *Medieval History Journal* 6 (2): 169-187.

Bang, P. F. and C. A. Bayly (eds.) 2011 *Tributary Empires in Global History*. Basingstoke: Palgrave Macmillan.

Barnes, B. 2000 *Understanding Agency: Social Theory and Responsible Action*. London: Sage Publications

Barjamovic, G. 2004 Civic institutions and self-gouvernment in southern Mesopotamia in the mid-first millennium B.C. In J. D. Dercksen (ed.) *Assyria and Beyond: Studies Presented to Mogens Trolle Larsen*, Leiden: Nederlands Instituut voor het Nabije Oosten, pp. 47-98.

Barjamovic, G. 2013 Mesopotamian empires. In P. Fibiger and W. Scheidel (eds.) *The Oxford*

Handbook of the State in the Ancient Near East and Mediterranean, Oxford: Oxford University Press, pp. 120-160.

Barker, E. 1942 *Reflection on Government*. London: Oxford University Press. ［足立忠夫（訳）1968『現代政治の考察：討論による政治』勁草書房］

Barker, E. 1951a *Essays on Government*. Oxford: Clarendon Press.

Barker, E. 1951b *Principles of Social & Political Theory*. Oxford: Clarendon Press. ［堀豊彦・藤原保信・小笠原弘親（訳）1969『政治学原理』勁草書房］

Barrett, J. C. 1994 *Fragments from Antiquity: An Archaeology of Social Life in Britain, 2900-1200 BC*. Oxford: Blackwell.

Barry, S. 1985 *Michel Foucault*. London: Tavistock Publications.

Bauer, A. M., Johansen, P. G. and R. L. Bauer 2007 Towards a political ecology in Early South India: Preliminary considerations of the sociopolitics of land and animal use in the Southern Deccan, Neolithic through Early Historic Periods. *Asian Perspectives* 46 (1): 3-35.

Bell, C. 1992 *Ritual Theory, Ritual Process*. New York: Oxford University Press.

Bell, C. 1997 *Ritual: Perspectives and Dimensions*. New York: Oxford University Press.

Bichler, R. 2000 *Herodots Welt*. Berlin: Der Aufbau der Historie am Bild der fremden Länder und. Völker, ihrer Zivilisation und ihrer Geschichte.

Binford, L. R. 1962 Archaeology as anthropology. *American Antiquity* 28: 217-225.

Blanton, R. 2008 The evolution of social complexity and the state. In C. Renfrew and P. Bahn (eds.) *Archaeology: The Key Consept*, New York: Routledge, pp. 101-106.

Blanton, R. and L. Fargher 2010 *Collective Action in the Formation of Pre-Modern States*. New York: Springer.

Blasé, J. 1991 The micropolitical perspective. In J. Blasé (ed.) *The Politics of Life in Schools: Power, Conflict, and Cooperation*, California: Corwin Press, pp. 1-18.

Blinkhorn, P. W. 1997 Habitus, social identity and anglo-saxon. In C. C. Cumberpatch and P. W. Blinkhorn (eds.) *Not so much a pot, more a way of life*, Oxford: Oxbow Books, pp. 113-124.

Bloch, M. L. B. 1928 Pour une histoire comparée des sociétés européennes. *Revue de synthèse historique* 46: 15-50. ［高橋清德（訳）1978『比較史の方法』創文社］

Bloch, M. 1986 *From Blessing to Violence: History and Ideology in the Circumcision ritual of the*

引用文献

Merina of Madagascar. Cambridge: Cambrodge University Press.〔田辺繁治・秋津元輝 (訳) 1994『祝福から暴力へ——儀礼における歴史とイデオロギー——』法政大学出版 局〕

Bodin, J.〔1576〕1949 *De la république*. Paris: Médicis.

Boehmer, R. M. 1991 Uruk 1980-90: A progress report. *Antiquity* 65 (248): 465-478.

Booth, W. J. 1993 *Households: On the Moral Architecture of the Economy*. New York: Cornell University Press.

Boserup, E. 1965 *The Conditions of Agricultural Growth: The Economics of Agrarian Change under Population Pressure*. New York: Aldine.

Bossuet, J-B.〔1685〕2001 *Discours sur l'histoire universelle*. Boston: Adamant Media Corporation.

Boucharlat, R. 1987 Les niveaux post-Achéménides à Susa, secteur nord. *Cahiers de la Délégation Archéologique Française en Iran* 15: 145-326.

Boucharlat, R. 2005 Iran. In P. Briant et R. Boucharlat. (dirs.) L'archaéologie de l'empire achéménide : nouvelles recherches. Presika 6. Paris: De Boccard.

Boucharlat, R., Francfort, H-P. and O. Lecomte 2005 The citadel of Ulug Tepe and the Iron Age archaeological sequence in Southern Central Asia. *Iranica Antiqua* XL: 479-513.

Bourdieu, P. 1965 *Un art moyen*. Paris: Les Éditions de Minuit.〔山縣熙・山縣直子 (訳) 1990『写真 論』法政大学出版〕

Bourdieu, P. 1972 *Esquisse d'une théorie de la pratique, précédé de trois études d'ethnologie kabyle*. Genève: Droz.

Bourdieu, P. 1977a Sur le pouvoir, *symbolique. Annales* 3: 405-411.

Bourdieu, P. 1977b *Algérie 60. Structures économiques et structures temporelles*. Paris: Les Éditions de Minuit.〔原山哲 (訳)『資本主義のハビトゥス——アルジェリアの矛盾』藤原書店〕

Bourdieu, P. 1980 *Le sens pratique*. Paris: Les Éditions de Minuit.〔今村仁司・福井憲彦・塚原史・ 港道隆 (訳) 1988-1990『実践感覚 (1・2)』みすず書房〕

Bourdieu, P. 1987 *Choses dites*. Paris: Les Éditions de Minuit.〔石崎晴巳 (訳) 1991『構造と実践』藤 原書店〕

Bourdieu, P. 1989 *La noblesse d'État. Grandes écoles et esprit de corps*. Paris: Les Éditions de Minuit.

Bourdieu, P. 1993 Esprits d'État. Genèse et structure du champ bureaucratique. *Actes de la recherche en sciences socials* 96-97: 49-62.

Bourdieu, P. 1997 De la maison du roi à la raison d'État: Un modèle de la genèse du champ bureaucratique. *Actes de la recherche en sciences socials* 118: 55-68.

Bourdieu, P., Cristin, O. et P.-E. Will 2000 Sur la science de l'État. *Actes de la recherche en sciences socials* 133: 3-11.

Boyce, M. 1988 Avestan people. *Encyclopedia Iranica* III: 62-66.

Boyd, R. and P. Richerson 1985 *Culture and the Evolutionary Process*. Chicago: University of Chicago Press.

Bowser, B. J. 2000 From pottery to politics: An ethnoarchaeological study of political factionalism, ethnicity, and domestic pottery style in the Ecuadorian Amazon. *Journal of Archaeological Method and Theory* 7 (3): 219-248.

Bray, T. L. 2003 The commensal politics of early state and empires. In Bray, T. L. (ed.) 2003 *The Archaeology and Politics of Food and Festing in Early States and Empires*, New York: Kluwer Academic/Plenum Publishers, pp. 1-13.

Bray, T. L. (ed.) 2003 *The Archaeology and Politics of Food and Festing in Early States and Empires*. New York: Kluwer Academic/Plenum Publishers.

Briant, P. 1996 *Histoire de l'empire perse : De Cyrus à Alexandre*. Paris: Libraire Arthème Fayard.

Briant, P. 1999a Histoire de l'empire achéménide aujourd'hui: L'historian et ses documents. *Annale. Histoire, Sciences Sociales* 1999: 1127-1136.

Briant, P. 1999b The Achaemenid empire. In K. Raaflaub and N. Rosenstein (eds.) *War and Society in the Ancient and Medieval Worlds: Asia, The Mediterranean, Europe, and Mesoamerica*, Cambridge: Center for Hellenic Studies, pp. 102-128.

Brinkman, J. A. 1977 Appendix: Mesopotamian chronology of the historical period. In A. L. Oppenheim (ed.) *Ancient Mesopotamia: Portrait of a dead Civilization*, Chicago: University of Chicago Press, pp. 335-348.

Brithwaite, M. 1982 Decoration as ritual symbol: A theoretical proposal and an ethnologic study in southern Sudan. In I. Hodder (ed.) *Symbolic and Structural Archaeology*, Cambridge: Cambridge University Press, pp. 80-88.

Bromberger, C. 1979 Technologie analyse sémantique des objects: Pour une sémio-technologie. *L'Homme* 19: 105-140.

Brosius, M. 2006 *The Persians: An Introduction*. London: Routledge.

引用文献

Broughton, J. M. and M. D. Cannon 2010 *Evolutionary Ecology and Archaeology: Applications to Problems in Human Evolution and Prehistory*. Salt Lake City, Utah: University of Utah Press.

Brown, J. A. 1981 The serarch for rank in prehistoric burials. In R. Chapman, I. Kinnes and K. Randsborg (eds.) *The Archaeology of Death*, Cambridge: Cambridge University Press, pp.33-45.

Brown, S. C. 1986 Media and secondary states formation in the Neo-Assyrian Zagros. *Journal of Cuneiform Studies* 38: 107-117.

Brumfiel, E. M. 1994a Factional competition and political development in the New World: An introduction. In E. Brumfiel and J. Fox (eds.) *Factional Competition and Political Development in the New World*, Cambridge: Cambridge University Press, pp. 3-13.

Brumfiel, E. M. 1994b Ethnic groups and political developments in Ancient Mexico. In E. Brumfiel and J. Fox (eds.) *Factional Competition and Political Development in the New World*, Cambridge: Cambridge University Press, pp. 103-110.

Brumfiel, E. M. 2011Towards a middle range theory of household politics: The standerdization of decorative motifs in Middle Post-Classic Mexico. In P. G. Johansen and A. M. Bauer (eds.) *The Archaeology of Politics: The Materiality of Political Practice and Action in the Past*, Cambridge: Cambridge Scholars Publishing, pp. 245-282.

Buci-Glucksmann, C. 1975 *Gramsci et l'État: Pour une théorie matérialiste de la philosophie*. Paris: Fayard.［大津真作（訳）1983『グラムシと国家』合同出版］

Brumfiel, E. and T. K. Earle 1987 Specialization, exchange, and complex societies: An introduction. In E. Brumfiel and T. K. Earle (eds.) *Specialization, Exchange, and Complex Societies*, Cambridge: Cambridge University Press, pp. 1-9.

Brun, P. et P. Ruby 2008 *L'âge du Fer en France: Première villes, premier États celtiques*. Paris: La Découverte.

Burbank, J. and F. Cooper 2010 *Empires in World History: Geographies of Power, Politics of Difference*. Princeton, NJ: Princeton University Press.

Burdeau, G. 1949 *Le pouvoir politique. Traité de science politique*, Tome 1. Paris: Librairie générale de droit et de jurisprudence.

Burdeau, G. 1970 *L'État*. Paris: Éditions du Seuil.

Burke, E. [1790] 2009 *Reflections on the Revolution in France*. Oxford: Oxford University Press. [水田洋・水田珠枝 (訳) 2002『フランス革命についての省察ほか』中央公論新社]

Burke, P. 2005 *History and Social Theory*. 2nd edition. Cambridge: Cambridge University Press. [佐藤公彦 (訳) 2009『歴史学と社会理論 (第二版)』慶應義塾大学出版会]

Camaroff, J. and J. Camaroff 1991 *Revelation and Revolution: Christianity, Colonialism and Consciousness in Southern Africa*, vol. 1. Chicago: University of Chicago Press.

Cameron, C. M. 1998 Coursed adobe architecture, style, and social boundaries in the American Southwest. In M. Stark (ed.) *The Archaeology of Social Boundaries*, Washington D. C.: Smithsonian Institution Press, pp.183-207.

Cameron, C. M. and A. I. Duff 2008 History and process in village formation: Contexts and contrasts from the Northern Southwest. *American Antiquity* 73 (1): 29-57.

Carneiro, R. L. 1967 On the relationship between size of population and complexity of social organization. *Southwestern Journal of Archaeology* 23: 234-243.

Carneiro, R. 1970 A theory of the origins of the state. *Science* 169: 733-738.

Carnoy, M. 1984 *The State and Political Theory*. New Jersey: Princeton University Press. [加藤哲郎・黒沢惟昭・昼神洋史 (監・訳) 1992『国家と政治理論』御茶の水書房]

Carr, C. 1995 Mortuary practices: Their social, philosophical-religious, circumstantial, and physical determinants. *Journal of Archaeological Method and Theory* 2 (2): 105-200.

Carr, C. and J. E. Neitzel (eds.) 1995 *Style, Society, and Person: Archaeological and Ethnological Perspective*. New York: Plenum Press.

Carsten, J. and S. Hugh-Jones 1995 Introduction: About the house-Levi-Strauss and Beyond. In J. Carsten and S. Hugh-Jones (eds.) *About the House: Levi-Strauss and Beyond*, Cambridge: Cambridge University Press, pp. 1-46.

Chaiklin, A. and J. Lave (eds.) 1993 *Understanding Practice: Perspectives on Activity and Context*. Cambridge: Cambridge University Press.

Chase-Dunn, C. and T. D. Hall (eds.) 1991 *Core-Periphery Relation in Precapitalist Worlds*. Oxford: Boulder.

Childe, V. G. 1925 *The Down of European Civilization*. London: Kegan Paul.

Childe, V. G. 1928 *The Most Ancient East*. London: Kegan Paul.

Childe, V. G. 1934 *New Light on the Most Ancient East*. London: Kegan Paul.

Childe, V. G. 1936 *Man Makes Himself.* London: Watts.

Childe, V. G. 1942 *What Happened in History.* Harmondsworth: Penguin.

Childe, V. G. 1950 The Urban Revolution. *Town Planning Review* 21: 4-17.

Childe, V. G. 1956 *Piecing Together the Past.* London: Routledge and Kegan Paul.

Childe, V. G. 1958 *Prehistory of European Society.* Penguin: Harmondsworth.

Childs, S. T. 1991 Style, technology and iron smelting furnaces in Bantu-speaking Africa. *Journal of Anthropological Archaeology* 10 (2): 332-359.

Childs, S. T. and T. Killick. 1993 Indigenous African metallurgy: Nature and culture. *Annual Reviews of Anthropology* 22: 317-337.

Chilton, E. S. 1996 *Embodiments of Choice: Native American Ceramic Diversity in the New England Interior.* Ph.D. dissertation. University of Massachusetts.

Christaller, W. 1933 *Die Zentralen Orte in Süddeutschland.* Jena: Karl Zeiss.

Chua, A. 2007 *Day of Empire : How Hyperpowers Rise to Global Dominance-and Why They Fall.* New York: Knopf Doubleday Publishing Group.

Cinquabre, D. 1978 Les tombes de l'âge du Fer en Iran du Nord-Ouest. *Paléorient* 4: 335-346.

Clark, J. E. and M. Black 1994 The power of prestiges: Competitive generosity and the emergence of rancked societies in Lowland Mesoamerica. In E. Brumfield and J. Fox (eds.) *Factional Competition and Political Development in the New World*, Cambridge: Cambridge University Press, pp. 17-30.

Classen, H. J. M. and J. G. Oosten 1996 Introduction. In H. J. Classen and J. G. Oosten (eds.) 1996 *Ideology and the Formation of Early State*, Leiden: E. J. Brill, pp. 1-23.

Classen, H. J. M. and P. van de Velde 1987 *Early State Dynamics.* Leiden: E. J. Brill

Claessen, H. J. M. and P. Skalník (eds.) 1978 *The Early State.* Mouton: The Hague.

Claessen, H. J. M. and P. Skalník (eds.) 1981 *Study of the State.* Mouton: The Hague.

Clastres, P. 1974 *La société contre l'État.* Paris: Les Éditions de Minuit. ［渡辺公三（訳）1987『国家に抗する社会：政治人類学研究』書肆風の薔薇］

Cochrane, E. E. 2009 *Evolutionary Archaeology of Ceramic Diversity in Ancient Fiji.* Oxford: Archaeopress.

Cohen, R. and E. Service (eds.) 1978 *Origins of the State: The Anthropological of Political Evolution.* Philadelphia: Institute for the Study of Human Issues.

Comaroff, J. and J. L. Comaroff 1991 *Of Revelation and Revolution: Christianity, Colonialism, and Consciousness in South Africa*. Chicago: University of Chicago Press.

Comaroff, J. and J. L. Comaroff 1992 *Ethnography and the Historical Imagination*. Colorado: Westview Press.

Comte, I. A. 1830/1842 *Cours de philosophie positive*. Paris: Bachelier. ［清水幾太郎（監）、霧生和夫・清水礼子（訳）1980『世界の名著（46）コント・スペンサー』中央公論新社］

Conkey, M. 1978 Style and information in cultural evolution: Toward a predictive model for the Paleolithic. In C. Redman (ed.) *Social Archaeology: Beyond Subsistence and Dating*, New York: Academic Press, pp. 61-85.

Conkey, M. W. 1990 Experimenting with style in archaeology: Some historical and theoretical issues. In M. W. Conkey and C. A. Hastorf (eds.) *The Use of Style in Archaeology*, Cambridge: Cambridge University Press, pp. 5-17.

Conkey, M. W. and C. A. Hastorf (eds.) 1990 *The Use of Style in Archaeology*. Cambridge: Cambridge University Press.

Conah, G. 1986 *African Civilizations*. Cambridge: Cambridge University Press. ［近藤義郎・河合信和（訳）1993『熱帯アフリカの都市化と国家形成』河出書房新社］

Cooper, F. 2004 Empire multiplied. *Comparative Studies in Society and History* 46: 247-272.

Cooper, J. 1983 *Reconstructing History from Ancient Inscription: The Lagash-Umma Border Conflict*. Malibu, CA: Undena Pubns.

Cooper, J. 1986 *Sumerian and Akkadian Royal Inscriptions I: Presargonic Inscriptions*. New Haven, CT: American Oriental Society.

Coquery=Vidrovitch, C. 1969 Recerche sur un mode de production africaine. *La Pensée* 144 : 61-78. ［山崎カオル（訳）「アフリカ的生産様式に向けて」『マルクス主義と経済人類学』柘植書房、99-123頁］

Cordy, R. H. 1974 Complex rank cultural systems in the Hawaiian Islands: Suggested explanations for their origins. *Archaeology and Physical Anthropology in Oceania* 10: 89-109.

Costin, C. L. 1991 Craft specialization: Issues in defining, documenting, and explaning the organization of production. In M. B. Schiffer (ed.) *Archaeological Method and Theory* vol. 3, Tucson: University of Arizona. Press, pp. 1-56.

Creswell, R. 1993 Of mills and waterwheels. The hidden parameters of technological choice. In P.

Lemonnier (ed.) *Technological Choices. The Transformations in Materials Cultures since the Neolithic*, London: Routledge, pp.181-213.

Crumley, C. L. 1987 A dialectical critique of hierarchy. In T. Patterson and C. Gailey (eds.) *Power Relations and State Formation*, Washington: American Anthropological Association, pp. 155-159.

Crumley, C. L. 1995 Heterarchy and the analysis of complex societies. In R. Ehrenreich, C. Crumley and J. Levy (eds.) *Heterarchy and the Analysis of Complex Societies*, Arlington: American Anthropological Association, pp. 1-5.

Crumley, C. L. 2001 Communication, holism, and the evolution of sociopolitical complexity. In J. Haas (ed.) *From Leaders to Rulers*, New York: Kluwer Academic/Plenum Publishers, pp. 19-33.

Crumley, C. L. 2007 Note on a new paradigm. In S. Kohring and S. Wynne-Jones (eds.) *Socialising Complexity: Structure, Interaction and Power in Archaeological Discourse*, Oxford: Oxbow Books, pp. 30-36.

Curtis, J. 1995 *Later Mesopotamia and Iran: Tribes and Empires 1600-539 BC*. London: British Museum Press.

Dahl, J. 2007 *The Ruling Family of Ur III Umma: A Prosopographical Analysis of an Elite Family in Southern Iraq 4000 years ago*. Leiden: Nederlands Instituut voor het Nabije Oosten.

Dahl, R. A. 1957 The concept of power. *Behavioral Science* 2: 201-215.

Dahl, R. A. 1961 *Who Governs ?: Democracy and Power in an American City*. New Haven: Yale University Press.［河村望・高橋和宏（監・訳）1988『統治するのはだれか：アメリカの一都市における民主主義と権力』行人社］

Dahl, R. A. 1963 *Modern Political Analysis*. Englewood Cliffs: Prentice-Hall.［高畠通敏（訳）1999『現代政治分析』岩波書店］

D'Altroy, T. N. 1992 *Provincial Power in the Inka Empire*. Washington, D. C.: Smithsonian Institution Press.

D'Altroy, T. N. 2010a State goods in the domestic economy: The Inka ceramic assemblage. In T. N. D'Altroy and C. A. Hastorf (eds.) *Empire and Domestic Economy*, New York: Kluwer Academic/Plenum Publishers, pp. 243-293.

D'Altroy, T. N. 2010b From autonomous to imperial rule. In T. N. D'Altroy and C. A. Hastorf (eds.) *Empire and Domestic Economy*, New York: Kluwer Academic/Plenum Publishers, pp.

325-339.

D'Altroy T. N. and T. K. Earle 1985 Staple finance, wealth finance, and storage in the Inka political economy. *Current Anthropology* 26 (2): 187-206.

D'Altroy T. N. and C. A. Hastorf (eds.) 2010 *Empire and Domestic Economy*. New York: Kluwer Academic/Plenum Publishers.

David, N. and H. Henning 1972 The ethnography of pottery: A fulani case seen in archaeological perspective. *McCaleb Module in Anthropology* 21: 1-29.

David, N., Sterner, J. and K. Gavua 1988 Why pots are decorated? *Current Anthropology* 29 (3): 365-389.

David, N. and C. Kramer 2001 *Ethnoarchaeology in Action*. Cambridge: Cambridge University Press.

Deagon, K. 2001 Dynamics of imperial adjustment in Spanish America: Ideology and social integoration. In S. E. Alock, T. N. D'Altroy, K. D. Morrison and C. M. Sinopoli (eds.) *Empires: Perspectives from Archaeology and History*, Cambridge: Cambridge University Press, pp. 179-194.

De Boer, W. R. 1990 Interaction, imitation, and communication as expressed in style: The Ucayali experience. In M. W. Conkey and C. A. Hastorf (eds.) *The Use of Style in Archaeology*, Cambridge: Cambridge University Press, pp. 82-104.

De Bonald, L. G. [1796] 2010 *Theorie du pouvoir: Politique et religieux*. Whitefish and Montana: Kessinger Publishing.

De Maret, P. 1980 Ceux qui jouent avec le feu. La place du forgeron en *Afrique* centrale. Africa 50: 263-279.

De Marrais, E., Castillo, E. and T. K. Earle.1996 Ideology, materialization, and power strategies. *Current Anthropology* 37: 15-31.

De Marrais, E., L. J. Castillo and T. K. Earle 2002 Ideology, materialization, and power strategies. In T. K. Earle (ed.) *Bronze Age Economics: The First Political Economies*, Boulder: Westview Press, pp.348-385.

De Morgan, H. 1905 Recherches au Talyche Persan en 1901. *Mémoires de la délégation en Perse* 8: 251-342.

De Morgan, J. 1925 *La préhistoire orientale*. Paris: Paul Geuthner.

Deetz, J. 1965 *The Dynamics of Stylistic Change in Arikara Ceramics*. Chicago: University of Illinois

引用文献

Press.

Deshayes, J. 1976 Rapport preminaire sur la onzième de fouille à Torang Tappeh. *Proceedings of the Ivth Annual Symposium on Archaeological Research in Iran*: 298-321.

Deleuze, G et F. Guattari 1980 *Mille plateaux*. Paris: Édition de Minuit. [宇野邦一・小沢秋広・田中敏彦・豊崎光一・宮林寛・守中高明 (訳) 1994『千のプラトー』河出書房新社]

Dietler, M. 1990 Drive by drink: The role of drinking in the political economy and the case of Early Iron Age France. *Journal of Anthropological Archaeology* 9: 352-406.

Dietler, M. 1996 Feasts and commensal politics in the political economy: Food, power, and status in prehistoric europe. In P. Wiessner and W. Schienhövel (eds.) *Food and the Status Quest: An Interdisciplinary Perspective*, Providence RI: Berghahn Books, pp. 87-125.

Dietler, M. 1998 Comsumption, agency, and cultural entanglement: Theoretical implications of a Mediterranean colonial encounter. In J. Cusick (ed.) *Studies in Culture Contact: Interaction, Culture Change, and Archaeology*, Carbondale: Center for Archaeological Investigations, pp. 288-315.

Dietler, M. 2001 Theorizing the feast: Rituals of consumption, commensal politics and power in African contexts. In M. Dietler and B. Hayden (eds.) *Feasts: Archaeological and Ethnographic Perspectives on Food, Politics and Power*. Washington, D. C.: Smithonian Press, pp. 65-114.

Dietler, M. 2003 Cleaning the teble: Some concluding reflections on commensal politics and imperial states. In T. L. Bray (ed.) 2003 *The Archaeology and Politics of Food and Festing in Early States and Empires*, New York: Kluwer Academic/Plenum Publishers, pp. 271-282.

Dietler, M. and B. Hayden (eds.) 2001 *Feasts: Archaeological and Ethnographic Perspectives on Food, Politics and Power*. Washington, D. C.: Smithonian Press.

Dietler, M. and I. Herbich 1989 Tich Matek: The technology of Luo pottery production and the definition of ceramic style. *World archaeology* 21 (1): 148-164.

Dietler, M. and I. Herbich 1998 Habitus, techniques, style: An integrated approach to the social understanding of material culture and boundaries. In M. Stark (ed.) *The Archaeology of Social Boundaries*, Washington, D. C.: Smithsonian Institution Press, pp. 232-263.

Dietler, M. and I. Herbich 2001 *Feasts and labor mobilization: Dissecting fundamental economic practice. In M. Dietler and B. Hayden (eds.) Feasts: Archaeological and Ethnographic*

Perspectives on Food, Politics and Power. Washington, D. C.: Smithonian Press, pp. 240-262.

Dobres, M.-A. 2000 *Technology and Social Agency. Outlining a practice Framework for Archaeology*. Oxford: Blackwell.

Dobres, M.-A. and J. Robb (eds.) 2000 *Agency in Archaeology*. London: Routledge.

Dobres, M.-A. and C. R. Hoffman. 1994 Social agancy and the dynamics of prehistoric technology. *Journal of Archaeological Method and Theory* 1 (3): 211-258.

Dobres, M.-A. and C. R. Hoffman 1999 *The Social Dynamics of Technology: Practice, Politics and World Views*. Washington D. C.: Smithsonian Institution Press.

Douglas, M. 1979 *The World of Goods*. New York: Basic Books. [浅田彰・佐和隆光（訳）1984『儀礼としての消費—財と消費の経済人類学—』新曜社]

Downing, T. E. and M. Gibson (eds.) 1974 *Irrigation's Impact on Society*. Anthropological Papers of the University of Arizona 25. Tucson: University of Arizona Press.

Doyle, M. W. 1986 *Empires*. Ithaca, NY: Cornell University Press.

Dummond, D. E. 1965 Population grouth and cultural change. *Southwestern Journal of Anthropology* 21: 302-324.

Dunnell, R. C. 1989 Aspects of the application of evolutionary theory in archaeology. In C. C. Lamberg-Karlovsky (ed.) *Archaeological Thought in America*, Cambridge: Cambridge University Press, pp. 35-49.

Dupré, G. et P.-P. Rey 1969 Réflexions sur la pertinence d'une théorie de l'histoire des échnge. *Cahiers internationaux de Sociologie* 46 (1) : 133-162. [山崎カオル（訳）「交換の歴史についての理論の妥当性」『マルクス主義と経済人類学』柘植書房、71-98 頁]

Durkheim, É. [1912] 2013 *Les formes élémentaores de la vie religieuse*. Paris: Presses Universitaires de France. [古野清人（訳）1941『宗教生活の原初形態』岩波書店]

Dusinberre, E. R. M. 1999 Satrapal Sardis: Achaemenid bowls in an Achaemenid capital. *American Journal of Archaeology* 103: 73-102.

Dusinberre, E. R. M. 2003 *Aspects of Empire in Achaemenid Sardis*. Cambridge: Cambridge University Press.

Dusinberre, E. R. M. 2013 *Empire, Authority, and Autonomy in Achaemenid Anatolia*. Cambridge: Cambridge University Press.

引用文献

Dyson, R. 1965 Problems of Protohistoric Iran as seen from Hasanlu. *Journal of Near Eastern Studies* 24: 193-217.

Dyson, R. 1977 Architecture of the Iron I Period at Hasanlu in Western Iran and its implications for theories of migration on the Iranian plateau. In J. Déshayes (dir.) *Le Plateau iranien et l'Asie centrale des origines à la conquete islamique*, Paris: Centre national de la recherche scientifique, pp. 95-112.

Dyson, R. 1989 Rediscovering Hasanlu. *Expedition* 31(2-3): 3-11.

Dyson, R. H. Jr. and W. C. S. Remsen 1989 VII. Observations on architecture and stratigraphy at Tappeh Hesār. In R. H. Dyson Jr. and S. M. Howard (eds.) *Tappeh Hesār: Reports of the Restudy Project, 1976*, Firenze: Case Editrice le Lettere, pp. 69-109.

Eagleton, T. 1991 *Ideology: An Introduction*. London: Verso. ［大橋洋一（訳）1999『イデオロギーとは何か』平凡社］

Eagleton, T. 2000 *The Idea of Culture*. Oxford: Blackwell. ［大橋洋一（訳）2006『文化とは何か』松柏社］

Earle, T. K. 1977 A Reappraisal of redistribution: Complex Hawaiian chiefdoms. In T. K. Earle and J. Ericson (eds.) *Exchange Systems in Prehistory*, New York: Academic Press, pp. 213-229.

Earle, T. K. 1978 *Economic and social organization of a complex chiefdom: The Halelea distinct, Kaua'I, Hawaii*. University of Michigan, Museum of Anthropology, Anthropological Paper 64.

Earle, T. K. 1987 Chiefdoms in archaeological and ethnohistorical perspective. *Annual Review of Anthropology* 16: 279-308.

Earle, T. K. 1991 Property rights and the evolution of chiefdoms. In T. K. Earle (ed.) *Chiefdoms: Power, Economy, and Ideology*, Cambridge and New York: Cambridge University Press, pp. 71-99.

Earle, T. K. (ed.) 1991 *Chiefdoms, Powrer, Economy and Ideology*. Cambridge: Cambridge University Press.

Earle, T. K. 1997 *How Chiefs Come to Power: The Political Economy in Prehistory*. Stanford: Stanford University Press.

Easton, D. 1953 *The Political System*. New York: Alfred A. Knopf.

Easton, D. 1990 *The Analysis of Political Structure*. New York: Routledge. ［山川雄巳（監・訳）1998

『政治構造の分析』ミネルヴァ書房]

Ehrenreich, R., Crumley, C. and J. E. Levy (eds.) 1995 *Heterarchy and the Analysis of Complex Societies*. Archaeological Paper 6. Washington D. C.: American Anthropological Association.

Eisenstadt, S. N. [1963] 1993 *The Political System of Empires*. London and New York: The Free Press of Glencoe.

Eliade, M. 1949 Traitè d'histoire des religions. Morphologie du sacré. Paris: Payot.

Elias, N. 1973 *La civilisation des moeurs*. Paris: Calman-Lévy.

Ember, M. 1963 The relationship between economic and political development in Nonindustrialized societies. *Ethnology* 2: 228-258.

Engels, F. 1884 *Der Ursprung der Familie, des Privateigenthums und des Staats*. [戸原四郎 (訳) 1965 『家族・私有財産・国家の起源—ルイス・H・モーガンの研究に関連して』岩波書店]

Englund, R. K. 1998 Texts from the late Uruk Period. In J. Bauer, R. K. Englund and Manfred, K. (hrsg.) *Späturuk-Zeit und Frühdynastische Zeit (Mesopotamien, Annäherungen 1)*, Freiburg, Schweiz: Academic Press, pp. 15-233.

Ehrenreich, R., Crumley, C. and J. Levy (eds.) 1995 *Heterarchy and the Analysis of Complex Societies*. Arlington: American Anthropological Association

Fahimi, H 2005 Observations on the distribution of Iron Age sites on the Sefidrud river west bank. In T. Ohtsu, K. Yamauchi and J. Nokandeh (eds.) *Preliminary Report of the Iran Japan Joint Archaeological Expedition to Gilan, Fourth Season*. Tehran and Tokyo: Iranian Cultural Heritage and Tourism Organization and Middle Eastern Culture Center in Japan, pp. 44-47.

Fales, F. M. (ed.) 1981 *Assyrian Royal Inscriptions: New Horizons*. Roma: Instituto per l'Oriente.

Fallahiyan, Y. 2004 Manifestion of Iron Age I culture in the ancient cemetery of Jamshidabad in Gilan. *Archaeological Reports* 2: 217-237.

Feinman, G. M. 1991 Demography, surplus, and inequality: Early political formation in Highland Mesoamerica. In T. K. Earle (ed.) *Chiefdoms: Power, Economy and Ideology*, Cambridge: Cambridge University Press, pp. 229-262.

Feinman, G. M. and J. Marcus (eds.) 1998 *Archaic States*. Santa Fe: School of American Research Press.

引用文献

Feinman, G. M. and J. Neitzel 1984 Too many types: An overview of sedentary prestate societies in the Americas. *Advances in Archaeological Method and Theory* 7: 39-102.

Ferguson, A. 1767 *An Essay on the History of Civil Society*. ［大道安次郎（訳）1948『市民社会史（上・下）』白日書院］

Fernea, R. A. 1970 *Shaykh and Effendi: Changing Patterns of Authority among the El Shabana of Southern Iraq*. Cambridge, MA: Harvard University Press & London: Oxford University Press.

Filmer, R. ［1680］1991 *Patriarcha*. Cambridge: Cambridge University Press.

Finer, S. E. 1997 *The History of Government from the Earliest Times I: Ancient Monarchies and Empires*. Oxford: Oxford University Press.

Flannery, K. 1968 Archaeological systems theory and early Mesoamerica. In B. J. Meggers (ed.) *Anthropological Archaeology in the Americas*, Washington D.C.: Anthropological Society of Washington, pp. 67-87.

Flannery, K. 1972 The cultural evolution of civilization. *Annual Review of Ecology and Systematics* 3: 399-426.

Flannery, K. 1995 *Prehistoric Social Evolution*. Needham Heights: Simon and Schuster.

Fleming, D. 2004 *Democracy's Ancient Ancestors: Mari and Early Collective Gouvernance*. Cambridge: Cambridge University Press.

Forest, J.-D. 2005 The state: The process of state formation as seen from Mesopotamia. In S. Pollock and R. Bernbeck (eds.) *Archaeologies of the Middle East: Critical Perspectives*, Oxford: Blackwell Publishing, pp. 184-206.

Fortes, M. and M. M. Evans-Prichard (eds.) 1940 *African Political Systems*. Oxford: Oxford University Press. ［大森元吉（訳）1972『アフリカの伝統的政治体系』みすず書房］

Foster, G. M. 1965 The sociology of pottery: Questions and hypothese arising from contemporary mexican work. In F. R. Matson (ed.) *Ceramic and Man*, Chicago: Aldine Publishing Company, pp. 43-61.

Foucault, M. 1961 *Folie et déraison: Histoire de la folie à l'âge classique*. Paris: Plon. ［田村俶（訳）1975『狂気の歴史—古典主義時代における』新潮社］

Foucault, M. 1975 *Surveiller et punir: Naissance de la prison*. Paris: Gallimard. ［田村俶（訳）1977『監獄の誕生—監視と処罰』新潮社］

Foucault, M. 1976 *L'histoire de la sexualité I: La volonté de savoir*. Paris: Gallimard. ［渡辺守章（訳）1986『性の歴史 I　知への意志』新潮社］

Foucault, M. 1977 Vérité et pouvoir. *L'Arc* 70: 16-32. ［北川晴一（訳）1984「真理と権力」桑田禮彰・福井憲彦・山本哲士（編）『ミッシェル・フーコー──1926-1984』新評論、72-98頁］

Foucault, M. ［C. Gordon (ed.)］1980 *Power/Knowledge: Selected Interviews and Other Writings 1972-1977*. London: Harvester.

Foucault, M. 1982 The subject and power. In H. L. Dreyfus and P. Rabinow (eds.) *Michel Foucault: Beyond Structuralism and Hermeneutics*, Brighton: Harvester Press, pp. 208-226. ［井上克人・高田珠樹・山田暁通・鷲田清一・北尻祥晃・山形頼洋・山本幾生（訳）1996『ミッシェル・フーコー──構造主義と解釈学を超えて』筑摩書房、208-226頁］

Foucault, M. 1994 *Dites et écrits*, vols. I-IV. Paris: Gallimard.

Frank, B. E. 1998 *Mande Potters and Leatherworkers. Art and Hertige in West Africa*. Washington D. C.: Smithsonian Institution Press.

Frank, A. G. and B. K. Gills 1993 *The World System: 500 Years or 5000?* London: Routledge.

Frankenstein, S. and M. J. Rowlands 1978 The internal structure and regional context of Early Iron Age society in south-western Germany. *Bulletin of the Institute of Archaeology* 15: 73-112.

Frazer, J. G. 1890 *The Golden Bough: A Study in Magic and Religion*. London: Macmillan and Co.Ltd. ［神成利男（訳）2004『金枝篇：呪術と宗教の研究』国書刊行会］

Fried, M. H. 1967 *The Evolution of Political Society: An Essay in Political Anthropology*. New York: Random House.

Friedman, J. 1974 Marxism, structuralism and Vulgar Materialism. *Man* 9 (3)：444-469. ［山崎カオル（訳）1980「マルクス主義・構造主義・俗流唯物論」『マルクス主義と経済人類学』柘植書房、127-168頁］

Friedman, J. 1975 Dynamique et transformations du système tribal: L'exemple des Katchin. *L'Homme* 15 (1): 63-98. ［山崎カオル（訳）1980「部族システムの動態と変換──カチン族の事例」『マルクス主義と経済人類学』柘植書房、201-243頁］

Friedman, J. and M. Rowlands 1978 Notes towards an epigenetic model of the evolution of civilization. In J. Friedman and M. Rowlands (eds.) *The Evolution of Social Systems*, Pittsburgh: University of Pittsburgh Press, pp. 201-278.

引用文献

Friedrich, M. H. 1970 Design structure and soxial interaction: archaeological implications of an ethnographic analysis. *American Antiquity* 35 (3): 332-343.

Fukai, S. and T. Matsutani 1978 *Halimehjan II: The excavation at Lameh Zamin*. Tokyo: Institute of Oriental Culture, University of Tokyo.

Fustel de Coulanges, N. D. 1864 *La cité antique*. Paris: Hachette. ［田辺貞之助（訳）1961『古代都市』白水社］

Gallay, A. et É. Huysecom 1991 *Enquêtes ethnoarchéologiques au Mali. Rapport des deux premières missions 1988-1989, 1989-1990*. Genève: Document du département d'anthropologie de l'Université de Genève.

Galtung, J. 1971 A structural theory of imperialism. *Journal of Peace Research* 13: 81-94.

Garelli, P. 1980 Les empires mésopotamiens. In M. Duverger (dir.) *Le consept d'empire*, Paris: Presses Universitaires de France, pp. 25-47.

Garfinkle, S. J. 2013 Ancient Near Eastern city-states. In P. Fibiger and W. Scheidel (eds.) *The Oxford Handbook of the State in the Ancient Near East and Mediterranean*, Oxford: Oxford University Press, pp. 94-119.

Garnsey, P. and C. R. Whittaker (eds.) 1978 *Imperialism in the Ancient World*. Cambridge: Cambridge University Press.

Geertz, C. 1973 Religion as a cultures. In C. Geertz *The Interpretation of Cultures*, New York: Basic Books, pp. 87-125.

Gell, A. 1998 *Art and Agency: An Anthropological Theory*. Oxford: Oxford University Press.

Ghirshman, R. 1977 *L'Iran et la migration des Indo-Aryens et des Iraniens*. Leiden: E. J. Brill.

Gibson, M. 1973 Population shift and the rise of Mesopotamian civilization. In C. Renfrew (ed.) *The Explanation of Culture Change: Models in Prehistory*, London: Duckworth, pp. 447-463.

Gibson. M. 1974 Violation of fallow and engineered disaster in Mesopotamia civilization. In T. E. Downing and M. Gibson (eds.) *Irrigation's Impact on Society*, Anthropological Papers of the University of Arizona 25, Tucson: University of Arizona Press, pp. 7-19.

Giddens, A. 1979 *Central Problems in Social Theory: Action, Structure and Contradiction in Social Analysis*. Berkeley: University of California Press.

Giddens, A. 1984 *The Construction of Society: Outline of the Theory of Structuration*. Cambridge: Polity Press.

Gierke, O. V. [1868] 2013 *Das deutsche Genossenschaftsrecht*. Paderborn: Salzwasser-Verlag Gmbh.

Gilchrist, R. 1999 *Gender and Archaeology: Contesting the Past*. London: Routledge.

Gillespie, S. 2001 Personhood, agency, and mortuary ritual: A caser study from the ancient Maya. *Journal of Anthropological Archaeology* 20: 73-112.

Gledhill, J. 2000 *Power and Its Disguises: Anthropological Perspectives on Politics*. 2nd ed. London: Pluto Press.

Gluckman, M. 1962 *Essays on the Ritual of Social Relations*. Manchester: Manchester University Press.

Godelier, M. 1973a Mode de production, rapports de parenté et structures démographiques. *La Pensée* 172：7-31. [山崎カオル（訳）1980「生産様式・親族関係・人口構造」『マルクス主義と経済人類学』柘植書房、127-168頁]

Godelier, M. 1973b *Horizon, trajets marxistes en anthropologie*. Paris: F. Maspero. [山内昶（訳）1976『人類学の地平と針路』紀伊国屋書店]

Goetz, W. 1958 *Translatio Imperii*. Tübingen: Mohr.

Goetze, A. 1963 Šakkanakkus of the Ur III empire. *Journal of Cuneiform Studies* 17: 1-31.

Goldstone, J. A. and J. F. Haldon 2010 Ancient states, empires, and exploitation: Problems and perspectives. In I. Morris and W. Scheidel (eds.) *The Dynamics of Ancient Empires: State Power from Assyria to Byzantium*, Oxford: Oxford University Press, pp. 3-29.

Goodby, R. G. 1998 Technological patterning and social boundaries: Ceramic valiability in southern New England, A.D. 1000-1675. in M. T. Stark (ed.) *The Archaeology of Social Boundaries*, Washington, D.C.: The Smithsonian Institute Press, pp. 161-182.

Gordillo, G. 2004 *Landscapes of Devils: Tensions of Place and Memory in the Argentinean Chaco*. Durham: Duke University Press.

Gosselain, O.P. 1992 Technology and style: Potters and pottery among Bafia of Cameroon. *Man* 27: 559-586.

Gosselain, O.P. 1998 Social and technological identity in a clay crystal ball. In M. T. Stark (ed.) *The Archaeology of Social Boundaries*, Washington D.C.: The Smithsonian Institute Press, pp. 78-106.

Gosselain, O. P. 2000 Materializing identities: An African perspective. *Journal of Archaeological Method and Theory* 7 (3): 187-217.

引用文献

Gosselain, O. P. 2001 Globalizing local pottery studies. In S. Beyries and P. Pétrequin (eds.) *Ethnoarchaeology and its Transfers*, Oxford: BAR International Series 983, pp. 95-111.

Gosselain, O. P. 2002 *Poteries du Cameroun méridional: Styles techniques et rapports à l'identité*. Paris: CNRS Editions.

Gosselain, O. P., Livingstone, E. and A. Smith 1995 The ceramic and society project: An ethnographic and experimental approach to technological choices. *KVHAA Konferenser* 34: 147-160.

Gosselain, O. P., Livingstone, E., Smith, A., Wallaert, G., Ewe, W. and M. Linden 1996 Preliminary resultants of fieldwork done by the <Ceramic and society project> in Cameroon, décembre 1995-mars 1996. *Nyame Akuma* 46: 11-17.

Graber, R. B. 1990 Areal decrease, density increase, and circumscription: A Mathematical note. *American Antiquity* 55 (3): 546-549.

Gramsci, A. 1955 *L'ordine nuovo, 1919-1920*. Torino: Einaudi.

Gramsci, A. [Q. Hoare and G. N. Smith (ed. and tr.)] 1971 *Selection from Prison Notebooks*. New York: International Publishers.

Gramsci, A. 1977 *Quaderni del carcere, a cura di valentine Gerratana*. Torino: Einaudi.

Guha, R. 1997 *Dominance without Hegemony: History and Power in Colonial India*. Cambridge: Harvard University Press.

Gurney, O. R. 1979 The Hittite empire. In M. T. Larsen (ed.) *Power and Propaganda. A Symposium on Ancient Empires*, Copenhagen: Akademisk Forlag, pp. 151-165.

Haas, J. 1982 *The Evolution of the Prehistoric State*. New York: New York University Press.

Haas, J. 2001 *From Leaders to Rulers*. New York: Kluwer.

Haerinck, E. 1983 *La céramique en Iran pendant la période parthe (ca. 250 av. J.C. à ca. 225 après J. C.): Typologie, chronologie et distribution*. Leuven, Imprimerie Orientaliste.

Haerinck, E. 1988 The Iron Age in Guilan: Proposal for a chronology. In J. Curtis (ed.) *Bronze-working Centres of Western Asia c. 1000-539 B.C, 63-78*. London and New York: Kegan Paul Internatuional.

Haerinck, E. 1989 The Achemenid (Iron Age IV) period in Gilan, Iran. In L. De Meyer and E. Haerinck (dirs.) *Archaeologia Iranica et Orientalis. Miscellanea in Honorem Louis Vanden Berghe*, Gent: Peeters Press, pp. 455-474.

Hakemi, A. 1968 Kaluraz and the civilization of the Mardes. *Archaeologia Viva* 1: 63-65.

Hakemi, A. 1973 Excavation Kaluraz, Gilan. *Bulletin of the Asia Institute of Pahlavi Museum* 3: 1-7.

Helms, M. 1979 *Ancient Panama: Chiefs in Search of Power*. Austin: University of Texas Press.

Halperin, C. T. and A. E. Foias 2010 Pottery politics: Late Classic Maya palace production at Motul de San José, Petén, Guatemala. *Journal of Anthropological Archaeology* 29: 392-411.

Hammel, F. A. 1980 Household structure in fourteenth century Macedonia. *Journal of Family History* 5: 242-273.

Hardin, M. A. 1977 Indivisual style in San José pottery painting: The role of deliberate choice. In J. N. Hill and J. Gunn (eds.) *The Individual in Prehistory*, New York: Academic Press, pp. 109-136.

Hardin, K. L. 1996 Technological style and the making of culture: three contexts of production. In M. J. Arnoldi, C. M. Geary and K. L. Hardin (eds.) *African Material Culture*, Bloomington: Indiana University Press, pp. 31-50.

Hardin, M. A. and B. J. Mills 2000 The social and historical context of short-term stylistic replacement: A Zuni case study. *Journal of Archaeological Method and Theory* 7 (3): 139-163.

Harner, M. J. 1970 Population pressure and the social evolution of agriculturalists. *Southwestern Journal of Archaeology* 26: 67-86.

Harris, M. 1979 *Cultural Materialism:The Struggle for a Science of Culture*. New York: Random House. ［長嶋信弘（訳）1987『文化唯物論——マテリアルから世界を読む新たな方法——（上・下）』早川書房］

Hassan, F. A. 1979 Demography and archaeology. *Annual Review of Anthropology* 8: 137-160.

Hastorf, C. A. 1993 *Agriculture and the Ouest of Political Inequality before Inka*. Cambridge: Cambridge University Press.

Hastorf, C. A. and T. N. D'Altroy 2010 The domestic economy, Households, and imperial transformation. In T. N. D'Altroy and C. A. Hastorf (eds.) *Empire and Domestic Economy*, New York: Kluwer Academic/Plenum Publishers, pp. 3-25.

Haudricourt, A. G. 1987 *La technologie: Science humanie. Recherches d'histoireet d'ethnologie des techniques*. Paris: Éditions de la Maison des sciences de l'Homme.

Hayden, B. 1990 Nimrods, piscators, pluckers, and planters: The emergence of food production. *Journal of Anthropological Archaeology* 9: 31-69.

Hayden, B. 1996 Feasting in prehistoric and traditional societies. In P. Wiessner and W. Schienhövel

引用文献

(eds.) *Food and the Status Quest: An Interdisciplinary Perspective*, Providence RI: Berghahn Books, pp. 127-148.

Hays, K. A. 1993 When is a symbol archaeologically meaningful? Meaning, function, and prehistoric visual arts. In N. Yoffee and A. G. Sherratt (eds.) *Archaeological Theory: Who Sets the Agenda?* Cambridge: Cambridge University Press, pp. 81–92.

Hegel, G. W. F.［1821］2013 *Grundlinien der Philosophie des Rechts*. Hamburg: Meiner Felix Verlag Gmbh.［長谷川宏（訳）2000『ヘーゲル　法哲学講義』作品社］

Hegmon, M. 1992 Archaeological research on style. *Annual Review of Anthlopology* 21: 517-536.

Hegmon, M. 1998 Technology, style, and social practices: Archaeological approaches. In M. T. Stark (ed.) *The Archaeology of Social Boundaries*. Washington. D. C.: Smithsonian Institution Press, pp. 264-280.

Hegmon, M. 2000 Advances in ceramic ethnoarchaeology. *Journal of Archaeological Method and Theory* 7 (3): 129-137.

Henare, A., Holbradd, M. and S. Wastell (eds.) 2007 *Thinking through Things: Theorizing Artifacts Ethnographically*. London: Routledge.

Hendry, J. 1999 *An Introduction to Social Anthropology: Other People's Worlds*. London: Macmillan Press.［桑山敬己　（訳）2007『社会人類学入門―異民族の世界』法政大学出版会］

Henkelman, W. 2003 Persia, Medes and Elamites: Acculation in the Neo-Elamite period. In G. Lanfranchi, M. Roaf and R. Rollinger (eds.) *Continuity of Empires (?): Assyria, Media, Persia*, Padiva: Sargon, pp. 181-232.

Henrickson, E. F. and M. M. A. McDonald 1983 Ceramic form and function: An ethnographic search and an archaeological application. *American Anthropologist* 85 (3): 630-643.

Herbich, I. 1987 Learning patterns, potter interaction and ceramic style among the Luo of Kenya. *The African Archaeological Review* 5: 153-204.

Hill, J. N. 1970 *Broken K Pueblo: Prehistoric Social Categorization in the American Southwest*. Anthropological Papers of the University of Arizona 18. Tucson: University Arizona Press.

Hill, J. N. 1977 Individual variability in ceramic and the study of prehistoric social organisation. In J. Hill and J. Gunn (eds.) *The Individual in Prehistory: Studies of Valiability in Style in Prehistoric Technology*, New York: Academic Press, pp. 55-108.

Hill, J. N. 1978 Individuals and their artifacts: an experimental study in archaeology. *American*

Antiquity 43 (2): 245-257.

Hinsley, F. H. 1966 *Sovereignty*. New York: Basic Book.

Hiroshima University Scientific Expedition to Iran 1976 *Archeological Map of the Gorgan Plain, Iran*. No. 1. Hiroshima: Denshi Insatsu.

Hiroshima University Scientific Expedition to Iran 1978 *Archeological Map of the Gorgan Plain, Iran*. No. 2. Hiroshima: Denshi Insatsu.

Hobbes, T. [1651] 2013 *Leviathan*. Milwaukee: Renaissance Books. [水田洋（訳）1982-1992『リヴァイアサン（1～4）』岩波書店]

Hocart, A. M. 1927 *Kingship*. Oxford: Oxford University Press. [橋本和也（訳）2012『王権』岩波文庫]

Hocart, A. M. 1970 *Kings and Councillors, An Essay in the Comparative Anatomy of Human Society*. Chicago: The University of Chicago Press.

Hodder, I. 1977 The Distribution of Material Culture Items in the Baringo District, Western Kenya. *Man* (New Series) 12 (2): 239-269.

Hodder, I. 1979 Pottery distribution: service and tribal area. In M. Millet (ed.) *Pottery and Archaeologist*, Occasional Publication 4, Londres: Institute of Archaeology, pp. 7-23.

Hodder, I. 1982 *Symbols in Action: Ethnoarchaeological Studies of Material Culture*. Cambridge: Cambridge University Press.

Hodder, I. 1990 Style as historical quality. In M. W. Conkey and C. A. Hastrof (eds.) *The Uses of Style in Archaeology*, Cambridge: Cambridge University Press, pp.44-51.

Hoffmann, K. 1972 Das Avesta in der *Persia. Prolegomena to the Sources on the History of Pre-Islamic Central Asia*: 89-93.

Hole, F. (ed.) 1987 *The Archaeology of Western Iran, Settlement and Society From Prehistory to the Islamic Conquest*. Washington D.C. and London: Smithsonian Institution Press.

Holloway, S. W. 2002 *Aššur is King! Aššur is King! Religion in the Exercise of Power in the Neo-Assyrian Empire*. Leiden: Brill.

Hori, A. 1981 Dailaman and Halimehjan: Re-examinations of their chronologies. *Bulletin of the Ancient Orient Museum* 3: 43-61.

Howe, S. 2002 *Empire: A Very Short Introduction*. Oxford: Oxford University Press.

Hunt, R. C. 1988 Size and the structure of authority in canal irrigation systems. *Journal of*

Anthropological Research 44(4): 335-355.

Hurlet, F. (dir.) 2008 *Les empires: Antiquité et Moyen Age, analyse comparée*. Rennes: Presses universitaires de Rennes.

Hutterer, K. L. (ed.) 1977 *Economic Exchange and Social Interaction in Southeast Asia*. Michigan Papers on South and Southeast Asia no. 13. Ann Arbor: The Center for South and Southeast Asian Studies, The University of Michigan.

Huyse, P. 2005 *La perse antique*. Paris: Belles Lettres.

Inden, R. 1990 *Imagining India*. Bloomington and Indianapolis: Indiana University Press.

Ingold, T. 1988 Tools, minds, and machines: An excursion into the philosophy of technology. *Techniques et Culture* 12: 151-176.

Ingold, T. 1990 Society, nature and the concept of technology. *Archaeological Review from Cambridge* 9 (1): 5-17.

Inomata, T. and L. S. Coben (eds.) 2006 *Archaeology of Performance: Theaters of Power, Community, and Politics*. Oxford: AltaMira Press.

Jahani, V. 2006 New archeological studies in Eastern Sefidrud (Deilaman cultural zone). In T. Ohtsu, J. Nokandeh, K. Yamauchi and T. Adachi (eds.) *Report of the Iran Japan Joint Archaeological Expedition to Gilan, Fifth Season*. Tehran and Tokyo: Iranian Cultural Heritage and Tourism Organization and Middle Eastern Culture Center in Japan, pp. 30-43.

James I〔1598〕1996 *True Law of Free Monarchies*. Toronto: Centre for Reformation and Renaissance Studies.

Jaspers, K. T. 1949 *Vom Ursprung und Ziel der Geschichte*. München: Piper.〔重田英世（訳）1964『歴史の起原と目標』理想社〕

Jellinek, G.〔1895〕2013 *Die Erklärung der Menschen- und Bürgerrechte*. Berlin: Duncker & Humblot.〔渡辺信英・青山武憲（訳）1978『人権宣言論—W・イエリネック改訂による』南窓社〕

Jellinek, G. 1900 *Allgemeine Staatslehre*. Berlin: Verlag von O. Häring.〔芦部信喜・小林孝輔・和田英夫（訳）1974『一般国家学』学陽書房〕

Johnson, G. 1972 A test of the utility of central place theory in archaeology. In P. Ucko, R. Tringham and G. Dimbley (eds.) *Man, Settlement, and Urbanism*, London: Duckworth, pp. 769-786.

Johnson, G. 1978 Information sources and the development do decision-making organizations. In C. Rendman, W. Langhorne Jr., M. Berman, N. Versaggi, E. J. Curtin and J. Wanser (eds.)

Social Archaeology: Beyond Subsistence and Dating, New York: Academic Press, pp. 87-112.

Johnson, G. 1982 Organizational structure and scalar stress. In C. Renfrew, M. Rowland and B. Segraves (eds.) *Theory and Explanation in Archaeology: The Southampton Conference*, New York: Academic Press, pp. 389-422.

Johnson, G. A. 1973 *Local exchange and early state development in Southwestern Iran*. Anthropological papers 51. Ann Arbor: Museum of Anthropology, University of Michigan.

Johnson, G. A. 1975 Locational Analysis and the Investigation of Uruk Local Exchange Systems. In J. A. Sabloff and C. C. Lamberg-Karlovsky (eds.) *Ancient Civilization and Trade*, Albuquerque: University of New Mexico Press, pp. 285-339.

Johnson, M. 1989 Conceptions of agency in archaeological interpretation. *Journal of Anthropological Archaeology* 8: 189-211.

Johansen, P. G. 2008 *A Political Economy of Space: Social Organization and the Production of an Iron Age Settlement Landscape in Northern Karnataka*. Doctoral Dissertatio, Chicago: University of Chicago.

Johansen, P. G. and A. M. Bauer 2011 Introduction: Reconfiguring the 'political' in the reconstruction of past political production. In P. G. Johansen and A. M. Bauer (eds.) *The Archaeology of Politics: The Materiality of Political Practice and Action in the Past*, Cambridge: Cambridge Scholars Publishing, pp. 1-28.

Johansen, P. G. and A. M. Bauer (eds.) 2011 *The Archaeology of Politics: The Materiality of Political Practice and Action in the Past*, Cambridge: Cambridge Scholars Publishing, pp. 1-28.

Johnson, A. W. and T. K. Earle 1987 *The Evolution of Human Societies: From Foraging Group to Agrarian Societies*. Stanford: Stanford University Press.

Kautsky, J. H. 1982 *The Politics of Aristocratic Empires*. Chapel Hill, NC: University of North Carolina Press.

Keesing, R. M. 1975 *Kin Groups and Social Structure*. New York: Holt, Rinehart and Winston. [小川正恭・笠原政治・河合利光 (訳) 1982『親族集団と社会構造』未来社]

Kennedy, J. I. 1977 From stage to development in prehistoric Thailand. In K. L. Hutterer (ed.) *Economic Exchange and Social Interaction in Southeast Asia*. Michigan Papers on South and Southeast Asia no. 13. Ann Arbor: The Center for South and Southeast Asian Studies,

The University of Michigan, pp. 23-38.

Khalatbari, M. R. 2003 *Archaeological Investigation in the region of Ancient Talesh (Maryan-Tandvyn)*. Tehran: Iranian Cultural Heritage and Tourism Organization.

Khalatbari, M. R. 2004a *Archaeological Investigations in Talesh, Gilan-1: Excavations at Toul-e Gilan*. Gilan: General Office of Iranian Cultural Heritage Organization of Gilan.

Khalatbari, M. R. 2004b *Archaeological Investigations in Talesh, Gilan-2: Excavations at Vaske & Mianroud*. Gilan: General Office of Iranian Cultural Heritage Organization of Gilan.

Khatchadourian, L. 2013 An archaeology of hegemony: The Achaemenid empire and the remaking of the fortress in the Armenian highlands. In G. E. Areshian (ed.) *Empires and Diversity: On the Crossroads of Archaeology, Anthropology, and History*, Los Angeles: Cotsen Institute of Archaeology Press, pp. 108-145.

Kidd, B. 1894 *Social Evolution*. London: Macmillan. [佐野学 (訳) 1925『社会進化論』而立社]

Kilminster, R. 1991 Structuration theory as a world-view. In G. Christopher, A. Bryant and D. Jary (eds.) *Gidden's Theory of Structuration: A Critical Appreciation,* London: Routledge, pp. 74-115.

Klinkott, H. 2005 *Der Satrap: Ein achaimenidischer Amtsträger und seine Handlungsspielräume*. Frankfurt: Verlag Antike.

Koch, H. 1986 Die acämenidisvhe poststrasse von Persepolis nach Suse. *Archäologische Mitteilungen aus Iran* 19: 133-147.

Kohl, P. L. 1978 The balance of trade in Southwestern Asia in the mid-third millennium B.C. *Current Anthropology* 19 (3): 463-492.

Kohl, P. L. 1987 The use and abuse of world systems theory: The case of the Pristine West Asian State. *Advances in Archaeological Method and Theory* 11: 1-36.

Kohler, T. A. and G. J. Gumerman (eds.) 2000 *Dynamics in Human and Primate Societies: Agent-Based Modelling of Social and Spatial Processes*. New York & Oxford: Oxford University Press.

Kosse, K. 1990 Group size and social complexity: Thresholds in the long-term memory. *Journal of Anthropological Archaeology* 9: 275-303.

Kowalewski, S. A. 1980 Population-resouce balance in Period I of Oaxaca, Mexico. *American Antiquity* 45 (1): 151-165.

Kratz, R. G. 1991 *Translatio Imperii*. Neukirchen: Neukirchener Verlag.

Kristiensen, K. 1984 Ideology and material culture: an archaeological perspective. In M. Springs (ed.) *Marxist Perspectives in Archaeology*, Cambridge: Cambridge Universuty Press, pp.72-100.

Kristiansen, K. 1998 Chiefdoms, States and Systems of Social Evolution. In K. Kristiansen and M. Rowlands (eds.) *Social Transformation in Archaeology: Global and Local Perspective*, London and New York: Routledge, pp. 243-267.

Kristiansen, K. and M. M. Rowlands (eds.) 1998 *Social Transformation in Archaeology: Global and Local Perspective*. London and New York: Routledge.

Kuhrt, A. 2001 The Achaemenid Persian empire (c. 550-c. 330 BCE): Continuities, adaptations, transformations. In S. E. Alcock, T. N. D'Altroy, D. Morrison and C. M. Sinopoli (eds.) *Empires: Perspectives from Archaeology and History*, Cambridge: Cambridge University Press, pp. 93-123.

Kuhrt, A. 2007 *The Persian Empire: A Corpus of Sources from the Achaemenid Period*. London: Routledge.

Kus, S. M. and V. Raharijaona 1998 Between earth and sky there are only a few small boulders: Sovereignty and monumentality in Central Madagascar. *Journal of Anthropological Archaeology* 17: 53-79.

Kus, S. M. and V. Raharijaona 2000 House to palace, village to state: Scalimg up architecture and ideology. *American Anthropologist* 102 (1): 98-113.

Lamberg-Karlovsky, C. C. (ed.) 1972 *Old World Archaeology: Foundation of Civilization*. San Francisco: W. H. Freeman and Co.

Lamberg-Karlovsky, C. C. and J. A. Sabloff 1979 *Ancient Civilizations*. California: The Benja-min/ Cummings Pub. Co. Inc.

Lamprichs, R. 1995 *Die Westexpansion des neuassyrischen Reiches: Eine Strukturanalyse*. Neukirchen-Vluyn: Verlag Butzon & Bercker.

Larsen, M. T. (ed.) 1979a *Power and Propaganda: A Symposium on Ancient Empires*. Copenhagen: Akademisk Forlag.

Larsen, M. T. 1979b The tradition of empire in Mesopotamia. In M. T. Larsen (ed.) *Power and Propaganda: A Symposium on Ancient Empires*, Copenhagen: Akademisk Forlag, pp. 85-

引用文献

100.

Latour, B. 1994 Introduction: Genèse sociale des techniques, genèse technique des humains. In P. Lemonnier (dir.) *De la préhistoire aux missiles bastiques*, Paris: La Découverte, pp. 9-26.

Laski, H. J. 1925 A *Grammer of Politics*. London: George.［日高明三・横越英一（訳）1952『政治学大綱（上・下）』法政大学出版局］

Laski, H. J. 1935 *The State in Theory and Practice*. New York: The Viking Press.［石上良平（訳）1952『国家―理論と現実―』岩波書店］

Lasswell, H. D. 1936 *Politics: Who Gets what, When, How*. New York: P. Smith.［久保田きぬ子（訳）1959『政治―動態分析―』岩波書店］

Lasswell, H. D. 1948 *Power and Personality*. New York: W.W. Norton.［永井陽之助（訳）1954『権力と人間』東京創元社］

Lasswell, H. D. and A. Kaplan 1950 *Power and Society*. New Haven: Yale University Press.

Lave, J. 1988 *Cognition in Practice: Mind, Mathematics and Culture in Everyday Life*. Cambridge: Cambridge University Press.［無藤隆・中野茂・山下清美（訳）1995『日常生活の認知行動：ひとは日常生活でどう計算し、実践するか』新曜社］

Lave, J. and E. Wenger 1991 *Situated Learning: Legitimate Peripheral Participation*. Cambridge: Cambridge University Press［佐伯胖（訳）1993『状況に埋め込まれた学習：正統的周辺参加』産業図書］

Lears, T. J. 1985 The concept of cultural hegemony: Problems and possibilities. *American Historical Review* 90: 567-593.

Lechtman, H. 1977 Style in technology: Some early thoughts. In H. Lechtman and R. Merrill (eds.) *Material Culture: Styles, Organisation, and Dynamics of Technology*, New York: West, pp. 3-20.

Lechtman, H. 1984 Andean value systems and the development of prehistoric metallurgy. *Technology and Culture* 25 (1): 1-36.

Lechtman, H. 1993 Technologies of power: The Andean case. In J. Henderson and P. Netherly (eds.) *Configurations of Power in Complex Societies*, New York: Cornell University Press, pp. 244-280.

Lechtman, H. and A. Steinberg 1979 The history of technology: An anthropological point of view. In G. Bugliarello and D. B. Doner (eds.) *The History of Philosophy of Technology*, Illinois: The

University of Illinois Press, pp. 135-160.

Lecomte, O. 2005 The Iron Age of Northern Hyrcania. *Iranica Antiqua* XL: 461-478.

Lecomte, O., Francfort, H.-P., Boucharlat, R., et M. Mamedov 2004 Recherches archéologiques récentes à Ulug Dépé (Turkménistan). *Paléorient* 28: 123-133.

Lecomte, O. 2006 A <Median> urban settlement in southern Central Asia: The case of Ulug Depe. *5th International Congress on the Archaeology of the Ancient Near East, Abstracts*: 39.

Leitner, U. 2011 *Imperium: Geschichte und Theorie eines Politischen Systems*. Frankfurt/New York: Campus.

Lemonnier, P. 1986 The study of material culture today: Toward an anthropology of technical systems. *Journal of Anthropological Archaeology* 5: 147-186.

Lemonnier, P. 1991 De la culture matérielle à la culture? Ethnologie des techniques et Préhistoire. In *25 ans d'études technologiques en préhistoire*, Juan-les-Pins: Éditions APDCA, pp. 15-20.

Lemonnier, P. 1992 *Elements for an Anthropology of Technology*. Ann Arbor: Museum Anthropology, University of Michigan.

Lemonnier, P. 1993 Introduction. In P. Lemonnier (dir.) *Technological Choices. Transformation in Material Culture since the Neolithic*, Londres: Routledge, pp. 1-35.

Lenin, V. I. 1917 *ГОСУДАРСТВО И РЕВОЛЮЦИЯ*. [角田安正 (訳) 2011『国家と革命』講談社]

Levine, L.D. 1987 The Iron Age. In H. Hole (ed.) *The Archaeology of Western Iran, Settlement and Society from Prehistory to Islamic Conquest*, Washington D.C. and London: Smithsonian Institution Press, pp. 229-250.

Lieven, D. 2000 *Empire: The Russian Empire and its Rivals*. New Haven, CT: Yale University Press.

Lindsay, I. 2011 Holding down the fort: Landscape production and the sociopolitical dynamics of Late Bronze Age fortress regimes in the Southern Caucasus. In P. G. Johansen and A. M. Bauer (eds.) *The Archaeology of Politics: The Materiality of Political Practice and Action in the Past*, Cambridge: Cambridge Scholars Publishing, pp. 151-185.

Lipo, C. P., O'Brien, M. J., Collard, M. and S. Shennan (eds.) 2005 *Mapping Our Ancestors: Phylogenetic Approaches in Anthropology and Prehistory*. Edison: Aldine Transaction.

Liverani, M. 1973 Memorandum on the approach to historiographic texts. *Orientalia* 42: 178-194.

Liverani, M. 1979 The ideology of the Assyrian empire. In M. T. Larsen (ed.) *Power and Propaganda: A Symposium on Ancient Empires*, Copenhagen: Akademisk Forlag, pp. 297-317.

引用文献

Liverani, M. (ed.) 1993 *Akkad. The First World Empire*. History of the Ancient Near East Studies 5. Padua: Sargon.

Liverani, M. 2003 The rise and fall of Media. In G. Lanfranchi, M. Roaf and R. Rollinger (eds.) *Continuity of Empires (?): Assyria, Media, Persia*, Padiva: Sargon, pp. 1-12.

Liverani, M. 2005 Imperialism. In S. Pollock and R. Berbeck (eds.) *Archaeologies of the Middle East: Critical Perspectives*, Malden, MA: Blackwell, pp. 223-243.

Liverani, M. 1998 *Uruk: La Prima Città*. Roma: Gius. Laterza & Figli. ［Z. Bahrani (tr.) 2006 *Uruk: The First City*. London: Equinox Publishing.］

Liverani, M. 2011 *Antico Oriente: Storia, Società, Economia*. Roma: Laterza. ［S. Tabatabai (tr.) 2014 *The Ancient Near East: History, Society and Economy*. Gius: Laterza and Figli.］

Livingstone Smith, A. 1993 Identification d'un potier pré-dynastique. *Archéo-Nil* 3: 23-33.

Locke, J. 1690 *Two Treatises of Government*. ［加藤節（訳）2010『完訳　統治二論』岩波文庫］

London, G. A. 1991 Standardization and variation in the work of craft specialists. In W. A. Longacre (ed.) *Ceramic Ethnoarchaeology*, Tucson: The University of Arizona Press, pp. 182-204.

Longacre, W. A. 1970 *Archaeology as Anthropology: A Case Study*. Anthropological Papers of the University of Arizona 17. Tucson: University of Arizona Press.

Longacre, W. A. 1974 Kalinga pottery-making: The evolution of a research design. In J. L. Murray (ed.) *Frontiers of Anthropology*, New York: Van Nostrand, pp. 51-67.

Longacre, W. A. 1981 Kalinga pottery: An ethnoarchaeological study. In I. Hodder., G. Isaac. and N. Hammond (eds.) *Pattern of the Past: Studies in Honour of David Clarke*, Cambridge: Cambridge University Press, pp. 49-66.

Longacre, W. A. (ed.) 1991 *Ceramic Ethnoarchaeology*. Tuscon: The University of Arizona Press.

Longacre, W. A. and M. T. Stark 1992 Ceramic, kinship, and space: A Kalinga example. *Journal of Anthropological Archaeology* 11: 125-136.

Longacre, W. A., Xia, J. and T. Yang 2000 I want buy a black pot. *Journal of Archaeological Method and Theory* 7: 273-293.

Loveman, M. 2005 The modern state and the primitive accumulation of symbolic power. *American Journal of Sociology* 110 (6): 1651-1683.

Lubbock, J. ［1865］2010 *Pre-historic Times, as Illustrated by Ancient Remains, and the Manners and Customs of Modern Savages*. Cambridge: Cambridge University Press.

Lukes, S. 1974 *Power: A Radical View*. Basingstoke: Macmillan Education. [中島吉弘（訳）1995『現代権力論批判』未来社]

Lull, V. and R. Micó 2007 *Arqueología del Origen del Estado: Las Teorías*. Barcelona: Bellaterra Edicions. [P. Smith (tr.) 2011 *Archaeology of the Origin of the State: The Theories*. Oxford: Oxford University Press.]

Lycett, M. 2001 Transformation of place: Occupational history and differential persistence in seventeenth century New Mexico. In Preucell, R. W. (ed.) *Archaeologies of the Pueblo Revolt: Identity, Meaning, and Renewal in the Pueblo World*, Albuquerque: University of New Mexico Press, pp. 61-74.

MacEachern, S. 1998 Scale, style, and cultural variation: Technological traditions in the Northern Mandara mountains. In M. Stark (ed.), *The Archaeology of Social Boundaries*. Washington. D. C.: Smithsonian Institution Press, pp. 107-131.

Mace, R., Holden, C. J. and S. Shennan 2005 *The Evolution of Cultural Diversity: A Phylogenetic Approach*. Walnut Creek: Left Coast Press.

Machinist, P. 1993 Assyrians on Assyria in the first millennium B. C.. In K. Raaflaub (ed.) *Anfänge politischen Denkens in der Antike: Die nahöstlichen Kulturen und die Griechen*, Munich: R.Oldenburg Verlag, pp. 77-104.

Maine, H. J. S. 1861 *Ancient Law: Its Connection with the Early History of Society, and Its Relation to Modern Ideas*. London: J. Murray. [安西文夫（訳）1990『古代法』信山社出版]

Maclever, R. M. 1921 *The Elements of Social Science*. London: Methuen. [原実（訳・説）1928『共同社会・結社・国家』社会評論社]

Maclever, R. M. 1926 *The Modern* State. Oxford: Clarendon Press.

Maclever, R. M. 1947 *The Web of Government*. New York: Macmillan. [秋永肇（訳）1962『政府論（上・下）』勁草書房]

Magee, P., Petrie, C., Knox, R., Khan, F. and K. Thomas 2005 The Achaemenid Empire in South Asia and recent excavations in Akra in Northwest Pakistan. *American Journal of Archaeology* 109: 711-741.

Mahroozi, A. and C. K. Piller 2009 First preliminary report on the joint Iranian-German excavations at Gohar Tappe, Māzandarān, Iran. *Archäologische Mitteilungen aus Iran und Turan* 41: 177-209.

引用文献

Maisel, C. 2010 *The Archaeology of Politics and Power*. Oxford: Oxbow Books.

Mann, M. 1986 *The Source of Social Power vol. I: A History of Power from the Beginning to A.D. 1760*. Cambridge: Cambridge University Press.［森本醇・君塚直隆（訳）2002『ソーシャルパワー―社会学的＜力＞の世界歴史1』NTT 出版］

Mann, M. 1993 *The Source of Social Power vol. II: The Rise of Classes and Nation-States, 1760-1914*. Cambridge: Cambridge University Press.［森本醇・君塚直隆（訳）2005『ソーシャルパワー―社会学的＜力＞の世界歴史2（上・下）』NTT 出版］

Marchiavelli, N.［1532］2006 *Il Principe*. Roma: Salerno.［河島英昭（訳）1998『君主論』岩波文庫］

Marcus, J. 1998 The peaks and valleys of ancient states: An extension of the dynamic model. In G. M. Feinman and J. Marcus (eds.) *Archaic States*, Santa Fe: School of American Research Press, pp. 59-94.

Marriott, A. 1948 *Maria: The Potter of San Ildefonse*. Norman: University of Oklahoma Press.

Marx, K. H. and F. Engels 1845 *Die deutsche Ideologie*.［廣松渉（編・訳）1974『ドイツ・イデオロギー』河出書房新社］

Marx, K. 1859 *Zur Kritik der politischen Ökonomie*. Berlin: Dunker.［武田隆夫・遠藤湘吉・大内力・加藤俊彦（訳）1956『経済学批判』岩波文庫］

Matthew, R. 2003 *The Archaeology of Mesopotamia: Theories and Approaches*. New York: Routledge.

Matthiae, P. 1977 *Ebla. Un Impero Ritrovato*. Torino: Einaudi.

Matthiae, P. 1999 *Geschichte der Kunst im Alten Orient (1000-330 v.Chr.): Die Gro β reiche der Assyrer, Neubabylonier und Achämeniden*. Darmstadt: Wissenschaftliche Buchgesellschaft.

Mauss, M.［1936］1991 Les techniques du corps. In M. Mauss (dir.) *Sociologie*, pp. 363-386. Paris: Presses universitaires de France.

Maxwell-Hyslop, R. 1946 Daggers and Swords in Western Asia. *Iraq* 8: 1–65.

McGuire, J. E. and B. Tuchańnska 2000 *Science Unfettered: A Philosophical Study in Sociohistorical Ontology*. Athens: Ohio University Press.

McGuire, R. H. and R. Paynter (eds.) 1991 *The Archaeology of Inequality*. Cambridge: Basil Blackwell.

McGuire, R. H. and L. Wurst 2002 Struggling with the Past. *International Journal of Historical Archaeology* 6: 85-94.

McLennan, J. F. 1865 *Primitive Marriage: An Inquiry Into the Origin of the Form of Capture in Marriage Ceremonies*. Edinburgh: A. and C. Black.

Medvedskaya, I.N. 1982 *Iran: Iron Age I*. BAR 126. Oxford, Archaeopress.

Mehrer, M. W. 1988 *The Settlement Patterns and Social Power of Cahokia's Hinterland Households*. PhD dissertation, Department of Anthropology, University of Illinois.

Mehrer, M. W. 1995 *Cahokia's Countryside: Household Archaeology, Settlement Patterns, and Social Power*. Dekalb: Northern Illinois University Press.

Meillassoux, C. 1967 Recherche d'un niveau de détermination dans la société cynégétique. *L'Homma et la Société* 6: 95-106. ［山崎カオル（訳）「狩猟社会における決定レヴェル」『マルクス主義と経済人類学』柏植書房、51-69頁］

Meillassoux, C. 1972 From reproduction to production. A Marxist approach to economic anthropology. *Economy and Society* 1 (1): 93-105.

Merrill, R. S. 1968 The study of technology. In D. L. Sills (ed.) *International Encyclopedia of the Social Sciences*, vol. 15, New York: Macmillan, pp. 576-589.

Merriam, C. E. 1934 *Political Power: Its Composition & Incidence*. New York: Whittlesey House. ［斎藤真・有賀弘（訳）1973『政治権力―その構造と技術（上・下）』東京大学出版会］

Mesoudi, A. 2011 *Cultural Evolution: How Darwinian Theory Can Explain Human Culture and Synthesize the Social Sciences*. Chicago: The University of Chicago Press.

Miller, D. 1985 *Artifacts as Categories. A Study of Ceramic Valiability in Central India*. Cambridge: Cambridge University Press.

Miller, D. 1987 *Material Culture and Mass Consumption*. Oxford: Blackwell.

Miller, D. (ed.) 1998 *Material Culture: Why Some Things Matter*. Chicago: University of Chicago Press.

Miller, D. 2005 Materiality: An introduction. In Miller, D. (ed.) *Materiality*, Durham: Duke University Press, pp. 1-50.

Miller, D. and C. Tilley (eds.) 1984 *Ideology, Power and Prehistory*. Cambridge: Cambridge University Press.

Miller, M. C. 1993 Adoption and adaption of Achaemenid metalware forms in Attic black-gloss ware of the fifth century. *Archäologische Mitteilungen aus Iran* 26: 109-146.

Miller, M. C. 1997 *Athens and Persia in the fifth century BC.: A Study in Cultural Receptivity*.

Cambridge: Cambridge University Press.

Mills, C. W. 1956 *The Power Elite*. New York: Oxford University Press. ［鵜飼信成・綿貫譲治（訳）1958『パワー・エリート（上・下）』東京大学出版会］

Mills, C. W. 1967 *Power, Politics, and People: The Collected Essays of C. Wright Mills*. New York: Oxford University Press. ［青井和夫・本間康平（監・訳）1971『権力・政治・民衆』みすず書房］

Miroschedji, P. D. 1987 Fouilles du chantier ville royale II à Suse (1975-1977). *Cahiers de la Délégation Archéologique Française en Iran* 15: 145-326.

Miroschedji, P. D. 2003 Susa and the highlands: Major trends in the history of Elamite civilization. In Miller, F. N. and K. Abdi (eds.) *Yeki bud, yeki nabud: Essays on the Archaeology of Iran in Honor of William M. Sumner*, Los Angeles: Regends of the University of California, pp. 17-38.

Mitchell, D. 2000 *Cultural Geography, A Critical Introduction*. Oxford: Blackwell.

Moghaddam, A. and N. Miri 2003 Archaeological research in the Mianab Plain of Lowland Susiana, South-Western Iran. *Iran* 41: 99-137.

Moore, J. D. 1989 Pre-hispanic beer in coastal Peru: Technology and social context of prehistoric production. *American Anthropologist* 9: 682-695.

Moorey, P. R. S. 1988 The technique of Gold-figure Decoration on Achaemenid Silver Vessels and its Anticedents. *Iranica Antiqua* XXIII: 231-245.

Moorey, P. R. S. 1991 The Decorated Ironwork of the Early Iron Age Attributed to Luristan in Western Iran. *Iran* 29: 1-12.

Morgan, L. H. ［1870］1997 *Systems of Consanguinity and Affinity of the Human Family*. Lincoln: University of Nebraska Press.

Morgan, L. H. 1877 *Ancient Society*. New York: Henry Holt and Company. ［青山道夫（訳）1961『古代社会（上・下）』岩波書店］

Morrison, K. D. 2001 Coercion, resistance and hierarchy: Local processes and imperial strategies in the Vijayanagara empire. In S. E. Alock, T. N. D'Altroy, K. D. Morrison and C. M. Sinopoli (eds.) *Empires: Perspectives from Archaeology and History*, Cambridge: Cambridge University Press, pp. 252-278.

Morrison, K. D. 2009 *Daroji Valley Landscape History, Place and the Making of a Dryland Reservoir*

System. Vijayanagara Research Project Monograph Series 18, Delhi: Manohar Press.

Morrison, K. D. and M. T. Lycett 1994 Centralized power, centralized authority ? Ideological claims and archaeological patterns. *Asian Perspectives* 33 (2): 312-353.

Mosse, J. L. 1996 *The Image of Man: The Creation of Modern Masculinity*. Oxford: Oxford University Press.

Motyl, A. J. 2001 *Imperial Ends: The Decay, Collapse, and Revival of Empire*. New York: Columbia University Press.

Mouffe, C. 2005 *On the Political*. London : Routledge.

Mousavi, A. 2001 La region de Teheran à l'aube de l'âge de Fer: Reflexions et commentaires sur les nécropolis du IIe millénaire av. J.-C.. *Iranica Antiqua* XXXVI: 151-212.

Mousavi, A. 2005 Comments on the Early Iron Age in Iran. *Iranica Antiqua* XL: 87-99.

Münkler, H. 2007 *Empires: The Logic of World Domination from Ancient Rome to the United States*. Cambridge: Polity Press.

Murray, T. 2002 Evaluating evolutionary archaeology. *World Archaeology* 34 (1): 47-59.

Muscarella, O. W. 1973 Excavations at Agrab Tepe, Iran. *Metropolitan Museum Journal* 8: 47-76.

Muscarella, O. W. 1974 The Iron Age at Dinkha Tepe, Iran. *Metropolitan Museum Journal* 9: 35-90.

Nassaney, M. S. and M. R. Abel 2000 Urban space, labor organization, and social control: Lessons from New England's nineteenth century cutlery industry. In J. A. Delle, S. A. Mrozowski and R. Paynter (eds.) *Lines that Divide: Historical Archaeologies of Race, Class, and Gender*, Knoxville: University of Tennessee Press, pp. 239-275.

Negahban, E. O. 1964 A *Preliminary Report on Marlik Excavation, Gohar Rud Expedition, Rudbar, 1961-1962*. Tehran: Offset Press

Negahban, E.O. 1968 Marlik: A royal necropolis of the second millennium. *Archaeologia Viva* 1: 59-62.

Negahban, E. O. 1995 *Weapons from Marlik*. Berlin, Archaeologische Mitteilungen aus Iran, Erganzungsband, Band 16.

Negahban, E.O. 1996 *Marlik: The Complete Excavation Report*. Philadelphia: University of Chicago Press.

Negahban, E. O. 1998 Suggestions on the origin and backgroung of the Marlik culture. *Iranica Antiqua* XXXIII: 43-56.

Nelson, B. A. 1995 Complexity, hierarchy and scale: A controlled comparison between Chaco Canyon, New Mexico and La Quemada, Zacatecas. *American Antiquity* 60: 597-618.

Netting, R. M. 1990 Population, permanent agriculture, and politics: Unpacking the evolutionary portmanteau. In S. Upham (ed.) *The Evolution of Political Systems: Sociopolitics in Small-scale Sedentary Societies*, Cambridge: Cambridge University Press, pp. 21-61.

Nissen, H. J. 1970 Grabung in den Planquadraten K/L XII in Uruk-Warka. *Baghdader Mitteilungen* 5: 101-191.

Nissen, H. J. 1983 *Grundzuege einer Geschichte der Fruehzeit des Vorderen Orients*. Darmstadt: Wissenschaftliche Buchgesellschaft. [E. Lutzeier and K. Kenneth Northcott (tr.) 1988 *Early History of the Ancient Near east 9000-2000 B. C.* Chicago: University of Chicago Press.]

Nissen, H. J. 1985 The emergence of writing in the Ancient Near East. *Interdisciplinary Science Reviews* 10: 349-361.

Nissen, H. J. 2002 Uruk: Key site of the period and key site of the problem. In J. N. Postgate (ed.) *Artefacts of Complexity. Tracking the Uruk in the Near East*, Warminster: British School of Archaeology in Iraq, pp. 1-16.

North, C. D. 1981 *Structure and Change in Economic History*. New York: W. W. Norton. [大野一（訳）2013『経済史の構造と変化』日経 BP 社]

Oates, J. 1993 Trade and power in the fifth and fourth millennia BC: New evidence from northern Mesopotamia. *World Archaeology* 24 (3): 403-422.

Oberg, K. 1955 Types of Social Structure among the Lowland Tribes of South and Central *America. American Anthropologist* 57: 472-487.

O'Brien, M. J. and R. L. Lyman 2000 *Applying Evolutionary Archaeology: A Systematic Approach*. New York: Kluwer Academic/ Plenum Publishers.

O'Brien, M. J. and R. L. Lyman 2003 *Cladistics and Archaeology*. Salt Lake City: University of Utah Press.

Ockman, J. 1985 *Architecture, Criticism, Ideology*. New York: Princeton Architectural Press.

Ohtsu, T., Furuse, K., Nojima, H., Arimatsu, Y., K. Wakiyama, K., Yokoyama, E. and T. Imafuku 2012 2012 Supplementary Report of the Iran-Japan Joint Research Study of the Gorgan Material in the National Museum of Iran, Tehran. *Annual report of the Humanities Research*

Institute. Chikushi Jogakuen University 23: 71-78.

Ohtsu, T., Furuse, K., Adachi, T., Karami, M., Nojima, H., Arimatsu, Y. and K. Wakiyama 2010 Preliminary Report of the Iran Japan Joint Research Study of the Gorgan Material in the National Museum of Iran, Tehran. *Annual report of the Humanities Research Institute.* Chikushi Jogakuen University 21: 129-150

Ohtsu, T., K. Yamauchi and J. Nokandeh 2003 *Preliminary Report of the Iran Japan Joint Archaeological Expedition to Gilan First Season, 2001.* Tehran and Tokyo: Iranian Cultural Heritage and Tourism Organization and Middle Eastern Culture Center in Japan.

Ohtsu, T., Yamauchi, K. and J. Nokandeh 2004 *Preliminary Report of the Iran Japan Joint Archaeological Expedition to Gilan, Second Season, 2002.* Tehran and Tokyo: Iranian Cultural Heritage and Tourism Organization and Middle Eastern Culture Center in Japan.

Ohtsu, T., Yamauchi, K. and J. Nokandeh 2005 *Preliminary Report of the Iran Japan Joint Archaeological Expedition to Gilan, Fourth Season.* Tehran and Tokyo: Iranian Cultural Heritage and Tourism Organization and Middle Eastern Culture Center in Japan.

Ohtsu, T., Nokandeh, J., Yamauchi, K. and T. Adachi 2006 *Report of the Iran Japan Joint Archaeological Expedition to Gilan, Fifth Season.* Tehran and Tokyo: Iranian Cultural Heritage and Tourism Organization and Middle Eastern Culture Center in Japan.

Olmstead, A. T. 1918 The calculated frightfulness of Ashur Nasir Apal. *Journal of the American Oriental Society* 38: 209-263.

Oppenheim, A. L. 1979 Neo-Assyrian and Neo-Babylonian empires. In H. D. Lasswell, D. Lerner and H. Speier (eds.) *Propaganda and Communication in World History vol. 1. The Symbolic Instrument in early Times*, Honolulu: University Press of Hawaii, pp. 111-144.

Oppenheimer, F. 1914/1922 *The State.* New York: B. W. Huebsch. [廣島定吉（訳）1977『国家論』大和書房]

Ortner, S. 1984 Theory in anthropology since the sixties. *Comparative Studies in Society and History* 26 (1): 126-165.

Orton, C., Tyers, P. and A. Vince. ［1993］2001 *Pottery in Archaeology.* Cambridge: Cambridge University Press.

O'Shea, J. M. 1981 Social configurations and the archaeological study of mortuary practices: A case study. In R. Chapman, I. Kinnes and K. Randsborg (eds.) *The Archaeology of Death.*

Cambridge, pp. 33-45.

O'Shea, J. M. 1984 *Mortuary Variability*. Orland: Academic Press.

Owoc, M. A. 2006 From the Ground up: Agency, pravtice, and community in the Southwestern British Bronze Age. *Journal of Archaeological Method and Theory* 12(4): 257-281.

Parker, B. J. 2001 *The Mechanics of Empire: The Northern Frontier of Assyria as a Case Study in Imperial Dynamics*. Helsinki: Helsinki University Press.

Parkinson, W. A. (ed.) 2002 *The Archaeology of Tribal Societies*. International Monographs in Prehistory Archaeological Series 15. Ann Arbor: International Monographs in Prehistory.

Pauketat, T. R. 1994 *The Ascent of Chiefs: Cahokia and Mississippian Politics in Native North America*. Tuscaloosa: University of Alabama Press.

Pauketat, T. R. 2000a The tragedy of the commoners. In M.-A. Dobres and J. Robb (eds.) *Agency in Archaeology*, London: Routledge, pp. 113-129.

Pauketat, T. R. 2000b Politicization and community in the pre-Colombian Mississippi Valley. In M. A. Canuto and J. Yaeger (eds.) *The Archaeology of Communities: A New World Perspective*, London: Routledge, pp. 16-43.

Pauketat, T. R. 2001 Practice and history in archaeology. *Anthropological Theory* 1: 73-98.

Pauketat, T. R. 2007 *Chiefdoms and Other Archaeological Delusions*. Lanham: Alta Mira Press.

Pearson, M. P. 1984 Social change, ideology and the archaeological record. In M. Springgs (ed.) *Marxist Perspectives in Archaeology*, Cambridge: Cambridge University Press, pp. 59-71.

Peason, R., Lee, J-W., Koh, W. and A. Underhill 1989 Social ranking in the Kingdom of Old Silla, Korea: Analysis of burials. *Journal of Anthropological Archaeology* 8: 1-50.

Peregrine, P. N. 1992 *Mississippian Evolution : A World-Systems Perspective*. Wisconsin: Prehistory Press.

Pétrequin, P et A. M. Pétrequin 1999 La poterie en Nouvelle-Guinée: Savoire-faire et transmission des techniques. *Journal de la société des Océanistes* 108 (1) : 71-101.

Petroski, H. 1993 *The Evolution of Useful Things*. New York: Alfred A. Knopf.

Pettinato, G. 1979 *Ebla. Un impero inciso nell'argilla*. Milano: Mondadori.

Piller, C. K. 2008 *Untersuchungen zur relative Chronologie der Nekropole von Marlik*. München: Dissertation au der Fakulät für Kulturwissenschaften der Ludwig-Maximilians-Universität München.

Plato 360 BCE *The Republic*. ［藤沢令夫（訳）1979『国家（上・下）』岩波文庫］

Pfaffenberger, B. 1992 Social anthropology of technology. *Annual Reviews of Anthropology* 21: 491-516.

Plog, S. 1977 A *Multivariate Approach to the Explanation of Ceramic Design Variation*. Ph. D. dissertation, Departement of Anthropology, University of Michigan.

Pluciennik, M. Z. 1997 Historical, geographical and anthropological imaginations: Early ceramics in Southern Italy. In C. C. Cumberpatch., P. W. Blinkhorn (eds.) *Not so Much a Pot, More a Way of Life*, Oxford: Oxbow Books, pp. 37-56.

Polanyi, K. 1944 *The Great Transformation*. New York: Rinehart.

Polanyi, K. 1957a The economy as instituted process. In K. Polanyi, M. Arensberg and H. Pearson (eds.) *Trade and Market in the Early Empire*, Illinois: Free Press, pp. 243-270.

Polanyi, K. 1957b The semantics of money-uses. In G. Dalton (ed.) *Primitive, Archaic and Modern Economics: Essays of Karl Polanyi*, New York: Doubleday, pp. 175-203.

Polanyi, K. 1977 *The Livelihood of Man*. New York: Academic Press. ［玉野井芳郎（訳）1980『人間の経済（1・2）』岩波書店］

Pollock, S. 1983 Style and information: An analysis of Susiana ceramics. *Journal of Anthropological Archaeology* 2: 354-390.

Pollock, S. 1992 Bureaucrats and managers, peasants and pastoralists, imperialists and traders: Research on the Uruk and Jemdet Nasr Periods in Mesopotamia. *Journal of World Prehistory* 6 (3): 297-336.

Pollock, S. 1999 *Ancient Mesopotamia*. Cambridge: Cambridge University Press.

Porado, E. 1964 *Art of Iran from Prehistoric to the Sassanian Period*. Proceedings of the Exhibition, 7000 years of Iranian Art. Washington, D.C.: Smithonian Institute.

Postgate, J. N. 1992 The land of Assur and the yoke of Assur. *World Archaeology* 23 (3): 247-263.

Postgate, J. N. 2001 system and style in three Near Eastern bureaucracies. In S. Voutsaki and J. T. Killen (eds.) *Economy and Politics in the Mycenaean Palace States*, Cambridge Philological Siciety Supplementary 27, Cambridge: Cambridge Philological Siciety, pp. 181-194.

Potter, J. 2000 Pots, parties, and politics: Communal feasting in the American Soutrhwest. *American Antiquity* 65: 471-492.

引用文献

Price, D. T. and G. M. Feinman (eds.) 1995 *Foundations of Social Inequality*. New York: Plenum Press.

Radcliffe-Brown, A. R. 1952 *Structure and Function in Primitive Society*. London: Cohen and West.

Radner, K. 2011 Royal decision-making: Kings, magnates, and scholars. In K. Radner and E. Robson (eds.) *The Oxford Handbook of Cuneiform Culture*, Oxford: Oxford University Press, pp. 358-379.

Ransome, P. 1992 *Antonio Gramsi: A New Introduction*. New York: Harvester/Wheatsheaf.

Rappaport, R. 1999 *A Ritual and Religion in the Making of Humanity*. Cambridge: Cambridge University Press.

Rathje, W. L. 1971 The origin and development of lowland Maya classic civilization. *American Antiquity* 36: 275-278.

Rathje, W. L. 1972 Praise the gods and pass the metates: A hypothesis of the development of lowland rainforest civilizations in Mesoamerica. In M. P. Leone (ed.) *Comtemporary Archaeology*, Carbondale: Southern Illinois University Press, pp. 365-392.

Rawls, J. 1955 Two concepts of rules. *Philosophical Review* 64: 3-32.

Reina, R. E. 1963 The potter and the farmer: The fate of two innovators. *Expedition* 5 (4): 18-31.

Renfrew, C. 1969 Trade and culture process in European prehistory. *Current Anthropology* 10 (2-3): 151-174.

Renfrew, C. 1972 *The Emergence of Civilization. The Cyclades and the Aegean in the Third Millenium BC*. London: Methuen. ［大貫良夫（訳）1979『文明の誕生』岩波書店］

Renfrew, C. 1973 Monuments, mobilization and social organization in Neolithic Wessex. In C. Renfrew (ed.) *The Explanation of Culture Change: Models in Prehistory*, London: Duckworth, pp. 539-558.

Renfrew, C. 1975 Trade as action as a distance: Questions of integration and communication. In J, A. Sabloff and C. C. Lamberg-Karlovsky (eds.) *Ancient Civilization and Trade*, Albuquerque: University of New Mexico Press, pp. 1-60.

Renfrew, C. 1977 Space, time and polity. In J. Friedman and M. J. Rowland (eds.) *The Evolution of Social Systems*, London: Duckworth, pp. 89-112.

Renfrew, C. 1986 Introduction: Peer polity interaction and socio-political change. In C. Renfrew and J. Cherry (eds.) *Peer Polity Interaction and Socio-Political Change*, Cambridge: Cambridge University Press, pp. 1-18.

Renfrew, C. and P. Bahn 2000 *Archaeology: Theories, Methods, and Practices*. 3rd ed. London: Thomas and Hudson.

Renfrew, C. and J. Cherry (eds.) 1986 *Peer Polity Interaction and Socio-Political Change*. Cambridge: Cambridge University Press.

Renfrew, C. and E. V. Level 1979 Exploring dominance: Predicting polities from centers. In C. Renfrew and K. L. Cooke (eds.) *Transformations. Mathematical Approaches to Culture Change*, New York & London: Academic Press, pp. 145-167.

Reynolds, S. 2006 Empires: A problem of comparative history. *Historical Research* 79: 151-165.

Rice, P. M. (ed.) 1984 *Pots and Potters*. Los Angeles: Institute of Archaeology (Monograph 2).

Rice, P. M. 1987 *Pottery Analysis: A Source Book*. Chicago: The University of Chicago Press.

Rice, P. M. 1996 Recent ceramic analysis: 1. Function, style and origins. *Journal of Anthropological Research* 4 (2): 133-163.

Richerson, P. and R. Boyd 2005 *Not by Genes alone: How Culture Transformed Human Evolution*. Chicago: University of Chicago Press.

Roaf, M. 2003 The Median Dark Age. In G. Lanfranchi, M. Roaf and R. Rollinger (eds.) *Continuity of Empires (?): Assyria, Media, Persia*, Padiva: Sargon, pp. 13-22.

Rogers, J. D. and S. M. Smith (eds.) 1995 *Mississippian Communities and Households*. Tuscaloosa: University of Alabama Press.

Root, M. C. 1979 *The King and Kingship in Achaemenid Art. Essay on the Vreation of an Iconography of Empire*. Acta Iranica, troisième série 9. Leiden: E. J. Brill.

Rousseau, J. 1979 Kayan stratification. *Man* 14: 215-236.

Rousseau, J. 1985 The ideological perequisites of inequality. In H. Classen, P. van de Velde and M. Smith (eds.) *Development and Decline: The Evolution of Sociopolitical Organization*, Massachusetts: Bergin and Garvey Publishers, pp. 36-45.

Rousseau, J. 2006 *Rethinking Social Evolution: The Perspective from Middle-range Societies*. Montreal & Kingston/ London/ Ithaca: McGill-Queen's University Press.

Rousseau J.-J. [1762] 1987 *Du contrat social ou principes du droit politique*. Paris: Messidor/Editions sociales. [作田啓一（訳）2010『社会契約論』白水社]

Routledge, B. 2004 *Moab in the Iron Age: Hegemony, Polity, Archaeology*. Philadelphia: University of Pennsylvania Press.

Rowlands, M. M., Larsen, M. and K. Kristiansen (eds.) 1987 *Centre and Periphery in the Ancient World*. Cambridge: Cambridge University Press.

Runciman, W. G. 2011 Empire as a topic in comparative sociology. In P. F. Bang and C. A. Bayly (eds.) *Tributary Empires in Global History*, London: Palgrave Macmillan, pp. 99-107.

Sackett, J. R. 1977 The meaning of style in archaeology: A general model. *American Antiquity* 42: 369-380.

Sackett, J. R. 1982 Approaches to style in lithic archaeology. *Journal of Anthropological Archaeology* 1: 59-112.

Sackett, J. R. 1990 Style and ethnicity in archaeology: The case for isochrestism. In M. W. Conkey and C. A. Hastorf (eds.) *The Uses of Style in Archaeology*, Cambridge: Cambridge University Press, pp. 32-43.

Sahlins, M. D. 1958 Social stratification in Polynesia. In V. F. Ray (ed.) *The American Ethnological Society Monographs* 29, Seattle: University of Washington Press, pp. 11-12.

Sahlins, M. D. 1963 Poor man, rich man, big-man, chief: Political types in Melanesia and Polynesia. *Comparative Studies in Society and History* 5 (3): 285-303. ［山田隆治（訳）1976「プア・マン　リッチ・マン　ビッグ・マン　チーフ」『進化と文化』新泉社、181-221頁］

Sahlins, M. D. 1968 Evolution: Specific and General. In R. A. Manners and D. Kaplan (eds.) *Theory in Anthropology*, Chicago: Aldine Publishing Co., pp. 229-241.

Sahlins, M. D. 1972 *Stone Age Economics*. New York: Akdine Publications Co. ［山内昶（訳）1984『石器時代の経済学』東京：法政大学出版局］

Said, E. 1979 *Orientalism*. New York: Vintage Books.

Said, E. 1993 *Culture and Imperialism*. New York: Alfred Knopf.

Saile, D. G. 1986 *Architecture in Cultural Change*. Lawrence: University of Kansas.

Sall, M. 2001 *Traditions céramiques, identites et peuplement en Sénégambie. Ethnographie comparée et essai de reconstitution historique*. Bruxelles: Thèse de doctrat, Université libre de Bruxelles.

Samadi, H. 1959a Les decouvertes fortuites. *Arts Asiatiques* 6: 175-194.

Samadi, H. 1959b *Les decouvertes fortuites Klardasht, Garmabak, Emam et Tomadjan*. Tehran: Musée National de Tehran.

Sancisi-Weerdenburg, H. 1988 Was there ever a Median Empire ? *Achaemenid History* 3: 197-212.

Sanders, W. T. and J. Marino 1970 *New World Prehistory*. Englewood Cliffs: Prentice-Hall.

Sanders, W. T. and D. Webster 1978 Unilinealism, multilinealism, and the evolution of complex societies. In C. L. Redman, M. J. Berman, E. V. Curtin, W. T. Langhorne, Jr., N. M. Versaggi and J. C. Wanser (eds.) *Social Archaeology: Beyond Subsistence and Dating*, New York: Academic Press, pp. 249-302.

Santley, R. S. and R. R. Kneebone 1993 Late formative period society at Loma Torremote: A consideration of the redistribution vs. the great provider models as a basis for the emergence of complexity in the basin of Mexico. In R. S. Santley and K. G. Hirth (eds.) *Prehispanic Domestic Units in Western Mesoamerica*, Florida: CRC Press, pp. 67-86.

Schaeffer, C. F. A. 1948 *Stratigraphie compree et chronologie de l'Asie occidental*. London: Oxford University Press.

Scheidel, W. 2010 Sex and empire: A darwinian perspective. In I. Morris and W. Scheidel (eds.) *The Dynamics of Ancient Empires: State Power from Assyria to Byzantium*, Oxford: Oxford University Press, pp. 255-324.

Scheidel, W. 2013 Studying the state. In P. F. Bang and W. Scheidel (eds.) *The Oxford Handbook of the State in the Ancient Near East and Mediterranean*, New York: Oxford University Press, pp. 5-57.

Schiffer, M. B. and J. M. Skibo 1987 Theory and experiment in the study of technological change. *Current Anthropology* 28 (5): 595-622.

Schlanger , N. 2005 The Chaîne Opératoire. In C. Renfrew and P. Bahn (eds.) *Archaeology: The Key Concepts*, London: Routledge, pp. 25-31.

Schmidt, F. E. 1954 *Persepolis II: Contents of the Treasury and Other Discoveries*. Chicago: The University of Chicago Press.

Schmandt-Besserat, D. 1992 *Before Writing I. From Counting to Cuneiform*. Austin: University of Texas Press.

Schmandt-Besserat, D. 1996 *How Writing Came About*. Austin: University of Texas Press. [小口好昭・中田一郎 (訳) 2008『文字はこうして生まれた』岩波書店]

Schmökel, H. 1958 *Hammurabi von Babylon. Die Errichtung eines Reiches*. München: Janus Bücher.

Schortman, E. and P. Urban 1987 Modeling interregional interaction in prehistory. *Advances in Archaeological Method and Theory* 11: 37-95.

引用文献

Schütz, A. 1932 *Der sinnhafte Aufbau der soczialen Welt*. Wien: Springer Verlag.［佐藤嘉一（訳）1982『社会的世界の意味構成』木鐸社］

Schreiber, K. J. 1992 *Wari Imperialism in Middle Horizon Peru*. Anthropological Papers 87. Ann Arbor: Museum of Anthropology, University of Michigan.

Scott, J. (ed.) 1994 *Power: Critical Consepts*. Oxford: Oxford University Press.

Scott, J. C. 1985 *Weapons of the Weak: Everyday forms of Peasant Resistance*. New Haven: Yale University Press.

Scott, W. R. 1995 *Institutions and Organizations*. Washington D.C.: Sage Publications Inc..［河野昭三・板橋慶明（訳）1998『制度と組織』税務経理教会］

Scott, W. R. 1998 *Organizations: Rational, and Open Systems*. Englewood Cliffs: Prentice-Hall.

Searle, J. R. 1969 *Speech Acts: An Essay in the Philosophy of Language*. Cambridge: Cambridge University Press.［坂本百大・土屋俊（訳）1994『言語行為―言語哲学への試論―（第6刷)』勁草書房］

Searle, J. 1995 *The Construction of Social Reality*. New York: The Press.

Seibert, J. 1985 *Die Eroberung des Perserreiches durch Alexander den Grossen auf kartographischen Grundlage*. Wiesbaden: Ludwig Reichert Verlag.

Service, E. R. 1962 *Primitive Social Organization: An Evolutionary Perspectiv*e. New York: Random House.

Service, E. R. 1975 *Origins of the State and Civilization: The Process of Cultural Evolution*. London: W. W. Norton & Company.

Sewell, W. H. 1992 A theory of structure: Duality, agency, and transformation. *American Journal of Sociology* 98: 1-29.

Shennan, S. 1989 *Archaeological Approaches to Cultural Identity*. London: Unwin Hyman.

Shennan, S. 2002 Archaeology and ecolutionary ecology. *World Archaeology* 34 (1): 1-5.

Shennan, S. 2003 *Genes, Memes and Human History: Darwinian Archaeology and Cultural Evolution*. London: Thames and Hudson.

Shennan, S. 2005 Cultural evolution. In C. Renfrew and P. Bahn (eds.) Archaeology: *The Key Concepts*, London & New York: Routledge, pp. 49-54.

Shennan, S. (ed.) 2009 *Pattern and Process in Cultural Evolution*. Berkeley: University of California Press.

353

Shepared, A. 1976 *Ceramics for the archaeologist*. Carnegie Institute of Washington Publication 609.

Shifferd, P. A. 1987 Aztecs and Africans: Political processes in twenty-two early states. In H. J. M. Classen and P. van de Velde (eds.) *Early State Dynamics*, Leiden: E. J. Brill, pp. 39-53.

Sigaut, F. 1987 Des idées pour observer. *Techniques et Culture* 10: 1-12.

Simon, H. A. 1973 The organization of complex society. In H. H. Pattee (ed.) *Hierarchy Theory*, New York: George Brazailler, pp. 1-27.

Sinopoli, C. M. 1988 The organization of craft production at Vijayanagara. *American Anthropologist* 90 (3): 580-597.

Sinopoli, C. M. 1994 The archaeology of empires. *Annual Review of Anthropology* 23: 159-180.

Sinopoli, C. M. 2001 Empires. In G. M. Feinman and T. D. Price (eds.) *Archaeology at the Millennium: A Sourcebook*, New York: Kluwer Academic, pp. 439-471.

Sinopoli, C. M. 2003 *The Political Economy of Craft Production*. Cambridge: Cambridge University Press.

Skibo, J. M., Michael, B., Schiffer, B. and N. Kowalski 1989 Ceramic style analysis in archaeology and ethnoarchaeology: Bridging the analytical gap. *Journal of Anthropological Archaeology* 8: 388-409.

Smart, B. 1985 *Michel Foucault*. London: Tavistock. ［山本学（訳）1991『ミシェル・フーコー入門』新曜社］

Smith, A. 1776 *An Inquiry into the Nature and Causes of the Wealth of Nations*. ［大内兵衛・松川七郎（訳）1969『諸国民の富（I・II）』岩波書店］

Smith, A. T. 1999 The making of an Urartian landscape in Southern Transcaucasia: A study of political architectonics. *American Journal of Archaeology* 103 (1): 45-72.

Smith, A. T. 2003 *The Political Landscape: Constellations of Authority in Early Complex Societies*. Berkeley: University of California Press.

Smith, A. T. 2006 Representational aesthetics and political subjectivity: The spectacular in Urartian images of performance. In T. Inomata and L. Coben (eds.) *Archaeology of Performance: Theatres of Power, Community and Politics*, Lanham: Altamira Press, pp. 103-134.

Smith, A. T. 2011 Conclusion. Figuring the political: The stuff of sovereignty in a post-evolutionary archaeology. In P. G. Johansen and A. M. Bauer (eds.) *The Archaeology of Politics: The Materiality of Political Practice and Action in the Past*, Cambridge: Cambridge Scholars

引用文献

Publishing, pp. 354-362.

Smith, C. S. 1971 The techniques of the Luristan smith. In R. H. Brill (ed.) *Science and Archaeology*, Cambridge: MIT Press, pp. 32-52.

Smith, E. A. 1979 Human adaptation and energetic efficiency. *Human Ecology* 7: 53-74.

Smith, E. A. 1983 Anthropological applications of optimal foraging theory: A critical review. *Current Anthropology* 4: 625-651.

Smith, E. A. 1991 *Inujjuamiut Foraging Strategies: Evolutionary Ecology of an Arctic Hunting Economy*. New York: Aldine de Gruyter.

Smith, E. A. and B. Winterhalder (eds.) 1992 *Evolutionary Ecology and Human Behavior*. New York: Aldine.

Smith, M. E. 1993 New world complex societies: Recent economic, social, and political studies. *Journal of Archaeological Research* 1(1): 5-41.

Smith, M. E. and L. Montiel 2001 The archaeological study of empires and imperialism in prehispanic Central Mexico. *Journal of Anthropological Archaeology* 20: 245-284.

Southall, A. 1970 *Alur Society*. Oxford: Oxford University Press.

Spencer, C. S. 1987 Rethinking the chiefdom. In R. D. Drennan and C. A. Uribe (eds.) *Chefdoms in the Americas*, New York: University Press of America, pp. 369-389.

Spencer, C. S. 1990 On the tempo and mode of state formation: Neoevolutionism reconsidered. *Journal of Anthropological Archaeology* 9: 1-30.

Spencer, H. 1851 *Social Statics, or, the Conditions Essential to Human Happiness Specified, and the First of Them Developed*. London: John Chapman.

Spencer, H. 1860 *System of Synthetic Philosophy: First Principles*. New York: D. Appleton and Company. [澤田謙 (訳) 2008『第一原理 (上・下)』日本図書センター]

Spencer, H. 1878 *The Principles of Sociology*. New York: D. Appleton and Company.

Spencer, H. 1884 *The Man Versus the State, with Four Essays on Politics and Society*. New York: D. Appleton and Company. [鈴木栄太郎 (訳) 1923『個人対国家・諸科学の分類・社会有機体』社会学研究会]

Spencer, J. 2007 *Anthropology, Politics and the State: Democracy and Violence in South Asia*. New York: Cambridge University Press.

Stahl, A. B. 2004 Comparative insights in to the ancient political economies of West Africa. In G. M.

Feinman and L. M. Nicholas (eds.) *Archaeological Perspectives on Political Economies*, Salt Lake City: University of Utah Press, pp. 253-270.

Stanish, C. 1989 Household Archaeology. *American Anthropologist* 91: 7-24.

Stanislawski, M. B. 1977 Ethnoarchaeology of Hopi and Hopi-Tewa pottery making: Styles of learning. in D. I. J. Yellen and W. Macdonald (eds.) *Experimental Archaeology*, New York: Columbia University Press, pp. 378-408.

Stark, M. T. (ed.) 1998 *The Archaeology of Social Boundaries*. Washington. D. C.: Smithsonian Institution Press.

Stark, M. T. 1998 Technical choices and social boundaries in material culture patterning: An introduction. In M. T. Stark (ed.), *The Archaeology of Social Boundaries*. Washington. D. C.: Smithsonian Institution Press, pp. 1-11.

Stark, M. T. 1999 Social dimensions of technological choice in Kalinga ceramic traditions. In E. S. Chilton (ed.) *Material Meanings: Critical Approaches to Interpreting Material Culture*, Salt Lake City: University of Utah Press, pp. 24-43.

Stark, M. T., Elson, M. D. and J. J. Clark 1998 Social boundaries and technical choices in Tonto Basin prehistory. In M. T. Stark (ed.) *The Archaeology of Social Boundaries*, Washington. D. C.: Smithsonian Institution Press, pp. 208-231.

Stark, M. T., Bishop, R. L., and E. Miksa 2000 Ceramic technology and social boundaries: Cultural practices in Kalinga clay selection and use. *Journal of Archaeologycal Method and Theory* 7 (4): 295-331.

Steinkeller, P. 1993 Early political development in Mesopotamia and the origins of the sargonic empire. In M. Liverani (ed.) *Akkad: The First World Empire. Structure, Ideology, Traditions*, Padova: Sargon srl, pp. 107-129.

Steinkeller, P. 2002 Archaic city seals and the question of early Babylonian unity. In T. Abusch (ed.) *Riches Hidden in Secret Places. Ancient Near Eastern Studies in Memory of Thorkild Jacobsen*, Winona Lake, Indiana: Eisenbrauns, pp. 249-257.

Steponaistis, V. 1978 Location theory and complex chiefdoms: A Mississipian example. In B. Smith (ed.) *Mississipian Settlement Patterns*, New York: Academic Press, pp. 417-453.

Steward, J. H. 1955 *Theory of Culture Change*. Urbana: University of Illinois Press.

Steward, J. H. 1968 Cultural ecology. In D.L. Sills (ed.) *International Encyclopedia of the Social*

Sciences 4, New York: Macmillan Publishing Co. and Free Press, pp. 337–344.

Steward, J. H. 1977 *Evolution and Ecology: Essays on Social Transformation*. Urbana: University of Illinois Press.

Steward, J. H. and L. C. Faron 1959 *Native Peoples of South America*. New York: McGraw-Hill Book Campany.

Stronach, D. 1978 *Pasargadae: A Report on the Excavations Conduced by the British Institute of Persian Studies from 1961 to 1963*. Oxford: Clarendon Press.

Sumner, W. M. 1986 Achaemenid settlement in the Persepolis Plain. *American Journal of Archaeology* 90: 3-31.

Summers, G. D. 1993 Archaeological evidence for the Achaemenid period in Eastern Turkey. *Anatolian Studies* 43: 85-105.

Taagepera, R. 1978a Size and duration of empires: Systematics of size. *Social Science Research* 7: 108-127.

Taagepera, R. 1978b Size and duration of empires: Growth-decline curves, 3000 B.C. to 600 B.C. *Social Science Research* 7: 180-196.

Taagepera, R. 1979 Size and duration of empires: Growth-decline curves, 600 B.C. to 600 A.D. *Social Science History* 3: 115-138.

Tadmor, H. 1997 Propaganda, literature, historiography: Cracking the code of the Assyrian royal inscriptions. In S. Parpola and R. M. Whiting (eds.) *Assyria*, Helsinki: University of Helsinki, pp. 325-338.

Tadmor, H. and M. Weinfeld (eds.) 1983 *History, Historiography and Interpretation*. Jerusalem: The Magnes Press.

Tainter, J. A. 1975 Social inference and mortuary practices: An experiment in numerical classification. *World Archaeology* 7: 1-15.

Tainter, J. A. 1977 Woodland social change in west-central Illinois. *Mid-Continental Journal of Archaeology* 2: 67-98.

Tainter, J. A. 1978 Mortuary practices and the study of prehistoric social systems. *Advances in Archaeological Method and Theory* 1: 23-33.

Tambiah, S. J. 1985 *Culture, Thought, and Social Action: An Anthropological Perspective*. Cambridge: Harvard University Press.

Tambiah, S. J. 1981 *Performative Approach to Ritual*. London: British Academy.

Tanabe, S. 2000a Autochthony and the *Inthakhin* cult of *Chiang Mai*. In A. Turton (ed.) *Civility and Savagery: Social Identity in Tai States*, London: Curzon, pp. 294-318.

Tanabe, S. 2000b Memories displaced by ritual: Cognitive processes in the spirit cults of Northern Thailand. *Bulletin of the National Museum of Ethnology* 24 (4): 707-726.

Testart, A. 2004 *L'origine de l'État. La servitude volontaire*, Tome II. Paris: Errance.

Testart, A. 2005 *Élements de classification des société*. Paris: Errance.

Testart, A. 2012 *Avant l'histoire: L'évolution des sociétés, de Lascaux à Carnac*. Paris: Gallimard edition.

Testart, A. 2013 Reconstructing social and cultural evolution: The case of dowry in the Indo-European Area. *Current Anthropology* 54 (1): 23-50.

Tobler, A. J. 1950 *Excavations at Tepe Gawra* 2. Philadelphia: University of Pennsylvania, Museum of Archaeology and Anthropology.

Trigger, B. G. 1985 Generalized coercion and inequality: The basis of state power in the early civilization. In H. Classen, P. van de Velde and M. Smith (eds.) *Development and Decline: The Evolution of Sociopolitical Organization*, Massachusetts: Bergin and Garvey Publishers, pp. 46-61.

Trigger, B. G. 1990a Monumental architecture: A Thermodynamic explanation of symbolic behavior. *World Archaeology* 22: 119-132.

Trigger, B. G. 1990b Maintaing economic equality in opposition to complexity: An Iroquoian case study. In S. Upham (ed.) *The Evolution of Political Systems: Sociopolitics in Small-Scale Sedentary Societies*, Cambridge: Cambridge University Press, pp. 119-145.

Trigger, B. G. 2003 *Understanding Early Civilizations*. Cambridge: Cambridge University Press.

Tringham, R. E. 1991 Households with faces: The challenge of gender in prehistoric architectural remains. In M. W. Conkey and J. M. Gero (eds.) *Engendering Archaeology: Woman in Prehistory*, Cambridge: Basil Blackwell, pp. 93-131.

Tuplin, C. 2004 The Persian empire. In R. Lane Fox (ed.) *The Long March*, Oxford: Yale University Press, pp. 154-183.

Tuplin, C. 2008 Herodotus on Persia and the Persian empire. In R. B. Strassler (ed.) *The Landmark Herodotus*, New York: Pantheon Books, pp. 792-797.

引用文献

Turner, V. 1967 *The Forest of Symbols: Aspects of Ndembu Ritual*. Ithaca: Cornell University Press.

Turner, V. 1969 *The Ritual Process: Structure and Anti-structure*. Chicago: Aldine.

Tylor, E. B. 1865 *Researches into the Early History of Mankind and the Development of Civilization*. Chicago: University of Chicago Press.

Tylor, E. B. 1871 *Primitive Culture: Researches into the Development of Mythology, Philosophy, Religion, Art and Custom*. London: John Murray. [比屋根安定（訳）1962『原始文化：神話・哲学・宗教・言語・芸能・風習に関する研究』誠信書房]

Tylor, E. B. 1881 *Anthropology: An Introduction to the Study of Man and Civilization*. London: Macmillan. [大社淑子・塩田勉・星野恒彦（訳）1973『文化人類学入門（太陽選書21）』太陽社]

Tylor, E. B. 1889 On a method of investigating the development of institutions: Applied to laws of marriage and descent. *Journal of the Royal Anthropological Institute of Great Britain and Ireland* 18: 245-272.

Ucko, P. [西村正雄（訳）] 1977「埋葬の考古学：民族誌と葬制遺物の考古学的解釈」『現代思想』5巻2号：1-12頁。

Upham, S. 1990 Decoupling the process of political evolution. In S. Upham (ed.) *The Evolution of Political Systems: Sociopolitics in Small-Scale Sedentary Societies*, Cambridge: Cambridge University Press, pp. 1-17.

Vallat, F. 1996 Nouvelle analyse des inscriptions néo-élamites. In H. Gasche et B. Hrouda (dirs.) *Collectanea Orientaliam: Histoire, arts de l'espace et industrie de la terre. Études offertes en homage à A. Spycket*, Neuchâtel et Paris: Recherches et Publications, pp. 385-395.

Vanden Berghe, L 1964 *La Nécropole de Khurvin*. Istanbul: Nederlands Historisch-Archaeologisch Instituut.

Vanden Berghe, L. 1966 *Archéologie de l'Iran ancien*. Leiden: E. J. Brill.

Van de Mieroop, M. 1997 *The Ancient Mesopotamia City*. Oxford: Oxford University Press.

Van de Mieroop, M. 1999 *Cuneiform Texts and the Writing of History*. London: Routledge.

Van de Mieroop, M. 2002 In search of prestige: Foreign contacts and the rise of an elite in Early Dynastic Babylonia. In E. Ehrenberg (ed.) *Leaving on Stones Unturned: Essays on the Ancient Near East and Egypt in Honor of Donald P. Hansen*, Wiinona Lake, IN: Eisenbrauns, pp. 125-138.

Van de Mieroop, M. 2007 *A History of the Ancient Near East, ca. 3000-323 BC*. Malden: Blackwell.

Van der Spek, R. 1983 Cyrus de Pers in Assyrisch perspectief. *Tijdschrift voor Geschiedenis* 96: 1-27.

Van der Leeuw, S. E. (ed.) 1981 *Archaeological Approaches to the Study of Complexity*. Amsterdam: University of Amsterdom.

Van Gennep, A. [1909] 1969 *Les rites de passage. Étude systématique des rites*. Paris: Librairie Critique. Mouton et Maison des Sciences de l'Homme.

Von Dassow, E. M. 2011 Freedom in Ancient Near Eastern societies. In K. Radner and E. Robson (eds.) *The Oxford Handbook of Cuneiform Culture*, Oxford: Oxford University Press, pp. 205-224.

Voss, B. L. 2000 Colonial sex: Spanish-colonial missions. In R. A. Schmidt and B. L. Voss (eds.) *Archaeologies of Sexuality*, London and New York: Routledge, pp. 35-61.

Voss, B. L. 2008 Domesticating imperialism: Sexual politics and the archaeology of empire. *American Anthropologist* 110 (2): 191-203.

Wall, D. 2000 Family meals and evening parties: Constructing domesticity in nineteenth century middle-class New York. In J. A. Delle, S. A. Mrozoeski and R. Paynter (eds.) *Lines that Divide: Historical Archaeologies of Race, Class, and Gender*, Knoxville: University of Tennessee Press, pp. 109-141.

Wallerstein, I. M. 1974 *The Modern World System I: Capitalist Agriculture and the Origins of the European World-Economy in the Sixteenth Century*. New York & London: Academic Press. [川北稔 (訳) 1981『近代世界システム I—農業資本主義と「ヨーロッパ世界経済」の成立』岩波書店]

Wallerstein, I. M. 1980 *The Modern World System II: Merchantilism and the Consolidation of the European World-Economy, 1600-1750*. New York & London: Academic Press. [川北稔 (訳) 1993『近代世界システム 1600~1750—重商主義と「ヨーロッパ世界経済」の凝集』名古屋大学出版会]

Wallerstein, I. M. 1983 *Historical Capitalism*. London: Verso. [川北稔 (訳) 1985『史的システムとしての資本主義』岩波書店]

Warnier, J.-P. 1999 *Construire la culture matérielle. L'homme qui pensait avec ses doigts*. Paris: Presses universitaires de France.

Wason, P. K. 1994 *The Archaeology of Rank*. Cambridge: Cambridge University Press.

Webb, M. C. 1988 The first state: How-or in what sense-did «circumscription» circumscribe ? *American Behabioral Scientist* 31 (4): 449-458.

Weber, M. 1921 *Gesammelte politische Schriften*. München: Drei Masken Verlag.［脇圭平（訳）1980『職業としての政治』岩波書店］

Weber, M. 1922 *Wirtschaft und Gesellschaft*. Tübingen: Mohr.［濱嶋朗（訳）2012『権力と支配』講談社］

Wells, P. S. 1995 Identities, material culture, and change: <Cells> and <Germans> in Late Iron Age Europe. *Journal of European archaeology* 3: 169-185.

Wells, P. S. 1998 Identity and material culture in the later prehistory of Central Europe. *Journal of Archaeological Research* 6: 239-298.

Wesson, C. B. 1998 Sacred landscapes: The view from Alabama. In R. B. Lewis and C. S. Stout (eds.) *Mississippian Towns and Sacred Spaces*, Tuscaloosa: University of Alabama Press, pp. 93-122.

Wesson, C. B. 1999 Chiefly power and food storages in Southeastern North America. *World Archaeology* 31: 145-164.

Wesson, C. B. 2002 Prestige goods, symbolic capital, and social power in the Protohistoric Southeast. In C. B. Wesson and M. A. Rees *Between Contacts and Colonies: Archaeological Perspectives on the Protohistoric Southeast*, Tuscaloosa: University of Alabama Press, pp. 110-125.

Wesson, C. B. 2008 *Households and Hegemony: Early Greek Prestige Goods, Symbolic capital, and social Power*. Lincoln & London: University of Nebraska Press.

Westenholz, A. 1979 The old Akkadian empire in contemporary opinion. In M. T. Larsen (ed.) *Power and Propaganda. A Symposium on Ancient Empires*, Copenhagen: Akademisk Forlag, pp. 107-123.

Wever, G. 1969 A Persian Puzzle. A Bronze Sword from Teheran. *Expedition* 12 (1): 24-27.

Whallon, R. 1968 Investigations of late prehistoric social organization in New York State. In R. Sally and R. Binford (eds.) *New Perspectives in Archaeology*, Chicago: Aldine, pp. 223-244.

White, L. 1949 *The Science of Culture*. New York: Farrar, Straus.

White, L. 1959 *The Evolution of Culture*. New York: McGraw-Hill.

Whitehouse, H. 2004 *Modes of Religiosity: A Cognitive Theory of Religious Transmission*. Walnut

Creek: Altamira Press.

Widmer, R. J. and R. Storey 1993 Social organization and household structure of a Teotihuacán apartment compound: s3w1: 33 of the Tlajinga Barrio. In S. S. Santley and K. G. Hirth (eds.) *Prehispanic Domestic Units in Western Mesoamerica*, Florida: CRC Press, pp. 87-104.

Wiessner, P. 1983 Style and social information in Kalahari San projectile points. *American Antiquity* 48: 253-276.

Wiessner, P. 1990 Is there a unity to style? In M. W. Conkey and C. A. Hastorf (eds.) *The Uses of Style in Archaeology*, Cambridge: Cambridge University Press, pp. 105-112.

Wilk, R. R. and R. M. Netting 1984 Households: Changing forms and functions. In R. M. Netting, R. R. Wilk and E. J. Arnould (eds.) *Households*, Berkeley: University of California Press, pp. 1-28.

Wilkinson, C. K. 1954 Art of Marlik Culture. *Bulletin of the Metropolitan Museum of Art*. Nov. 1965: 101-109.

Winter, I. J. 1981 Royal rhetoric and the development of historical narrative in Neo-Assyrian reliefs. *Studies in Visual Communication* 7: 2-38.

Wiesehöfer, J. 2003 The Medes and the idea of the succession of empires in antiquity. In G. Lanfranchi, M. Roaf and R. Rollinger (eds.) *Continuity of Empires (?): Assyria, Media, Persia*, Padiva: Sargon Editrice Libreria, pp. 391-396.

Wiesehöfer, J. 2009 The Achaemenid empire. In I. Morris and W. Scheidel (eds.) *The Dynamics of Ancient Empires: State Power from Assyria to Byzantium*, Oxford: Oxford University Press, pp. 66-98.

Wiesehöfer, J. 2013 Iranian empires. In P. F. Bang and W. Scheidel (eds.) *The Oxford Handbook of the State in the Ancient Near East and Mediterranean*, Oxford: Oxford University Press, pp. 199-231.

Winter, I. 1981 Royal phetoric and the Development of historical narrative in Neo-Assyrian reliefs. *Studies in Visual Communication* 7: 2-38.

Winterhalder, B. 1982 Opportunity cost foraging models for stationary and mobile predators. *American Naturalist* 122: 73-84.

Winterhalder, B. and E. A. Smith (eds.) 1981 *Hunter-gatherer Foraging Strategies: Ethnographic and*

Archaeological Analysis. Chicago: Chicago University press.

Wittfogel, K. 1957 *Oriental Despotism. A Comparative Study of Total Power*. New Haven: Yale University Press.［湯浅赳男（訳）1995『オリエンタル・デスポティズム：専制官僚国家の生成と崩壊』新評論］

Wobst, H. M. 1977 Stylistic behavior and information exchange. In C. E. Cleland (ed.) *Papers for the Director: Research Essays in Honor of James B. Griffin*, Ann Arbor: University of Michigan Press, pp. 317-342.

Wobst, H. M. 1999 Style in archaeology or archaeologists in stayle. In E. S. Chilton (ed.) *Material Meanings: Critical Approaches to the Interpretation of Material Culture*, Salt Lake City: University of Utah Press, pp. 118-132.

Wolf, E. R. 1982 *Europe and the People without History*. Berkeley: University of California Press.

Wolf, E. R. 1990 Distinguished lecture: Facing power: Old insights, new questions. *American Anthropologist* 92: 586-596.

Wolf, E. R. 1999 *Envisioning Power: Ideologies of Dominance and Crisis*. Berkeley: University of California Press.

Wood, E. M. 2003 *Empire of Capital*. London: Verso.

Wright, H. 1977 Recent research on the origin of the state. *Annual Review of Anthropology* 6: 379-397.

Wright, H. 1978 Toward an explanation of the origin of the state. In R. Cohen and E. Service (eds.) *Origins of the State: The Anthropological of Political Evolution*, Philadelphia: Institute for the Study of Human Issues, pp. 49-68.

Wright, H. T. 1986 The evolution of civilization. In D. L. Melzer, D. Fowler and J. A. Sabloff (eds.) *American Archaeology Past and Future*, Washington: Smithsonian Institute Press, pp. 323-365.

Wright, H. T. 2010 Early historic settlement patterns on the Deh Lurān plain. In H. T. Wright and J. A. Neely *Elamite and Achaemenid Settlement on the Deh Luran Plain: Towns and Villages of the Early Empires in South-Western Iran*. Memoires of the Museum of Anthropology, University of Michigan, no. 47, pp. 83-93.

Wright, H. T. and G. A. Johnson 1975 Population, exchange, and early state formation in Southwestern Iran. *American Anthropologist* 77: 267-289.

Wright, H. T. and J. A. Neely 2010 Introduction. In H. T. Wright and J. A. Neely *Elamite and Achaemenid Settlement on the Deh Luran Plain: Towns and Villages of the Early Empires in South-Western Iran*. Memoires of the Museum of Anthropology, University of Michigan, no. 47, pp. 1-6.

Wurst, L. and R. H. McGuire 1999 Immaculate consumption: A Critique of the "Shop till you Drop" School of Human Behavior. *International Journal of Historical Archaeology* 3 (3): 191-199.

Wylie, A. 1985 The reaction against analogy. In M. B. Schiffer (ed.) *Advances in Archaeological Method and Theory*, New York: Academic Press, pp. 63-111.

Yamauchi, K. 2005 Formation of historical and cultural landscape of the Kaluraz valley. In T. Ohtsu, K. Yamauchi and J. Nokandeh (eds.) *Preliminary Report of the Iran Japan Joint Archaeological Expedition to Gilan, Fourth Season*. Tehran and Tokyo: Iranian Cultural Heritage and Tourism Organization and Middle Eastern Culture Center in Japan, pp. 109-113.

Yoffee, N. 1993 Too many chiefs? In N. Yoffee and A. Sherratt (eds.) *Archaeological Theory: Who Sets the Aggenda?* Cambridge: Cambridge University Press, pp. 60-78.

Yoffee, N. 1995 Political economy in Early Mesopotamian States. *Annual Review of Anthropology* 24: 281-311.

Young, T.C., Jr. 1964 A comparative ceramic chronology for Western Iran, 1500-500 B.C.. *Iran* 3: 53-85.

Young, T.C., Jr. 1967 The Iranian migration into Zagros. *Iran* 5: 11-34.

Young, T.C., Jr. 1971 The search for understanding: excavating the Second Millenium. *Expedition* 13 (3-4): 22-27.

Young, T.C., Jr. 1975 Kangavar valley survey. *Iran* 13: 191-193.

Young, T.C., Jr. 2002 The Kangavar Survey-The Iron Age. *Iranica Antiqua* XXXVII: 419-436.

Young, T.C., Jr. 2003 Parsua, Parsa, and potshards. In F. N. Miller and K. Abdi (eds.) *Yeki bud, yeki nabud: Essays on the Archaeology of Iran in Honor of William M. Sumner*, Los Angeles: Regends of the University of California, pp. 243-248.

あとがき

　西アジアの古代史にとり組む醍醐味は人類史上の画期的事象が萌芽し結実するまでを、他地域との連関を想定することなしに俯瞰できることにある。本書冒頭にも書いたように国家形成もこの事象群の一環を成す。そして西アジアに着目するさらなる利点として、当分野に関する同時代史料の豊富さがある。政治経済、外交、宗教、隣村とのやりとりまで記された文書群は、確かに当時を復元するのに十全なようにみえる。

　そうした分野に考古学という即物的手法でとり組もうとする時、意義と有意性をしばしば問われた。そもそも国家の一義には、複雑かつ大規模な政治システム、そして物理的強制力の執行機関としての機能がある。その場合に要となる法規制や諸組織を物質文化から具体化するのは容易ではない。国家を概念的にとらえ、イデオロギーや権力の執行機関としての側面を重視する場合には、言及はなおさらむずかしい。さらに、筆者が対象とするのは西アジアの辺境である。現生人類出アフリカ以降の先進地、ゆえに史料も豊富なメソポタミアに対し、ザグロス山脈によって隔てられた中東域は一次史料も相対的に乏しく、西アジア古代史の中ではメソポタミアに従属あるいは後続する地域として把握されてきた。紀元前1千年紀半ばに当地で興ったとされる西アジア覇権諸国家の形成も、メソポタミアで先出した諸勢力の政治システムを採って成ったという位置づけがしばしば為されてきた。ゆえに西アジアにおける国家／帝国形成プロセスでは二次的生成物として、メソポタミア諸勢力の有為性を指示する役割に甘んじてきた。

　西アジア国家形成に対して、あえてそうした副次的存在の両者を統合して挑んだのが、本書である。成否の判断は読者諸氏にゆだねたい。ただ、本書を作成した動機は反骨の意識でも、自身のフィールドの誇大でも、もちろんないと

いうことはお伝えしておきたい。既存の史観の中で辺境の、一地域社会に粛々ととり組むなかで得た視点が、現在普遍的になっている国家像、そしてそれを到達点として描かれてきた人類史を相対化する一助に成りうるのではないかという予感について、一人でも多くの方からご意見をいただける形にしたいという気持ちから成したことである。

　本書が論として不完全極まりないうえに、論証にも程遠いことは自覚している。また上記姿勢を貫徹するため、加えて筆者の力量不足ゆえに、西アジア古代史をあつかう際に当然ふまえるべき諸研究の多くに本書ではふれることができなかった。なかでも当分野が誇るアッシリア学の所見をふまえ、活かすことができなかった悔いはおおきい。直接・間接に関連する事柄を多々ご指導いただいたにもかかわらず活かすことができなかった非礼を深くお詫び申し上げたい。力不足を猛省し、精進していく所存でいる。

　本書は全体として、書き下ろしに近いものとなっている。第5章から第9章では部分的に、既出論文の主要箇所を再構成し加筆したうえで取り入れている。それぞれで大幅に修正してはいるが、素地となった論文を以下に記す。

「イラン、カスピ海南西岸における鉄器時代移行期の様相—触角状突起付青銅剣身の分析を中心に」『西アジア考古学』9号：131-141頁、2008年。

「イラン、デーラマン地域における前6世紀以降からパルティア期にかけての土器編年」『西アジア考古学』11号：90-100頁、2010年。

「遺跡分布から見たイラン北部山岳地帯における鉄器時代居住形態の分析」『オリエント』53巻2号：1-33頁、2010年。

「イラン北部、鉄器時代後期における工芸的土器斉一化現象の実態」『西アジア考古学』13号：19-35頁、2012年。

「イラン北部、鉄器時代における葬送儀礼の機能的変化」『考古学研究』第58巻2号：87-106頁、2012年。

あとがき

　本書の主な構想は、広島大学考古学研究室での研究活動の一環として成した
ものである。これまでの成果を統合し国家形成という問題枠に位置づけるきっ
かけは、野島永先生との日頃のやりとりから生じた。書中の誤謬の責はすべて
筆者にあることを明記した上で、門外漢の筆者に日本考古学の諸事をご教示い
ただいたこと、国家形成研究に関する筆者の勉強不足を補ってくださったこと、
本書構想段階より事細かにご助言を下さったことに対し、記して深謝いたしま
す。同研究室では大麻ゆかりさんには陰日向になって研究活動を支えていただ
いた。大麻さんのこまやかなご配慮にはいつも頭が下がる。本書を成す視点の
いくつかは同研究室の学生諸氏との日頃のやりとりから生まれている。そして、
古瀬清秀先生には広島大学を辞した後も日頃からさまざまにご支援をいただい
ている。広島大学関連資料についての出版許可も賜った。先生の叱咤激励を支
えとして、今日を迎えることができた。広島での日々に、あらためて、心から
御礼申し上げたい。

　その後に赴任した東北大学でも、多くのお力添えをいただいている。所属す
る学際科学フロンティア研究所は、若輩者にこのような書物を執筆する環境を
与えてくださった。ご高配にはどんな感謝の言葉も足らない。そして、さまざ
まな形で、これまで自明のこととしてきた人文学の知見を相対化する機会を得
ている。心地よい焦慮は確実に、筆者を本書の執筆に駆り立ててくれた。

　考古学研究室の阿子島香先生からは、国家形成のみならず考古学を通底する
理論的枠組みについて、筆者の不勉強を補っていただいている。本書に対して
もこまやかなご助言と日々の叱咤激励をいただいた。鹿又喜隆先生、工藤久美
子さんには、日々の活動を温かく見守っていただいている。多々我儘を申し上
げ、ご迷惑をおかけしているにもかかわらず御寛恕いただいているお二人には、
感謝の言葉しかない。そして、山田凛太郎さんには本書の校正にはかり知れな
いご尽力をいただいた。その際の的確で忌憚の無い指摘の数々は、本書を作成
した労を早くも報いてくれるほど充実したものだった。

最後に、西秋良宏先生に心からの尊敬と感謝を申し上げます。先生が多大なる御高配と御尽力でもって考古学を授けてくださったおかげで、筆者は今日に至ることができている。

　こうしたご学恩に対し、本書が何らかの応えとなるならば、幸甚である。

2014年9月11日

有松　唯

図版一覧・出典

第 1 図	国家概念模式図	3
第 2 図	イデオロギーの諸形態	6
第 3 図	社会と政治体	112
第 4 図	西アジア全図	113
第 5 図	西アジア古代国家の類型と年表 (Garfinkle 2013: Table 3.1; Matthews 2003: Table 5.2 より作成)	118
第 6 図	メソポタミア地方と主要遺跡	121
第 7 図	西アジア古代国家群の領域変動 (Barjamovic 2013: Fig. 4.1)	154
第 8 図	アケメネス朝揺籃地と前 1 千年紀の主要遺跡	161
第 9 図	前 6 世紀前葉の西アジア勢力図	164
第10図	イランと鉄器時代の主要遺跡	181
第11図	イラン北部域と鉄器時代の主要遺跡	186
第12図	イラン北部山岳地帯の景観：主要河川とダルファク山	187
第13図	イラン北部山岳地帯の景観：山間部盆地	188
第14図	イラン北部域における鉄器時代の工芸品 (Ohtsu et al. 2006)	189
第15図	イラン北部域における鉄器時代の墓地	190
第16図	イラン北部域山間部盆地の前 2 千年紀後半の墓地 (江上ほか編 1965 より一部改編)	192
第17図	前 15 世紀から前 13 世紀頃の副葬品種類数：墓地間の比較 (有松 2011b より一部改編)	197
第18図	前 15 世紀から前 13 世紀頃の副葬土製器の地域的多様性 (以下の文献 より一部改変して転載。1〜4: Negahban 1996; 5〜8: Fallahiyan 2004; 9〜12: Fukai and Matsutani 1982; 13 〜 17：江上ほか編 1965)	199

第19図　前15世紀から前13世紀に副葬される大型の鉢 …………………… 201

第20図　土製器物の階層的属性 ………………………………………………… 206

第21図　前15世紀から前13世紀頃にかけての副葬品種類数と青銅製品副葬
　　　　点数の比較（有松2011bより一部改編） ……………………………… 213

第22図　イラン北部域山間部盆地の厚葬墓と威信財（1, 3：江上ほか編1965;
　　　　2, 4：深井・池田編1971） ……………………………………………… 215

第23図　前13世紀から前8世紀頃の副葬土製器の地域的多様性（以下の文献
　　　　より一部改変して転載。1～6: Negahban 1996; 7～9：深井・池田編
　　　　1971） ………………………………………………………………… 220

第24図　前13世紀から前8世紀にかけての副葬品種類数と青銅製品副葬点数
　　　　の比較（有松2011bより一部改編） …………………………………… 222

第25図　前13世紀から前8世紀頃の副葬品種類数（有松2011bより一部改編）
　　　　………………………………………………………………………… 224

第26図　前8世紀から前6世紀頃の副葬土製器の斉一性（以下の文献より一部
　　　　改変して転載。1～5: Ohtsu et al. 2005; 6～7: Negahban 1996; 8～12：
　　　　江上ほか編　1965） ……………………………………………………… 230

第27図　前1千年紀前半の副葬用器（Ohtsu et al. 2006） ……………………… 231

第28図　前1千年紀前半の集落で使われていた精製の器 …………………… 233

第29図　前1千年紀前半にあらわれた集落と主要河川 ……………………… 237

第30図　前1千年紀前半の集落で使われていた土偶（Ohtsu et al. 2005）…… 238

第31図　前1千年紀前半の集落からみつかった副葬用器の類品 …………… 239

第32図　前1千年紀前半におけるイラン北部山岳地帯での供膳・供献用器の
　　　　共有範囲（有松2012aより一部改編） ………………………………… 241

第33図　前1千年紀前半におけるトルクメニスタンの大型建造物（Boucharlat
　　　　et al. 2005: Fig. 2を一部改変） ………………………………………… 242

図版一覧・出典

第34図　前6世紀から前4世紀頃の副葬土製器の多様性（以下の文献より一部
　　　　改変して転載。1: Ohtsu et al. 2005; 2 ～ 10：曽野・深井編1968）···· 254

第35図　前1千年紀末葉頃の日用什器（Ohtsu et al. 2004a）··················· 258

第36図　アケメネス朝主要都市で使われていた杯（Dusinberre 2003: Fig.63 を
　　　　一部改編）·· 292

第37図　あらたな文化的象徴作用の浸透プロセス（Miller 1997: Fig. 150 を
　　　　一部改変）·· 293

索引

XTENTモデリング, 51

アケメネス朝, 1, 7, 18, 136, 140, 141,
142, 143, 147, 155, 156, 157, 158,
159, 160, 161, 162, 163, 164, 165,
166, 167, 168, 169, 173, 179, 179,
180, 181, 182, 183, 257, 282, 290,
292, 294, 296

アッカド, 130, 133, 134, 136, 145, 153,
164

アッシリア, 18, 129, 134, 135, 138,
139, 140, 141, 145, 147, 155, 156,
158, 163, 164, 165, 166, 167, 168,
169, 282

アンシャン, 160, 164, 165, 167

意思決定, 19, 30, 47, 57, 58, 61, 70,
71, 73, 74, 78, 82, 83, 86, 96, 97,
102

威信財, 41, 42, 55, 56, 69, 212, 214,
216, 252, 265, 275, 276, 284, 285,
286

一次国家, 39, 56, 163

一次都市, 152 イデオロギー, 5, 6, 14,
34, 53, 55, 59, 60, 66, 69, 71, 72,
73, 74, 75, 76, 77, 78, 80, 81, 82,
8495, 98, 99, 101, 102, 111, 120,
133, 139, 146, 147, 157, 173, 243,
244, 245, 257, 279, 289, 290, 293,
294

遺伝子浮動, 91

移牧, 249, 250, 283

インド・ヨーロッパ語族, 132, 134, 166,
183

ウルク, 117, 118, 119, 121, 122, 124,
126, 130151, 152, 170

エクバタナ, 141, 143, 163, 165, 166,
168

エネルギー, 30, 31, 32, 47, 68, 195,
196, 198, 211, 228, 276

エネルギー決定論, 31

エラム, 132, 134, 141, 162, 163, 164,
165, 169

エリート・モデル, 68

オリエント, 7, 171

階級, 20, 25, 26, 27, 28, 34, 38, 48,
65, 66, 67, 69, 73, 74, 79, 96, 97,
102, 192, 205

階級国家説, 20, 26, 27

階層, 34, 38, 39, 41, 42, 43, 45, 47,
48, 49, 50, 51, 52, 54, 55, 56, 58,
61, 65, 66, 67, 72, 75, 79, 80, 85,
99, 105, 118, 123, 125, 126, 127,
131, 195, 196, 204, 209, 211, 223,
284

下部構造, 34, 59, 72, 102

灌漑, 27, 28, 46, 52, 54, 120, 127, 128,
137, 149, 150, 173, 184

灌漑理論, 28

カンビュセス, 161

官僚, 35, 119, 120, 131, 141, 144, 146, 171, 291

基幹資源, 7, 8, 251, 252, 286

技術的スタイル, 205, 207, 209, 216, 230, 232, 236, 238, 239, 247, 253, 254, 255, 257, 260, 265, 268, 269, 292

基層, 1, 2, 4, 8, 102, 107, 109, 113, 114, 170, 174, 269, 287

基層化, 2, 107, 109, 112, 173, 243, 290, 295

擬態的集団, 247, 274, 277, 278, 281, 295

基盤構造権力, 108, 109

キュロスII世, 159, 160, 161, 162, 163, 164, 165, 167

儀礼, 5, 6, 7, 8, 28, 34, 46, 60, 61, 64, 66, 76, 77, 83, 84, 127, 142, 220, 238, 239, 242, 243, 244, 245, 246, 247, 250, 256, 259, 269, 270, 271,274, 277, 278, 279, 285, 286

経済資本, 80, 81

形態的スタイル, 205, 206, 207, 209, 236, 253, 255, 261, 279, 280

権威的資源, 81

原始共同体, 27, 28, 29, 31

権力, 2, 13, 14, 15, 19, 20, 21, 24, 40,

53, 58, 59, 60, 63, 65, 66, 68, 69, 70, 71, 72, 73, 75, 76, 79, 80, 81, 82, 84, 85, 86, 87, 88, 89, 97, 98, 99, 100, 101, 102, 103, 104, 107, 108, 111, 113, 122, 131, 136, 138, 146, 151, 290

権力基盤, 58, 66, 153, 156, 285, 286, 290

権力現象, 22, 34, 58, 81, 82, 87, 101, 104

権力資源, 57, 58, 59, 61, 62, 65, 77, 87, 101, 109, 136

権力資源論, 57, 59, 61, 66, 98, 101, 109, 136

権力の様式化, 81, 82, 84

交易, 30, 37, 38, 39, 40, 41, 42, 43, 44, 58, 95, 123, 136, 142, 153, 170

交易ネットワーク, 40, 41, 42, 145

交易論, 37, 38, 39, 41, 43

工芸的土器, 7, 210, 211, 219, 229, 231, 256, 257, 258, 259, 260, 261, 265, 269, 270, 271, 275, 277, 278, 280, 281

構造化, 82, 87, 107, 247, 272, 274, 285, 286

構造化理論, 82

構造主義的マルクス主義, 53

公的支配, 71

個体中心主義, 7, 283

国家, 1, 2, 4, 5, 8, 9, 13, 14, 15, 16,

17, 18, 19, 20, 21, 22, 23, 24, 25,
26, 27, 28, 29, 30, 31, 33, 34, 35,
36, 37, 38, 39, 40, 41, 43, 44, 45,
46, 48, 49, 50, 51, 55, 57, 58, 61,
62, 63, 64, 67, 68, 71, 72, 73, 74,
75, 77, 78, 80, 81, 82, 83, 85, 86,
87, 88, 89, 90, 92, 93, 95, 96, 97,
98, 99, 100, 101, 102, 103, 104,
105, 106, 107, 108, 110, 111,, 113,
117, 119, 123, 124, 125, 128, 130,
131, 136, 138, 145, 146, 149, 150,
151, 153, 155, 156, 157, 158, 163,
165, 168, 171, 172, 173, 179, 180,,
243, 245, 289, 293, 295, 296, 297

国家形成, 1, 2, 4, 7, 8, 9, 13, 17, 18,
19, 20, 21, 22, 23, 24, 25, 26, 27,
28, 29, 30, 33, 34, 36, 37, 38, 39,
41, 42, 44, 45, 46, 47, 48, 49, 51,
52, 56, 57, 58, 59, 61, 62, 64, 67,
69, 71, 72, 74, 75, 77, 78, 80, 81,
84, 86, 88, 89, 90, 92, 93, 95, 96,
97, 100, 103, 105, 106, 107, 110,
113, 114, 117, 136, 147, 149, 150,
151, 152, 154, 160, 173, 174, 179,
245, 294

国家現象, 20, 84, 85, 103

国家的現象, 21, 22

再生産, 4, 5, 20, 27, 28, 29, 42, 42,
52, 53, 54, 55, 56, 58, 61, 63, 67,
69, 70, 71, 74, 75, 76, 77, 78, 79,

80, 82, 84, 85, 87, 89, 95, 96, 106,
108, 110, 153, 172, 209, 243, 244,
259, 278, 279, 284, 285, 286, 289,
290, 294, 295, 296

最適化, 91

最適化仮説, 91

最適捕食理論, 90

ザグロス山脈, 130, 138, 140, 150, 161,
163, 165, 166, 167, 168, 184, 221,
282

サルディス, 141, 163, 257

実質的包摂, 296

実践理論, 78, 80, 86, 106

史的唯物論, 26, 29, 34, 72

支配, 2, 14, 15, 16, 20, 26, 28, 29, 34,
35, 38, 41, 42, 43, 45, 55, 56, 58,
59, 61, 62, 63, 68, 69, 70, 71, 73,
74, 75, 76, 77, 78, 79, 80, 81, 82,
85, 86, 87, 88, 89, 96, 97, 100,
101, 102, 109, 111, 123, 124, 126,
129, 130, 131, 133, 136, 139, 142,
144, 146, 149, 156, 163, 165, 166,
167, 169, 171, 172, 191, 245, 291,
294

自発的追従, 5, 71, 111, 295

資本主義, 21, 29, 31, 32, 40, 42, 54,
75, 85, 97, 151

社会進化, 27, 29, 30, 31, 136, 173

社会進化論, 25, 29, 31, 33, 34, 36, 38,
47, 52, 53, 58, 65, 80, 92, 95, 96,

97, 100, 101, 102

社会類型, 55, 97, 98

奢侈品財政, 61, 62, 63, 108, 286

集団化, 1, 4, 5, 7, 105, 157, 174, 217, 243, 244, 269, 273, 274, 278, 279, 284, 289, 290, 294, 295, 296

集団中心主義, 7, 283

主体的行為, 82

首長制, 33, 34, 35, 36, 44, 48, 50, 51, 62, 64, 109

主要動因, 48, 54, 97, 147

主要品財政, 61, 62, 63

象徴権力, 79, 81, 83, 84, 86

象徴権力論, 78

象徴財, 5, 60, 244

象徴的位相, 5, 6, 111, 112, , 243, 244, 245, 246, , 274, 277, 285, 291

上部構造, 35, 53, 59, 72

情報理論, 45, 47, 57

初期国家, 44, 45, 48, 50, 58

進化論, 26, 32, 33

人口, 15, 30, 34, 35, 49, 50, 51, 52, 57, 59, 72, 85, 95, 97, 98, 118, 119, 124, 125, 132, 150, 151, 168, 170, 273, 276, 282, 283, 290, 295

人口論, 45, 49, 91

新進化主義, 32, 33, 34, 36, , 63, 64, 90

新石器化, 3, 29, 30, 128, 149, 150

新石器革命, 29, 31, 37, 127, 128

親族組織, 35, 54, 55, 56, 57, 98, 207

枢軸時代, 156, 157,, 173, 295

枢軸文明, 157

スーサ, 141, 163, 164, 165

生権力, 88

生産関係, 53, 54, 98

生産関係論, 52, 53, 54, 56, 67, 98

生産手段, 20, 25, 34, 49, 53, 63, 65, 66

生産様式, 46, 54, 98

生産力, 28, 29, 30, 38, 53, 54, 57, 58, 64, 73, 100, 137, 276

政治体階梯論, 57, 66, 104

政治的経済, 6, 7, 8, 61, 62, 87, 89, 108

政治的実践, 83, 84

政治的生態, 83

成層社会, 57, 62, 68

生存経済, 61, 62, 87, 89, 108

政体, 19, 43, 44, 45, 46, 61, 91, 153

生態的適応, 15, 204, 225, 281, 282, 283, 284, 285, 280, 295, 296

正当性, 2, 5, 67, 74, 76, 79, 82, 101, 111, 138, 245

制度化, 48, 75, 82, 84, 85, 99, 100, 104, 120, 129, 133, 245, 259, 272, 278, 294, 296

制度的メカニズム, 64

世界システム, 37, 39, 40, 41, 42, 43, 74, , 136

世帯考古学, 84

セレウコス朝, 142, 143, 183

索引

専業化, 35, 42, 44, 46, 54, 56, 64, 65, 124, 125, 128

専制権力, 108

葬送儀礼, 66, 125, 142, 189, 192, 195, 198, 209, 210, 211, 214, 216, 217, 219, 2217, 223, 224, 228, 229, 2305, 2316, 232, 237, 239, 247, 252, 253, 255, 256, 257, 259, 265, 266, 267, 268, 269, 271, 275, 276, 277, 278, 279, 280, 284, 285, 286

多系進化論, 31, 33

段階的階層, 47, 48

地域間交易, 38

地域内交易, 37

中央集権, 44, 62, 109, 133, 138, 139, 141, 144, 145

中間規模社会, 90

中心地理論, 43, 126

中部構造, 34

長距離交易, 37, 38, 39, 45, 46, 55, 72, 96, 98, 122, 124, 173

帝国, 1, 3, 4, 18, 26, 40, 48, 74, 109, 138, 140, 144, 145, 146, 147, 155, , 156, 157, 158, 163, 165, 166, 168, 169, 170, 171, 172, 173, 174, 179, 180, 181, 182, 290, 291, 293, 2941, 296

ティスペス, 160

適応戦略, 4, 7, 106, 214, 279

伝播論, 41, 42, 43, 45, 47

同位政体相互作用論, 37, 43

統合儀礼, 6, 7, 8, 231, 236, 239, 247, 264, 267, 269, 276, 277, 256, 259, 261, 269, 271, 275, 277, 278, 281, 285

動作連鎖, 203

同時的階層, 47, 48

統治, 13, 14, 15, 88, 99, 106, 108, 138, 140, 142, 146, 155, 157, 159, 173, 293, 294

統治性, 86, 88

都市, 30, 33, 46, 560, 118, 119, 120, 121, 122, 123, 124, 125, 126, 127, 128, 130, 131, 132, 133, 137, 140, 141, 152, 153, 156, 164, 170, 179, 290 都 市 化, 2, 3, 4, 29, 30, 56, 127, 128, 149, 150, 152, 173, 179

都市革命, 29, 37, 124

都市国家, 3, 4, 15, 18, 38, 55, 56, 62, 63, 109, 117, 119, 120, 121, 122, 123, 126, 127, 128, 129, 130, 132, 135, 136, 137, 146, 147, 149, 150, 151, 152, 153, 156, 170, 171, 173

ドメスティケーション, 30, 128

西アジア, 1, 2, 3, 8, 9, 37, 113, 114, 117, 124, 125, 128, 129, 132, 134, 136, 137, 138, 139, 140, 141, 142, 143, 143, 144, 145, 146, 147, 149, 150, 154, 155, 156, 157, 160, 163, 165, 170, 171, 173, 174, 180, 184,

287, 290, 294

西アジア史, 4, 149

二次国家, 39, 56, 158, 163, 169

二次都市, 152, 153

二重継承論, 89, 91

農耕, 2, 37, 44, 46, 52, 124, 127, 137, 149, 150, 185, 250, 283

配分的資源, 81

パイロテクノロジー, 128, 202, 203, 259, 260, 270, 283, 284, 285

パサルガダエ, 141, 161

発展段階, 26, 30, 32, 33, 34

発展段階説, 27, 29, 57, 63, 92, 98

バンド, 33, 48, 50

ファールス, 160, 167

複合社会, 42

複雑化, 46, 51, 109, 117, 119, 120, 123, 125, 127, 128, 149, 191, 195, 245, 267, 295

複雑社会, 34, 36, 43, 83, 90, 97, 151, 191

部族社会, 33, 34, 162, 166

物質化, 5, 60, 78, 82, 84, 223, 243, 244, 255, 271, 279, 285, 289

物質性, 23, 60, 103

普遍進化論, 31, 33, 36

文化系統学, 91, 92, 96

文化資本, 81

文化進化, 24, 31, 32, 33, 36, 64, 78, 89, 91

文化進化論, 29, 45, 46, 47, 48, 49, 51, 58, 90, 91, 92, 95, 96, 97, 98, 100, 101, 102, 125

文化的資源, 82

文化的適応, 7, 217, 283, 284, 285, 295

文化伝播, 36, 37

文化範疇, 6, 273, 274, 277, 280, 295

文化唯物論, 34

文化類型, 32

文明化, 25, 26, 29, 31, 253, 270

平準化メカニズム, 64, 103, 221, 284, 289

ヘゲモニー, 67, 73, 74, 75, 76, 77, 101, 104, 291, 294

ヘテラルキー, 65, 66, 67, 99

ペルセポリス, 141, 161, 257 牧　畜, 37, 46, 186

ポリス的国家, 15, 16, 18

マクロ・ポリティクス, 85

マケドニア, 142, 183

マルヴ・ダシュト, 160, 161, 162

ミクロ・ポリティクス, 75, 85

ミクロ権力, 86, 87

メソポタミア, 1, 2, 3, 4, 8, 18, 117, 119, 120, 122, 123, 124, 125, 126, 127, 128, 130, 131, 132, 133, 134, 135, 136, 137, 140, 141, 142, 143, 144, 147, 149, 150, 151, 152, 153, 154, 156, 158, 159, 163, 164, 165, 166, 167, 169, 171, 173, 174, 180,

378

181, 182

メディア, 140, 141, 155, 159, 160, 162, 163, 165, 167, 168, 169, 170, 180, 181, 182, 183, 282

モジュール集合体仮説, 89, 91

唯物史観, 54

遊動的狩猟採集民, 33

リネージ, 54, 55

領域国家, 1, 2, 3, 4, 8, 9, 55, 56, 62, 63, 109, 113, 129, 130, 132, 136, 137, 145, 146, 147, 149, 153, 155, 156, 157, 171, 173, 174, 290, 295, 296

累積的進化, 92, 149, 154

【著者略歴】

有松　唯（ありまつ　ゆい）

東京大学文学部卒。東京大学大学院人文社会系研究科修士課程修了。2011年
リヨン第2大学博士課程修了、文学博士（オリエント・地中海研究所との共同指
導）。日本学術振興会特別研究員（PD）を経て、2014年より東北大学学際科学フ
ロンティア研究所助教。

装幀：大串幸子

帝国の基層
── 西アジア領域国家形成過程の人類集団 ──

Substratum of Empire:
Human Groups of the Near and Middle East
on State Formation Process

© Yui ARIMATSU 2015

2015年12月29日　初版第1刷発行
著　者／有松　唯
発行者　久道　茂
発行所　東北大学出版会
　　　　〒980-8577　仙台市青葉区片平2-1-1
　　　　TEL : 022-214-2777　FAX : 022-214-2778
　　　　http://www.tups.jp　E-mail : info@tups.jp
印　刷　今野印刷株式会社
　　　　〒984-0011　仙台市若林区六丁の目西町2-10
　　　　TEL : 022-288-6123

ISBN978-4-86163-266-2　C3022
定価はカバーに表示してあります。
乱丁、落丁はおとりかえします。